康狄 著

太陽旗下的罪惡

不 為 人 知 的
日 本 遠 東 戰 爭 罪 行

序言一

康狄曾在南京師範大學讀書，主要的研究方向為南京大屠殺史。他碩士畢業後從事媒體工作，並在職於復旦大學攻讀博士學位，他組織了一批志同道合的朋友，建立了季我努學社。季我努學社以「揭露日本戰爭罪行，謳歌中華民族脊樑，為國內二戰史研究積累史料」為宗旨，主要以抗戰史為研究領域。康狄邀請我擔任榮譽社長。

康狄雖然從事新聞工作，但是他一直沒有放棄對歷史研究的興趣，本書所集納的都是他在業餘時間撰寫的發表在國內各大報刊的關於日本戰爭罪行的文章。康狄以一個史學出身的新聞工作者的社會責任感，不斷發掘日軍在二戰時期在亞洲各個占領區的野蠻暴行，並且將以上暴行通過媒體對外發布，提供給廣大讀者，實屬難能可貴。

其中部分文章對於拓寬國內史學界對於日軍戰爭暴行的研究具有拋磚引玉的作用，這組文章主要是他撰寫的日本遠東戰爭罪行系列文章，其中包括巴丹死亡行軍、緬泰死亡鐵路、地獄航船和日軍大量掠奪白人戰俘和平民充當奴隸勞工。對於日軍的這幾項戰爭暴行，國內研究尚屬空白。列斯特・坦尼博士的回憶錄也有很多中國人所不知的日軍在菲律賓、日本的戰爭暴行的描述，比如，坦尼博

士在奧唐奈集中營、甲萬那端戰俘營以及日本大牟田17號戰俘營的悲慘遭遇。通過康狄整理的坦尼博士的回憶錄，讀者可以看到日軍對盟軍戰俘的非人虐待、虐殺。

以上的這些文章，實際上也是季我努學社已經出版和即將出版的譯作當中的精華部分。季我努學社關於日本戰爭罪行史料的整理、出版和傳播已經走上軌道。美國巴丹－克雷吉多老兵協會會長、亞利桑那州立大學榮譽終身教授坦尼博士的回憶錄《My Hitch In Hell》已經由康狄翻譯，於2009年在世界知識出版社出版。學社遴選的關於緬泰死亡鐵路、地獄航船、新加坡樟宜戰俘營、日軍掠奪白人戰俘充當奴隸勞工等戰爭罪行的四本專著，已經列入「國家十二五重點圖書」規劃，目前正處於翻譯過程之中，將於2015年8月份由重慶出版集團出版。

在本書中，康狄的部分文章也涉及南京大屠殺。其中「外國人眼中的南京大屠殺」系列文章，是康狄在為《南京大屠殺全史》做媒體宣傳時由季我努學社會員以及他本人發表在《世界博覽》雜誌上的大型專題文章。康狄撰寫了英國人眼中的南京大屠殺和德國人眼中的南京大屠殺，他的夫人多國麗撰寫了美國人眼中的南京大屠殺。這組文章還有蘇聯和義大利人眼中的南京大屠殺，一共五篇文章，在《世界博覽》雜誌刊發後，網路媒體又大規模地全文轉載，為宣傳《南京大屠殺全史》起到了很好的作用。

近年來，學社在日本戰爭罪行、抗戰史料的搜集整理等方面做了大量工作，其中除康狄等翻譯的十餘部日本戰爭罪行、抗戰史外版文獻史料之外，還參加了上海交大東京審判中心《東京審判庭審記錄》的翻譯工作，翻譯了板垣征四郎、南次郎、松井石根等九名甲級戰犯的庭審記錄，字數超過40萬字。學社與深圳越眾文化、化

學工業出版社合作的美國國家檔案館館藏抗戰影像的整理與研究的專案，最終將形成圖文並茂的30卷大型畫冊，收錄圖片八千到一萬張，目前這個專案正在翻譯之中。

康狄在秀威出版公司出版的這本書，只不過是季我努學社諸多年輕學人科研工作的一個縮影。據不完全統計，季我努學社已經出版、即將出版書籍近10部，字數超過250萬字，翻譯日本戰爭罪行、抗戰、朝鮮戰爭及辛亥革命書籍超過15部，翻譯字數超過500萬字，如果加上美國國家檔案館館藏抗戰影像叢書，學社已經出版和即將出版的各類書籍已經超過55部，總字數超過850萬字。

康狄這般年輕人有一個共同的特點，熱情執著，充滿朝氣。他們熟諳媒體傳播的規律，懂得以合適的方式將史學的研究成果通過現代媒體向廣大的讀者進行傳播，康狄的這些文章絕大多數都發表在國內著名的報刊雜誌上，並且在門戶網站、軍事網站、社區門戶上得到大規模轉載，很多讀者都看到了他們的文章，普及了抗戰史知識。近年來，日本右翼不斷挑釁，多次否定南京大屠殺和其他戰爭暴行。康狄等年輕學人的努力，正好是對日本右翼勢力的有力回擊。

最後，我送康狄一句話，博學之審問之慎思之明辨之篤行之。希望他紮紮實實，腳踏實地，在學術上取得更大的進步。

南京大學榮譽資深教授

季我努學社榮譽社長

張憲文

2015年2月8日

於南京大學

序言二　用世界眼光來記憶日軍暴行

張連紅

　　我的學生范國平2007年從南京師範大學中國近現代史專業碩士畢業後，雖然一直從事編輯記者的繁忙工作，而且近兩年在工作的同時，還師從民國史專家復旦大學吳景平教授攻讀博士學位。他在業餘時間組建了季我努學社，團結了一批志同道合的愛好歷史的年輕人，開展史學研究，不斷推出研究成果。據筆者所知，他們除了在報刊上發表的大量歷史類文章外，還相繼出版了《活著回家：巴丹死亡行軍親歷記》（譯著）、《辛亥革命》（譯著，獲得國家十二五重點圖書的榮譽）、《臥底：解密「餘則成」們的潛伏檔案》（專著）、《刺客：民國刺殺大案》（專著）、《中國的脈動：近現代史名家講演錄》（主編）、《民國政治謀殺》（專著）、《日本在華間諜的活動》（譯著）等許多著譯作，在史學界產生了一定的反響。最近其新著《太陽旗下的罪惡：不為人知的日本遠東戰爭罪行》又即將在臺灣出版，國平囑託我寫篇序言，所以我有幸較早拜讀書稿，讀後令人耳目一新，其用世界眼光記憶日軍暴行的全新視角，給人留下了深刻印象。

　　其一，二戰期間日軍暴行不僅僅發生在中國。日本侵華戰爭期間，在中國大地上肆意施暴，其製造的南京大屠殺、重慶大轟炸、三光作戰、細菌戰、毒氣戰、勞工集中營、性奴隸等暴行，慘

絕人寰，罄竹難書。長期以來，我們抗戰史的研究比較注重揭露日軍在中國的暴行，而較少瞭解研究二戰期間日軍在東南亞的暴行。國平新書則以主要篇幅研究介紹了日軍在東南亞殺戮戰俘、強制戰俘修築鐵路、挖掘煤礦、掠奪黃金，以及在新馬一帶進行的「大檢證」、「大肅清」等暴行，特別是通過美國老兵列斯特‧坦尼的回憶，揭露了日軍屠殺戰俘的殘忍與恐怖，如《巴丹「殺戮遊戲」》一章，詳細介紹了日軍為了懲處5名試圖越獄美軍戰俘而實施的恐怖殺人遊戲過程，讀後令人毛骨悚然。顯然，該書的出版對於我們全面瞭解認識二戰期間日軍在遠東的暴行具有十分重要的意義。

其二，從英美等西方人士眼中再現南京大屠殺暴行。長期以來，我們從受害者的角度控訴揭露日軍南京大屠殺暴行的論著很多，但作者另闢蹊徑，將研究的視角轉到當時留在南京西方人士的書信日記以及英美德等國的官方文件，通過西方人士的觀察揭露日軍在南京的暴行，如作者以美國傳教士南京國際紅十字會主席約翰、馬吉、金陵女子大學美籍教授明妮‧魏特琳的書信日記和拍攝的影片，較為深入地介紹了美國人眼中的南京大屠殺，通過德國人昆德和丹麥人辛德貝格的故事，再現了日軍在南京郊區江南水泥廠難民所的種種暴行。通過英美等西方人士揭露日軍暴行真相，有力地回擊了日本右翼所謂「南京大屠殺是中國人捏造的」荒唐謬論，使其不攻自破。

其三，從維護人類文明與正義的視角來反思日軍戰爭暴行。作者指出，日軍在戰爭中無視國際法，踐踏了國際戰爭法中的人道主義原則。在作戰和占領過程中對戰鬥人員與平民不加區別進行任意屠殺，其中一些戰爭暴行，超出了人類文明所能容忍的限度——日軍在太平洋地區曾多次食用被擊落的盟軍飛行員的肉。針對日本與

加害國如何真正獲得和解的問題，作者認為：「受害者的正義仍未獲得，受害國更需要保存受害者的記憶。銘記不是為了復仇，而是為了在將來的某一天，與日本民眾擁有這些共同的記憶。」

今年是第一次世界大戰爆發100周年，同時也是第二次世界大戰爆發75周年，二次世界大戰之間相隔僅僅25年，人類便輕易重蹈覆轍，教訓極為深刻。為了利益之爭，國家之間瞬間可以遺忘戰爭的殘忍恐怖與血淚教訓，文明、正義與公理亦並不困難即可拋之腦外。為了與遺忘鬥爭，時刻警醒悲劇重演，今年2月27日，第十二屆全國人大常委會第七次會議通過決定，將每年12月13日設立為南京大屠殺死難者國家公祭日。2014年6月，中國開始將南京大屠殺和慰安婦等珍貴歷史檔案申報世界記憶遺產名錄。在這一背景之下，國平的這本新作顯得更為重要，用世界眼光記憶日軍暴行，讓世界永遠銘記，讓人類永遠不再犯錯！

是為序。

南京師範大學歷史系教授、博士生導師、季我努學社顧問
張連紅
2014年10月8日於仙林

導言　歷史的正義裁決
——東京審判中的日本戰爭罪行

　　日本很多偉大的成就之中，肯定有它在二戰中的廢墟上迅速實現了復興。不僅僅是復興，在幾十年的時間內，戰後的日本變成了經濟上的超級大國。但是物質成就似乎對於日本民眾的歷史記憶和行為產生了一種遺忘的作用。用愛爾恩、布拉馬的話來說，就像：「一場大雪，⋯⋯掩蓋了所有的痕跡，消除了所有的聲音。」日本小說家大江健三郎（Ōe Kenzaburō）和文學評論家松本健一（Matsumoto Kenichi）堅持認為，作為結果，日本人沒有正視他們的罪行，也沒有為他們的戰爭罪行作出補償。

　　在二戰後的絕大多數時間裡，日本政府不斷地重編教科書，隱匿並將二戰日本戰爭暴行減少至最低程度。東京的高級官員們仍然堅持關於南京大屠殺的敘述是捏造的。很多日本人的藉口東京國際審判是一場「戰勝者對戰敗者的審判」，審判法庭是復仇的場所。東京國際審判究竟是怎樣的呢？

東京戰爭罪行審判概況

　　東京國際審判持續了二年半的時間，從1946年5月30日到1948年11月4日，有十一位法官，分別來自澳大利亞、加拿大、中國、

法國、英國、荷蘭、新西蘭、菲律賓、蘇聯和美國，二十八名日本被告包括四位前首相，十一位前內閣部長，兩位前大使，八位高級將領，他們被指控為日本政府內部的軍國主義派別，他們為了追求侵略戰爭政策，對亞太地區愛好和平的人們造成了巨大的傷害。被告要對十五項罪行負責。這十五項罪行被分成反和平罪、反人道罪和戰爭罪三大項。

在聽取了400多位證人的證詞，收到4000份左右的檔證據後，法庭作出了判決，雖然在一些案子上有細微的出入，但是所有的被告都被發現犯有下列一項或多項罪名；參與密謀發動在東亞和太平洋地區戰爭，組織、批准或沒有採取適當措施阻止戰爭罪行發生。最後，七名被告被判處絞刑，十六名被告被判處二十年徒刑，一個被判處七年徒刑，三個被告的立案被取消，因為兩個被告在審判期間死亡，第三個被告發現有精神病。

反和平罪、反人道罪和戰爭罪

反和平罪在歐洲進行的紐倫堡審判中被定性為「本質上是邪惡的罪行」，是「最高等級的國際犯罪」。在東京國際審判憲章中，這些罪行被定義為「計畫、準備、指使或者進行公開宣布的或未宣布的侵略戰爭，或者是違背國際法的戰爭，……或者是參與一個共同的為了達到前面所講的任何目的的計畫和密謀。」

狂熱的日本國家主義者持有一個普遍的關於亞洲太平洋戰爭爆發的論點是，日本突襲珍珠港是美國的石油禁運引起的，禁運迫使日本進行戰爭自衛。儘管自衛的說法貌似合理，可是日本的國際法專家高野雄一教授堅持認為太平洋戰爭，是日本在中國和其他地

方採取的「侵略戰爭」模式的擴張。這種模式早在1910年日本吞併韓國，1915年向中國提出二十一條時就開始了。因為這種的侵略模式，高野教授認為，「對日本發動侵略戰爭的判決是有立法基礎的，合法的。」

因為在非戰公約的第一款就莊嚴地譴責採取戰爭方式解決國家間的爭端的行為。放棄戰爭作為一個國家處理與另外國家之間關係的國際政策的一種承諾。日本作為公約的簽字國，有義務對公約的每一項規定、準則和原則負責。因而，東京審判認為任何國家，就像日本，以戰爭作為國際政策的工具違法了公約，應該為「犯下的罪行」負責。

日本帝國官兵對戰俘和非武裝的平民施加的難以形容的不可計數的暴行，切實地被定性為「反人道罪」。這些罪行在東京國際審判憲章中被定義為：「謀殺、滅絕、奴役、流放和其他的在戰前和戰爭中犯下的非人道罪行，還有出於政治和種族原因的種種迫害。」

雖然很多人詬病反人道罪在當時是「事後立法」。但是，美國國際法專家愛普生認為，反人道罪可以從公認的國際法的根源中引申出來，對謀殺和其他非人道罪行判罪是當時法律的一個基本原則，這一點為所有文明國家所接受，「海牙公約的第43條讓進行這種審判成為了非常合法的舉動。……關於反人道的罪行，東京法庭有堅實的國際法基礎進行審判。」

不過，很可惜的是，關於反人道犯罪，有很多卻被美國主導的東京審判有意規避了，比如說，日本政府和軍隊在中國、滿洲、朝鮮、菲律賓和亞洲的其他地區大規模實行隨軍「慰安婦」的罪行，有大約20萬婦女（甚至是女孩）受到了殘忍的性奴役，她們被強迫在日軍的妓院中充當妓女。另外，由於美國方面想獲得日本細菌部

隊的資料，害怕這些資料落到蘇聯人手中，而對日本軍隊中對戰俘和平民進行生化武器試驗和攻擊的科學家、醫生放棄審判。美國也沒有追究日本軍隊和企業的強制戰俘勞工問題，儘管有大約2萬的美軍戰俘被送往日本為日本公司從事重體力勞動。

東京審判憲章第五條把「戰爭罪」定義為「對國際法和習慣法的違反」。習慣法指的是國家間廣為接受的行為準則，根據愛普生的說法，在二戰以前很久，國際社會就已經形成了公認的國家習慣法準則。大規模的戰爭犯罪，將受到俘虜和拘禁戰爭犯罪者的國家的審判和懲罰。不僅如此，這種習慣法也得到了國際法的確認。

日本戰爭罪行違反日內瓦公約

對東京審判中的被告判處的特別的戰爭罪行，在日內瓦公約中有專門的規定。例如，公約的第二條規定戰俘「必須一直受到人道地對待和保護，特別反對暴力行為」；第三條專門規定戰俘「有權擁有人身權和他們的榮譽得到尊重的權利」；第四條規定日本和其他國家一樣，「有義務準備遵守有關戰俘的條約」。此外，「在有害於健康的地區俘虜的戰俘和在氣候有害於來自從氣候溫和地區的戰俘時，應該把他們儘快轉移到氣候適宜的地區」（第9條）；應該為戰俘提供住宿的房屋或兵營，提供盡可能的衛生和健康保證。（第10條）；戰俘食物的配給「應該在品質和數量上與營地的駐守部隊一樣」（第11條）。而日本「可以利用身體狀況允許的戰俘勞動力」，官員和普通士兵的待遇應該一樣（第27條）。不僅如此，作為勞工的戰俘必須得到合適地保護、照顧和對待，並要付給工資（第28條）。任何戰俘不能在身體狀況不佳之時，被當作勞工使

用（第29條）。任何戰俘都不能從事與戰爭用品有直接關係的勞動（第31條）。或者從事「損害健康的和危險的工作。日本在對待盟軍戰俘的時候，全然違反了所有的條約規定，——比如在巴丹死亡行軍、三次山打根死亡行軍、緬泰鐵路的修築、八十公里營地（80 kilo camp）和巴那卡島大屠殺（Banaka Island Massacre）中都是如此。這可以由日本製造的較高的戰俘死亡率（27%）來證明，而盟軍戰俘在德國的戰俘營中死亡率只有4%。更加令人憤慨的是，日軍虐殺中國戰俘，很多中國戰俘被大規模殺害，另外還有很多和盟國戰俘一起成為了生化武器的試驗對象，日軍故意讓他們感染炭疽和淋巴腺鼠疫等病菌。

儘管日本沒有批准1929年的日內瓦公約，但是政府明確地簽署了合約，就立即有義務不違反合約的精神，成為一個遵守公約條款承擔道德義務的簽字國。而且1907年10月18日簽署的第四次海牙公約，涉及陸戰的法律和習慣法，卻是被日本批准的，它包含著幾乎等同於日內瓦公約有關內容的規定。根據國際法和習慣法，盟國審判它們俘虜的犯有戰爭罪的日本被告，有完全的合法性。

日本戰爭罪行違反海牙公約

海牙公約的序言中如是說，「戰俘必須得到人道地對待。」（第4條）；根據戰俘的級別和態度，經過戰俘軍官同意，俘獲方可以利用戰俘充當勞工。勞動任務不能超出限度，也不應與軍需品有關……工作完成，俘獲方必須支付工資「（第6條），俘獲國政府有責任保護俘獲的戰俘，……應該向他們提供食物、住房和衣物，並且這些應該與俘獲國給予其官兵的待遇相同。（第7條）」

日內瓦公約規定了交戰國對於傷病者的義務。「（第21條）下列行為被日內瓦公約特別禁止的——（a）使用毒物和有毒武器；（b）惡意殺傷屬於敵對國家和軍隊的個人；（c）殺死或傷害放下武器的或者沒有防守器械的和已經明確投降的敵軍士兵；（d）宣稱不給俘虜提供住宿地；（g）損壞或搶劫敵人的財物（第23條）；禁止攻擊或轟炸不設防的市鎮、衣村、居民點和建築物（第25條）；」發動攻擊時，搶劫市鎮或地方，是被禁止的。（第28條）

日本違反了上面的任何一項條款。不僅僅是盟軍的戰俘沒有得到日本軍隊「人道的對待」，相反他們有些被迅速地處決了，有些被迫在嚴酷的環境下進行長途行軍（如巴丹死亡行軍、三次山打根死亡行軍），有些被強迫進行無任何補償的與戰爭有關的工作（如建設緬泰鐵路）。日本還製造了很多大屠殺，如南京大屠殺、巴那卡島大屠殺、新加坡華僑檢證大屠、馬尼拉大屠殺等。日本在二戰中製造了最高的戰俘死亡率（27%），而盟軍戰俘在德國的戰俘營中死亡率只有4%。

更加令人憤慨的是，在中國東北和其他地方，日軍虐殺中國戰俘，很多中國戰俘被大規模殺害，還有很多和盟國戰俘一起成為了生化武器的試驗對象，日軍故意讓他們感染炭疽和淋巴腺鼠疫等病菌。在生化武器的試驗中，日軍使用了「毒物和有毒武器」；在沒有進行麻醉的情況下進行了超過3000次的活體解剖（對象主要是中國人，也有其他盟國公民），這些行為必須被看作是「虐殺和惡意傷害」。日本軍隊在華北推行三光政策（燒光、殺光、搶光）時，非常確定地被認定為「洗劫」和「損壞了敵人的財產」。

在1937年至1938年長達七周的南京大屠殺中，日本軍隊犯下了無可推卸的「反人道」罪行，正如張純如詳細記述的那樣：數以萬

計的青年男子……被機槍掃射，被當作刺殺訓練的靶子……被當作了斬首競賽的目標……或者被澆上汽油活活燒死……據估計兩萬到八萬的中國婦女被強姦。很多日軍士兵強姦之後把婦女的腹部剖開，婦女的腸子都流出來了；日軍士兵切下婦女的乳房，把她們活活釘死在，上；日軍士兵逼迫中國難民，逼迫父親姦淫女兒，兒子姦淫母親……除此以外，活埋、閹割男子生殖器、割下人體器官、把人活活燒死司空見慣，還發生了更多兇殘的暴行，比如用鐵鉤子穿過人的舌頭，把人活活吊死，把人齊腰深埋到土裡，觀看他們被德國種的軍犬撕成碎片。

第四次海牙公約不僅僅鼓勵成員國保護戰爭中的戰鬥人員，也鼓勵成員國妥善保護平民。它的序言中寫道，「即使在極端的情況下發生戰爭，追求人道的利益的願望仍然激勵著公約發揮作用。」為了這個結果，公約「試圖為交戰者之間和參戰的戰鬥人員和平民之間確立一個普遍的行動準則。」因為這個原因，第四次海牙公約的序言的第3條特別強調「在被俘的情況下，戰鬥人員和非戰鬥人員都應該當作戰俘對待。」

日軍違反了以上任何條款，不加區別地對待戰鬥人員和平民，對懷疑在中國和其他地區參加民眾抵抗運動和游擊隊的非戰鬥人員進行了嚴厲的處罰，理由是這些行動對日本有敵意。在很多情況下，這些被逮捕的人，不管是戰鬥人員和非戰鬥人員，都沒有當作國際法下的俘虜，而是因為懷疑反抗日本被迅速處決了。在太平洋戰爭期間被日軍捕獲的美軍戰鬥機機組成員，經常被迅速處決，很多甚至被日軍吃掉——這些都違反了海牙公約23（c）條款。

第四次海牙公約也保證了「如有情況需要，違反公約規定的交戰方，將有責任支付賠償。」儘管有這項桂東，直到今天日本政府

仍然拒絕向受害國政府和受害者個人（比如前盟軍戰俘和慰安婦）支付賠償。

日本違反自己國內的戰爭習慣法

實際上日本帝國的戰爭行為違反了兩項國際法：1929年日內瓦公約和1907年第四次海牙公約。不僅僅是國際法，日本也違反了自己的習慣法。第四次海牙公約的序言已經認識到制定具體戰爭規則的不可能性，該規則涵蓋導致戰爭行為的任何情況；認識到：「被採納的規則之外的情況……居民和交戰者仍然處於交戰國保護之下和國際法原則的管轄之下，因為它們源於文明的人類建立的習慣之中，源於人道的法律，源於公共的道德原則。」日本已經在抱怨東京審判在「立法理念、人事安排和歷史觀念」上是歐洲中心主義的。但關於這一點的實際情況是，在對待戰俘和平民這一點上，日本自己的習慣法和歐洲的習慣法極其相似。

首先，日本傳統的戰爭法則——武家法令（Samurai's bushido或者是武士道）——宣稱同情弱者，包括受傷的敵人，並且允許光榮地投降。日本的著名武士宮本武藏指導武士們要在打敗敵人的同時盡到更多的責任。他一定知道人類行為對與錯之間的差別，內心的思想和判斷一定在作鬥爭。1412年，一位著名的將軍寫下了對武士行為的「訓令」，禁止武士談論放縱的生活，要把武士塑造成「道德、謙恭的、善良的人。」沒有遵守訓令的會讓武士覺得不光榮，產生「一種無法容忍的羞愧的感覺。」

日本廢除了武士階層，代之以現代化的徵召的軍隊。但是武士道並沒有隨著武士的消失而死亡。相反，武士道精神被注入了日本

皇軍，成為日軍士兵的基本行為準則。在20世紀30年代，武士道導致日本軍隊變得更加狂暴。日本政府散布大和民族優越論的宣傳，宣傳大和民族的任務是向亞洲殖民，建立一個大東亞共榮圈。這最終導致了日軍在中國和其他地方犯下了無可辯駁的反人道的罪行。

結論

　　雖然東京審判有缺陷，但它確定無疑是合法的。日軍在中國和其他地方犯下的罪行會讓普通人自動的產生震驚和反感的感情。日本人不能認為「你對我做了很多罪孽，所以我也應該遺忘我的罪孽」，這只能反映日本人「蒼白的精神貧乏」。日本的戰爭罪行已經得到了國際法庭的公正裁決，東條英機、松井石根等甲級戰犯被處決，日本軍國主義的血腥暴行，將永遠被釘在人類歷史的恥辱柱上！

目次

伍、抗爭

陸、國際評論

柒、前輩書評

附錄

南京大屠殺

英國人眼中的南京大屠殺

> 題記：我相信任何日本報紙都不敢發表這些消息，由於玷污了日本皇軍的榮譽，他們的辦公室將會被愛國者洗劫，編輯將要被謀殺。如果日本人能夠莊嚴地向我們保證，日本水兵偷雞事件是「偶發事件」，那麼前述行為對日本官員來說是令人難以置信的。我甚至懷疑日本民眾是否會相信他們誠實、善良、勤勞的丈夫、兒子、兄弟（正如他們所瞭解的那樣）真的會幹出這些事來。──英國外交文件

張憲文教授主編的《南京大屠殺史料集》的第12和31卷收錄了英國外交檔案以及英國媒體當中的關於南京大屠殺的祕密檔和公開報導。從這些一手的檔案中，我們可以瞥見英國政府及其關於對於日本發動南京大屠殺這一血腥的戰爭暴行的基本態度──強烈的譴責！

英國外交檔案記述的日軍南京大屠殺的罪行

英國外交部駐華官員豪爾在1938年1月13日在上海向英國外交部發來電報，報告了南京領事館1月11日發給上海英國大使館的第3號電報。豪爾說，他的美國同行祕密地告訴他，他剛到南京日本

當局就日本士兵闖入美國大使館並搶走汽車從大使館開走的外交事件，向他道歉。豪爾報告說，英國大使館內也發生了同樣的事情。英國外交部認為，日本人主動向美國人道歉，而不向他們道歉，是其慣用伎倆，主要想在英國和美國之間打進一個「楔子」。外交部指示豪爾，可以向日本人要求道歉和賠償，但是不能提美國，因為他們是以保密的形式，向「我們」提供情報的。

1月15日，豪爾又給英國外交部發來了關於南京大屠殺的最新報告。豪爾在報告中說，「日本高級指揮官對日本士兵的上述行為熟視無睹，這有可能是日本軍隊故意放縱士兵，以作為懲罰南京的手段。由於日本大使館官員無法對日軍高級將領施加影響，同時急於繞過軍方的控制向東京報告上述情況，因此日本大使館官員甚至暗示傳教士，設法將這些事實在日本公諸於眾。這樣日本政府就會在公眾輿論的壓力下，將會制止軍隊的行為。」

可是英國外交部卻不這麼認為。英國外交部官員對豪爾的這封電報有如下評論：「我相信任何日本報紙都不敢發表這些消息，由於玷污了日本皇軍的榮譽，他們的辦公室將會被愛國者洗劫，編輯將要被謀殺。如果日本人能夠莊嚴地向我們保證，日本水兵偷雞事件是『偶發事件』，那麼前述行為對日本官員來說是令人難以置信的。我甚至懷疑日本民眾是否會相信他們誠實、善良、勤勞的丈夫、兒子、兄弟（正如他們所瞭解的那樣）真的會幹出這些事來。」

南京大屠殺已經過去半年有餘，南京遭受巨大浩劫的痕跡仍然是那麼明顯。1938年10月21日英國外交部在上海的一位官員，往倫敦發送了一封怡和洋行的代表霍伊在8月25日至9月14日前往南京和蕪湖考察的備忘錄。霍伊在備忘錄中寫道：「城市的受損範圍達到

20%-25%。……太平路是最早遭到劫掠的，被日軍焚燒成灰燼，毀壞程度為90%-95%。……目前，很多被燒毀的中國商店的底樓被充當日軍的馬廄」。

《曼徹斯特衛報》關於南京大屠殺的報導

英國《曼徹斯特衛報》在1938年2月7日和14日，分別在第10版和13版刊登了有關南京大屠殺的報導。

《衛報》記者在7日的報導中對日本人的暴行進行了深刻的揭露：「日本軍隊於12月13日進入南京城，次日大約有5萬名士兵在這座擠滿了難民的城市中大開殺戒。」日本士兵在城內隨意搶劫、殺人、強姦，只要中國人稍加反抗或者不順他們的意，就會被殺害。很多外國使領館、教會學校和住宅區被日軍洗劫，一名美國傳教士半夜被一個醉酒的日本士兵從床上拉了下來。日本大使館面對西方國家外交人員的抗議在很長時間內「拒絕被告知」，不過到了12月15日，日本大使館的工作人員再也不能裝聾作啞，因為「從大使館的門口就能看到街道上死屍橫陳，婦女們被強姦。」日本軍方對官兵的燒殺搶掠的行為保持一種默認的態度，因為「整個南京城內最初僅有17名憲兵」，卻要管理「5萬名士兵」。12月15日，日本士兵第三次闖入金陵大學圖書館大樓，在那裡強姦了4名婦女。16日，大批日本士兵在衣經院大院內反復強姦三十餘名中國婦女。17日，日本士兵闖入金陵大學附中，刺死一名兒童，強姦了8名婦女。12月26日，日本士兵在聖經師資培訓學校，強姦了7名婦女，其中一名是12歲的女童。當天夜裡，又有另一批日本士兵來到學校，強姦了20名婦女。同天夜裡，3名日本士兵藉口「檢查」，在

金陵大學強姦了3名姑娘，其中一名只有11歲。他們還帶走了一名姑娘。

14日的報導繼續披露日本人的暴行。雖然有大量日本士兵開往前線，憲兵人數也增加了，可是情況仍然非常糟糕，因為「**日本憲兵也常常加入他們打算制止的搶劫和強姦行動中去**」。此時的南京幾乎每一幢建築物都遭受了反復洗劫，英國、美國和德國大使館和所有在南京的外國人的大部分財產被日本士兵搶走。日本人經常縱火毀滅罪證，日本士兵常常開著卡車將中國人的商店和貨棧搶光，然後付之一炬。《衛報》記者估計，至少有1萬名中國人被日軍「蓄意」殺害，其中大部分是被日軍「無故射殺」。要想估計被日軍強姦的婦女人數幾乎是不可能的，「但從實際的案例來判斷，幾乎不會少於8000人」。

斯特拉博爾吉爵士發給哈利法克斯爵士電報中記述的日軍暴行

1939年2月13日，英國國會議員斯特拉博爾吉爵士發給英國外相哈利法克斯爵士的電報中附帶上了南京大屠殺期間在南京組織國際安全區的美國傳教士喬治、菲奇在聖誕夜寫的關於南京暴行的報告。斯特拉博爾吉爵士覺得報告過於血腥和殘暴，特地給哈利法克斯爵士注明：「**機密。禁止出版。**」

菲奇在報告中痛罵日軍是「一夥下流的衣冠禽獸在南京大肆劫掠」，他們將一切暴行施加於和平、友善而又守法的人民頭上。南京成為了一座人間地獄。菲奇經常將喝醉了的日軍士兵從強姦婦女的房子裡趕走，他時常被日本士兵用刺刀對著胸膛，或者被他們用

槍指著頭顱，因為日本是士兵不希望他「礙手礙腳」。日本人不喜歡留在南京的外國人，尤其是他們在實施暴行的時候。菲奇感到很無助，因為日本士兵時常在他面前拉走數以百計的無辜平民，用於練習刺殺或者槍斃，因為他手上拿的美國國旗也時常被日軍奪走，踐踏在腳下，因為他自己的房子也多次被日本兵洗劫。菲奇時常問自己：「這樣的狀況還要持續多久？」日本外交官與日復一日地告訴他們「他們將盡最大努力」，可是情況卻是一天比一天糟糕。日本軍隊在過去的一周裡，用卡車將南京商店的貨物搶劫一空，然後再縱火焚燒。菲奇採用日記的形式記錄下了如下的日軍戰爭等暴行。

12月14日日軍大舉進城，日本人的飛機撒下了大批傳單，宣稱日本軍隊將保護中國平民，並且他們還要做中國人民的朋友。可是事實上，日本軍隊所做的恰恰相反。「他們肆意的強姦、劫掠、殺戮」。成群的平民被日軍從難民區內拉走，從此不見蹤影，他們肯定是遭到了日軍的屠殺。還有一位日軍大佐來到菲奇的辦公室裡，詢問「6000名被解除了武裝的中國士兵哪裡去了？」日本士兵想方設法地盜竊和搶奪國際安全區的卡車，他們偷走了3輛，在別的地方又搶走了2輛，國際安全區的外國友人不得不開著卡車出門辦事。

12月15日，菲奇在中國軍政部附近目睹了日軍明目張膽地處決了數百名解除武裝的中國士兵。菲奇送朋友到郊外，只能在充斥著屍體的道路上行使。他說，「其情景非筆墨所能形容。我永遠忘不了這段行程。」當晚，國際安全區的外國友人開會，菲奇得知了這樣一個消息，日軍在安全區內一下子拉走了1300名中國男子，將他們用繩索捆綁起來，一百人一組，全部槍殺。

12月17日，菲奇得知了這樣的暴行，一個婦女被日軍強姦了37次，另外一個婦女在被日本兵強姦時，日本兵嫌她5個月大的孩子啼哭，將孩子活活悶死。

18日早餐時分，林查理向他報告，昨日在其住處，日本兵強姦了兩名婦女。威爾遜醫生告訴菲奇，昨日他收治了三名病人，其中一個男孩被刺刀捅了5下，一個男子被刺刀捅了18下，一個婦女臉部被砍17下，腿上還有幾處刀傷。菲奇和國際安全區的史邁士去日本大使館遞交55起新增暴行的報告，日本外交官告訴他們，17名憲兵已經抵達，他們將維持秩序。菲奇覺得這真是諷刺，17個人怎麼可能應付一支多達5萬人的「極端邪惡的犯罪大軍」。

22日，菲奇和施佩林去國際安全區總部，在總部東南方向約四分之一英里的一個水塘裡，看到了50具屍體，全都是老百姓，雙手被綁在背後，有一個人的頭被砍掉。菲奇懷疑這些平民是被日軍用來聯繫刺殺的活靶子。

23日，菲奇總結了日本人「必殺」的男子的特徵：只要手掌上有老繭，就必死無疑，不管他是士兵，還是黃包車夫、木匠。中午，菲奇在安全區總部見到了一個頭被燒得焦黑，眼睛和耳朵被燒沒了的、鼻子殘缺不全的男子，菲奇開車送他去醫院，他幾小時後就死了。原來日本人把數百人捆在一起，在他們身上潑上汽油點火焚燒。

菲奇在報告最後寫道：「我覺得由於日本軍隊沒有基督教理想主義的背景，它已變成了一種殘酷的、破壞性的力量，不僅僅威脅著東方，而且將來在某一天威脅到西方。世界應該知道正在發生的事情的真相。」事實證明，他的預言是對的。1941年，日本發動了珍珠港事變，對美、英宣戰，成為世界東方的世界大戰的策源地。

日本最終還是在盟軍的打擊下無條件投降，不過日本對他們的戰爭暴行從未反省。

德國人眼中的南京大屠殺

題記：「所有這些痛苦和不幸的主要承受者是中國人民。他
們處在瘋狂的敵人和本國的上層階級之間，一邊是敵人肆無
忌憚地使用一切手段屠殺他們，一邊是躲在安全的大後方，
他們高叫『人民改革和新生活』等一切漂亮口號，鼓吹要
『誓死戰鬥到最後一個人』，卻聽任平民百姓的房屋和家產
被自己的人和敵人的部隊燒毀和搶光，凡是沒有盲從地帶著
老婆孩子、衣被和箱子躲到虛假安全的後方去的人，成千上
萬地成了被毫無顧忌地使用現代戰爭手段進行屠殺的犧牲
品。」──德國外交官羅森1937年12月24日給德國外交部
電文

　　德國外交檔案中有數量極多的關於南京大屠殺的記述，張憲文
教授領銜主編的《南京大屠殺史料集》第6輯進行了精心的整理。
德國雖然當然和日本走得很近，日本外交官對南京德國外交官的請
求也是相當的重視，但是，德國外交官和公民並沒有得到日本方面
很好的對待，他們同樣遭受了日本獸軍的野蠻掠奪和蠻橫對待。他
們留下的文字是對日本南京暴行的深刻揭露。

日軍有組織、無組織地瘋狂殺人

　　日本人屠殺中國平民和放下武器的士兵是有計畫的，第一步是藉口有大量放下武器的中國士兵（便衣兵）躲進了難民區，對他們的安全造成威脅，他們大量地從難民區中拉出青壯年男子進行集體屠殺，而後，又通過各種各樣的檢查，殺害他們認為可能是士兵的一切中國男子。無組織地屠殺就更多了，他們施暴時阻止他們的中國人，施暴時稍微有點不順從他們的中國人，以及因為害怕他們而在他們面前奔逃的人，都可能被他們殺害。

　　1937年12月30日德國大使館北平辦事處寄給德國駐華大使館（漢口）的電文的附件1中收錄的A.T.斯提爾的報告對日本人的有組織屠殺中國軍民的行徑進行了深刻揭露：

> 日軍為了找出士兵和「便衣士兵」，搜遍了整個城市。數百人被從難民營帶出並被處死。男子們每兩三百人被編成一組，然後帶到方便行刑的地方，在用步槍和機關槍將其殺害。有一次為了殺害被捕的幾百個人，動用了坦克。我親眼目睹了一次集團行刑。有兩三個日本士兵跟著他們，把他們押往一塊空地。在那裡，他們被三三兩兩殘酷地槍殺。一個日本兵拿著步槍，站在堆成小山的屍體上，向稍微有點動彈的人身上發射子彈。

　　斯提爾先生根本看不下去，他對此暴行，義憤地評論：

我在西部曾經看到別人獵捕野兔。獵人們面對無力的兔子慢慢地收緊警戒線，把它們驅逐到包圍圈裡。兔子就在那裡被打死或殺死。南京的情況簡直與其一樣，只不過犧牲品變成了人。陷入圈套中的人和兔子一樣無力，無法進行抗爭。因為他們中的大多數人已經扔掉了武器。

S.貝德士博士和克勒格爾先生的記述也描寫了日軍野蠻屠殺的血腥暴行。貝德士博士寫道，日軍將中國士兵綁成一串後槍殺，雖然這些士兵已經脫掉了軍服。日軍徵用了大量青壯年的中國男子充當他們掠奪物資的搬用工，在他們完成工作後，有強令中國員警從中選出400人，將他們50人一組捆綁在一起，槍殺。科勒格爾先生寫道，扔掉的眾多軍服向日本方面暗示了城內潛伏著大量已經換上了平民服裝的士兵。以此為理由，無數起毫無疑義的槍殺成了家常便飯。在沒有任何軍事審判和沒有遭遇一槍抵抗的情況下，日軍槍殺了五六千人，為了省去埋葬屍體的麻煩，其中大部分的屠殺行為發生在河邊。南京城內的屍體隨處可見。傷兵和市政府、發電廠、自來水公司的工人，及眾多的城市和平居民和衣民被無辜地槍殺了。12月14日至26日，克勒格爾在南京政府交通部附近的馬路上看到30名左右被綁成一串後槍殺掉的苦力和士兵的屍體；山西路旁的小池塘裡躺滿了50具左右的屍體；他在某個寺院裡見過20具左右的屍體。1938年1月6日，德國大使陶德曼自漢口寄往德國外交部的報告中寫道：日軍在廣場上把1000名中國人捆起來並讓他們站好，然後將他們分批依次帶走，把他們槍殺，是讓他們跪著，開槍打穿他們的後腦。在此之前，在南京的德國人觀察到了100次左右用這種方法進行的行刑。退休中校布林克曼在1938年3月18日致斯特拉赫

維茨的信函中提到，1938年1月13日，江蘇路口還有20具屍體。

Nanking Rape

德國外交官和公民記述了大量日軍的性暴行。日軍施暴物件不分老幼，而且日軍在施暴後，往往殺害中國女性。大量中國女性被獸兵輪奸並殺害。

德國駐南京外交官羅森在1938年1月15日給德國外交部的報告中對日本的性暴行進行了深刻揭露：

> 許多日本士兵衝進大使先生的住房，要求把那裡的婦女交給他們。不斷有婦女被送到美國教會醫院，直至昨天還是這種情況。這些婦女的身心受到嚴重損傷，她們先是遭受輪奸，然後不是被刺刀殺害就是被其他物件打傷。一位婦女的頸部被割開一半，這位不幸的婦女還活著，使威爾遜醫生也感到吃驚。一位孕婦腹部被刺一刀，腹中的嬰兒被刺死。送進醫院的還有很多被姦污的幼女，她們當中一個先後被20人輪奸。本月12日我的英國同行、領事普裡多、布龍，英國武官洛瓦特、弗雷澤和英國空軍武官溫、沃爾澤在察看英美煙草公司帕森斯先生的住宅時發現一位中國婦女的屍體，一根高爾夫球棒從下部直接插進這位婦女的軀體。每晚都有日本兵沖進設在金陵大學的難民營，他們不是把婦女拖走姦污，就是當著其他人的面，包括當著親屬的面滿足他們的罪惡性欲。

1938年2月1日，羅森先生又向德國外交部報告，一位逃到南京安全區主席、德國西門子公司南京代表拉貝先生住處避難的24歲中國姑娘，在回到叔叔家取食品時被日軍強姦。1月30日，拉貝先生在中國司法部附近的意見空房的棺材上趕走了一位醉酒施暴的日軍士兵。

　　德國駐漢口大使館1938年2月12日編號102的報告附件中提到了這樣一件事。1月1日，一位德國外交官在漢口路附近的一處房子裡，看到了一個日本兵脫光衣服壓在一個漂亮的中國姑娘身上強姦她，姑娘驚恐地不斷哭泣。德國外交官痛罵這個日本兵，日本兵把褲子提在手上，匆忙逃走。

日軍將南京搶劫一空，大肆縱火毀滅罪證

　　日本軍隊在南京的種種暴行最惡劣的不僅僅是殺人和強姦，他們還肆無忌憚地搶劫，不僅洗劫中國人的財產，就是對於在南京的外國使領館和外國公民的住宅和財物也不放過。他們就是公然搶劫。他們為了毀滅罪證大肆縱火。

　　克勒格爾在1938年1月13日的私人報告中寫道，殘暴的日本士兵闖入難民區和民房，瘋狂搶劫，在南京城內已經找不到沒有被日軍搶劫過的家庭。「上了鎖的門和衣箱被粗暴地撬開，所有的東西都被翻弄過，被帶走或毀壞，當時和現在都完全沒有見過日軍尊重在寧的外國國旗，德國國旗也不例外。通過我們拼命的努力和揮舞德國國旗，總算保住了自己和朋友的財產以及傭人的生命，但仍然常常受到日軍軍官和士兵的威脅。」他停在車庫的汽車被日軍搶走，雖然他為了防備日軍搶劫，已經將汽車前輪卸掉了。

1938年1月6日，德國大使陶德曼自漢口寄往德國外交部的報告中寫道，中國人的家無一例外遭到搶劫，大部分歐洲人的家也被日軍搶劫一空。日本根本不把外國國旗當回事，屋頂上飄揚的歐洲國家的國旗被日軍扯了下來。日本士兵闖入外國人家中，搶走家具揚長而去，他們好像特別喜歡掛壁式鐘錶。在教會醫院鼓樓醫院，日本士兵逼著護士們站成一列，沒收了她們的手錶、自來水筆和錢。

德國駐漢口大使館1938年2月10日編號95的報告附件顯示，日軍的大肆搶劫和破壞導致在南京的外國公民生活艱難。日本人供應歐美人士的糧食少得可憐，歐美人士愛吃的洋蔥沒有了，只能吃一點蔬菜和米飯。在江南水泥廠的丹麥人辛德貝格冒險進城，給他們送來了一隻小豬、雞蛋和兩隻鴨子。可是他在途中卻險遭日軍毒手，他送出了一箱啤酒，並在一名中國軍官和三名中國男子的掩護下才保住性命。

日本軍事當局有計劃地縱火毀滅罪證，他們主要焚燒被他們搶劫一空的商業區。拉貝先生在1938年1月14日給上海理事會主任W.邁爾的信中寫道：「德國60幢房屋有40幢遭受不同程度的搶劫，4幢被全部燒毀。這座城市約三分之一被日本人焚毀。縱火行為仍在繼續。這座城市已沒有商店，不是遭受打砸，就是遭受搶劫。」陶德曼大使在1938年1月28日寄往德國外交部的報告中說，「從12月20日起，日本人開始系統地燒毀這個城市，直到今天他們成功地燒毀了約三分之一，尤其是城南的商業區。我們領地附近的商業房屋和居民區都在其中。燒毀行動現在減弱了一些，就是說，他們現在還只燒毀一些至今沒有見到的和被忽略的單幢房屋。更有甚至，所有房屋事先都被有計劃地通過組織的隊伍用卡車洗劫一空。」退休中校布林克曼致斯特拉赫維茨的信函中披露了這樣的事實：在日

本人的統治下，南京的面貌完全變了。日本人天天在縱火燒房子，目前已經輪到了太平路、中山東路、國府路和長江路。整個城南和夫子廟都被搶光和燒光。用百分比來表示，南京全城被燒光了30%-40%。

德國外交官和公民中湧現出很多拯救中國軍民的英雄，拉貝先生就是這樣的一位典型。拉貝雖然是納粹黨員，但是他在南京大屠殺當中表現的救苦救難的人道主義精神永遠被南京居民銘記。

▎日本在南京的圖書劫掠

　　中國、日本、美國以及西方世界大多數國家的學者和普通民眾，對於日本的戰爭罪行，諸如南京大屠殺、731部隊的細菌戰，對慰安婦的性奴役，虐待戰俘已經較為熟悉，但是很少有人瞭解日本帝國軍隊對中國書籍和文化瑰寶的劫掠情況。事實上，對圖書和文化遺產的系統性劫掠，是日本在文化上統治被征服國家的擴張政策的重要組成部分。根據1936年由中國圖書館協會彙編的資料，在日本侵略前夕，全中國有4747所圖書館，包括獨立圖書館、學校圖書館、研究機構的圖書館和省市圖書館，但是到了1943年，在日本入侵和占領之後，中國圖書館的數量下降到940所，五分之四的圖書館不是被毀壞了，就是被搶空了，戰前在各類圖書館的藏數量大約有兩千五百萬冊，但是在戰後這個數目下降到一千五百萬冊。在日本入侵期間，中國損失了一千萬冊圖書，損失了圖書館藏書量的百分之四十。本文討論在1937年12月13日到1938年2月中間，南京大屠殺期間發生的日本對中國圖書的劫掠情況。

　　中國歷史悠久和文化輝煌，公共圖書館出現在近代。雖然，中國有著悠久的收集古物和古籍的珍稀版本的傳統，但是這些東西只能在私人收藏室和政府主辦的機構中才能看到；現代觀念中的圖書館還是不存在的，直到1905年，中國才開始建立現代圖書館體系。到1930年之前，中國所有的主要省市都建立了公共圖書館，如上所

述，1936年中國已經建立了4747所圖書館。

日本南京有系統地劫掠圖書

我們有必要先瞭解一下南京這個中心城市的情況。在六朝時期（西元5、6世紀）南京已經成為中國名聞遐邇的文化和商業中心。1926年到1928年的北伐戰爭成功地掃除了北洋軍閥以後，國民政府把首都從北京遷到南京。1927年，南京成為中華民國首都，原先的首都北京改名為北平。從1933年開始，國民政府在南京建立了國家中央圖書館（The National Central Library）。另外南京還有金陵大學圖書館（以收藏地方誌著稱）、國立中央大學圖書館、南京圖書館和各種各樣的屬於國民政府和國民黨的專門圖書館。根據日本和中國的檔記載，在南京大屠殺期間，日本帝國的軍隊對南京各類圖書館進行了系統地劫掠，掠奪圖書總數達897178冊。[1]其中646900冊是從國民政府在南京建立的各類圖書館中搶掠的，剩下的53118冊圖書是從學者和教授的私人收藏中掠奪的，掠奪的所有圖書數量大大超過日本帝國圖書館的藏書數量，日本帝國圖書館當時只有850000冊圖書。

日軍在進攻南京之前，已經建立了一個名為「中支（華中）占領地區圖書文獻接受委員會」的特別委員會。這個委員會負責整理、運輸劫掠圖書、編纂劫掠圖書的目錄。在1937年12月13日日本占領南京以後，日本成立了一個十五人委員會向所有的入城部隊首腦發布了一個訓令，要求與特別委員會進行合作。從1938年1月

---

[1] Matsumoto, Tsuyoshi,Ryakudatsu shita bunka - senso to tosho [Cultural Looting-War and books] Tokyo: Iwanami shoten, PP.75-80.

22日開始，在洗劫了圖書館之後，特別委員會開始審查從國民政府所屬的大約七十個結構中劫掠的圖書。日軍把從南京以外的地區劫掠的圖書運送到一個主要場所集中，並成立了「圖書整理委員會」負責整理圖書。「圖書整理委員會」使用了367個日本士兵，強行徵用了2830個中國勞工和310輛卡車來承擔這項工作。[2]這個機構從1938年3月6日工作到8月31日，被掠圖書被整理編成11個大類目錄。

經過再次整理之後，以下三個類目的成果被出版：

一、《（國民政府）全國經濟委員會刊行物目錄》。

二、《支那經濟財政金融關係資料目錄》。

三、《中支建設資料設備事務部南京圖書部、華文雜誌公布目錄、附報刊目錄》。

後者包括了2324種雜誌和期刊的名字，實際上涵蓋了當時中國實際出版的所有期刊。[3]

在南京大屠殺期間，日本對圖書的劫掠與隨意地破壞財產和戕害生命完全不同，在搶到了這些寶貴的書籍後，日本建立了很多專門的研究機構利用這些書籍進行研究，比如東亞研究所、東亞風土病研究所、東亞經濟研究所、東洋文化研究所、民族研究所。日本屠殺和劫掠的即時目標是摧毀中國的國家機構和文化傳統，最終目標是在亞洲建立大東亞共榮圈。日本將成為大東亞共榮圈的領袖和首要獲益者，不難看出，日本把劫掠圖書看成它全部軍事戰略的一個重要組成部分。

---

[2] Ohsa, Myogo, "Senryo chiku ni okeru tosho bunken no sesshu to sono seiri sagyo ni tsuite [The work of receiving and organizing books and documents from occupied areas]", the Monthly Bulletin of the Japanese Library Association, 32.12., p.338.

[3] See fn in Zhao Jianming, "Lu lun 'Nanjing datusha' zhong de tushu jielue [Brief Account of the Looting of Books during the Nanjing Massare]," Contemporary China, no.122. p.47.

日本戰時文化劫掠的歷史和目的

　　從十六世紀的豐臣秀吉時代開始，對圖書和文物的劫掠已經成為了日本軍事入侵的固有內容。豐臣秀吉在1592年發動了野心勃勃的征服中國和朝鮮的計畫，豐臣秀吉帶了博學的隨軍僧侶和學者，讓他們鑒定劫掠到的文物和典籍的價值。在他發動的長達七年的戰爭中，豐臣秀吉從朝鮮劫掠了很多書籍送回日本，日本因此建立了幾個「文化寶庫」。雖然豐臣秀吉沒有成功地實現征服中國和朝鮮的狂妄野心，但他從朝鮮劫掠了很多有價值的文獻，這些儒家經典和中醫藥的文獻仍然保存在日本。

　　在近代，日本把圖書劫掠作為戰爭計畫的一部分。它將在征服的土地上劫掠圖書合法化，例如在1882年、1894年和1914年，多次頒布相關法規和法令，提供了控制劫掠物資的具體性指導綱領。在1914年1月，日本出兵占領中國的旅順和大連，日軍從膠州圖書館和德華大學圖書館劫掠了25000冊圖書，這些圖書後來被編入《虜獲文件和圖書目錄》。在1937年7月，日本發動了全面侵華戰爭，日本帝國軍隊建立了特種任務執行機構「中支占領地區圖書文獻接收委員會」，這個機構後來改稱為「興亞院華中聯絡部、中支那重建物資籌備委員會」。

　　1941年12月7日，日本偷襲珍珠港，挑起了太平洋戰爭，對於亞洲其他地區的圖書和文物的劫掠，比如在香港和新加坡，變得越來越廣泛，無數收藏家的私人圖書館也遭到了同樣的厄運。正如一個日本學者指出的那樣：「儘管日本軍隊劫掠圖書，也許看起來並不如在占領區掠奪財產、接管市場、屠殺人民的命令那麼重要，可

是事實上對圖書的劫掠是領土占領和財產掠奪的延伸物，是日本吞併他國和征服其人民的政策的重要部分。」[4]

有些學者已經指出，圖書劫掠的目的是為了摧毀中國文化，實為滿足日本長期征服亞洲大陸的目標服務的。因此，對圖書的劫掠作為它全部軍事戰略的一部分，與屠殺人民的政策同步進行，一些日本人堅持認為「日本進行戰爭是為了文化的進步。」並且，把圖書劫掠讚賞為世界史上作為戰略武器使用的特例。

劫掠圖書的歸國

1945年10月上旬，在日本投降兩個月後，39位中國學者包括許廣平（魯迅的妻子）、周建人、鄭振鐸，和其他學者，在《週報》（The weekly News）上發表了一封公開信，要求日本返還從中國劫掠的圖書，但是由於中國隨即到來的內戰和動亂，這個呼籲得實現受到阻礙。1972年中國和日本的雙邊關係恢復正常之後，要求返還圖書的呼聲再度響起。同年十月，12位日本學者集會討論了向中國歸還圖書問題。作為會議結果，140位日本學者聯合署名向日本最高學術機關（日本學術會議）提出要求，要求歸還從中國劫掠的圖書，但是由於多種原因，包括日本右翼的阻撓，這些努力沒有取得成效。一些學者個人也參與了這個運動，包括中國研究所理事光岡宏、橫濱市立大學教授小島晉治（現在是神奈川大學教授），東京大學副教授加藤佑三（現在是橫濱市立大學校長）的和一橋大學名譽教授藤原彰先生。

---

[4]　Matsumoto, Cultural Looting, p.50.

儘管在盟軍占領時期，日本向中國歸還了15萬8873冊圖書，但只占全部274萬2108冊圖書的百分之六。大部分圖書還沒有被歸還，1946年3月20日，盟軍最高司令官麥克亞瑟將軍給日本政府中央聯絡辦公室發出了一份備忘錄（《關於公共搜集物及藏書疏散的現在位置和狀態的文件》），列舉了中國圖書的目錄和存放的地點。以下是備忘錄中提到的一些存放地：

　　（1）宮城、（2）宮內省（含宮內省所管的帝室博物館）、（3）靖國神社、（4）東京科學博物館、（5）東方美術學校、（6）坪內紀念演劇博物館、（7）錢貨博物館、（8）書道博物館、（9）帝國圖書館、（10）東京帝國大學圖書館、（11）東京帝國大學史料編纂所、（12）慶應義塾大學圖書館、（13）早稻田大學圖書館、（14）日比穀圖書館、（15）東洋文庫、（16）東方文化大學、（17）大橋圖書館。最大和最豐富的收藏地是東京帝國大學圖書館。這個文件得到了日本政府的承認。

　　日本收藏從中國和其他國家劫掠圖書的圖書館，現在都成為了世界上研究亞洲文化和歷史的最好的圖書館，人們在這些圖書館中可以發現其他地方找不到的圖書，特別是東京帝國大學圖書館。「它收藏著無價的中國最古老的典籍和最大量的經典圖書，以及世界上最古老和最浩瀚的印刷典籍。在這些資料中只有一小部分不能為日本國內外的歷史學者們所利用。」[5]這些書籍為日本學者提供

---

[5]　Adachi Masataka, "Daichi, niji taisenchu ni okeru nihongun sesshu tosho [Books taken by the Japanese Army during the First and Second World War]," The Library World, 32.2（July 1981）, p.69.

了研究中國的最有價值的資料，這使日本成為中國學研究的重鎮，甚至中國學者也必須去日本查閱這些寶貴的典籍。

歸還這些圖書與1972年中日簽訂的和約並不矛盾，從字面上講，歸還圖書與「中國放棄戰爭賠償」並不矛盾。因為歸還這些圖書不是賠償，而是作為日本真誠地承擔戰爭罪責的標誌。對中國來說，這些典籍的歸還意味著恢復它在文化瑰寶方面的合法主權，這不同於賠償，也不應該與賠償混為一談。因此，無論從何種角度，歸還圖書的舉動有助於消除彼此的敵對感。

關於歸還中國圖書的具體細節可以從二十一世紀中日關係的整體出發進行規劃，可以建立一個半官方的或者是非政府的機構來執行這個計畫。在歸還日期到來之日，應該舉辦特別慶典來紀念這個意義重大的里程碑式的事件，為了不妨礙日本學者繼續對這些典籍進行研究，可以把原件歸還中國之前複製膠片。這樣可以證明那些參與圖書劫掠的人的確為妥善保存這些珍貴的典籍盡了力，也便於對未來的幾代人進行戰爭悲劇教育。

（譯自 Japanese War Crimes: the Search for Justice，
原作者復旦大學歷史系教授吳建民。）

鮮為人知的「南京辛德勒」

　　1937年12月，南京，在日軍慘無人道的屠殺暴行中，有一批國際友人曾冒著生命危險伸出救援之手。有兩位國際友人——卡爾、昆德（又譯為京特）博士和辛德貝格先生，在南京城外的江南水泥廠難民營曾保護、救助了上萬名中國難民。然而，隨著時間的推移，他們的英勇事蹟長期隱藏於歷史的角落而鮮為人所知。

　　筆者曾經為中央電視臺《尋找英雄》欄目組整理有關江南水泥廠難民營的專題片，與一直追尋兩位人道主義英雄的《中國青年報》江蘇記者站前任站長戴袁支也較為熟悉。「南京辛德勒」的發現，與戴袁支的努力是分不開的。他的執著，讓這兩位湮沒於歷史的國際友人的事蹟逐漸清晰而豐滿。

「南京辛德勒」的發現

　　2000年5月份，時值中國、丹麥建交50周年。根據兩國的文化交流協定，中國在丹麥的第二大城市奧爾胡斯舉辦「國際大救援」的展覽，展覽中，有丹麥友人辛德貝格在南京大屠殺期間，於江南水泥廠難民營救助上萬明中國難民的事蹟。當時，南京大屠殺史研究專家、南京大學歷史系的高興祖教授應邀參觀了展覽，高教授提出要在丹麥尋找辛德貝格的想法。但是，當時除了點滴文獻資料上

記載的關於辛德貝格的材料外，其他材料均告闕如。

　　如何還原辛德貝格救助南京難民的英雄壯舉？高教授回國後，找來了中青報江蘇記者站站長戴袁支商量，希望借助媒體的力量幫忙尋找辛德貝格在南京的事蹟。為了獲取一手資料，戴袁支趕赴距離南京城區20多公里的江南水泥廠去查找檔案。在江南水泥廠《廠志》陳主編、廠辦主任朱女士的幫助下，他發現了一些檔案和資料。據江南水泥廠檔案記載，在1930年代，曾經有兩個外國人在江南水泥廠工作過，一位名為卡爾、昆德（又譯為京特），德國人；另外一個叫辛波，丹麥人。他推測辛波就是辛德貝格名字的另外一種譯法，他向高興祖教授求證，證實了這種想法。此外，他還在江南水泥廠1945年的檔案中找到了昆德的照片。

　　由於當時參加南京救援的國際友人絕大多數住在南京城內，都是南京國際安全區的組織者，所以對於居住在南京城外的這兩個國際友人，歷史記載失去了應有的關照，只能在一些歷史資料（《拉貝日記》等）中有零星記載。辛德貝格在南京大屠殺的史料記載中出現頻率非常低，昆德的頻率更低，他們幾乎是被歷史湮沒的人道主義英雄。戴袁支的發現，特別是關於卡爾、昆德博士的發現，對於南京大屠殺史的研究來說，不能不說是一個重大發現，中國學者也由此第一次知道了他的全名卡爾、昆德——《拉貝日記》中沒有記述他的全名。

　　此後，戴袁支通過國內外各種關係找尋辛德貝格和昆德的史料。終於，他找到了昆德博士的夫人伊蒂絲、昆德。當時昆德夫人已經90多歲了。昆德夫人說，她將昆德博士當時拍攝的一些關於南京大屠殺的照片，給了昆德博士的姪女安尼塔、昆德。昆德夫人從姪女那要回了照片，刻了一張CD給了戴袁支的朋友，後來他把這

張CD帶到了北京。戴袁支特地從南京趕到北京，將CD取回。CD中不僅有從未對外發布的江南水泥廠難民營的照片，這而且還有棲霞寺難民營的照片。巧合的是裡面也有辛德貝格的照片。這樣，江南水泥廠的兩位救援南京難民的國際友人的影像都找到了。昆德夫人提供的41張照片，填補了南京大屠殺史上的一個空白。通過國內媒體的報導，這兩位人道主義英雄的名字，開始為中國讀者所熟知。後來戴袁支又促成了昆德夫人前來南京訪問。昆德夫人來南京後，非常感動，她說，想不到過去了這麼多年，中國人還記得昆德曾經的善舉。她說，德國紅十字會曾經為昆德在南京救助難民的事情，獎勵給他一個紅十字二級獎章。她向戴袁支提供了獎章和證書。

本來，戴袁支是要尋找辛德貝格的，無意間找到了昆德。他將昆德博士的事蹟梳理後，又集中精力尋找辛德貝格。他查到了辛德貝格當年服務的公司是丹麥的FL史密斯公司——江南水泥廠的設備當年就是從該公司購買的。辛德貝格也是FL史密斯公司派駐江南水泥廠的。經過查找，戴袁支在北京發現了FL史密斯公司的辦事處，但是FL史密斯公司北京辦事處將戴袁支請求尋找辛德貝格的英文信件轉給哥本哈根總部之後，就沒有音訊了。戴袁支等待了許久，並不灰心，他想到了丹麥大使館。

經丹麥大使館出面，FL史密斯公司把辛德貝格兩個妹妹的聯繫方式告訴了戴袁支。原來，辛德貝格的兩個妹妹也觀看了「國際大救援」的展覽，辛德貝格的家鄉就在奧爾胡斯。FL史密斯公司哥本哈根總部把這個消息告訴了丹麥駐華大使館，使館又將這個消息傳給了戴袁支。戴袁支總算找到了辛德貝格的親屬聯繫方法。經過幾年斷斷續續的溝通，辛德貝格的基本線條日漸清晰。

戴袁支站長因為追尋辛德貝格和昆德，由一個出色的資深記者變成了一個歷史學者，他後來參與了《南京大屠殺史料集》的編撰工作（參編了第26、30卷），並出版了關於辛德貝格的專著《1937-1939：人道與暴行的見證——經歷南京腥風血雨的丹麥人》一書。他還堅持田野調查，撰寫和編譯了多篇南京大屠殺史料的調查證言和資料，發表在《民國檔案》上，並且多次參加南京大屠殺史料國際學術研討會，還曾作為訪問學者赴丹麥哥本哈根、奧爾胡斯及德國漢堡等地訪學。

原先的使命是「護廠」

江南水泥廠的前身是著名的啟新水泥公司。中國近代水泥工業之父陳範有先生，看到唐山距離日本占據的東北三省太近，日本在華北蠢蠢欲動，決定南下開闢分廠。他在南京棲霞山發現了很好的生產原料，而且南京的鐵路和水運均較為便利。水泥對於國防工業具有重要意義，但當時南京的中國水泥廠規模均較小，產量很低。於是陳範有決定在南京建廠，一方面可以規避日本占領華北帶來的風險，二來，可以在國民政府首都附近就近生產水泥，保衛首都。通過FL史密斯公司，江南水泥廠購置了水泥產生設備，又通過德國的禪臣洋行，購買了電器設備。

日軍攻佔南京的時候，江南水泥廠基本上可以試運行了。考慮到戰事迫緊，陳範有對外封鎖了消息。此時的江南水泥廠除了廠區和宿舍外，還有10萬畝的模範衣場，已經初具規模。為了防止日軍搶奪江南水泥廠，啟新公司董事會決定請德國和丹麥的合作方幫忙，利用德國與日本的盟友關係，及丹麥的中立地位，對外宣稱江

南水泥廠是德國和丹麥合資的，利用德國和丹麥的力量來保護江南水泥廠。實際上，當時禪臣洋行的賬款已經結清，和FL史密斯公司也只有20%的尾款沒有結清。但是這兩家公司都非常為合作夥伴考慮，都派出了自己的代表到達江南水泥廠，作為「護廠代表「。

禪臣洋行派遣的就是與啟新公司淵源極深的卡爾、昆德博士，FL史密斯公司派出的是辛德貝格。他們的工資是啟新公司給的，一個人一個月1000元，而當時啟新公司高層的工資不過500元。為了防止日軍破壞、搶掠江南水泥廠，廠裡將一些重要設備就地掩埋。江南水泥廠負責管理財務的職員將啟新公司劃撥的，準備正式投產的資金隨身攜帶轉移到了六合等地。昆德到達工廠後，這批職員又回來了。後來，江南水泥廠變成難民營後，昆德等人就靠這筆鉅款維持難民營的運轉，包括購買藥品醫治國民黨軍的傷病。為了防範外賊，工廠特地趕修了帶刺籬笆，開挖了10米寬的護廠河，後來都成了保護難民的屏障。

1937年11月，昆德由唐山出發，帶著日語翻譯顏柳風（顏柳風是中國人，作為昆德的助手——筆者注），再加上幫助他們聯絡丹麥FL史密斯上海分公司的王濤先生，於1937年12月1號到達上海。德國駐滬總領館還給昆德博士寫了封英文介紹信。他們會同FL史密斯公司派出的辛德貝格，12月2日出發，輾轉南通、如皋、泰州、揚州、鎮江等地，於4日到達了江南水泥廠。辛德貝格原來是英國《每日電訊報》戰地記者潘格魯斯、史蒂芬斯的助手，兼做司機、攝影和嚮導。11月11日，史蒂芬斯趕去拍攝中國軍隊撤軍和日軍進軍的情況時，不幸被日軍的機槍打死，辛德貝格的腿也受了傷。史蒂芬斯犧牲了，辛德貝格的工作也丟了，所以他在這時接受了FL史密斯公司的任務。

昆德博士抵達南京城後，找到德國駐華大使館，大使館在德國上海總領館的正文上又，用毛筆簽署了中文意見——這成了他抵抗日軍盤查的護身符。他們四人到達江南水泥廠後，第一件事情，就是連夜叫裁縫趕制德國和丹麥的國旗並在水泥廠的上空升起。這樣，從表面上看，江南水泥廠變成了德國和丹麥的合資企業，日軍不敢輕易進攻水泥廠，這是昆德和辛德貝格得以在江南水泥廠收容難民的最重要前提。

　　12月6日，日本開始攻擊南京週邊地區，很多地方都發生了大屠殺。日軍姦淫擄掠，大量難民、國民黨軍隊的潰兵逃進了江南水泥廠和棲霞寺。主持棲霞寺的寂然法師，模仿江南水泥廠的做法，掛出了棲霞寺難民所的橫幅。日軍見到這個橫幅，未敢衝進來大規模屠殺。寂然法師庇護的這些難民中，就有日後鼎鼎大名的國民黨將領廖耀湘。在昆德和辛德貝格的幫助下，廖耀湘得以轉移到江北。棲霞寺難民營雖然相對平穩，但是日軍在也犯下了很多槍殺和強姦的暴行。寂然法師寫了兩次萬言書，呼籲日本停止對難民的暴行，這些萬言書通過昆德和辛德貝格送給了拉貝，由拉貝轉送給日本當局。

收容救濟保護難民

　　自大量難民湧入江南水泥廠後，昆德和辛德貝格發現南京正面對空前的人道主義災難。他們本著自己的良知和人道精神，決定把這些難民收容下來。這個收容區域，比南京國際安全區還要大。他們還在水泥廠的大門口掛上「德丹合營江南水泥廠」的牌子，說明這個工廠受到德國大使館保護。

一開始，難民主要聚集在江南水泥廠的南門和北門外面的地方。江南水泥廠蓋了一些蘆席棚子給難民居住，去得早的，就住在蘆席棚子裡面。來得晚的，就用竹子搭「草披子」（草棚子）住了下來。他們在棚子前面支一個火灶，等到深夜悄悄地回家拿一點糧食。但是隨著難民的增加，吃飯也成了大問題。昆德、辛德貝格讓顏柳風到難民中去調查，每戶家庭分發18斤米。難民們雖然保住了性命，但是生活非常困難。人住在棚子裡面，鍋搭在外面，連下幾天雨，就沒辦法生火做飯。棚子裡也長了黴，很多人病死在棚子裡。辛德貝格說：「只有上帝才知道這些可憐的人是如何苦熬度日的。」江南水泥廠雖然掛了難民營的牌子，但是日本兵常來騷擾，來找「花姑娘」，來搜查中國士兵。據載，日軍有時候一天來幾次，甚至幾十次，來騷擾搗亂。一得到消息，昆德和辛德貝格就趕緊跑過去，向他們揮舞德國和丹麥國旗，畢竟德國和日本是盟國，日軍不敢太過放肆。

他們不僅制止日軍在難民營中的暴行，在難民營外的暴行，他們也力所能及制止。有一次，日軍放火焚燒攝山鎮，火從鎮東燒起，隨風向西，日軍架起機槍威嚇不准救火。昆德不顧自己的安危，帶著嚴柳風等人去救火。日軍見他來了，只好把機槍收起離開了。有一次一個婦女到棲霞山去割柴禾，被一個日本兵看到了，要強暴她，該婦女逃進了江南水泥廠難民營。但是慌亂中把毛驢丟下了，日本兵想把毛驢牽走，昆德正好碰到了，就向日軍示意：如果要把毛驢牽走，就要把槍留下來。日本兵只好悻悻而走。除此之外，對於一些打著「參觀」旗號的日軍，昆德和辛德貝格就「殷殷招待，相與周旋」，「酬應日軍之費用為最巨，約需每月三四百元。」

救治傷患和病人

　　江南水泥廠的醫療條件較差，有很多傷患亟待救治。辛德貝格從收音機裡聽到日軍發布消息，說是南京城裡的秩序恢復了。他就叫了一些衣民，準備把傷患抬到城裡的醫院裡去，結果給城門口的日軍給擋住了。他和城門口的士兵交涉無效，只好叫衣民再把這些傷患抬回江南水泥廠。他一個人步行進城，找拉貝借了一輛車子開回去了。這第一次送傷患，因日軍阻撓沒成功。

　　在江南水泥廠附近的一個村子裡，一個日本兵跑到村裡面去搶雞。他抓不著，就用手榴彈去炸雞，也不顧旁邊有孩子，就把孩子給炸傷了。辛德貝格實在看不下去了，就找來一輛摩托車，帶上孩子進城治療。車子駛到中山門，日本兵不讓他進城，交涉無效後，就改道太平門，因為怕日軍再次擋道，他直接開車沖過去，冒險把孩子送到了鼓樓醫院。回去的時候，還找威爾遜大夫要了藥水和繃帶，給難民營的傷患用。

　　回到江南水泥廠後，辛德貝格和昆德辦了一個醫務室，他們的醫生是從難民中找的中醫，還有兩個護校畢業的女護士和一名男性的包紮員，不過他們都比較缺乏訓練。1938年2月16、17日，辛德貝格駕駛車子，帶約翰、馬吉牧師到棲霞山考察告。馬吉用當時的電影攝影機拍了沿途的場景，這是唯一一部動態記錄南京大屠殺的電影紀錄片，後來被馬吉拿到遠東國際軍事法庭上作為揭露日軍暴行的證據。馬吉所拍攝的紀錄片有15個辛德貝格駕駛車子的鏡頭，有些堪稱經典鏡頭。其中有一個鏡頭記錄江南水泥廠背後一幢至今猶存的兩三層的小樓，衣民抬著傷患往外護送。如果沒有辛德貝格

開車，馬吉是很難出城紀錄棲霞慘相的。

辛德貝格此時是溝通南京城內和城外難民營資訊的使者。他經常從棲霞山開車跑到城裡內，給國際友人傳遞消息。除了充當信使外，他還給南京國際安全區的國際友人提供食物。因為江南水泥廠有一個大衣場，他把糧食、鴨子、雞蛋等送給拉貝等人，直接支援了拉貝等人保護中國難民的工作。

昆德和辛德貝格不僅保護難民，還為難民呼籲。日軍在棲霞寺為非作歹的時候，當中有20名和尚代表寫了一封信，臘月二十幾號昆德博士將其譯成德文，正月初四辛德貝格開汽車冒雪送到拉貝那裡。那時候路非常難走，有很多壕溝，有時候甚至他不得不叫日本兵幫他的忙，把汽車抬出來。一開始有好多日本兵還抓過辛德貝格。，但辛德貝格機智勇敢地躲過一個個災難。拉貝看了信件後非常生氣，在日記裡記載：這幫日本兵簡直是一幫刑事犯罪分子。

辛德貝格一共送出去五封難民信。除了第一封沒有保存下來，其餘的都保存下來了。他自己還記載由他親自處理的一些案例：救助受傷的衣民，救助大屠殺死裡逃生的中國士兵等等。這些資料保存在耶魯神學院圖書館，下面有辛德貝格自己寫的字句：以上是我親自處理的案例「B.A.辛德貝格」。辛德貝格還拍攝了一些珍貴的照片。據原江南水泥廠的工會副主席王振庭回憶：工廠俱樂部二層茶几肚子裡有一個相冊，內有辛德貝格拍攝的一張照片，照片的畫面讓他終身難忘——一個水塘裡飄滿了中國人的屍體。

昆德和辛德貝格還做了另外一項人道主義的工作，組織衣民把日本兵殺害了以後又燒焦了沿江漂浮的屍體（當時這些屍體從下關一直漂到棲霞山那邊），打撈上來掩埋。

1938年3月，直到江南水泥廠的形勢基本穩定下來，辛德貝格

才離開了江南水泥廠，21號回到了上海。昆德因是德國公民，故利用日德同盟關係，一直守衛江南水泥廠未曾離開。

南京大屠殺結束之後的昆德和辛德貝格

1938年，難民在離開江南水泥廠的時候，給昆德送了一個絲織感謝狀「見義勇為」。1938年底昆德博士到上海，將感謝狀帶到丹麥駐上海總領事館，請總領事將該感謝狀捎給辛德貝格。後來，辛德貝格將它帶到了美國，後由他的外甥女帶回丹麥保存。辛德貝格在美國軍艦上任大副，後來當了船長，還參加了美軍攻擊日本本土的戰鬥。1983年在美國去世。

6月，中國駐國聯代表朱學范先生在日內瓦碰到辛德貝格，他代表中國政府給辛德貝格送了一條地毯。他還在辛德貝格的丹麥護照上寫了「中國之友」幾個字，以示褒獎。在此期間，辛德貝格還應朱學范先生的請求，在日內瓦中國國際圖書館播放了反映日本在南京的殘暴罪行的影片。在影片放映前夕，朱學範稱讚了他的人道主義事蹟，突出講述了辛德貝格不顧個人安危，保護中國難民的事蹟。隨後辛德貝格發言，他堅決要求在場的婦女和兒童退場，因為這部電影裡充滿了殘暴和罪惡。他花幾個小時介紹了南京的情況，現場觀眾泣不成聲。

1939年6月18日，德國領事實習生布勞恩魏勒爾從南京來到江南水泥廠。他轉述：6月5日，德國上海大使館勞滕施拉格爾給他來信，隨函寄來一枚德國紅十字會二級獎章和證書，要求以「合適的形式」授予昆德博士。這枚獎章是3月16日由德意志紅十字會主席薩克森、科堡、哥達公爵簽發的。抗戰勝利後，作為軸心國的公

民，昆德本應被遣返回德國。但是，難民及江南水泥廠的領導層均給時任南京市長馬超俊寫信，信中說：「救助我同胞約四五萬人，約半年⋯⋯於危難之中拯救吾同胞時閱數月始終不懈。」鑒於此，中國政府內政部和南京市政府同意昆德留下來。解放後，昆德在江南水泥廠化驗室工作，後來返回聯邦德國，於1987年去世。

具有諷刺意味的是，日本投降以後，江南水泥廠又成了日本的戰俘營，直至這些日本戰俘就被遣返。

貳

——遠東戰爭罪行——

┃我們將把你們送到大牟田

琳達・戈特茲・赫爾墨斯

編者按：隨著近年來，中國勞工對日索賠運動的開展，中國的民眾對日本強制使用中國勞工的罪行已經有了比較多的瞭解。本文主要介紹的是，日本違反國際公約，強制使用英美盟軍戰俘充當奴隸勞工的事實。在戰爭期間，當三井重工為了保持它軍需品的產量，急於獲得盡可能多的白人戰俘勞工，因為他們是具有較高技術水準的勞動力，數千美國戰俘在菲律賓和其他的地區投降後，被日本人用船運到日本。他們被迫在日本公司的礦場裡工作，比如在三菱、三井、川崎等大型企業中工作。這些大型企業現在已經成為世界上實力最雄厚的聯合大企業了。赫爾墨斯女士描述了位於大牟田鎮——日本最大最危險的煤礦中，被當作奴隸勞工使用的眾多美軍戰俘所遭受的殘酷的虐待。這些煤礦都歸三井重工所有，赫爾墨斯女士採訪了數百位前美軍戰俘收集他們的故事。現在三井公司已經是世界上最富有的綜合型貿易集團，擁有龐大的集裝箱船隊。三井等公司的巨大發展和繁榮部分原因歸功於戰爭期間美國戰俘的辛勤勞作。但是他們今天仍然拒絕向在他們的礦場和工廠裡勞動的前盟軍戰俘支付任何賠償。前戰俘中目前已經起訴三井公司的是列斯特、埃爾、

坦尼，他在菲律賓被俘，在大牟田的礦場中工作。

「如果你們不絕對服從我們的命令，我們就把你們送到大牟田！」在菲律賓呂宋島卡巴拉坦（Cabanatuan）的衛兵，兇神惡煞地威脅精疲力竭的美軍戰俘，強迫他們工作，而戰俘們已經由於飢餓和疾病的折磨虛弱得無法工作。很少人能夠在殘酷的65英里的巴丹死亡行軍中倖存下來，——在沒有水和缺乏休息的空腹的情況下進行九天的強迫行軍。道格拉斯、麥克亞瑟將軍的太平洋戰區的混合著水兵、海軍陸戰隊和空軍的殘餘部隊，在1942年暮春步履蹣跚地邁向他們的第二個戰俘營。

人數最多的倖存者是第二百海岸炮兵團，這支新墨西哥的部隊，在二戰中最先向日軍開火，在太平洋戰區最後向日軍全員投降。他們也是在戰爭中最後使用的武裝騎兵部隊。全團1800人，在戰鬥中傷亡不足20人，但是只有一半人能從日軍的戰俘營中活著回家。沒有馬匹能夠倖存下來；在巴丹作戰的最後幾個絕望的星期裡，它們被一匹接一匹地殺死，充作食物。「直到戰後我們才知道我們吃了自己的馬。」雷歐、帕蒂拉傷感地講道。

很多巴丹的倖存者認為，與其說美軍的失敗是由於戰略上的原因引起的，不如說是醫療後勤上的失誤引起的。「我們自己的人讓我們挨餓。「這種嚴厲的措辭仍然可以在巴丹和克雷吉多守衛者的聯歡會上聽到。他們說，在他們堅守了五個月之後，給養斷絕了，在兩周內，沒有誰能夠吃上一頓像樣的飯，加之彈藥告罄，他們被迫投降。

阿伽皮特（Agapito）的綽號「峽谷」的斯拉維記得在阿巴拉坦的日軍衛兵使用大牟田對戰俘進行威脅，從中可以推測出大牟田比

他們當時所在的地方的情況更加惡劣。斯拉維他們仍然對他們剛剛忍受的長途死亡行軍心有餘悸，而且每天還心懷恐懼，擔心被「白天使」叫出去勞動。「白天使」是一個穿白制服的日軍官員。斯拉維來自第二百海岸炮兵團，他對自己經歷的俘虜生涯記憶猶新，就像昨天剛剛發生的那樣。

「我們叫他『白天使』是因為他就像『死亡天使』」，斯拉維在1998年的一次採訪中解釋說，「我們每天都在祈禱不要被他選中——因為沒有人能夠從他的勞動隊裡活著回來。」難道叫大牟田的地方比「白天使」的召喚更加恐怖嗎？斯拉維感到奇怪，看守他們的日本士兵知道答案，很多美國戰俘很快也會知道答案，以後事情的發展的確如此。

所以在1943年的夏天，包括斯拉維在內的一隊美國戰俘被告知他們將被送到日本。他們覺得自己終於可以解脫了，因為在那之前，他們都相信留在卡巴拉坦實際上等於被宣判了死刑。他們沒有辦法只有繼續向前。

日軍的士兵用他們知道的大牟田的情況來威脅美軍戰俘，大牟田煤礦是三井公司開辦的日本最大的煤礦，位於福岡縣的大牟田鎮附近。這裡甚至對於一個經驗豐富的礦工來說，都是一個危險和感到恐怖的工作場所，1923年以後尤其如此。1923年發生的破壞性的地震改變了日本本土島嶼的岩層，三井公司不得不封閉了一些深礦的礦井和隧道，宣布它們太危險，任何人不得進去工作。儘管已經非常謹慎，塌方和爆炸仍然在這個巨大的礦場中不可預見地發生，這是所有礦工都知道的。所以在很多戰俘營中，日本人以「把戰俘送到大牟田」作為威脅，讓戰俘服從管理。這種威脅似乎比看守戰俘的士兵還更有力量。在這些看守的士兵當中可能有一些前三井煤

礦的工人；在1942年以前，很多有勞動能力的礦工和工廠工人、造船廠工人一起，被徵召到日本軍隊當中。

三井家族在日本是一個最有勢力的家族，除了天皇家族之外，三井男爵（Takanaya Mitsui）掌握著巨大的三井造船、礦業和重工業帝國，他在美國學習過；1915年從新漢普郡的達特默思學院畢業。兩年之後，三井家族在大牟田的三池煤礦開辦了巨大的煤礦複合體。這個煤礦是由美國的工程師設計建造的，在很長時間內一直是日本最大的煤礦，後來這個煤礦一直開採到1997年。在它的巔峰時期，它有9個隧道延伸到大牟田灣700英尺以下的深處。

由於煤炭的產量對日本的戰爭行為極為重要，三井公司急切地要求獲得在使用白人戰俘勞工上的確定無疑的優先權。為了保持足量生產，在1943年8月，首批500名從卡巴拉坦戰俘營來的美軍戰俘，包括「峽谷」斯拉維在內到達大牟田，不是因為他們有什麼不良的行為，而是因為三井公司要完成月生產定額，迫切地需要技術工人，美國人通常被看作掌握了很多有用的技術。即使很多人或者任何人都沒有在煤礦裡工作過，他們也必須在一團漆黑中學會這項工作，他們要在已經開採光了的隧道中工作，這些隧道在二十年前就被封閉了。如果一個人受傷了或者遇難了，另外一個人將接替他的工作。所以戰俘新勞工的普遍的思想狀態，取決於虐待，少量的培訓以及他們所獲得的工具。

當首批500名美國人在1943年8月中旬到達大牟田時，他們仍然感到頭暈目眩，他們從克拉德、馬魯（Clide Maru）上船，該地被戰俘們諷刺為廁所（Benjo「toilet」Maru），到達了日本的門司（Moji）港之後，他們被塞進了悶罐車，開始了令人窒息的長途跋涉。當這批骯髒不堪的白人戰俘到達大牟田鎮的時候，第一次見到

白人戰俘的大牟田居民用如雨的石塊和此起彼伏的口哨聲「迎接」他們。

戰俘們在大牟田嘗盡了人間的艱辛。參謀中士哈樂德、菲尼爾，原先是紐約的一名電器用品交易商，他認出了那些熟悉的通用電氣，豪林維爾（Honeywell）和喬鑽井設備（Joy drilling equipment）和英格索爾－蘭德壓縮機（Ingersoll-Rand compressors）的商標。三井公司在1917年雇傭了很多美國的工程師，購買了很多重要的美國設備來建設大牟田煤礦，任何一個美國的工程師會想到，二十五年之後，他們的同胞會在這片敵對的土地上，採用美國的設備，被強制勞動，別無選擇，缺少食物，長時間勞動，沒有任何報酬，沒有任何安全保障的設施，甚至沒有任何衣服。

大牟田集中營和福岡第十七集中營設計得一樣。三井公司為戰俘們搭建了產權歸公司的輕薄的木製的臨時工房，沒有任何暖氣設施，儘管到處是煤，但顯然不是用來有效地為戰俘供暖的，每天只供暖一小時，在這個小時結束之後，公司的雇員將走遍長長的臨時工房，走近小煤爐，打開爐門，用小鏟子取走剩下的紅火的煤，──即使在最寒冷的冬夜也是如此。

很快工房裡就爬滿了跳蚤、蝨子和其他的寄生蟲，戰俘們睡在直接鋪在地上的席子上，七個人一個房間，他們被一層薄薄的簾子隔開，據第二百炮兵團的阿馬杜、諾蒙諾回憶：「簾子上好像通了電，……戰俘們碰到了就會受到嚴重的電擊。」薄毯上各種寄生蟲頻繁出沒。沒有人有足夠的保暖的衣服；而1943年到1944年的冬天是日本四十二年以來最冷的冬天。

哈樂德、菲尼爾回憶了分發羊毛制服的鬧劇，這些羊毛制服時日本人在香港從英國人手裡搶回來的。「但當我們拿到它們時，

卻被告知，要把它們放在架子上以備『特殊場合』之需。我們得不到允許可以穿上它們，除了在紅十字視察員罕見的前來視察的時候。」菲尼爾毫不掩飾言語中的憤恨，甚至他還在講這個故事時帶著一絲冷笑。他描述了這些罕見的紅十字會的視察中的一次視察。這是在1944年的耶誕節，戰俘們被告知穿上那些折痕依舊明顯的英國制服。「在那之前，我們都是皮包骨」，菲尼爾說，「他們讓我們戴上圍巾，讓觀察員看不到我們骨瘦如柴的脖子。」後來，日本軍官打開了一些帶有紅十字標誌的箱子，在每一個饑腸轆轆的戰俘面前擺上食物，但不允許戰俘碰一丁點的食物。「在觀察員走後，日本人取走了所有的食物，我們一點都沒有嘗到。」菲尼爾叫喊著，對這段痛苦的回憶直搖頭。

二戰後期的國際紅十字會駐東京負責人馬塞爾、朱諾德醫生用令人不寒而慄的字眼來形容這次視察：「英國和美國的戰俘們不敢說話，向日本人深深地鞠著躬。他們的手臂緊緊地貼著身體，他們的頭和膝蓋基本上在一條線上。」

一個前戰俘說，他希望瑞士的觀察員能夠發現日本衛兵偷吃了國際紅十字會捐贈的食物。戰俘們記得，當紅十字會觀察員視察由戰俘中的湯瑪斯、赫列特醫生在大牟田煤礦建立的診所時，三井公司的雇員讓勞工營的廚師躺在床上裝作病人，把生病的戰俘藏匿到礦井中。所以觀察員的報告這樣寫道：「戰俘們有足夠的衣物和很好的醫療條件。」

也許對戰俘們來說，戰俘營中最怪異的方面是管理他們的看守。「他們當中的絕大多數人是從中國占領區回來的，參加南京大屠殺的老兵。」菲尼爾說，「他們一定變得有些瘋狂，由於他們在中國看到的或者做過的事情。」他沉思了一下說道：「因為他們的

行為完全是不可預見性的。前一分鐘，看守們還在它們的營房裡，後一分鐘，他們就可能沖出來，毫無理由地對我們亂吼或者暴打我們。過後他們又可能會到他們的營房裡去。簡直是有神經病。「一些戰俘感到奇怪，如果看守們在聽廣播，當他們聽到盟軍取得勝利時，他們會向最靠近他們的戰俘發洩他們的怒火。

一旦工作日開始之後，戰俘們就處於三井雇員的絕對控制之下，他們每天早上來到臨時工房，押送戰俘下到礦井中去，命令戰俘們完成一個不可能達到的採煤的定額。如果一個戰俘在工作時受傷了，——在這種令人恐怖的情形下通常發生的情況是——事故將成為無情毆打的藉口。最兇暴的打手是三井公司掌管炸藥的監工，他們被戰俘們稱為「炸藥人」。因為他的脾氣很火爆。對很多戰俘來說是一個巨大的解脫，「炸藥人」死於煤礦中的一次事故，他被傳送機的皮帶纏住，最後粉身碎骨。

事實上，在大牟田煤礦的受傷率是如此之高，以致於東京戰爭罪行審判的一個調查員告訴米爾、洛沃特，大牟田在他的戰爭罪行名單中排在榜首，就是因為這個原因。這個調查員叫羅伯特、韓弗瑞、Jr。他是肯塔基州格林威爾的一個辯護律師，他拍攝了成系列的二十四張反映大牟田戰俘營設施的照片。當三井公司在1947年上半年，拆卸這些建築，用垃圾掩蓋戰俘營的時候，他把它們賣給了在戰俘營中勞動的戰俘，洛沃特買下了它們。

哈樂德、菲尼爾作為日本俘虜，度過了1243天，絕大多數時間是在大牟田度過的。甚至在四十五年之後，他走路還有一些向左傾斜，因為他的骨骼在強制勞動中受到了永遠的傷害，日復一日，用他瘦骨嶙峋的身體負擔起超過負荷的重物。在房間裡聚會的，菲尼爾的同伴們，守衛巴丹和克雷吉多（Corregidor）的美軍士兵，幾

乎當中的任何一個人都可以舉起那些在大牟田服苦役的那些前戰俘。他們當中的很多人走路有些微向前傾；在他們的餘生中，他們不可能再完全筆直地站立。這是那些了強迫他們輪班勞動十二到十四小時的三井雇員們造成的後遺症。他們日復一日地在僅僅有四英尺左右高的隧道裡勞動。

「有些時候隧道頂是那麼低，我們不得不用我們的肚子像蛇那樣爬行，除了遮羞布之外什麼也不穿，「弗蘭克、比格洛是「USS Canopus」號上的水手，他回憶說，當他形容沿著陰濕的隧道，扭著六英尺六英寸的身軀爬行的時候，厭惡的感覺充斥著他的話語。「在你頭上戴一個小小的橡膠套子，在上面裝著一盞小小的電池燈，這就是我們的礦工帽。」比格洛對此嗤之以鼻。斯拉維說，發給戰俘們的膠鞋在腳趾處是裂開的，當膠鞋穿壞時，日本人也不發新鞋，很多戰俘只能在礦井裡被強制光著腳幹活。

戰俘們發現三井公司打開了已經被封閉的隧道，並且命令戰俘進入這些二十年來第一次進入的隧道。戰俘感到恐懼。「你無法知道我們每天進入那個礦井時的恐懼。」比格洛在1996年的一次採訪中如是說。

米爾、洛洛特說，戰俘們只被給予了10天時間來學習工具的名稱和用日語表達各種各樣的工作安排的命令。但是他們最需要的，不具備的是經驗，以及從事如此令人恐懼的工作需要具備的技術，還有某種程度的安全保障。陸軍上士法蘭克、史特克林回憶說：「我們坐著電纜車下礦井，我感覺就像進入了地獄為一路的墮入祈禱。」

「我們要推倒礦柱，這是你在礦井裡最危險的工作。」法蘭克、比洛格回憶說，「在日本做這種工作的礦工將獲得高額報酬，如果你要他做這項工作的話。而我們每天都做這種工作。當一個隧

道被開採光了的時候，只剩下一個上面有很薄的煤層的礦柱，它們支撐著頂篷。如果我們推倒了礦柱，我們就被留在隧道裡了，頂篷可能會在我們後面塌下來。」

有一天一部分頂篷掉下來砸在了比格洛的大腿上，因為他沒有足夠快速的逃離。他發現自己被壓在了一塊離礦井表面1600英尺的石頭下動彈不得。比洛格非常奇怪，他的朋友們是怎樣在那個惡劣的一月天裡，抬著他經過了很多垂直的梯級，到達礦井頂部的。

三井的一名老雇員不讓我的夥伴們把我抬到「醫院」。他讓他們把我放在我們稱之為「聖殿」的房間的石頭地板上，這其實是位於煤礦入口處的一個很小的神社，我們每天早上都要走進去，對著天照大神鞠躬。然後他命令我的朋友們回去工作，把我放在冰冷的地板上長達五個小時，直到再次輪班。後來我們戰俘營的醫生湯瑪斯、赫列特告訴我，唯一沒有讓我因為流血過多而死亡的原因是天太冷了，我的血液凝結了。他試圖保住我的腿，但是沒有任何藥品和麻醉品，最終他只能把它截斷。我記得我問過他，「醫生，你能給我一片阿斯匹林或者給我一些威士卡或者其他的東西嗎？」他回答道：「如果我有威士卡的話，就自己喝了。」他說完，好幾個人把我按在地上，讓他進行了手術。他救了我的命。

斯拉維在1944年9月礦井天篷砸到他身上後，在三井公司老雇員的許可下得以在沒有人護理的獲得休息的機會。斯拉維傷了四根肋骨，後骨盆碎裂，在他背部下方的兩塊脊椎骨碎裂。兩個戰地醫務員被安排照顧我，他們給我按摩，給我洗熱水澡，逐漸地，我能走路了；逐漸地，我康復了；我又回到礦井中工作了。

斯拉維還形容了一個三井雇員對他的傷害，只因為一個小小的錯誤。

在塌方讓我受傷之前，另外一個戰俘和我到那個骯髒的大廳裡排隊遲了一點，一個日本看守抓住了我們，把我們帶到警衛室，他用一根橫截面為2英寸乘2英寸，長為6英尺的棍子猛擊我們的臀部。他每打三下就做出一個擊打棒球的動作，棍子落到我們屁股上的時候，我們疼得直叫，我們叫一聲，他就再打我們一下。我們的屁股腫得三個星期不能坐下來。

　　陸軍下士詹姆斯、史塔西形容了大牟田煤礦的日常工作條件：我一直在水裡工作，有時水齊腳踝，有時甚至齊腰，冷水一直滴在我的頭上，背上和肩膀上，……我們在煤礦的任何地方每天都要工作10到14小時……我被迫回到礦井中工作，即使我的左手非常腫大，以至於不能彎曲和動一下我的手指。我被一個三井的雇員用一把橫截面為2英寸乘2英寸的鎬把手毆打，那一次我的整個屁股被打得鮮血淋漓，就像一塊牛排，我是被朋友們抬到了戰俘營裡的。我多次被他們打。

　　「醫院」這個詞只具有語義上的象徵意義，當它被用來形容在日本公司擁有的戰俘勞工營中的醫療設施的時候實在名不符實。就這一點而言，在日本戰時建立的170所關押盟軍戰俘的戰俘營中都是如此。儘管戰俘醫生們有著奉獻的精神，並每天進行著奇跡般的工作。（當一個戰俘營很幸運地有一位醫生或者是護理人員的時候。）但是藥品、供應品和醫療器械缺乏是致命的，──特別因為紅十字會的裝有這些至關重要的和救命的器械的箱子幾乎在每一所戰俘營當中都被鎖在了倉庫裡。大牟田不是例外，赫列特醫生在戰後的一個報告中如下寫道：

　　1945年8月日本衛兵的分遣隊離開的時候……，我們發現好幾

個倉庫堆滿了紅十字會捐贈的食品和醫療品。這些箱子收到的和儲存的日期，暗示出這些東西在1943年8月之前就寄到日本了。這就是說，當我們忍饑挨餓的時候，缺少必要的藥品和醫療器械和X光設備的時候，這些東西——這些美國人民的禮物，被日本在戰爭期間在倉庫中封閉了整整兩年。我們否認獲得這些必需品的原因，仍然是日本帝國軍隊的最高機密。

但是，戰俘們很幸運的能有一個以赫列特醫生為首的多國醫療隊。他讓三井男爵相信，診所至少應該有足夠的空間放床，哪怕藥品設備和供應品是嚴重缺少的。在公司的物產中有一個設備相當完好的醫院，但是戰俘們害怕接受日本醫生治療，要求擁有他們自己的診所。

戰俘們對由於受傷而死的恐懼裡經常存在的，對飢餓的恐懼是每天都要面對的。因為戰俘們感到他們越來越虛弱，在赫列特醫生小心謹慎地保留下來的記錄中不止一次地講述了殘酷的形象的事實。赫列特醫生發現對於一個二十到二十五歲的做「有節制的勞工」的青年男子來說，為維持蛋白質，碳水化合物、脂肪和維他命的平衡，每天攝入的最小熱量是2800卡路里，但是在1943年到1944年的大牟田的第17戰俘營提供的食物是80%的米和20%的攙入物的混合物。每個出去工作的男人的攝入的熱量，是597卡路里，被關在宿舍裡的男人攝入的熱量只有469卡路里，而在戰俘「醫院」中的男性攝入的熱量只有341卡路里。（在二戰期間，日本人在很多地區都有不給生病戰俘提供食物的習慣；大牟田的生病的戰俘們很幸運地分到了一些東西。他們得到的，通常是朋友們偷偷給他們的。）

在1944-1945年之前，他們俘虜生涯的最後一年，赫列特醫生的記錄的對於戰俘們的食物配給變成了60%的米和40%的摻入物，美其名曰這些摻入物富含維他命。去工作的男性攝入的熱量已經低於500卡路里，在宿舍的男性攝入的熱量是408卡路里，病重得無法工作的男性只有153卡路里。

這就不奇怪，在日本戰俘營裡的戰俘平均體重下降了70到100磅；很多人說在他們獲得解放的那一天，他們的體重下降了80到90磅。在他們身體狀況最差的時候，他們的家人見不到他們。因為在他們離開戰俘營的這段日子裡，他們一直在吃由美國海軍和空軍殷勤提供的真空包裝的貨真價實的食品，就這樣持續了兩個星期，但是半個世紀之後，他們的身體和眼睛仍然受到了嚴重營養不良的長期影響。

前戰俘們經常提到的一個例子就是「桔子卡車」的事情，這件事證明瞭戰俘們的營養是多麼地不足；正始哈樂德、菲尼爾所說的那樣。

1944年夏天，我們當中的很多人看不見東西了，赫列特醫生告訴戰俘營司令官，我們需要維生素C，於是一輛裝著小桔子（Mikun）的卡車出現了。我們吃光了桔子，包括桔子皮和所有的部分，我們又能夠看到東西了。

哈樂德也回憶了，赫列特醫生是怎樣堅持不懈地每天打探什麼時候放鬆對戰俘們的藥品和食物供應的限制。「每天三井公司的醫生都在和赫列特醫生繞圈子。」菲尼爾輕蔑地說：「赫列特醫生說『我們需要這個，我們必須有那個』，而日本醫生說『明天吧，明天就有了』——總是『明天』。但是明天永遠不會到來。」菲尼爾搖著頭拖長了他的聲音。

對三井公司的福岡第17號戰俘營的倖存者來說，他們的明天從日本天皇1945年8月15日玉音廣播宣布日本投降那天開始。對他們的很多同伴而言，這一天已經太遲了。回家的戰俘，戰後的生活中也受到營養不良、煤礦吸入的煙塵和導致的各種後遺症的長期的巨大痛苦的折磨。沒有人能夠完全恢復健康，享受艱難獲得的自由。總共1859個戰俘，包括821個美國人，被送到了三井的大牟田煤礦。儘管存在著高受傷率，但是還有1733人倖存了下來，49個美國人去世了。1999年還有少於200個的在大牟田充當過奴隸勞工的美國戰俘活著。

當1945年9月，斯拉維回到家時，他看到了令人痛苦的一幕。在過去的三年生活中，家人們沒有得到深愛的他的任何消息，當他呼喊著奔向父親時，老斯拉維沒有表現出認出兒子的微笑。他伸出了手撫摸他兒子的臉。醫生告訴斯拉維，他父親在新墨西哥的伽沃普火車站工作時，在一個風雨之夜他一直在為斯拉維哭泣。他哭乾了他的淚腺，眼睛乾枯了，最終導致了失明。

「在我充當戰俘的所有經歷中，這裡最難的忍受的。」斯拉維說。（譯自Japanese War Crimes: the Search for Justice）

金百合計畫揭密
──日本二戰掠奪亞洲巨額財富黑幕

　　導語：最近由張子健主演的電視連續劇《孤島飛鷹》正在熱播。這部電視劇裡描寫了張子健飾演的「獵鷹暗殺隊」的隊長燕雙鷹率領武藝高強、身懷絕技的隊員們與日偽軍方和特工的驚心動魄的鬥爭。康狄對於張子健飾演的「神探狄仁傑」裡面的李元芳以及《飛虎神鷹》系列的燕雙鷹一直非常喜歡。《孤島飛鷹》這部電視劇主要描述的是「獵鷹暗殺隊」圍繞「天國寶藏」與日偽的鬥法。日本天皇特使今井武夫為了「天國寶藏」來到中國，日本人制訂的奪取「天國寶藏」的計畫叫做「金百合計畫」。

　　親愛的讀者朋友們，「金百合計畫」並不是子虛烏有，是確有其事，不過它的制訂不是為了奪取「天國寶藏」而是為了高效率地掠奪被日本侵略國家的財富，它一直是日本軍方的最高機密。它設立於南京大屠殺期間，一開始是為了保證中國上海至南京廣大地區的金銀珠寶和無價的古董、工藝品等進入日本皇室的腰包。康狄特地依據美國著名夫妻作家西格雷夫夫婦的《黃金武士》一書，整理出此文，以饗讀者。

西格雷夫夫婦簡介

2005年1月，中國對外翻譯出版公司推出了《黃金武士》一書，該書由美國著名夫妻作家斯特林·西格雷夫和佩吉·西格雷夫創作，由南京師範大學南京大屠殺研究中心翻譯，由中國細菌戰受害者原告團總代表王選女士擔任校譯。

斯特林·西格雷夫和佩吉·西格雷夫是美國著名夫妻作家。斯特林是華盛頓郵報的記者，後來又成為時代週刊、生活週刊、大西洋月刊和遠東經濟評論的調查記者。佩吉是美國時代生活出版公司的高級研究員和圖片編輯。斯特林寫作了暢銷書《宋家王朝》（The Soong Dynasty），又和佩吉合作了暢銷書《邊緣的主人：中國在海外的隱形帝國》（Lords of the Rim: the invisible empire of the overseas Chinese）和《大和王朝》（The Yamato Dynasty）。他們於2003年倫敦維爾索出版公司（Verso books）出版了《黃金武士：美國祕密發掘山下奉文黃金》（Gold Warriors: America's Secret Recovery of Yamashita's Gold）一書。

該書內容令人震驚，作者翔實地描述了日本在發動侵略戰爭期間對亞洲各國的財富進行了澈底的掠奪。繼而講述了日本對這筆不義之財的處理以及戰後形形色色的勢力對這筆巨額贓物的持續不斷的爭奪。由於作者是具有良好史學素養和出色的文筆，使得全書生動形象、跌宕起伏。

書中有太多的歷史謎團，它喚起了一個我們曾經一度忽略的，卻異常重要的問題——日本在侵略戰爭期間，特別是在二戰期間從亞洲各國掠奪的巨額財富到哪裡去了？

中國的損失相對於其他遭受日本侵略的國家來說尤為巨大。自1871年日本利用「琉球漂民」事件侵略臺灣，勒索清政府五十萬兩白銀以來，日本軍國主義貪婪的魔爪頻頻向中國伸手，甲午戰爭強行勒索清政府白銀2.3億兩，達到一個高峰。「九‧一八」事變以後，日本澈底撕下了遮羞的面紗，露出了猙獰的面目，對中國的領土進行了赤裸裸的軍事侵略。

　　從東北開始，日本軍國主義逐步憑藉武力侵占了大半個中國，伴隨著野蠻的鐵蹄的是明火執仗的瘋狂的掠奪。它洗劫了中國數以千計的城市和鄉村，奪走了中國官方和民間的難以計數的黃金、白銀和珠寶，以及文物、古籍、藝術品。據當時最保守的估計也有數十億美元。這些都是中華民族在漫長歷史中創造出來的無價之寶。除中國內地外，從香港到新加坡，從馬尼拉到雅加達，東南亞各國所有華人華僑都遭到了同樣的殘酷掠奪。

　　令人震驚的是，日本的洗劫不是盲目性的，也不是以士兵個體分散的掠奪為主的，而是具有高度組織性的。日本的系統洗劫計畫以裕仁天皇的一首俳句命名，稱之為「金百合」計畫。理論上一切日本的「戰利品」都應該「貢獻」給天皇。事實上，絕大多數上等的「戰利品」都進入了日本皇室的腰包。這些都是高度機密的。

　　「金百合」計畫正式於南京大屠殺期間正式啟動，啟動的主要原因是日本高層害怕，士兵的零星搶劫，破壞一些價值無法估計的文物，同時避免很多金銀財寶落入私人之手。天皇統治集團希望占據這些巨額的財富。

　　「金百合」計畫的主要負責人是日本皇室成員，裕仁天皇的弟弟秩父宮雍仁全權負責，其他皇室成員負責日本在各個占領區中的分支機構。主要執行人是日本軍隊，日本的經濟組織扮演了重要的

角色，日本黑幫是其有力的幫兇。「金百合」計畫網羅了很多的專家，包括文物鑑定、運輸、地質、建築專家等等。

可以說，日本對亞洲財富的掠奪是動員了全社會的力量，是蓄謀已久的，用盡各種手段的。其掠奪的對象也包括被占領區的整個社會，從被占領國政府機構到普通民眾，掠奪財富的種類也是林林總總，從黃金、白銀、珠寶、貨幣到無價的古董、字畫、書籍。日本軍隊甚至大肆挖掘被占領國古墓，從其中掠奪財富。日本軍隊既掠奪被占領國國庫、銀行，也肆無忌憚地奪起被占國平民地首飾乃至一切可以製造武器的金屬物品，其掠奪的澈底程度，好似梳頭髮的篦子不放過頭髮任何一個細節。

日本劫奪的數目無法精確統計，作者僅僅在研究負責菲律賓藏寶的竹田宮的藏寶圖時，發覺了一個似乎在表明一個藏寶庫收藏了價值777萬億日元寶藏的符號（這還是1944年的價值，當時匯率是4日元兌換1美元）（筆者注，此數目只是推測，但是日本掠奪亞洲巨額財富的數目一定是巨大的驚人的。）

綜合書中的觀點，筆者概括了日本在實施金百合計畫時所採取的各種方式，也許這些方式不限於金百合計畫，而是日本對被侵占國家實行殘酷的掠奪的方式的一個總結。日本可謂無所不用其極。從明火執仗地打劫金庫、國家機構，還通過種種暴力手段洗劫民間，甚至通過在被占領地操縱貨幣等方式巧取豪奪，甚至冒天下之大不韙，通過盜挖古墓、大規模販毒、強制勞工、綁架勒索、建立賭場、妓院等罪惡的場所，掠奪財富。書中披露了以下的內容：

洗劫朝鮮

在金百合計畫尚未開始的時候，日本已經在朝鮮進行了財富掠奪的預演。由於朝鮮是它的海外殖民地。日本作為統治者，以各種「合法」的名義洗劫朝鮮財富。

他們甚至大規模盜挖古墓。朝鮮出產的青瓷聞名於世，日本侵占朝鮮後，搶劫了朝鮮宮廷和民間收藏的青瓷後，仍不滿足，在寺內正毅擔任朝鮮總監期間，日本大肆挖掘朝鮮古墓多達2000多處，其中包括位於開城的朝鮮王陵，掠走了墓中所有的珍寶，包括青瓷、佛像、王冠、項鍊、耳環、銅鏡和其他裝飾品。

日本還以科學研究為名，把數以萬計的朝鮮文物古籍運到日本國內，這些都是朝鮮的國寶。朝鮮寺廟也未能倖免，精美的佛像和銅鐘被運到日本，一切金屬宗教物品也被劫掠，用以鑄造武器。

肆無忌憚地搶劫中國

日本的搶劫是全方位的。他們當然樂於強占銀行金庫獲得大筆黃金、白銀等貴重金屬和珠寶，以及大筆現款。對於民間財富，他們是不會忽略的，同樣進行洗劫。另外他們特別重視搶劫能夠用於製造軍火的金屬，因為日本是一個資源貧乏的國家。

日本的搶劫計畫是有預謀的。滿鐵、三井、三菱等日本大企業以「研究中國」為名，派出了大批情報人員，打著「學術」的幌子，對中國各地的資源財富進行了調查。滿鐵在上海、南京、杭州、廣州、香港等地設立了分支機構，中國各地的工衣業財富，政

府和民間的財富被他們診查得很清楚。這些所謂「學者」，後來成為了金百合計畫的執行指導者，隨著日軍的鐵蹄前進。

關東軍發動「九‧一八」事變的第二天，就占領了瀋陽的銀行大樓，邊疆銀行和東三省銀行的金庫，占領東三省後，日本憲兵隊洗劫了所有的省行以及各地支行，將大筆黃金及貨幣據為己有。

日軍攻佔南京後，憲兵四出活動，扣壓中國政府財產，搶劫銀行金庫，搶劫民間的私人收藏、黃金珠寶。日本憲兵緊緊盯住南京富商大賈、以及幫會首領，動用各種手段，包括綁架，逼迫他們交出巨額財富。據說，在這一階段，日本憲兵搶劫到了6000噸黃金。另外還有大量的鑽石、寶石、白金被劫掠，日本人甚至到衣村挖掘墳墓把屍體身上的金牙也敲下來了。

日本歷來對中國古籍珍本極其重視。侵占南京以後，日本派出了大批學者和僧侶來搜集甄別整理在南京等地劫掠的書籍，他們對南京的圖書館、博物館等建築進行了嚴格的控制。1938年春，多達1000名日本僧侶和學者來到南京，對書籍進行整理，並編訂目錄。部分圖書精品被貢獻給天皇，大部分圖書資料被嚴格登記裝箱，日本徵發了2300多名中國勞工進行打包，最後動用了300輛卡車將書籍運到上海，最後運回日本。

郭歧先生《陷都血淚錄》中的記載可以作為印證。

他們（日軍）事先做過嚴密的調查，攻陷南京以後立刻便開展了有計劃的搜劫行動，各機關、學校、博物館、圖書館、達官富商的公館、各大公司、大商家所收藏的古董字畫，幾被他們一掃而光，盡數劫走。無一有「漏網」的，日軍猶在持續不斷地搜劫，同時更以半買半搶的方式在地攤上

作最後的劫掠。

　　除了古董字畫，珠寶珍玩，日本人全面劫掠的第二個著眼點，放在了製造槍炮子彈的原料——廢銅爛鐵上。日軍每到一處，廢銅爛鐵必定洗劫一空，每一戶遭了殃的人家，從鐵門鐵柵到銅鎖銅栓，無分巨細，絕對無一倖免。

　　所有在南京有組織掠奪的物品都由秩父宮監督登記造冊，由參與金百合計畫的日本軍隊武裝押運到上海，由日本皇室成員貼封以後運回日本。有些黃金運到滿洲重新熔鑄成統一尺寸的金錠後，再運回日本。

　　太平洋戰爭爆發之後，在中國的外國財產也變成了日本劫掠的目標。日本立即沒收了所有西方資產，並把西方銀行洗劫一空。搶走美英等國在華工廠的設備以及所有金屬製品。

對東南亞各國的搶劫

　　日軍偷襲珍珠港後，用5個月的時間席捲東南亞，占領新加坡後，秩父宮在新加坡建立了金百合行動的地區總部，把吉隆玻和檳榔嶼作為了搶劫贓物的中轉站。

　　在吉隆玻，馬來西亞中央銀行金庫，日本人搶到了許多23.97K，每塊重6.25公斤，尺寸為1×2×5.75英寸的金磚。他們還從馬來西亞各省的馬來酋長和華僑手中搶劫了大批黃金。在柬埔寨，日本人搶到了大量金磚。這些金磚尺寸為15.5釐米×5釐米×3.7釐米，純度為92.3％。從緬甸搶到檳榔嶼的黃金約為1000噸。

　　大量來自老撾、柬埔寨、泰國和緬甸的各種各樣的金磚被運到

怡保重新澆鑄成統一規格的金磚。從緬甸搶來的金磚被澆鑄成金字塔形，尺寸為15.5釐米×5.5釐米×3.8釐米，含量20K，重6.2公斤。

由於東南亞諸國佛教盛行，很多富裕的信徒，用黃金鑄造了佛像，為防盜竊，他們在佛像外面用敷上石膏。日軍把大量佛像，推倒砸開。通過這種辦法，被他們奪走的黃金佛像，單單在緬甸就有8噸之多。1942年7月，日本人掠搶到了一尊15英尺高的金佛。

菲律賓的損失非常慘重。當時菲律賓國庫中有51噸黃金，32噸銀塊，140噸銀幣和2700萬美國財政部公債，還有大量的寶石和債券。另外在國家花旗銀行還儲存了2噸的個人黃金以及寶石和其他貴金屬。美軍動用了4天時間，將它們運到了柯雷吉多爾島。51噸政府黃金，共有2542塊金磚，每塊重20公斤，存放在海軍隧道的水準巷道內，在馬尼拉塔隧道南側，1430噸銀比索被存放在馬尼拉塔隧道中，2噸私人黃金存放在監獄中。

除了1942年2月3日，美國「鮭魚號」潛艇帶走了2卡車私人黃金和數噸銀比索，傾倒於聖約瑟灣的115噸銀幣外，其餘財富均落入日本之手。

大量日本銀行職員，主要是橫濱正金銀行和臺灣銀行（日本的銀行）職員被派到東南亞各地，協助日軍清理當地銀行帳目，尋找出被隱藏的帳戶和財產。日本人採用陰謀和刑訊、威脅等恐怖手段迫使當銀行工作人員交出祕密庫房和保險箱的鑰匙。利用恐怖手段，日本在爪哇的銀行裡一次就獲得了5200萬荷蘭盾現金。對於拒絕合作者，大都會被折磨致死。

在菲律賓，日軍包圍了上層人士和中產階級住宅區，迫令其離開住宅。隨後憲兵入室洗劫資產，一切值錢物件以及金屬製品被洗劫一空。他們還經常搜查平民，以獲得藏匿的黃金和寶石。

發行軍票操縱貨幣

除了赤裸裸的搶劫外，日軍每占領一地，就強行發行沒有任何信用和資本儲備的軍票，強行流通。通過這種方式，他們獲得了大量的物資，以及大量占領地的貨幣。

日軍占領東三省後，設立滿洲國中央銀行，發行占領券作為新貨幣，強領中國居民把有價值的中國貨幣兌換成無價值的占領券。日本再用這些兌換來的中國貨幣從中國套取戰爭物資。

日本人將在中國使用的操縱貨幣的伎倆在東南亞如法炮製。他們強制發行日本軍需票，並且規定一元軍需票兌換一元當地貨幣。這就使得市面上的貨幣流通量增加，造成了通貨膨脹。

日軍不斷加大軍票發行量，使得軍票信用度不斷下降。當一種軍票喪失信用時，日本就用新的軍票代替了舊的軍票。日軍還用軍票從占領國「購買」了不計其數的物資、藝術品和古董。這些軍票在日本投降後只能是廢紙一堆。

日本人在占領地區建立了掠奪性的財政制度，通過發行軍票，加上制定的形形色色的捐稅，把占領國的財富源源不斷地抽回日本國內。

大規模販毒

關東軍占領東北以後，強迫東北人民種植鴉片，它在東北建立了數十家鴉片加工工廠，提煉海洛因。三井公司也參與了其中。日本軍國主義意識到毒品貿易的巨額利潤後，在朝鮮、臺灣以及在

中國建立的租界中設立了數百家制毒工廠。它們把海洛因摻入香煙中，甚至將其製成片劑冒充藥品。日本的憲兵、財閥、黑社會沆瀣一氣，爭逐最大的毒品利潤。

到了1937年，世界上90％的非法鴉片和嗎啡都由日本提供，日本軍隊成為世界上最大的販毒集團，當時的毒品收益每年可高達3億美元，這為日本軍閥的擴張，特別是為關東軍侵略政策的實施提供了巨額資金來源。

敲詐勒索

這種方式也是日軍常用的。在華北，渡邊亙大佐採用威脅閹割有錢人家長子的方法詐取了大量的黃金、珠寶和藝術品。最典型的案例發生在新加坡。遷政信大佐用暴行開路，1942年2月21日開始，他下令對新加坡華人進行大屠殺。馬來半島共有4萬華人被屠殺。他接著要華人向天皇貢獻5000萬日元「贖罪費」。處於驚恐中的新加坡華人無法在短期內籌集到如巨額的金錢，他就「代」華人向橫濱正金銀行貸款，確保了有一筆巨大的財富送給天皇作為禮物，然後他強迫華人交出了大量金磚和外國硬通貨以及有形資產償還。

敲詐勒索也是日本黑社會經常使用的方法。日本黑社會頭目兒玉譽義夫，在南京大屠殺期間，被派到中國專門搶劫中國的黑社會。他穿梭於南京的鄉村，採用恐怖手段威逼鄉紳「捐獻」財產給天皇。後來他又被派到東南亞，受命掠奪當地的黑社會。為了他的行動方便，日軍甚至授予了他海軍少將的軍銜。

強制徵發奴隸勞工

日本還大肆使用戰俘勞工，盟國戰俘被強迫修築鐵路，為川崎重工、三菱、三井、日本製鐵、昭和重工和其他公司工作。由於條件惡劣，經常遭受虐待，戰俘死亡率接近30％。

戰俘勞工只是日本徵發的奴隸勞工當中的一小部分。絕大多數的奴隸勞工來自於被日本侵略的亞洲國家。中國、朝鮮、印尼等國被強制徵發的奴隸勞工有數百萬人，其他被占領國家的平民也被徵發為奴隸勞工。這些勞工生命安全沒有保障，很多被迫害致死。

日本占領東南亞各國後，加大了對占領地金礦的開採，使用了奴隸勞工。日軍絲毫不考慮工人的安全問題，因為他們使用的都是奴隸勞工。例如日本第25軍占領蘇門答臘的本卡利斯島後，將島上的金礦產量提高了10倍，每年超過400公斤。這些財富是用強制勞工的累累白骨換來的。

無論戰俘勞工還是普通的平民勞工，他們用血汗乃至生命創造的財富，都被日本政府和財閥攫取。

建立性奴隸制度斂財

日本軍隊和黑社會還建立了慰安婦制度，從亞洲各國，主要是朝鮮和中國徵發婦女充當慰安婦。據估計，被迫害婦女多達20萬人。這些婦女用肉體換來的骯髒的錢也流入了日本軍國主義者手中，成為金百合計畫的一部分。

其他非法手段

日本黑社會在占領地區還建立了大量賭場、妓院、煙館、發行彩票，這又把很多財富輸送到日本國內，一般而言，去這些場所必須用硬通貨消費。

金百合計畫在東南亞各國掠奪的黃金、珠寶、古董、藝術品都先被運到馬尼拉，然後運到東京。而股票、證券、持金證書等非物質財富被送到橫濱正金銀行或臺灣銀行，然後再轉到日本人在中立國銀行開設的帳戶上。日本的洗錢方式主要是通過中立國銀行。它將掠奪的贓金澆鑄為符合國際標準的金塊存入中立國銀行。澳門也被日本利用來洗錢，日本通過向澳門商人低價出售黃金的方式來洗錢。

當時橫濱正金銀行的最大持股人就是裕仁天皇，他擁有22%的股票。至少可以確認，戰爭結束時，裕仁已擁有資產1億美元，這相當於今天的10億美元。這筆巨額的資產以黃金和外國貨幣帳戶的形式存在瑞士、南美、葡萄牙、西班牙和梵蒂岡的銀行裡。

金百合掠奪的巨額財富絕大多數進入日本皇室的腰包。在日本中途島海戰失利後，日本統治者認識到戰爭的失敗已經不可避免。由於逐漸喪失制海權，日本皇室成員決定在菲律賓埋藏這些掠奪來的巨額財富。本，曾經目擊了這些財寶的埋藏，他當時是金百合計畫在菲律賓的負責人竹田宮恒德王子的僕人。據本透露，這些財寶被埋藏在菲律賓的175個祕密地點。戰後這批贓物在菲律賓不斷被發現，世界上湧動著一股力量巨大的暗流，伴隨著暗流的是無數的陰謀和罪惡。

作者在書中還披露了一個令人震驚的重大發現。中國的國寶，人類學歷史上最珍貴的寶物北京猿人頭蓋骨和牙齒可能被日本劫掠到了日本皇宮。

　　1941年11月，離太平洋戰爭爆發還有幾個星期前，北京的協和醫學院的工作人員擔心日本會把這個稀世珍寶搶走，打算將化石轉移到美國史密斯學會，等抗戰勝利結束後再運回來。他們將化石細心地包裝好後，放在了9個鐵製的彈藥箱裡，這些箱子交給了美國海軍中尉威廉、丁、福利。

　　福利當時享有外交豁免權，這些箱子可以當作他的個人財產帶走。但福利還未離開中國時珍珠港事件就爆發了，福利被否認了外交官的身分。兩個半星期後，他被押到北京火車站，為保護化石，他隨身攜帶了箱子，兩個星期後，在一個工業港口，日本軍官搶起了箱子，福利作為戰俘勞工在三菱公司的礦井中工作了三年半。戰後他向朋友們講述了這件事。

結語

　　日本在中國近代一直是中國最兇惡的敵人。日本帝國主義在明治維新後，在亞洲崛起之後，一直對中國等亞洲國家進行各種各樣的侵略和滲透。日本在中國攫取的財富直接導致了它的經濟繁榮，這些財富是中國政府和官民積累了幾千年的財富，很多被日本用卑鄙骯髒的手段搶走，很多財富變成了日本進一步擴張軍國主義的經濟基礎。金百合計畫只不過是日本掠奪亞洲國家財富的冰山一角。單單在金百合計畫當中，財富已經非常驚人。在美國主導下，在舊金山和約中，日本以極低的代價，與亞洲國家實現了所謂「和

解」，日本幾乎沒有對受害國以及受害者進行賠償。日本必須進行
道歉和賠償，這是歷史的正義！

日軍強迫美軍戰俘修建緬泰死亡鐵路秘聞

　　導語：在東京國際審判中，日本軍國主義在遠東犯下的罄竹難書的戰爭暴行中，有三件被確認為日軍遠東三大戰爭罪行——南京大屠殺、巴丹死亡行軍、緬泰死亡鐵路。對於緬泰死亡鐵路，西方主流社會和歷史學界有著深刻的認知，奧斯卡獲獎影片《桂河大橋》，讓緬泰死亡鐵路在西方家喻戶曉。而中國的讀者和觀眾卻很少有人知道《桂河大橋》講述的故事發生的真實的背景和情況。下面，請讀者朋友來自己看看，美軍戰俘是如何經歷這場人間浩劫的，請看美國德克薩斯理工大學檔案館越南口述檔案整理委員會主任凱莉 E.克拉格博士的專著《hell under the rising sun》（膏藥旗下的地獄）當中記述的美軍戰俘的親歷。

膏藥旗下的地獄簡介

　　桂河大橋的修建者是英國被俘官兵，高傲而倔強的英國紳士們為了尊嚴，竟然發揮主觀能動性修出了一座堅固無比的大橋，最後又為了盟國的利益而把大橋摧毀。修建緬泰死亡鐵路的日本軍隊絕大多數表現得可不像電影中刻畫的那般陰險狡詐——他們利用英國軍人的榮譽感來達到目的。在整個亞洲太平洋戰爭期間，日本軍隊

根本沒有依據《日內瓦公約》來給予戰俘應有的權利，相反，他們大肆違反《日內瓦公約》，不僅虐殺戰俘，而且大量使用戰俘用於軍事目的——緬泰死亡鐵路就是典型。

對於緬泰死亡鐵路戰爭暴行，西方學界已經有了很多研究。眾所周知的是，修建死亡鐵路的主力是被日軍強征的馬來半島的當地居民和英國、澳大利亞、荷蘭戰俘。但是近年來，經過克拉格博士等美國學者的深入發掘，發現也有人數不多的美國戰俘參與了修建。他們是美國德克薩斯州國民警衛隊改編的美國陸軍第36師第131野戰炮兵團第2營的官兵和美國海軍休斯頓號驅逐艦上的被俘官兵。這些美國戰俘人數是668人，有173名戰俘因為日軍的殘酷虐待而長眠在異國他鄉。

在克拉格博士的專著推出之前，很多美國人對此也是一無所知。因為普通美國民眾想不到，並不在中南半島駐兵的美國軍隊竟然也有戰俘被送到這裡來修建死亡鐵路，傳統的歷史書籍中都將中南半島刻畫成英國和法國的殖民地盤。克拉格博士的這本書在美國出版之後，某種程度上彌補了美國歷史的空白，引起了巨大的社會反響。對於這一點，克拉格博士在書的前言中表示，完成此書是他的夙願——他說，作為一個德克薩斯人，公布他的同胞在日本軍隊刺刀的逼迫下，在瘴氣彌漫、驕陽似火的濕熱叢林中從事耗損生命的勞動，是他的責任和義務。他查閱了大量檔案和文獻材料，採訪了諸多參與修建緬泰死亡鐵路的、倖存下來的德克斯薩老兵，終於完成此不朽著作。

本書語言淺顯生動，克拉格博士對於口述史料和檔案、文獻資料的運用恰如其分、得心應手。這一點可以從數目巨大的引用檔案和相關研究文獻中得以體現。毫不誇張地說，克拉格博士為參與緬

泰死亡鐵路修建的美國戰俘，尤其是德克薩斯戰俘勾勒了一部完整的二戰群體史。這個群體從參軍、作戰、被俘、修建鐵路，到獲得解放，無一不得到充分的描述。本書不是一部建立在演繹基礎上的文學作品，而是建立在深厚學術功底和可信史料基礎之上的史學作品，是一部「還歷史以真實，換生命以過程」的史學力作。

　　下面，請讀者朋友隨著筆者來體驗一下緬泰死亡鐵路修建過程中的日軍罪惡行徑的無比殘暴和美軍戰俘求生力量的無比偉大。

不間歇的勞作

　　隨著緬泰死亡鐵路的修建到達緬甸東部的山林地帶，修建工作變得日益艱難。日本軍隊大量增加修建鐵路的戰俘數量，並且逼迫他們增加日常工作量。由於美軍在太平洋上不斷擊沉日本的軍艦和商船，日本的海上交通線變得越來越脆弱，為了向南洋地區運送兵員和作戰物資，在1943年5月到10月期間，日本軍隊開始了臭名昭著的「加速運動」，為了儘快建成連接穿越緬甸和泰國的鐵路，打通他們「大陸交通線」在中南半島的「最後一部分」。此外，日本軍隊希望在中南半島的雨季（5-9月）完成緬泰鐵路的修建，這樣他們就可以在雨季結束以後，利用鐵路來快速調動軍隊和物資，以便他們占領緬甸的剩餘地區，並且利用緬甸為跳板進攻印度。中南半島叢林密布，霧氣繚繞，空氣能見度差，火車行駛在叢林中被盟軍飛機轟炸命中的可能性較小。緬泰鐵路的貫通也便於日軍將東南亞的戰略物資運回日本。

　　所以日軍瘋狂地不顧戰俘死活地逼迫戰俘勞動。戰俘們營養不良，病魔纏身，日本軍隊基本上不提供必要的衣物和藥品，食物也

少得可憐。來自德克薩斯的美軍戰俘體重急速下降，卻不得不拖著病體在日本看守的刺刀威逼下長時間勞動。**日軍總部宣稱，為了實現戰略目的，犧牲一定數量的戰俘是可以的。**

　　日軍為搶工期，採取分散修築的辦法，把盟軍戰俘驅趕到不同路段築路，美國的戰俘也被分開了。從5月份到9月份，日本看守們端著上著刺刀的步槍，操著生硬的英語「speed！speed！」，逼迫戰俘們幹得更快一些。恰巧1943年的季風比以往任何一年都強，暴雨不斷，在這場「加速」運動中，美國戰俘遭到了俘虜期間最殘酷的虐待，死亡人數比其他任何時段都要多。此時的美國戰俘正在受著熱帶疾病的折磨──幾乎所有戰俘都掉了三分之一的體重。

　　德克薩斯的美軍戰俘們絕大多數在「80公里營」勞動。此刻，他們早已衣衫襤褸，很多戰俘只剩下一條內褲可穿。然而日本看守仍然不斷加重他們的工作量，要求他們每人每天必須完成2.5個土方，完不成任務，不准回營地休息，「不幹完，不准回去」。他們逼迫戰俘在天亮之前開始工作，晚上十點以後才能結束工作。戰俘們在工作時，還要遭受日本看守無情地毆打。日本人取消了戰俘們原本可憐的休息時間，美國戰俘馬丁、錢伯斯回憶道，在「加速運動」期間，日本人強迫他連續工作了133天，有些時候是幹通宵。朱利斯、霍恩說道，「日本軍隊根本不把戰俘當人看，他們想要的就是榨出一個人最大的體力，戰俘的死活他們毫不關心，他們就是要讓你工作到無法工作，他們就是要讓你做到死。」

　　美國戰俘們對於日本人修鐵路的方式很難理解。丹、布佐回憶說，從五月份到十月份，我就沒見太陽露過臉。太陽不露臉，大雨卻總是不停。暴雨來時，小溪會變成大河，大河氾濫變成洪水，很快就把戰俘們好不容易豎起來的木橋給衝垮了。大雨沖刷山林，

很快就讓戰俘們辛苦挖好的路基不見蹤影。最受累的是挖土方和抬土的戰俘。挖土的戰俘剛把土挖完，大雨就把土坑變成小水塘，他們就得在水塘裡繼續挖，而且挖出去的土很快就被沖入水塘。抬土方的戰俘，抬的不是土，而是泥漿。他們要在沒過膝蓋的淤泥中艱難前行，抬著重重的框子走到倒土方的地方，他們爬上土堆，把「土」倒下來，泥漿就順著土堆流下。戰俘們就是要不停地與大雨和泥漿作鬥爭。盧瑟、普朗蒂抱怨道，「大雨，大雨，無窮無盡的大雨，幾乎把我們趕到絕境。」大雨不僅讓戰俘們的勞動成果毀於一旦，也極大地惡化了他們原本就糟糕透頂的居住環境。他們原來住在用聶帕棕櫚改成的簡易棚屋裡，大雨把屋頂擊穿，順著屋頂流到屋子裡面，把棚屋的地面完全打濕，戰俘們連睡覺的地方都沒有，只能睡在水裡。斯利姆、錢伯斯回憶道，你早上起來的時候，在水裡的那一側身體的皮膚都會被水泡得皺起來，縮起來。西德尼、馬特洛克說道，我躺在水裡渾身發抖，地面上都是水，空氣也非常潮濕，濕氣會滲透到身體裡面來。

　　為了保證每天都有足夠的戰俘勞動，日本看守每天早上對用棕櫚樹葉搭成的簡易病房內的戰俘傷病員進行「突然襲擊」。美國戰俘本、鄧恩就目睹過這樣一次「閃電戰」，日本看守把病號從棚屋裡趕出來，為了讓他們往前走，滅絕人性地用棍棒敲打戰俘們身上的潰瘍創面，他們用這種辦法把戰俘趕到工地上幹活，很多病員就這樣死在了日本看守的棍棒之下，或者死在去工地的路上，或者死在工地上，總而言之，遭受日本看守虐待的傷病員們很少能夠活著回到病房。

恐怖的疾病

　　瘧疾、登革熱、痢疾、腳氣病和熱帶潰瘍是剝奪美國戰俘生命的五大殺手。熱帶叢林潮濕不已，蚊蟲滋生，可怕的是無處不在的蚊子身上攜帶著多種可怕的病毒和病菌。下個不停的大雨使得蚊蟲們往戰俘們的棚屋裡鑽。

　　幾乎所有的美國戰俘都得過瘧疾，最可怕的被感染了腦型瘧。這種可怕的瘧疾非常兇險，戰俘死之前往往會被折磨得發瘋，瘧疾原蟲聚集在戰俘腦部血管中，造成劇烈頭痛和神經紊亂，戰俘時常發高燒，動輒昏迷、驚厥。登革熱同樣令人難以忍受，它造成高熱、肌肉和關節劇痛。美國戰俘胡德、賴特將登革熱稱之為「斷骨熱」，他說，「你每動一下，就會感到骨頭像斷了一樣」。

　　由於營地的衛生條件極其糟糕，露天坑廁總是爬滿蛆蟲，在雨天屎尿橫流，蛆蟲遍地，這造成美國戰俘痢疾發病率很高，痢疾是導致美國戰俘死亡的二號殺手。死去的166名美國戰俘，有48名死於痢疾。得了痢疾，一天要拉30次肚子，拉出來的是血和黏液，戰俘們往往來不及跑到廁所，就開始排泄，經常拉在自己身上。美國戰俘塞盧格、懷特對此深有體會，「我無法控制自己排泄。氣味難聞死了，我真想去死，但是我得活下去。」痢疾造成戰俘體液大量流失，導致戰俘脫水，讓戰俘手足無力，體重驟降。美國戰俘詹姆斯、赫夫曼得過痢疾，他這樣描述他的感受：「你感到身體裡的水分快要流乾了，拉肚子拉得直腸都要翻過來，你身上剩不下一點肉，空留一副骨頭架子。拉肚子拉出來的全是黏液，而且源源不絕。有一次，我去廁所的路上，虛弱讓我不由自主地跪下來，我眼

看著糞液順著我的腿流下來。我乞求能得到什麼東西把自己擦乾淨，我無法忍受這個樣子，可是我一步都動不了。患了痢疾所經歷的精神抑鬱和肉體的痛苦一樣糟糕……」日本人不給他們提供任何治療痢疾的藥物。

腳氣病橫行。讀者朋友，請千萬不要誤會，這裡說的腳氣不是中國人常說的腳癬，而是一種可以奪人性命的疾病，它破壞神經系統，造成心臟腫大。腳氣病分為乾腳氣病和濕腳氣病兩種。乾腳氣病造成戰俘四肢劇痛，幾乎喪失對四肢肌肉的控制能力。濕腳氣病造成體液在身體不同部位皮下組織的積聚。得了濕腳氣病的皮膚會失去彈性，用手指按上去就是一個印子，要過很久才能平復。濕腳氣病喜歡侵蝕睪丸，塞盧格、懷特回憶說，他當時的睪丸腫脹得有柚子那麼大。湯瑪斯、懷特黑德患了乾腳氣病，他說：「我無法控制右腿右腳沒有力氣，走路的時候只能用力往上提，有些時候還需借助手的幫助，才可以往前挪動。」本、丹姆對濕腳氣病有如下回憶，「得了濕腳氣病的人，到了晚期，整個人都走了形，他們臨死前肺部的體液會把他們嗆住，他們用力地咳嗽，我們甚至能聽到他們肺部體液晃動的聲音。」

熱帶潰瘍是最厲害的殺手。即使是小小的擦傷，也會發展成潰瘍，潰瘍會深層侵蝕肌肉，把活肉吞噬，留下發黑的死肉，如果得不到控制，它會大面積擴散。戰俘們腿上很容易造成擦傷，因此腿上的潰瘍也最多，很多戰俘因為潰瘍擴散到整條腿，而不得不接受戰俘醫生的條件簡陋的截肢手術。不過他們截肢後，只有一條路，那就是死亡，在日本人的集中營裡，他們絲毫沒有存活的機會，日本人也不會發一點善心去給他們一點照顧。馬克斯、奧費萊的弟弟奧斯卡得了嚴重的潰瘍而去世。馬克斯永遠忘不了弟弟彌留前的悲

慘景象：「熱帶潰瘍蔓延到他的大腿小腿、膝蓋、腳踝，潰瘍開始吞噬腿骨周圍的一切，他的腿上滿是汙血、膿液和黏液，兩英寸的骨頭白生生地露了出來……他臨死前，我去看他，我把他的頭放在我的膝蓋上，他全身發燙，處於半昏迷狀態，很快就死了。」

由於沒有藥物，戰俘們自己摸索出一些土辦法自救。對於痢疾，戰俘們的土辦法是吃燒焦的米殼和木炭，據說這些東西有止瀉的作用，但是他們入口的這些土藥裡面有很多致病的微生物。戰俘們對付潰瘍的方法五花八門。一種辦法是用熱水反復沖洗潰瘍創面，把死肉沖掉，這種辦法不容易奏效，就是奏效時，也要花費幾個月的時間。第二種辦法，有點噁心，但是效果不錯，就是將蛆蟲放在潰瘍表面，讓它們把死肉吃掉。雷蒙德、裡德試過這種辦法，不過沒治好，反而讓潰瘍更加嚴重了，他說，「我把他們拿掉以後，仍然感覺到他們在傷口周圍蠕動，雖然輕柔，但絕對能把你逼瘋。」最有效的辦法是「勺取」，但是也最痛苦。荷蘭醫生亨利、赫金和菲力浦、巴奧馬斯瑪弄到了一把小咖啡勺，他們把咖啡勺尖端磨快，用這個做成了一把小小的手術刀。不過他們用這種辦法幫戰俘清理潰瘍時，戰俘特別痛苦，由於沒有麻醉劑，要硬生生地用咖啡勺把腐肉挖出來，手術時往往需要四個戰俘按住病人才行。另外兩種方法就比較支流了，一些戰俘用當地草藥或者泥漿敷在潰瘍創面上，一些戰俘站到溪流中，讓魚兒吃掉腐肉。熱帶潰瘍奪去了50名修築鐵路的美國戰俘的性命，超過了其他任何疾病。

在「80公里營」的戰俘們艱難地把鐵路80公里之外延伸之後，80公里營變成了一個廢棄的營地。後來，由於各個營地的病人越來越多，日軍指定「80公里營」的廢舊營地為醫療營地，將這個到處是老鼠和蚊蟲的營地，將這個沒有一個完好的棚屋的營地，作為生

病戰俘的「醫療所」。很快，「80公里營」爆發霍亂。日軍對「80公里營」的戰俘們不管不問，讓他們到這裡來自生自滅。在「80公里營」裡照顧不能動換的戰俘的是病得稍微輕一點的還能動換動換的戰俘。

美國戰俘戈登去過「80公里營」，後來挺了過來。他說，為了活下去，我們什麼都願意做，我和一個澳大利亞人、一個英國人待在一起。有天，英國人突然死了。我和澳大利亞兄弟商量，不告訴日本人，因為這樣我們就能吃掉他的口糧，反正他也吃不上了，等日本人來發放食物的時候，我們就並排躺著，讓英國兄弟躺在中間，騙過日本人，我們把他的食物給吃了。後來屍體實在太臭了，讓我們受不了了，他才被拖走。英國兄弟有張不錯的毯子，我們把它留了下來，輪流用。澳大利亞兄弟說，英國兄弟去的地方用不著毯子。

所以戰俘們都不願意去「80公里營」，因為去了那裡，等於去了鬼門關。大家儘量捱著，強撐著不去「80公里營」。由於「80公里營」大量的戰俘患病死去，「80公里營」被稱為「死亡營」。「100公里營」也是如此，「100公里營」建在一個低矮的山谷裡，在雨季，它被泡在一兩公尺深的水裡。美國戰俘普賴爾說，「它幾乎建在沼澤地裡，到處是沒有盡頭的泥漿。」

填不飽的肚子

在「加速運動」期間，美國戰俘們的食物短缺問題變得更加嚴重。日本軍隊減少了美國戰俘們的口糧。戰俘們一天只能吃到象徵性的兩頓半的食物，對於病號，日本人一天只給他們吃一頓飯。

季風裏挾著暴雨，經常在中午的時候往往更加肆虐。戰俘們在工地上，必須迅速把食物囫圇吞下，要不然吃飯的傢伙裡很快會積滿雨水。美國戰俘雷蒙德、里德回憶說：「別說你吃飯的傢伙濕透了，你全身都要被雨水淋透。要趕緊吃，否則飯團的米就會被雨水沖走。」

　　美國戰俘們用盡辦法來填飽肚子。為了補充維生素，戰俘們在叢林中尋覓野生辣椒和可食用的樹葉和野草吃下去。他們吃掉了一切可以吃下的活物。有一次一條狗竄到了戰俘們的居住地，戰俘們把它打死了，打了一回牙祭。艾迪、馮和同伴們早上出工時遇到了一條巨蟒，巨蟒因為吃得太多，而行動遲緩，艾迪和大夥一擁而上，三下五除二把它打死了，後來把它煮熟了，美餐了一頓。大家最想捉的動物是樹上的猴子，可惜這些靈活的猴子跑得太快，他們根本逮不到。本、鄧恩用他一直沒有捨得丟掉的拳擊手套和一個路過集中營的當地人換了幾個鴨蛋和一些糖。阿羅、哈德用他的美軍軍用包和一個日本看守換了一包25磅的生滿蛆蟲的魚乾，這包令人作嘔的東西原本是這個看守準備丟掉的，不過在阿羅看來，它卻救了不少戰俘的命，他得到了這包魚乾後，分給了大家一同「享用」。餓極了的昆塔、戈登，冒著極大的勇氣，吃了一個死去了很久的水牛的牛肚。面對即將到嘴的「美味」，他竟然「十分激動」。後來他回憶當時的情形說：「我們他媽的當時就是一群餓極了的禿鷲！」

　　少數膽大的戰俘敢於冒著槍斃的危險在日本看守的廚房裡偷東西吃。偷竊實在太厲害了，惡毒的日本看守偷偷地埋下了地雷。好在戰俘當中的塞盧格、懷特在日本看守的廚房工作，他觀察了日本人進出廚房的線路，暗暗記下，隨後把這條安全的路告訴了夥伴

們。他說：「地雷沒有讓我們停止從日本人的廚房裡偷東西，只是讓我們偷得更加小心了。」

美國戰俘們為了生存，結成了生死與共的友誼。很多瀕臨死亡的戰俘都是在朋友照顧下才得以存活下來的。喬治、德特雷說：「你得形成一個小圈子才能活下去。你生病了，會有人給你送食物，照顧你，你才能復原，才能活下去。我們就是相互依靠才獲得存活機會的，朋友的關懷，讓我們度過絕望。」丹、布佐當時已經病得不行了，他的兩個朋友傑西、韋布和萊斯特、法西奧冒險偷偷出去，找緬甸人買了兩個鴨蛋。他們回來時被韓國看守發現了，被狠狠揍了一頓。不過他們還是把鴨蛋藏好了，給布佐做了兩個荷包蛋，在布佐的堅持下，他們三個人分享了這次「盛宴」。丹、布佐也幫助他的朋友。奧費萊由於腿部嚴重潰瘍，在床上躺了幾個星期，這導致傷腿的肌肉萎縮和肌腱收縮，丹、布佐幫他整整按摩了一天，直到他的腿能正常活動。奧費萊說，丹給我按摩了一遍又一遍，在一遍又一遍的按摩過程中，我知道他是我生死相依的手足。

克拉克、泰勒在「105公里營」得了瘧疾和痢疾。他的兩個朋友列斯特、拉斯布瑞和赫舍爾、科布給他專門在竹床上挖了一個洞，讓他在床上就可以進行排泄，這樣他就不必拖著虛弱的身體跑到廁所了。傑克、斯切密德給泰勒從日本人的廚房裡偷了一罐三文魚，被日本人發現了，日本人讓他在禁閉室前力爭，用竹竿抽打了他十二個小時之久。泰勒在接受採訪時說，日本人打他的時候，我深深內疚，我在為他祈禱，希望他不要死掉。

1943年10月，緬泰死亡鐵路終於完工了，47名美國戰俘死在「80公里營」，52名美國人死在建「100公里營」。「加速運動」的生死與共的經歷讓戰俘們更加團結，他們一起堅持到了日本投降。

不義之財
——日本工業巨頭吞沒盟軍戰俘血汗錢

　　在整個二戰期間，共有3萬6260位美國陸軍、海軍、海軍陸戰隊、空軍和工程兵部隊官兵被日軍俘虜，還有將近1萬4000名美國平民（包括男人、女人和孩子，他們原來都在日本占領區內工作和生活）。有超過2萬5000名美國戰俘被日軍送到日本的工業巨頭的工廠、船塢、礦場中充當奴隸勞工，現在這些工業巨頭仍然是世界上經濟實力最強的企業，比如說，三井、三菱、昭和電工、日本鋼鐵、川崎重工。這些使用美國戰俘充當奴隸勞工的日本大企業超過40家。

　　按照國際戰爭法，交戰國是不能讓俘虜從事與軍事相關的生產的。日本在二戰期間曾經大規模使用盟軍戰俘充當奴隸勞工，不僅僅有其占領區域內的亞洲國家的青壯年，也有大量的美、英、荷等西方國家的白人戰俘。盟軍戰俘用他們的生命和血汗，讓日本工業巨頭在二戰戰時的工廠滿負荷運轉，又為它們戰後的經濟起飛積累了大量的資金。本文將向讀者披露這些歷史真相。

2萬5000名美國戰俘被日本強征為奴隸勞工

　　美國著名女記者琳達・戈特茲・赫爾墨斯採訪了數百位被日本

用作奴工的美國戰俘，在美國國家安全局檔案館和國家檔案館查閱了大量檔案資料，出版了 *Unjust Enrichment: How Japan's Companies Built Postwar Fortunes Using American POWs* 一書，首次披露了日本工業巨頭強征了數萬名美軍戰俘充當奴隸勞工的歷史事實。

在整個二戰期間，共有3萬6260位美國陸軍、海軍、海軍陸戰隊、空軍和工程兵部隊官兵被日軍俘虜，還有將近1萬4000名美國平民（包括男人、女人和孩子，他們原來都在日本占領區內工作和生活）。1941年至1945年間，德國和日本都俘虜了不少美軍官兵和平民，兩者一對比，差距極大——日本集中營裡面的美軍戰俘的死亡率達到40%，而在德國集中營中美軍戰俘的死亡率只有1%多一點點。二戰中死亡在戰俘營裡的美軍戰俘，有90%以上死在了日本人的戰俘營裡。

有超過2萬5000名美國戰俘被日軍送到日本的工業巨頭的工廠、船塢、礦場中充當奴隸勞工，現在這些工業巨頭仍然是世界上經濟實力最強的企業，比如說，三井、三菱、昭和電工、日本鋼鐵、川崎重工。這些使用美國戰俘充當奴隸勞工的日本大企業超過40家。

日軍使用貨船把美軍戰俘運到日本本土以及日本占領的地區（臺灣）、中國東北、朝鮮。還有一些美軍戰俘被送到臭名昭著的緬泰死亡鐵路的修築現場在熱帶叢林中用生命延長日本人的交通先後，又被送到了日本本土充當奴隸勞工。

盟軍戰俘們並不能安全抵達目的地，5萬5279名白人戰俘被日本人趕上貨船，1萬853名戰俘，包括3632名美國人葬身大海，日本人的運輸船沒有打上專門的標記以表示這是運送戰俘的船，他們被盟軍擊沉，死亡的戰俘中至少還有500人被疾病和乾渴奪去了生命，因為日本人的運輸船生存狀況及其惡劣，有如地獄。國際戰爭

法明確規定運用戰俘的交通工具（包括輪船）必須打上明確標記，已被敵方準確識別，日本人不僅沒有打上任何紅十字標記，相反他們還讓戰俘在甲板上勞動。此外，這些貨船還滿載著日本軍隊及其裝備，要麼是載滿了日本軍隊所需的補給品或者其他戰略物資。所以他們很容易被盟軍飛機和艦艇攻擊。

即使盟軍戰俘們「安全」地抵達日本本土的目的地——港口城市門司，他們也變得慘不忍睹，他們所有的人疾病纏身，頭暈目眩，方向感全無，甚至有些人赤身裸體。他們被日本軍隊趕上地獄航船之後，少則一個月，多則兩個月，飄蕩在海上（有一艘地獄航船在海上竟然航行了整整63天）。戰俘們上岸的時候，圍觀的日本平民經常向他們投擲石塊，吐吐沫，在戰俘們跌倒或者打顫的時候嘲笑他們。戰俘們穿過街道，走入等待運送他們的卡車、火車或者渡船，這些交通工具將把他們送到一個個日本工業巨頭轄下的工廠、船塢和礦場，日本人把他們編隊，比如說這裡送來800名戰俘，那邊又送去400名戰俘。

根據日本政府官方記載，在1945年（第二次世界大戰的最後一年），共有1萬2180名美國人在日本本土的日本工廠裡充當奴隸勞工。他們絕大多數人是來接替原先在這些崗位上工作的美國同胞的。這些被替換的美國人都已經被日本人榨乾了生命，活活累死了。在整個二戰期間，日本公司使用戰俘勞工的數量至今仍是一個祕密：日本人將摧殘致死的盟軍戰俘的屍體全部焚毀。由於戰爭的需要，他們強迫生病的盟軍戰俘接替原先已經死亡的戰俘承擔的工作。麥克亞瑟將軍曾經透露，根據1945年9月統計出來的資料，日本本土尚有1萬9202名盟軍戰俘勞工滯留，其中1萬1295名是美國戰俘勞工。

惡劣的勞動環境和沒有報酬的勞作

日本工礦企業在二戰期間在戰俘勞工身上獲益甚巨大——絕大多數白人戰俘都是可以操作複雜機械的高級技工，幾乎可以無限量地使用戰俘勞工，而且根本不用支付任何報酬，這使得日本某些工礦企業可以在戰爭期間滿負荷運轉——至少這種狀況持續到美國空軍把它們列為轟炸目標之前沒有改變。戰俘勞工經常長時間工作，即使在工廠被轟炸期間，他們也要工作。對他們而言，連續工作十二天，乃至十四天是常事。日本人從來不給他們休息日。當戰俘勞工達到生命的極限：如果他們因為過度勞動和飢餓而死亡，將會有很多戰俘勞工頂替他的位置。儘管日本人對戰俘許下了很多天花亂墜的承諾，儘管戰俘們被強迫簽署了工資單（用日文印刷的），可是戰俘們從來沒有收到過日本公司支付給他們的任何酬勞，哪怕是一毛錢。

這些日本工業巨頭迫不及待地要讓白人戰俘，特別是美國戰俘進入他們的企業工作，他們的企業正為滿足日本的軍事需求開足馬力。為爭取獲得白人戰俘，日本工業巨頭甚至願意向日本軍隊支付費用，按照人頭以天計算。日本工業巨頭為戰俘們提供「營房」——壁薄如紙片，根本沒有保溫性能，害蟲橫行，實際上就是生存環境極其糟糕的破爛棚屋。一些日本工業巨頭使用他們自己擁有的船隊來運送白人戰俘，日本政府把他們的商船隊成為「輔助艦隊」。

日本人剝奪盟軍戰俘們所有的權利。日本看守拒絕向盟軍戰俘提供肥皂、熱水、甚至是廁紙——沒過多久，他們就稱戰俘們為「骯髒的白種豬」。每一個戰俘都被日本人分配了一個號碼，他們必須把號碼別在衣服的顯眼處（任何時候都是這樣），在每天點

名，報到他們號碼的時候，他們必須用日語大聲應答。日本人從來不稱呼白人戰俘名字，只用號碼來稱呼他們。在三年半的被俘生涯，絕大多數戰俘沒有獲得任何換洗衣服。他們在日本的北部山區工作，當大雪穿過破爛的屋頂落到他們房間的時候，他們只能穿著他們在熱帶地區（菲律賓和印尼）作戰的時候發的棉質衣服，而且他們還經常沒有鞋子穿。可是日本人再不提供任何安全保護設備的情況下強迫他們從事最危險的工作，他們要赤腳在高爐、船塢和工廠裡勞動。

當戰俘生病的時候（或許只是病得比他們平時更加嚴重），日本人是不會向他們提供任何醫療服務的，如果戰俘的團隊當中有一個戰俘是軍醫的話，就是那群戰俘的大幸了。不過，不管戰俘病得多厲害，日本人都會強迫他們去勞動，否則他將被罰飯——除非他的同伴在他臥床的時候從自己牙縫裡省下一點帶給他，否則他絕對活不過去。

日本工業巨頭迫切要求使用白人戰俘充當奴隸勞工

琳達・戈特茲・赫爾墨斯是第一位進入美國國家安全局檔案館和國家檔案館查閱有關日本公司使用盟軍戰俘充當奴隸勞工的祕密檔案的學者。1996年，這些祕密檔案被首次解密。赫爾墨斯女士在多達數箱的祕密檔案中發現，日本戰時使用戰俘充當奴隸勞工與日本工業巨頭是直接相關的，日本工業巨頭對於使用戰俘充當勞工的心情是非常急迫的——它們迫切要求得到數量巨大的白人戰俘到他們的工廠裡工作，而且是「越快越好」。三井、三菱和日本鋼鐵是已被證明瞭的使用戰俘勞工數量最多的公司。另外兩家是昭和電工

和川崎重工。

　　檔案中的一份日本官方記錄登記了日本集中營的位置——每一個戰俘營都是建立在一家日本大公司附近的。檔案顯示，日本軍隊應日本工業巨頭要求，將戰俘送到這些工業巨頭的工廠裡充當戰俘勞工。赫爾墨斯女士採訪的數百位前美軍戰俘都證明，監視、控制、安排戰俘勞動的都是日本公司的雇員，而不是日本軍人。

　　美國政府出於冷戰的戰略考慮，在東京國際審判和《舊金山合約》簽訂時，都將日本公司強征盟軍戰俘充當奴隸勞工的事實掩蓋起來。很多美軍戰俘被政府告知，不要談及相關經歷。但是隨著歲月的流逝，戰俘們刻骨銘心的回憶使得相關記述和證據不斷湧現：有些戰俘出版了他們祕密寫下的日記；有些戰俘展示了他們冒險獲得的照片——絕大多數照片是強迫他們勞動的日本公司的雇員們拍的——日本看守和監工們洋洋得意地坐在中間，他們身後是佝僂著脊背的骨瘦如柴的戰俘勞工。

　　赫爾墨斯女士在書中還披露了日本二戰期間的一大醜聞。日本政府假意同意向戰俘分發人道主義救援物資，美國、英國和荷蘭政府提供了數億美元的用於購買物資的款項，並通過瑞士國家銀行劃入日本橫濱正金銀行的祕密帳戶。但是橫濱正金銀行被日本政府命令不准發放這些資金，這些給戰俘的救命錢被日本政府挪用做軍事用途，而本該是這些款項的受益者的白人戰俘們卻每天飽受疾病和飢餓的折磨，乃至折磨致死。

　　拒絕向戰俘們提供任何人道主義救援是日本中樞決策機構精心策劃的，他們有意為之，目的在於讓這些奴隸勞工盡可能少的活在人世，以掩蓋他們的戰爭罪行。在戰爭末期，日本東京方面曾給各戰俘營的指揮官下達過這樣一條命令：「在任何情況下，不允許任

何人逃跑，必須澈底消滅戰俘，不留任何痕跡」。只是這條命令後來沒有被嚴格執行，不過還是有很多戰俘被日本帝國主義最後的瘋狂，奪去了生命。

以下是美國戰俘列斯特‧坦尼和傑尼‧薩繆爾‧傑克布森對於日本人強迫他們勞動的日本大牟田17號戰俘營的回憶。

一、美軍戰俘列斯特‧坦尼對日本三池煤礦的回憶

美軍戰俘列斯特‧坦尼在《活著回家：巴丹死亡行軍親歷記》一書中，對日本大牟田17號戰俘營的生活進行了回憶。三年多的時間裡，他和其他白人戰俘被日本看守和監工強迫在三井公司下屬的三池煤礦勞動。不管是集中營的看守，還是三池煤礦的平民礦工，對他們除了拳打腳踢，還用鐵鏟、鐵鎬以及斷裂的運輸帶鐵鍊，來教訓白人戰俘。他們高舉鐵鍊，在頭頂上飛速旋轉，然後脫手而出，鐵鍊帶來的衝力直接撞擊白人戰俘的身體，造成重創。坦尼對此的回憶如下：

> 我在一個月內，被突然飛來的鐵鍊擊中3次。第1次，鐵鍊擊中了後背，我重重地摔倒在地，感覺後背裂成了兩塊，我掙紮著爬了起來，後背弓得像一個大大的問號。當我蹣跚著走回營房的醫務室，休利特醫生連忙扶我在一張「病床」上。我趴在床上，發現自己的頭部比後背足足低了6英寸，腳跟也比背部低了6英寸。因為我的後背腫得老高。休利特醫生叮囑我不要亂動，就這樣我保持了這個姿勢足有3天時間。稍微消腫，日本人就催我返回礦井。
>
> 我剛下井，又挨了日本人的毆打，原因是日本人認為

我故意怠工。於是兩個日本礦工就對我拳打腳踢。他們還不過癮，又開始嫻熟地操起了鐵鍊。第2和第3次被飛轉的鐵鍊擊中前後不超過幾分鐘。第1個日本礦工飛擲過來的鐵鍊結結實實打在了我的胸部，把我撞出了20英尺遠。隨後第2個礦工飛擲出的鐵鍊迎面擊中我的臉部中央，頓時一陣劇痛襲來，以至於我都感覺不到胸部的疼痛了。我的臉頰部位被深深地劃開，眉毛上面的皮膚都裂開了，鼻子再一次血肉模糊；下巴部位鮮血噴湧而出。

我拖著重傷的身體回到戰俘營，立即去找休利特醫生治療。他讓我躺在床上，給我檢查臉部的傷口，就在這時，我的左肩胛骨突然發出「唉喏」一聲，我疼得大叫起來。醫生趕忙解開我的襯衫，查看我血跡斑斑的肩膀，原來我的左肩胛骨被日本人的鐵鍊打斷了。就這樣，日本人還是沒有同意讓我休息，因為「一隻手動不了，但你仍然可以用剩下的一隻手臂鏟煤。」

二、美軍戰俘傑尼・薩繆爾・傑克布森對日本大牟田17號戰俘營的回憶

傑尼・薩繆爾・傑克布森是美國二戰初期駐菲律賓克拉克空軍基地美國遠東空軍第二十中隊的後勤軍官。他在2004年在猶他大學出版社出版了自己的二戰回憶錄 *We Refuse To Die*，書中記述了他參與巴丹半島戰役以及被日軍俘虜後的戰俘生涯。他也被送到日本大牟田17號戰俘營，他回憶了17號戰俘營中糟糕的生活條件。日本三井公司強迫他們進危險的三池煤礦去挖煤，榨取了戰俘的生命，卻絲毫不顧他們的死活。以下是傑克布森的回憶。

很多戰俘都有營養不良。日本人基本上不給戰俘肉吃，給的也是骯髒的狗肉和腐爛的鯨魚肉。傑克布森對那次吃鯨魚肉印象深刻。日本人給的鯨魚肉臭不可聞，而且難以下嚥，因為日本人拿來的是鯨魚身上最難消化的部位。集中營食堂怕有些戰俘不肯吃，就把肉剁碎了，混在米飯了煮了。沒辦法，大家只能閉著眼睛吞下去了，米飯也變得臭臭的。我實在受不了，偷偷地把米飯扔了，雖然他很想吃肉。最後證明他是對的，由於肉是壞的，很多人都食物中毒了。雖然沒有一個人為此喪命，不過，病情實在很嚴重，簡直生不如死。為此，日本人給戰俘放了兩天假，因為能動換的戰俘照不出幾個來了。我因禍得福，竟然得到了兩天休息時間。

由於食物匱乏、住房簡陋、體力透支，再加上日本人的虐待，絕大多數戰俘都被疾病困擾。在冬季來臨的時候，日本看守故意在點名的時候，讓戰俘在冰天雪地裡站上幾個小時。他們為這樣折磨戰俘，感到心情舒暢。可是對缺少衣物的戰俘來說，卻是無比悲慘。很多人被凍出凍瘡，很多人被凍出感冒。這兩種結果都很恐怖，凍瘡很難癒合，會因為惡劣的衛生環境引發潰瘍；感冒更嚴重，因為日本人不提供任何醫藥，直接後果就是會變成肺炎。肺炎是寒冬臘月對於戰俘來說的頭號殺手。

除此以外，他們很多人身上長起了癤瘡。這個比潰瘍還要恐怖。有一次傑克布森的右腿上長了三個，整個右腿全都腫了，走路困難，疼痛不已，癤瘡很難結痂。我忍了很久，毫無辦法，最後找了營地裡的一個澳大利亞軍醫，軍醫給他進行了手術。我每當想起來當時的場景都覺得噁心。軍醫用手術刀把他的爛肉生生割開，疼得傑克布森受不了。隨後的舉動，讓他更疼，軍醫用刀把膿包挑開，很疼。兩個膿包裡的膿水噴濺了出來，在膿水噴濺的瞬間，我

頃刻間覺得右腿鬆快了。集中營裡是沒有麻藥的，動手術的時候只能忍，美軍的馬梅羅少校有一把醫用鉗子，大家都找他拔出病牙。每次動手前，馬梅羅少校都會和患者說一句：「讓我們一起祈禱吧，祈禱你的牙齒不要斷掉！」

由於澳大利亞軍醫覺得第三個膿包，還沒有「熟透」，就暫時沒有處理，第三個癤瘡又困擾了傑克布森很長時間，不過到最後，他的免疫力起了作用，三個癤瘡都收了口，結了痂。

與我同屋的一個戰俘相當相當悲慘了。他身上長了50多個膿包，幾乎全身都在潰爛，可是日本人還是強迫他下井工作。在某些軍醫看來，他身上都某些膿包已經不是癤瘡了，已經發展成了癰疽了——有些創面可以明顯地看出來裡面有三到四個病核，只有把這些核心部分去掉，無論是擠出來，還是挖出來，潰爛才會止住。這個兄弟被日本人活活摧殘致死。

結論

1941年至1945年間，德國和日本都俘虜了不少美軍官兵和平民，兩者一對比，差距極大——日本集中營裡面的美軍戰俘的死亡率達到40%，而在德國集中營中美軍戰俘的死亡率只有1%多一點點。二戰中死亡在戰俘營裡的美軍戰俘，有90%以上死在了日本人的戰俘營裡。而這其中絕大多數戰俘是死在了日本人開辦的帶有軍工生產性質的戰俘營中。中國人民對於日本人大量使用白人戰俘充當奴隸勞工的事實還是瞭解較少，希望本文能夠拋磚引玉，引起國內學界對於這個課題的關注。日本人必須對盟軍戰俘以及所有亞洲國家和歐洲國家的戰俘和受害者道歉、賠償！

關於巴丹死亡行軍命令發布者的考證
——辻政信是真正的罪魁禍首

　　亞洲太平洋戰爭結束後，盟軍隨即組織了馬尼拉軍事法庭，對戰爭期間在菲律賓犯下戰爭暴行的日本戰俘進行審判。戰爭前期擔任侵菲日軍最高指揮官的本間雅晴中將，也被判處死刑，於1946年4月3日被美軍槍決。曾參與過南京大屠殺的本間雅晴，率日本第14軍攻佔菲律賓，巴丹死亡行軍正是在他任內發生的，他作為軍事主官，難辭其咎。

　　戰爭後期擔任日軍駐菲律賓部隊最高指揮官的山下奉文大將，於1945年12月8日被馬尼拉軍事法庭判處絞刑，1946年2月23日被送上絞刑架。被日軍稱為「馬來之虎」的山下奉文，曾在中國東北、華北地區屠殺大量中國平民，並製造了駭人聽聞的新加坡大屠殺。他雖然在1944年9月才到馬尼拉就任第14方面軍司令官，但是在戰爭後期對諸如馬尼拉大屠殺和巴拉望大屠殺等暴行，具有不可推卸的責任。

　　他們策劃過大屠殺，縱容部下進行大屠殺，被判處死刑，罪有應得。但種種證據表明巴丹死亡行軍的真正的始作俑者卻一直逍遙法外。我綜合各方面材料，認為當時以日軍大本營參謀在第14軍協助指揮的辻政信中佐（最終軍職是大佐）是巴丹死亡行軍的真正始作俑者。

幾組指控

　　第一組證據。前日軍戰俘、新西蘭軍官J.G.戈德溫上尉，在獲得解放後加入了東京盟軍總部下屬的第二澳大利亞戰爭罪行調查處擔任調查員，收集日本戰犯的證據。他的朋友，英國西瑞爾・華爾德少校給他提供了一份英國戰爭罪行調查處收集到的關於辻政信的犯罪材料。材料內容按原文轉述如下：

　　　　辻政信大佐隸屬於日本陸軍省的參謀本部。……在許多歸因於他的戰爭罪行中，有新加坡亞歷山大醫院的大屠殺和對新加坡華人的大屠殺。

　　下面是C.H.華爾德上校提供的辻大佐的戰爭罪行摘要：

　　……巴丹和柯里幾多（臺灣方面，克雷吉多島的譯名。）陷落後，8萬名美國和菲律賓人被迫排成縱隊，拖著疲憊的、筋疲力盡的，還有一些是受傷的身體，蹣跚地走向戰俘營。這被成為巴丹死亡行軍。正是辻大佐下達了這次非人行軍的命令，並表示希望在行軍途中以任何藉口，殺害盡可能多的俘虜。為了推動這個臭名昭著的死亡願望，他宣布「**日本正進行著一場種族戰爭，為了天皇的勝利和騰出我們得勝的士兵轉用於其他戰線上，俘虜們必須殺掉。**（《俘虜痛史》，第150頁）

辻政信他的邪惡願望達成了一部分。在長達67英里的拖著腳步的行軍中，俘虜們遭到了駭人聽聞的暴行。如果他們累極倒下或落到大隊後面，便會被步槍槍托毆打，刺刀捅戳和槍殺。達到強迫行軍終點時，已有1萬俘虜被屠殺，還有剩下7萬名等待處決。幸虧辻政信被召回東京，那7萬俘虜才暫免一死。（第151頁）

辻政信除了下命令屠殺戰俘之外，還直接指揮屠殺。C.H.華爾德上校的材料當中舉了菲律賓戰役期間的兩個他直接指揮屠殺的例子。他被派往馬尼拉任職時，「在一個暴露的山谷」中，他下令處死了280名彈藥用盡而投降的美國海軍陸戰隊士兵。（第150頁）另一次「罕有其匹的血腥事件」發生在巴丹半島，他下令殘殺400名投降的美國士兵，「把他們統統殺死……砍掉他們的頭。」（第152頁）

第二組證據。美國著名二戰史學家、作家約翰·托蘭在其名著《日本帝國的衰亡》當中，也指證辻政信為巴丹死亡行軍罪魁禍首的論述。他在書中寫道：

第一天的暴虐行為是自發性的，往後卻不是如此了。辻中佐幾天前已從新加坡到了馬尼拉。在新加坡，有五千華人以「支持」英國殖民主義的罪名被屠殺，這主要是他的主意。辻背著本間，說服了本間的參謀部裡幾個欽佩他的軍官：這次戰爭是種族戰爭，因此在菲律賓抓住的俘虜必須一律處決，處決美國人是因為他們是白人殖民主義者，處決菲律賓

人則因為他們背叛了亞洲民族。（第386-387頁）

辻政信的這個命令是以日軍大本營的名義發出的，有一個師參謀向所屬部隊傳達命令時說，「**把俘虜全部殺了，投降的都殺**」。（第387頁）

既然是大本營的命令，許多軍官就不假思索的執行了。不過，這道命令引起了一些軍官的懷疑。今井武夫大佐拒絕執行，一支新到的部隊的司令官寅雄少將和他的參謀長神保信彥中佐，也拒絕執行，他們都要求書面命令。

托蘭先生在第十一章末尾總結道：

殺人過多卻是辻中佐獨斷專行的口頭命令的直接結果。拒絕執行這道命令的無疑不止生田將軍和今井大佐兩人，但是多數人是全部或者部分地執行了這個命令的，因為他們自幼受到的教育就是對命令應該迅速地、毫不懷疑地加以執行。

第三組證據。旅居日本的俞天任先生，利用日本的資料，對辻政信進行了深入的研究。他在《豺狼的腳印》一文中寫道：

……第65旅團本部高級參謀松永梅一中佐向所屬各聯隊長電話通知：「**大本營命令，美菲軍雖已向日軍乞降，但日軍並沒有接受美菲軍的投降，因此被俘美菲軍不屬於戰俘，命令各聯隊將美菲投降者一律射殺。**」

俞先生解釋道，原來這又是辻政信膽大包天，在以大本營名義下達殺俘命令。新加坡作戰之後，辻政信升任日本參謀本部作戰課作戰班長。在赴任的途中，辻政信在臺灣聽到日軍攻擊巴丹半島，於是就推遲了去東京赴任，以大本營參謀的名義去本間雅晴的第十四軍協助指揮作戰，這道命令後來查明是他發出的。

第四組證據。中國大陸著名日本問題專家王俊彥先生在《警惕日本——昨日的侵略和今日的擴張》一書中中說：

> ……，並拿出當時美菲聯軍司令官金少將的證詞，指出巴丹死亡行軍是由本間雅晴的參謀長邊政信一手策劃的。（該處的邊政信應是辻政信之誤。據維基百科日文版介紹，本間的參謀長是和知鷹二，副參謀長是林義秀。）（第73頁）

除了上述幾組證據之外，坦尼在本書也提供了一組證據。他引用了神保信彥在《菲律賓的黎明》中的材料——日軍高層在馬尼拉發布命令：

> 和我軍在巴丹半島對抗的任何部隊，不管是否投降，都應該被澈底消滅，任何不能走到集中營的美軍戰俘，在行軍途中都必須在離高速公路兩百米以外的地方處死。

舉證分析

史學最重證據，主張有一分證據，說一分話，最忌諱孤證。前面的所列舉的材料和專家的研究成果，雖然還有些地方存在細微的

差別，本著「大膽假設，小心求證」的態度，譯者認為以上的各組證據至少可以說明以下幾點。

第一，在菲律賓戰役期間，辻政信人在本間的司令部裡。

托蘭先生點明他在本間的參謀部裡，參謀部隸屬於司令部。王俊彥先生引用的金少將的證詞，將辻政信當做本間的參謀長，雖然不太準確，但是辻政信如果不在本間的司令部裡，他不會有此一說。俞天任先生說辻政信以大本營參謀的名義去協助本間指揮作戰，辻政信在本間的司令部裡無疑。

華爾德上校沒有點明辻政信是否在本間雅晴的司令部裡，但是從字面意思分析，辻政信應該是在本間的身邊，要不然他不會斷言，「幸虧辻政信被召回東京，那7萬俘虜才暫免一死。」辻政信必然處於一個非常重要的位置，才會有如此巨大的權力，他所在的位置，只能是在在菲律賓日軍的最高指揮機關──14軍軍部裡。正因為他在軍部，才需要炮製「大本營」的命令，因為只有本間的上級指揮機關的命令，才會壓服本間，辻政信膽太大，他乾脆用日軍最高軍事指揮機關的名義，不過他當時的身分為他提供了掩護。

第二，辻政信炮製了殺俘命令。前四組證據，都指明瞭這一點。神保信彥的記錄，點明殺俘的命令，來自馬尼拉的日軍高層，辻政信嫌疑極大。譯者需要對命令的文本進行分析，如果命令的文本具有很大的相似性，只能說明一個問題──這些文本是由一個命令演化而來的，這個命令在傳達的過程中措辭發生了變化，要麼就是發布了幾個類似的命令。

仔細比較華爾德上校和托蘭的「命令」版本，可以發現，這兩個版本都認為這場戰爭是種族戰爭，前者是「俘虜們必須殺掉」，後者是「俘虜必須一律處決」，兩種說法相近。托蘭的版本對種族

戰爭的概念闡述得更加清楚，但是華爾德上校指出了屠殺，是為了省去麻煩，轉移兵力的需要。於是這場大屠殺有著和南京大屠殺共同的原因——與其增加負擔，要分兵看管人數龐大的戰俘，並為他們供應巨量飲食，不如將他們殺掉，一了百了。

俞天任先生的版本——大本營命令，美菲軍雖已向日軍乞降，但日軍並沒有接受美菲軍的投降，因此被俘美菲軍不屬於戰俘，命令各聯隊將美菲投降者一律射殺。坦尼的版本——和我軍在巴丹半島對抗的任何部隊，不管是否投降，都應該被澈底消滅，任何不能走到集中營的美軍戰俘，在行軍途中都必須在離高速公路兩百米以外的地方處死。

俞天任和坦尼引用的「命令」版本更為相似，這兩個文本都點明瞭——不管美菲軍隊投不投降，都應該澈底消滅。前者說明瞭射殺的原因——不承認美菲降兵是戰俘，後者說明瞭具體的處決方式。

於是我們可以看到，前面展示的五組證據，已經形成了兩組互證。而且譯者認為，這兩組互證並不矛盾，存在內在關聯，後面一組命令更像是直接往下級部隊傳達的命令，而前者則是決策者商量的文本。

對比一下托蘭先生提及的那位「師參謀」的口頭命令版本和第二組命令版本。顯而易見兩者表達的是一個意思，「師參謀」的口頭命令實際上是俞天任和坦尼引用的「命令」版本的核心內容。「師參謀」的口頭命令和松永梅一中佐往下級部隊傳達的命令都言明，這是「大本營」的命令，這又是一組互證。

以上各組證據提及的命令文本，都不是孤證，構成了幾組互證，而且各組互證之間又存在著明顯的邏輯聯繫。這些相互印證的

證據，說明瞭一點，那就是辻政信炮製了殺俘命令（第一組命令的互證可以證明），這個命令被傳達到下級部隊（第二組互證以及「師參謀」的口頭命令可以證明），下級部隊聲稱殺俘命令「來自大本營」（「師參謀」的口頭命令和松永梅一中佐的命令可以證明），而當時辻政信正是「大本營參謀」，他代表「大本營」，他的話就是大本營的命令，因為他敢「代表大本營發號施令」。

我再補充一點材料，湯重南先生領銜主編的巨著《日本帝國的興亡》中的一段話：

> 1月10日，接替第48師團防線的第65旅團向美軍右翼陣地發起了進攻。由奈良晃中將指揮的該旅團本是一支執行佔領任務的軍隊……軍司令部交給他的任務是『成縱隊沿公路追擊敵人』。當今井武夫率領的第141聯隊的官兵沿著海岸公路南下時……（1195頁）

由此可見，當時今井武夫是日軍第65旅團下屬的第141聯隊的長官。譯者大膽推論，向他下達命令的正是俞天任先生文中提到的第65旅團本部高級參謀松永梅一中佐，托蘭書中提及的那位「師參謀」正是此人，當然也存在是其同僚的可能，但不管怎樣，至少可以說明一個問題，松永梅一和今井武夫都是65旅團的。本間雅晴指揮的14軍，由第16、48師團和第65旅團組成，第65旅團與兩個師團屬於平級單位，都歸軍部指揮，且日軍師團編制較為龐大，第65旅團有7500人，所以托蘭有可能將第65旅團本部高級參謀松永梅一中佐稱為「師參謀」。如果整個說法成立，那麼第二組和第三組證據，正好證明瞭對方的真實性。

這麼多材料的指向一致，而且相互論證。王俊彥先生的材料，雖未作進一步說明，但是他的結論與以上各組材料論證的結論一致。辻政信難脫巴丹死亡行軍始作俑者的嫌疑。

「我們」做幫兇

　　讀者可能還存在一些疑問，比如說，辻政信當時只不過是一個中佐，本間是中將，怎麼可以凌駕於其上呢？原因有四，首先是辻政信扛著日軍大本營的招牌，好比監軍；第二，他是典型的「下克上」的日本軍官，經常製造既成事實，讓上級跟著擦屁股；第三，他背後有日本首相東條英機幫他撐腰；第四，本間當時正在走黴運，由於菲律賓戰事久拖不決，東京方面相當不滿，本間當時的處境比較艱難，俗話說「落魄的鳳凰不如雞」，一個歷來不把上司放在眼裡的我行我素的辻政信，怎會把這個「五日京兆」放在眼裡呢？

　　還有一個間接原因，辻政信當時在日本軍中名氣極大，他鼓吹的復仇主義，對少壯軍官來說極具煽動力，這些少壯軍官自然成為他的擁躉。威廉・布魯爾的《麥克亞瑟的間諜戰》（湖南人民出版社，2007年版）中披露，本間的部下有一個規模小但有影響力的團體，他們被發現一直在借用本間的名義祕密發出處死菲律賓高級領導人的命令。（第126頁）

　　托蘭在《日本帝國的衰亡》的第十二章中，確認了這樣一個事實，本間雅晴根本管束不了自己的部下——本間自己的部下也有一批人數不多但是頗有勢力的軍官（也就是一批信服辻中佐的人）……盜用本間的名義往下傳達與本間的開明政策背道而馳的命令。

限於篇幅，筆者不能再做太多展開。華爾德上校認為「辻政信大佐是最邪惡的日本人」，他曾用盟軍飛行員的肝臟釀造藥品，相信喝了會增加力量和保證常勝。他的狂熱和大膽，到達任意妄為的程度，其「矯詔」行為司空見慣。新加坡大屠殺，他也被證明是始作俑者之一，如法炮製，再來一個巴丹死亡行軍，不算稀奇。

　　辻政信在日軍投降前，化裝前往重慶，由於其在抗戰期間「公祭蔣母」的舉動，獲得了蔣介石的好感，被安排到國防部第二廳第三研究室。1948年5月26日，他化名青木憲信回到日本，潛伏下來。1950年元旦，東京盟軍總部宣布停止追索日本戰犯。4日後，辻政信公開露面，後曾當選日本參議員，最後消失於東南亞叢林，成為歷史謎團。他始終沒有受到應有的懲罰。

地獄航船
——日本二戰轉運白人戰俘的「海上活棺材」

　　二戰期間，日軍為了彌補國內男性勞力的不足，大規模徵用盟軍戰俘充當奴隸勞工，而英美等國的白人戰俘，由於許多有一技之長，受到日本的特別重視。日本人為將這些戰俘從占領區轉送到日本，動用了大批船隻。這些船隻就是在西方世界臭名昭著的「hellship」。「hellship」（地獄航船，或者被稱為死亡航船）在西方世界是一個專門的亞洲太平洋戰爭以及日本戰爭罪行當中的研究課題，而這個名詞在遭受日本殘害最嚴重的中國卻鮮為人知，甚至沒有引起歷史學界的關注。

地獄行船概況

　　日軍轉移白人戰俘是從1942年到1945年。每一個年份有著不同的特點。1942年是日本轉移白人戰俘的第一階段，戰爭初期日軍在東南亞的閃電戰取得很大成功，盟軍有30多萬名官兵被俘。日本人釋放了印尼戰俘，徵用了印度戰俘來對付英國人。英美等國的白人戰俘還有14萬人之多。日本人對於如此龐大數目的戰俘的處理缺乏總體規劃，他們開始用船將戰俘從占領地向外轉移，轉送到各個戰俘營。此時「地獄航船」已經初步登場，戰俘們被塞到沒有通風設

備和衛生設施的貨倉裡，被當成貨物運輸。由於日軍不允許戰俘上甲板透口氣，很多戰俘被悶死。還有大批戰俘死於虐待和殘殺。有少數船隻被盟軍的潛艇發射的魚雷擊中，而隨船沉入大海。日本人拒絕在輪船上打上紅十字標記。經歷「地獄航船」倖存的戰俘，被廣泛應用於在占領區修建鐵路、建設機場、開挖煤礦等等，很多戰俘累死、病死、餓死。在這一年，日本出動54艘輪船運送了49459名戰俘，每次航行大約10天，有2艘船被魚雷擊中，共計有2240個戰俘死亡。一開始轉運規模較小，到1942年秋天，轉運規模逐漸擴大。此年的轉運方向主要是由南向北。

　　1943年是第二階段。這一年，由於盟軍方面的反擊，特別是海軍活動的加強，日軍所擁有的船隻噸位較1942年減少了100萬噸。由於戰爭初期大量戰俘的轉運工作已經在1943年春天基本上完成，日本在戰場上並未落敗，國內工業生產對於盟軍戰俘勞工的需求還不是那麼迫切，所以轉運工作陷入了一種「停滯」狀態。因為需求並不是十分迫切，所以「地獄航船」的活動頻率大大降低。本年度日本轉運戰俘的數量基本上是南北方向與東西方向持平，屬於小規模的因臨時需要的轉移，因此本年度死於地獄航船上的戰俘數量較1942年少1266人。規模雖然小了，但是地獄航船上的惡劣生存環境並沒有發生變化。本年度盟國海軍，特別是潛艇部隊的活動大大加強，對於日本船隻的襲擊也加強了。襲擊日本「地獄航船」的不僅有盟國的海軍部隊，而且有盟國的空軍部隊。日本仍然拒絕在運送戰俘的船隻上打上紅十字標記。國際紅十字會鑒於許多戰俘船隻被攻擊沉沒的事實，呼籲參戰各國區別對待運送戰俘的船隻，但是由於日本無視國際公約，而未能取得成效。

　　1944年是「地獄航船」活動的高峰期，也是被轉運的盟軍戰俘

的「地獄年」。盟軍各國的潛艇，特別是美國潛艇對日本船隻的襲擊戰果不斷擴大，加上日本在亞洲太平洋戰場上已經顯露頹勢。日本國內被徵召入伍的男性勞動力越來越多，本土勞動力缺乏。因此日軍在本年度對盟軍戰俘進行了3次大規模的轉運，在此期間，正常的轉運也在繼續。此時的地獄航船的安全性日益降低，實力日益壯大的美國海軍開始顯露壓倒性的優勢，日本的船隻噸位迅速下降，雖然日本的船廠生產了一些新船，但是趕不上消耗的速度。1944年日本損失的船隻噸位達到382萬3千噸，其中被潛艇擊沉的船噸位達238萬8千噸，商船減少到戰爭開始時的40%。很多小噸位的破舊輪船被徵用轉運戰俘。

由於日本國內工業生產的迫切需要，日本面對不利於局面，仍然沒有減少戰俘的轉運數量。但是由於船隻噸位的損失過快，每次大規模轉運的戰俘人數都比上一次少。在這個年度，由於美軍潛艇的有效攻擊，盟軍戰俘登上了地獄航船就等於進了地獄。地獄航船的生存環境也越來越惡劣，日軍的虐殺、虐待加劇，加上疾病的原因，戰俘的死亡率大幅攀升。

據作者統計，本年度轉運戰俘的數量大約於1942年持平，為4萬7057人次，傷亡卻為1萬7383人。1942年只有兩艘船被擊沉，死亡率低於5%，而1944年有13艘地獄船被擊沉，死亡率達到了難以置信的37%。其中9月份就有9300名戰俘勞工葬身大海。

1945年是最後一個階段，也是地獄航船的終結的一年。到1945年8月，日本商船幾乎從海上消失，日本船廠新增的船隻噸位，但此時的日本船隻總數僅為開戰時的23%。隨著戰爭的推進，地獄航船航行所需的時間越來越長。被轉運的戰俘普遍受到了虐待，地獄航船上戰俘自殺、相互殘殺的情況很普遍，這主要發生在美國人之

間。為了達到戰勝日本的目的，盟軍對於地獄航船的打擊並未手軟，因此死於盟國攻擊之下的盟軍戰俘數量激增。

在日本宣布投降前，地獄航船的轉運工作一直沒有停頓，雖然日本在8月15日宣布投降，但是本年度轉運的戰俘人數，卻達到令人震驚的12萬6千人，其中死亡人數超過2.1萬人。本年度已經得到確認的地獄航船數量已經達到了150多艘，實際上這個數字仍然是不足的。可以想見的事實是，日本處於戰敗前的「瘋狂狀態」這個國家在盡一切可能挽回失敗的局面，因此他們所能夠運用的任何資源，他們都在竭澤而漁。日本海軍已經在太平洋上節節敗退，美國海軍已經打到日本家門口，日本與海外占領地的海上聯繫，已經極其脆弱，「地獄航船」也更加危險，被擊沉的幾率非1944年可比。對於此年地獄航船的研究，尚待深入，可以確定的是，不管最後有多少地獄航船被確認，150這個數字，在總數前面絕對是蒼白無力的。

列斯特・坦尼眼中的地獄航船

美國老兵列斯特・坦尼在菲律賓巴丹半島被俘。他對地獄行船有如下回憶：

> 1942年9月5日，在日本兵的指揮下，我們排隊走上了一艘名叫「泥丸號」的日本貨船。從外表上看，這艘船至少有三十年的船齡，船體鏽跡斑斑，極度老化。和停泊在船塢裡的其他貨船相比，它就是一個小弟弟。
>
> 我們甫一上船，就有一個日本軍官前來訓話。他叫田中，海軍中尉，泥丸號的指揮官。他說，我們將去日本為

「大日本帝國服務」。我意識到，我們將會把一些日本公民從某種枯燥、卑下的工作中解脫出來，從而使他們能夠自由地服兵役。

我們24小時都要待在貨艙裡。貨艙長寬大約各50英尺，高20英尺（約合6米），四壁都是鏽跡斑斑的金屬。我們每個人能分到5平方英尺（合0.46平方米）的空間，這點地方對我們大男人來說，壓根不能躺下睡覺。貨艙裡沒有電，只有當艙口打開的時候，才會透進一絲光亮。這簡直不是人待的地方。

艙裡臭氣熏天，木頭地板上堆滿馬糞，地板縫裡濕乎乎的是尚未乾透的馬尿。在不久以前，這個貨艙是用來裝運馬匹的。沒有幾天，我們的衣服上都沾染了馬匹排泄物的惡臭。除了這些，空氣當中還混雜著人的糞便的味道。上船的時候，我們大多數人的體重下降了30%-40%，很多人患有痢疾，起碼有一半的人正遭受著瘧疾的折磨。貨艙的密閉空間，讓這兩種疾病迅速蔓延，擊倒了很多兄弟。我們選了兩個角落放便桶，但兩個便桶容不下500個人一整天的排泄物，經常會溢出來。靠近廁所的兄弟不得不睡在屎尿當中。

剛開始的幾天，日本人只允許我們在白天選派四個人出艙倒便桶。便桶只能從艙口用繩子吊上去，然後被抬到甲板上倒進大海。這可是一個重活，後來我們申請加派四個人。再後來，我們又申請在晚上睡覺之前，再倒一次，這樣我們就不用擔心便桶溢出或傾倒的問題了，在夜間也不用忍受充斥痢疾病菌的污濁臭氣。

腳氣病也是我們的另一個敵人。我們長時間營養不良，

體內缺乏維生素B1。濕腳氣病會引起腿腳、生殖器、腹部，甚至是面部的水腫，腳部最嚴重，佈滿水泡。我們只能輕輕拍打患者的身體，以便排出一些水分，減輕患者痛苦。乾腳氣病，多侵襲腿腳，與濕腳氣病相反，身體缺少水分，引起的劇烈疼痛，就像遭受電擊一樣。後來我們才知道，腳氣病不同於腳氣，如果不及時治療，時間一長會導致嚴重的心臟問題。

我們在木地板上和衣而眠。每天晚上都有人瘧疾發作，冷得直打哆嗦，哭喊著想要毯子，幾分鐘之後，他們又開始尖叫，說他的身體著了火。兄弟的呻吟，就像指甲劃過黑板，讓人渾身起雞皮疙瘩；兄弟的嗚咽和嚎哭，像一把利刃要把我們的耳膜撕裂。

日本看守向我們散發軍方的「紅頭文件」，標題是「犯人管理條例」。條例分為兩個部分，第一部分，一般性條款，違背了會受到懲罰。第二部分，嚴禁違反的條款，觸了高壓線，就是死路一條。就我所記，第一部分包括：不准在船上隨地大小便；不准對食物數量和居住條件提出任何異議；犯人一天只能吃兩頓飯，每頓一份米飯；便桶滿了要放在貨艙中間，通報後方可外出傾倒。第二部分的條款，一旦觸犯，立即會被處死：沒得到看守命令就爬貨艙梯子；意圖損壞任何船上物件；拿取超出自己分內的食物；違反日軍的命令或指示；對衛兵大聲說話或開低級玩笑；未經允許在貨艙外活動。

沒有人敢以身試法，我們甚至竭力阻止他人觸犯這些條例，奧唐奈和甲萬那端戰俘營的經驗告訴我們，一個人「犯

罪」，其他人都跟著倒楣。然而慘劇還是無可避免地發生了。在離開臺灣的第三天，一個深受瘧疾和痢疾折磨的兄弟突然失控，他大聲叫喊，想要到甲板上去呼吸新鮮空氣。事情來得太突然，我們還來不及阻止他。日本看守聽到喊聲，跑過來打開艙蓋。剛才還躺在地上奄奄一息的兄弟，不知哪來的力量，竟然一躍而起，迅速地爬到了梯子上。當他把頭伸出艙口時，看守的刺刀刺進了他的脖子。他跌落在地，雙手摀著脖子，鮮血透過指縫噴濺到地板上，噴濺到離他不遠的兄弟的身上。我們的兩位軍醫戰俘迅速跑到他的身邊，輪流壓住傷口，在黑暗中摸索了幾個小時才把傷口縫合起來。這位兄弟傷及頸動脈，缺乏器械和血漿的軍醫根本無法實施救治。第二天，他在飢餓中離開人世，屍體被拋進大海。因為我們沒看好自己人，我們第二天沒有吃到早飯。

傑尼・薩繆爾・傑克布森回憶地獄航船

傑尼・薩繆爾・傑克布森是美國二戰初期駐菲律賓克拉克空軍基地美國遠東空軍第二十中隊的後勤軍官。他也在菲律賓被日軍俘虜。他對死亡航船的回憶如下：

海港裡停泊著很多輪船，日本人把我們趕進了最破舊的那一艘。這艘老舊的加拿大貨船被日本俘獲，被日本人用來運送我們前往日本。我被日人趕進了船前部的兩個貨倉，貨倉的空間非常狹小，日本人往裡面硬生生地不顧我們死活地塞進了505個人。我們在貨艙裡根本無法坐下，很多人只能

站著。貨艙裡的空氣非常糟糕，更要命的是，日本人竟然在貨艙上面蒙上了大塊帆布。貨艙逐漸變得悶熱，由於船艙裡沒有任何衛生設備，沒過多久船艙裡就彌漫著屎尿的惡臭。我們對著日本人喊，給我們空氣。日本人不搭理我們，威脅我們再叫就不給我們水和食物。快到半夜的時候，日本人才扔給我們一壺水和一桶米飯。日本人後來又扔給我們幾個五加侖的罐子，讓我們當屎盆、尿盆。船艙很快變成了臭蟲、蝨子和跳蚤的樂園，這些吸血蟲讓我們不得安寧。

我們在海上走了兩個星期，有一個大個子受不了了。他發了瘋，在船艙裡打人，我們試圖按住他，讓他冷靜下來，可是他卻沒有能夠緩過來，死去了。日本人往他腿上綁了一個大鐵塊，把他的屍體從甲板上扔到海裡。兩個星期以後，日本人允許我們上甲板上透氣，因為船長害怕還有惡劣的船艙讓更多的戰俘發瘋或者死去，他無法對上司交代。我們「自由「的那一天，狂風大作，暴雨來襲，但是兄弟們寧願待在甲板上，也不願意回到讓人窒息的船艙。

日本人一天給我們提供一小杯的米飯和一小杯的水。米飯實在太少，很多戰俘一粒米一粒米地吃，只為吃得時間長些。米飯是如此地少，以至於某些兄弟身邊有兄弟死去，他們會讓他的屍體能躺多久算多久，只為分到死去的兄弟的那一份少得可憐的口糧。我們通常是捱到死去兄弟的屍體散發出惡臭才報告日本人，日本人會如法炮製，在他身上捆上一塊重物，把他扔到海裡。

暴風雨持續了八天，我們到了臺灣。日本人此刻不允許我們在甲板上透氣了，他們把我們統統趕進船艙，並且再一

次用帆布把我們蓋住。我們絕大多數人都倒下了。由於燒煤的老破船需要補充燃料，還需要裝載粗鹽，我們在臺灣又待了兩個星期。在此期間，日本人大發慈悲，允許我們一小批一小批地上岸洗澡。城市的居民們好奇地盯著我們這群瘦骨嶙峋的美國戰俘，但是他們很快不好意思看下去了。因為我們在大街上脫光了衣服，然後進入公共浴池洗澡。

1944年八月初，我們開始起航了。船停停走走，陸陸續續地在沿途的島嶼停靠。在一個我不知道名字的島嶼，我們被迫停了兩個星期，因為船的發動機壞了。我們試圖說服日本人，讓我們上岸，或者到海水裡洗個澡，日本人拒絕了。

快到日本本土的時候，我們遇到了美國潛艇的攻擊，日本有驅逐艦前來護航，我們在船艙裡聽到深水炸彈的悶響。我想美國潛艇攻擊我們，是因為日本拒絕在船上打上紅十字標誌，美國潛艇不知道船上裝載著戰俘。9月3日，我們總算到了日本的門司港。

我們在海上航行了62天，我飢餓難耐，全身酸痛，腿腳腫脹，腳氣病發作，臭蟲，蝨子和跳蚤對我輪番騷擾，我很幸運，因為我還活著。

「大檢證」和「大肅清」
──日本對新馬華人的大屠殺

　　1941年12月，日本第二十五軍在山下奉文大將的率領下向新加坡要塞進攻。次年2月15日，英國馬來亞陸軍總司令白思華將軍率8萬英軍向日軍投降。日軍進入新加坡後，對新馬華人以「大檢證」和「大肅清」的名義進行了滅絕性大屠殺。

　　日軍占領前的新加坡大約有華僑60萬人，加上從北部馬來半島逃避戰火而來的華僑，共有約100萬人。據李恩涵先生研究，在新加坡檢證大屠殺中，華人死亡人數在2.5萬-5萬人之多。

　　中國的全面抗戰爆發後，華僑捐獻了數目巨大的資金並有很多華僑回國參戰。華僑也是抵抗日軍入侵馬來半島的重要抵抗力量。華僑潛在的反抗影響日軍對新馬占領，日軍儘快占領東南亞，急於從新馬抽調兵力，以獲取東南亞各國豐富的戰爭物資支撐戰爭。因此日軍為了切斷華僑對中國抗戰的資金和人力支持，穩定對新馬的占領，決定對華人進行大屠殺。「肅清華僑計畫」的主謀是第二十五軍司令官山下奉文。

　　山下奉文下令從2月18日開始展開掃蕩行動，以搜捕敵對的華僑，其搜捕標準共有9條：

　　一、曾經在南洋華僑籌賑會中積極活動之人士。

二、曾經最慷慨地捐輸給籌賑會之富裕人士。

三、南洋華僑救國運動領袖陳嘉庚之追隨者以及校長、教員和律師。

四、海南人。

五、凡在中日戰爭以後來到馬來亞之中國出生華人。

六、凡是文身之男性。

七、凡是以義勇軍之身分，替英軍抵抗日軍之人士。

八、公務員以及可能親英之人士。

九、凡是擁有武器，並嘗試擾亂治安之人士。其結果是一場針對抗日人士、共產黨人和華人的集體屠殺。

日軍執行「肅清華僑計畫」的方法是，先以盤查和發放「良民證」的方式，將華僑集中，然後集體殺害。1942年2月19日，山下奉文的司令部在主要街道張貼布告大日本軍司令部布告凡居住於本島12至60歲男子，限於2月19日正午在下述地區集合：

一、從丹戎帕加至蒂恩巴樂路一帶。

二、從裡巴路至坦格林路一帶。

三、從夏朗布薩至西冷古恩一帶。

四、從卡朗至蓋蘭一帶。

五、從帕亞雷巴路至樟宜路的交叉路口一帶。

違令者將處以死刑。華籍男居民到達日軍指定的5個地區集中檢證，凡認為可疑人員均被日軍押上卡車送到海濱或用船隻送到海面上用機搶掃射進行殘殺。

這只是日軍殺害華人的一個典型的例子。在日軍進攻馬來亞半島和統治初期，日軍發動的大規模的集體大屠殺就有：新加坡大檢證，吉隆玻大肅清，檳榔嶼的兩次大檢舉，麻六甲大鎮壓，在柔佛巴魯、麻坡、馬力四隆、文律進行的大屠殺，在森美蘭州知知港、余朗朗等村進行的清鄉屠殺，另有較小規模的屠殺達29次之多。日軍在馬來亞所屠殺的華人總數在15萬以上。

　　1945年10月29日，山下奉文大將被交送馬尼拉美國軍事法庭審訊指控他在新加坡指揮日軍屠殺五千名華僑的罪狀，最後山下被處以死刑。1959年，在新加坡東海岸建廠挖掘時，意外發現了大量堆疊的骨骸，驗明瞭是新加坡淪陷時期被日本人殺害者的華僑遺骨。

參

列斯特・坦尼博士回憶錄

巴丹死亡行軍
——列斯特・坦尼親歷的死亡之旅

　　1942年4月9日，對我而言，是惡夢的開始。昨天，我們還在為保衛巴丹殊死戰鬥，今天我們卻成為了日軍的俘虜。第二天早晨，我被一陣刺耳的槍聲驚醒。一隊日本兵扛著步槍，端著機關槍，闖入了我們的營地，他們兇神惡煞似地嚎叫著。沒等我們反應過來，日本兵就撲了過來。禮貌的把兩個手指並在一起，送到嘴邊，作吸的姿勢，討要香煙；粗魯的舉起用作手杖的長竹竿，朝我們劈頭蓋臉地打來，亂翻我們的床鋪，搜查我們的身體，拿走他們想要的一切東西。這是一群野蠻的勝利者。

　　有一個日本兵，走到我面前，做出抽煙的姿勢。我明白他的意思，搖了搖頭，因為我沒有香煙。他笑了笑，立即掄起槍托照我臉上狠狠地砸下來。我的鼻子被打破了，顴骨部位也撕開一道口子，鮮血湧了出來。他得意地大笑，其他日本兵也哄堂大笑。他走到站在我右邊的戰友前面，做出同樣的手勢。右邊的兄弟有煙，給了他一根，他抬手把整包香煙都奪了過去。誰知他恩將仇報，領著其他的日本兵用竹竿和槍托狠揍我的同伴，把他打倒在地。這下子，他們才心滿意足地大笑著離去，嘲笑著被擊敗的、軟弱的美國人。

　　4月10日早晨，一隊日本兵把我們趕上大路。在這半英里的行程中，日本兵大聲呵斥著我們，為了讓我們走快點，用刺刀戳我

們。上了大路，我們等了3個小時，日本人禁止我們講話，我們可以用任何姿勢休息，站著、坐著都可以。

行軍的路面有20英尺寬，路基是石塊，上面撒上碎石子，碎石子上面再撒上細沙。撒上沙子的目的是為了使路面能夠行駛小型汽車，水牛拉的大車，菲律賓人拉的大車有時也會出現在路面上。路面早已使用過度，我們的重型汽車在上面開過，甚至我們的坦克、半履帶車也從上面經過。整個路面已經千瘡百孔，大塊的礫石隨處可見，路基裸露，鋪滿了硌腳的細沙、碎石子。在這種路面上走一小段路都覺得痛苦，長時間、長距離行軍的折磨可想而知。

我們四人一排，十人一列開始行軍。還沒走出去一英里，隊伍已經鬆鬆垮垮，我們就像一群掉隊的士兵。開始還成隊形的四十人的方隊，散亂不堪，兄弟們往前挪動步子，有些兄弟的腿腳已經不太靈活，看起來像跛了一樣。我們不知道目的地在哪裡。很多人感覺我們是去送死。就在此刻，我決定要制定活命的計畫。成為俘虜的前夜，我還堅信我能夠活著回家。為了活命，我得為自己設立一些可實現的目標，比如一定要堅持到下一個轉彎口，一定要走到前面出現的水牛那裡。我必須有夢想，夢想會讓我前行。

剛走了一兩個小時，兄弟們就開始減輕負荷，把他們認為不需要的東西丟在路上。他們從軍用帆布背包裡翻出各種各樣的東西：牙膏、牙刷、剃鬚膏、剃鬚刀、毯子、小帳蓬。這些物件被隨地丟棄，散佈在行軍路線的最初幾英里的路段上。

日本兵用我們聽不懂的日語大聲呵斥我們，如果我們不能對他們的命令做出迅速反應，他們就從路邊撿起木棍抽打我們。他們想讓我們走快點，更準確的描述應該是小跑。對於我們來說，「快步走」和「小跑」沒有區別，它們在我們耳朵裡只是重複的詞彙。

看守們似乎並不明白這一點，我覺得他們絕對不是日軍當中的聰明人。後來我才知道，這些傢伙所受教育程度極低，他們甚至不知道我們沒有正確執行他們的命令，是因為我們根本聽不懂他們的「鳥語」。

日本兵強迫我們這些虛弱的人一連走了四五個小時，不允許我們休息，動不動抽打我們。很多兄弟如果不停下來喘口氣的話，就站不住了；日本兵在任何條件下都不允許我們停留。我們佇列裡的漢克絆了一跤，摔倒在路邊的灌木叢裡。一個日本兵立即跑過來，我們向倒下的好朋友大聲喊道：「趕快站起來！快點站起來！」一切都已經太遲了，日本兵高聲叫喊著，把刺刀紮進了漢克的胸膛。在挨了五六刀後，漢克掙紮著站起來，鮮血順著襯衫往下流，他蹣跚著加入了我們身後的行軍佇列。

漢克並沒有撐多久。晚上一個朋友告訴我，漢克因為流血過多，倒在地上，被一個日本兵開槍打死。我控制不住哭泣，夥伴們也控制不住。我們眼前浮現出一個從來沒有做錯任何事情的優秀青年，他錯在倒在了錯誤的時間、錯誤的地點。漢克的死，給我們一個血淋淋的教訓：想在行軍時休息是不可能的，除非你想「永遠休息」。如果要大小便的話，我們該如何保護自己？很快我們發覺，唯一的正確做法是拉在褲子裡，如果你想活命的話。

行軍的第二天，一輛日本卡車從我們身邊開過。卡車車廂裡坐著日本兵，他們手裡拿著長長的繩子，時不時地抽打戰俘。他們會抽打任何一個他們認為走得不快的戰俘。突然，有日本兵向一個走在佇列外面的戰俘扔出了套索，套索套在了他的脖子上，把他拖到在地。鋒利的石塊讓這個兄弟鮮血淋漓，遍體鱗傷，他的身體抽搐著、翻滾著，看起來像一塊新鮮的牛排。被拖出100多碼後，他終

於掙脫了套索，用手和膝蓋支撐著流血的身體慢慢地站起來時，他大喊：「你們去死吧！有朝一日，我會以同樣的方式對待你們，我會活著把尿撒在你們的墳墓上！」憤怒讓他獲得了新的力量，他站直了以嶄新的面貌加入了行軍佇列。

日本汽車把帥氣中尉壓成肉餅

194坦克連有一位帥氣的中尉，他大約28歲，一頭金色卷髮，總是乾乾淨淨的。他塊頭很大，有6英尺高，我估計他在戰前的體重至少200磅，行軍剛開始的時候也有150磅。他看起來很強壯，卻走得很慢，因為他背著個大包。一開始的時候，他把大包夾在胳肢窩裡，後來又把它扛在肩上。在大包的重壓之下他步履維艱，沒有人知道包裡裝的是什麼，但是我覺得裡面一定有他值得用生命去捍衛的東西。

當我們的佇列超過中尉的時候，我悄悄地靠近他，我看到他的雙眼已經充血，目光呆滯，他似乎已經喪失意識，不知道自己身在何處。我問他要不要幫忙，他不回答。等我回頭再看到他的時候，他的步履已經踉蹌，身體也東倒西歪的。他已經控制不住自己的身體，我感到很難過，因為我無法對他提供幫助，他很快就會被日本並殺死。沒有人敢為他停下來，大家都很清楚，停下來幫助他的代價。

隊伍繼續前行，他的背越來越彎，行走非常困難。我們勸他扔掉不必要的物件，他的包對他來說，會讓他吃不消的。他拒絕了，掙紮著向前挪動了幾百英尺，栽倒在地。日本兵看見我們的佇列停了下來，立刻跑到他面前。日本兵大叫了幾聲，毫不猶豫地刺進了

他的胸膛。日本兵還在狂吠，他的意思再明顯不過：「站起來！站起來！」不過一切已經太晚了。刺刀終結了中尉的生命，有一個好男兒為國捐軀。我無助地想到，「這個時候上帝在哪裡？」在目睹了一樁樁暴行之後，我越來越肯定這些事情也會發生在我身上。天哪！以後等待我的是怎樣一個惡夢啊！

隊伍又往前移動，幾分鐘之後，又發生了悲慘的一幕。後面傳來汽車馬達聲；日軍向克雷吉多方向輸送戰鬥人員。中尉的屍體橫臥在道路中間，日本卡車毫不猶豫地從中尉的屍體上碾過，日本的車隊經過之後，中尉的屍體已經被壓成肉餅。道路上殘留的鮮血和肉末，顯示這裡曾經有人倒下。

日本人用這種方式「為中尉完成了葬禮」。日本兵還是不是人？他們沒有絲毫的同情心，毫不顧忌人之所以為人的底線！他們把我們像動物一樣對待，毫無疑問他們根本不會給我們戰俘應有的待遇。

喝水，被日本人槍斃

日本兵不允許我們帶水行軍，長時間不喝水造成的生理痛苦是難以形容的。我的胃很痛，喉嚨刺痛，胳膊和腿不聽使喚。我們的身體亟需補充水份，可是卻一滴水也得不到，精神和身體的痛苦溢於言表。到了第三天，飢餓和口渴讓我做起了白日夢。我彷彿看到了過去吃過和喝過的所有好東西：夾著乾酪和洋蔥的漢堡包、奶昔、啤酒、可樂，饞得我想流口水，可惜口水早已乾枯。我在白日夢的驅動下，走了一段路，最後還是回到了現實當中——我們飢渴難耐，不知道要到什麼時候什麼地方，我們的下一頓才能進嘴。我

們被強迫往前走，把左腿邁到右腿前面，再把右腿邁到左腿前面，兩腿帶動著身子往前挪。

日本兵故意的。其實路邊並不是沒有水，巴丹半島上有很多泉水和自流井，日本兵就是不讓我們喝。有些看守會讓少數的戰俘去喝水，卻不讓更多的人喝水。有一天，我感覺自己的舌頭變厚了，因為身邊有日本的車隊經過，車隊揚起的灰塵被我吸進嘴裡，黏在舌頭上，我的喉嚨快要被這些沙塵烤乾了。有一次，我看到路邊有一口自流井，白花花的水流掉真可惜。觀察了好半天，確定附近沒有日本兵的時候，我和戰友弗蘭克快速沖到井邊。我們你一口，我一口，敞開肚皮喝水。我們儘快喝足，並把水壺裝滿，準備路上喝。

幾分鐘之內，大約有10到15個戰俘聚到了井邊。這引起了一個日本兵的注意，他跑過來嘲笑我們。這時，前面的5個人喝到了水，第6個人剛準備蹲下喝水，日本兵突然舉起刺刀，對著他的脖子就是一刀。這個兄弟立即雙膝跪地、呼吸急促、臉朝下倒在地上，一口水沒有喝上就死了，鮮血染紅了自流井。他死不瞑目，因為他還沒來得及反應過來就被屠殺了。

所有在井邊的戰俘，趕緊跑回佇列。我們都被嚇傻了。我的心像手提鑽鑽地時一樣，劇烈地跳動，我的眼睛睜得有平時兩倍大，我很無助，我又想到，「這個時候上帝在哪裡？」淚水潸然而下，流到我的面頰上，多好的一個年輕人啊，就這樣送掉了性命，殺他的人好像做了一場遊戲。

兩小時後，我們經過了一個水牛洗澡的水塘，它離路面大約50英尺。水塘裡的水根本不能飲用，水面上泛著綠色的泡沫，兩頭水牛正待在裡面躲避酷熱。兄弟們都快渴死了，只要能喝到水，他們管不了這麼多了。兄弟們不僅渴，而且深受瘧疾的折磨，很多人發

著高燒。另外還有很多人痢疾很嚴重，他們認為誰能夠減輕他們的痛苦。有一個大膽的兄弟跑到日本兵面前，用手勢問他，能不能讓他喝一點水。日本兵哈哈大笑，揮手同意。

得到允許後，好幾十個人瘋狂地沖到水塘邊，也不管水牛還在裡面洗澡。有些人撥開綠色的泡沫，把水潑到自己身上，並喝下這種寄生著多種病菌的水。有些人用手帕把手兜起來喝，他們覺得經過手帕過濾以後，水會安全一些。他們真笨！成群的蒼蠅在水面上盤旋，水裡殘渣氾濫，病菌是過濾不掉的！這不是人喝的水！

幾分鐘之後，一個日本軍官跑過來大喊大叫。沒有人聽得懂他說的話，他也沒有打任何手勢，但是大家還是知趣地趕緊返回了隊伍。不久令人震驚的事情發生了。這個滿臉堆笑的軍官，在戰俘的佇列周邊轉來轉去，他隨即命令日本兵檢查我們的制服，把那些身上有水跡的人都拉出來。日本軍官命令這些粘上水跡的人，在路邊排成一行，下令日本兵向他們開槍。恐怖的大屠殺！他強迫我們站著觀看，我們不敢阻止，如果我們阻止的話，他會下令把我們也槍斃了。

死亡倉庫

我們用了4天時間，總算進入了巴朗牙城區。菲律賓平民們站在道路的兩旁，扔給我們各種各樣的食物：米糕、還有動物油脂的甜蛋糕、小塊的炸雞、小段的甘蔗。突然，槍聲響了，菲律賓平民們四散逃命，日本看守向他們射擊，不允許他們給我們吃的。兩個菲律賓平民跑進了田野，想鑽進一個下水管道。三個日本兵舉槍向他們瞄準，先後開火。這三個傢伙的槍法不是很好，他們開了好些槍，才把這兩個菲律賓男子打倒。見他們倒下來，這三個傢伙立即

跑過去，呵斥他們，並瘋狂地踢他們，先是踢背部，後來踢頭部，隨後又向對他們倒臥的身體連開數槍。

　　我們繼續向市區中心走去。天色完全暗下來的時候，我們被趕進一間大倉庫。這間倉庫大約有75英尺寬，160英尺長，原來是用來儲存玉米、大米和蔗糖以及其他農產品的。擠不進去的人，就睡在倉庫外面的開闊地上。我在倉庫的最裡面找了一個位置。當倉庫人滿為患的時候，日本看守又生生地把兩百名美國戰俘塞了進來。倉庫實在太擠，以致我們只能一個挨一個的平躺在地上。有人想小便，只能尿在身上，第二天太陽會把他的衣褲曬乾。如果誰想大便，就要跑到倉庫的角落裡解決。那天晚上，倉庫的地面上滿是痢疾患者的糞便，這讓很多人感染了這種致命的疾病。

　　屎尿散發的惡臭，垂死的人的叫喊聲，病入膏肓的人的抱怨聲、呻吟聲不絕於耳，簡直要讓我發瘋，我把衣角塞進耳朵，減輕了一些噪音。倉庫裡的空氣污濁不堪，痢疾患者的糞便，殘留在衣褲上的小便在倉庫裡發酵。這種令人窒息的混合惡臭，影響人的正常生理機能。日本兵忍受不了，把門鎖上出去了，在外面監視我們。

　　數小時後，我漸漸地適應了這種嘈雜的聲音和令人作嘔的臭味。我把自己的思緒從這場惡夢中轉移開，我又想到了蘿拉。她會意識到發生在我身上的一切嗎？獲悉了巴丹半島失守，全軍投降的消息之後，她會怎樣想？她會認為我是一個懦夫嗎？她仍然愛著我麼？她會像我思念她那樣思念我麼？我提出了一連串的疑問，幻想自己又和蘿拉待在一起。這場惡夢什麼時候才到頭啊？午夜時分，我搖了搖頭，拋開紛繁的思緒，面對現實。

　　次日早晨，看守把倉庫門打開，我頭暈目眩地蹣跚著走出來。我像受驚的動物一般儘快地離開了這個彌漫著死亡氣息的黑暗之

地。至少有25個人沒有活著走出倉庫，日本人命令戰俘把他們的屍體抬到倉庫後面的田地裡扔掉。我再度感到震驚。我所能做的，是為這些兄弟祈禱，我流著淚自言自語：「上帝啊！請您寬恕這些可憐的靈魂。」我不願意看到他們暴屍荒野，但是日本兵不同意我們把這些可憐的兄弟埋葬，他們在漆黑的夜裡悲慘地死去。

我們看到倉庫的院子裡面，搖晃著一隊看守。幾分鐘之後，我們被趕到院子裡。出乎我意料的是，院子中間放著3個廚房用的大桶，桶裡盛滿了米飯。沒有餐具的戰俘得到了一個直徑3英寸的飯團，有餐具的戰俘的得到了一大鏟子米飯，量應該比飯團要多一些。在倉庫外面的開闊地的頂頭，有一隊日本看守在供應熱茶。沒有水壺或杯子的戰俘可以借朋友的容器來獲得他的定量，這些液體對我們來說，太珍貴了。

在餓了四天之後，我們第一次獲得了食物，儘管食物的數量很小。日本看守提醒我們，我們是多麼的幸運，因為他們給我們供應了如此多的食物和茶水。我們剛領完自己的定量，日本人就把我們趕上離開巴朗牙的大路。日本看守不停地嘲笑我們，他們咧開嘴大笑，頻頻點頭，他們很滿足，因為從我們身上獲得了足夠的優越感。我們排好隊向北進發，行軍繼續，但是終點在哪，我們仍然不知道。

路邊葬禮和斬首

第五天，我目睹了整個巴丹死亡行軍當中最慘無人道的罪行，當然還有一些暴行也可與之相提並論。日本兵讓我們的佇列暫時停下，等待後面的隊伍趕上來。等後面的隊伍趕上我們的時候，日本

人命令我們站起來繼續前進，就在這時一個瘧疾非常嚴重的兄弟，發著高燒，人都燒糊塗了，想站起來，但是站不起來。日本兵走到他身邊，用槍托砸他的頭，把他打倒在地。日本兵叫來身邊的兩個戰俘，讓他們在路邊挖坑，他準備把這個生病的兄弟活埋。這兩個戰俘開始挖坑，等坑挖到一英尺深的時候，日本兵命令他們停手，把生病的兄弟抬到坑裡，把他活埋了。這兩個戰俘搖著頭，說他們不能那樣做。

　　日本兵沒有發出任何警告，舉槍就把兩個挖坑的戰俘當中的大塊頭打死了。他又從我們的佇列裡拉出兩個戰俘，命令他們再挖一個坑，把大塊頭也埋了。日本兵在路邊劃了一個十字，意思是「把被他打死的那個戰俘埋在那裡」。這兩個戰俘又挖了第二個坑，他們把生病的戰俘和死去的戰俘分別放在坑裡，然後往他們身上鏟土。生病的戰俘還沒有死，土扔到他身上的時候，他淒厲地叫喊著。

　　我們目睹了這場對手無寸鐵的無辜者的屠殺。我悄悄轉過頭去，用手捂住臉，避免讓日本兵看到我嘔吐。這樣的暴行讓我永生難忘，到現在仍然困擾著我。我一遍又一遍地問自己：「我活著就是等著被屠殺嗎？今天輪不到我，那麼明天，後天，大後天呢？對於這樣的暴行，我還能忍受多久？」我的決心再次受到了挑戰。我偷偷地抹去淚水和嘔吐的汙物，正視路的前方，我在尋找下一個路標。我必須有一個目標；我必須向前走。

　　我們走了好些天，有的時候夜間也趕路。日本兵只給我們提供過兩次食物和水，每次都很少。從盧保出發的4到5英里的行軍極其殘酷。日本看守時不時地命令我們奔跑，他們的咆哮次數更多，聲音更大。幾分鐘之內，有不同的看守，毆打、推搡，甚至用刺刀戳我們。

在這個路段，我們被要求以平常兩倍的步速行軍，日本兵換班頻繁，我們經常要求奔跑以跟上新換班的看守。我們好不容易追上了一隊日本兵，看守命令我們停下來。我們看到這隊日本兵的前面跪著一個美國戰俘，戰俘後面站著一個日本軍官。日本軍官從劍鞘中抽出武士刀，在空中揮來揮去，他似乎要展示他砍人的本領。他讓這個美國戰俘順著他揮刀的方向移動膝蓋。熱身練習做完之後，他把武士刀高高舉起，急速揮下，日本士兵高呼「萬歲」，我們只聽到一聲悶響，美國戰俘就身首異處了。這個軍官緊跟著把戰俘的軀幹踢到在地。這個軍官「乾淨俐落」地展示了「高超的斬首技術」。所有的日本士兵都開心地笑著走了。當我看到他的刀鋒下落的時候，我的心都揪緊了，渾身抽搐，我把手放在胸前祈禱。我感到窒息，我不能相信，砍頭竟然是日軍的娛樂方式。

從那天起，我少說也目睹了數百次斬首的場景；身首異處的恐怖瞬間永遠不能從我腦中抹去。每當那個時刻來臨，我都非常害怕，不過我下決心活下去。我必須活下來告訴全世界日軍對我們這些戰俘做過些什麼。

我們花了兩天多的時間到達奧蘭尼，這段行程大約有15英里。這兩天內，我們沒有得到一口飯一滴水。在這段路程當中我們目睹了更多暴行，這些暴行與剛開始的四天裡的大同小異。日本兵特別喜歡在菲律賓人面前虐待美軍戰俘，這樣能滿足他們的民族優越感。每次殺害或者折磨美軍戰俘的時候，他們都會把路過的菲律賓人攔下來，男人、女人、小孩無一例外，強迫他們站在路邊觀看。這些菲律賓人目瞪口呆地看著這些觸目驚心的場面，淚流滿面，默默地祈禱，我看到他們的嘴唇一動一動的。

日式死亡木馬

導語：1942年4月9日，巴丹半島失守，近十萬美菲聯軍成為
日軍俘虜。日軍讓戰俘們從巴丹步行到奧唐奈集中營，這段
100公里的死亡行軍中有1萬5000人死去。對於活下來的人而
言，「奧唐奈」的名字就等同於死亡集中營。本文編譯自美
國二戰老兵列斯特‧坦尼的回憶錄《地獄的夢魘》，追述他
和他的戰友們在奧唐奈集中營裡的生活狀況。

死神的硬幣

我們饑腸轆轆，步履蹣跚，忍受著瘧疾和痢疾的折磨，行進到
了一個古老廢棄的菲律賓軍事集中營。奧唐奈集中營是為紀念最早
的一位西班牙登陸者而命名的。這所沒有完工的集中營看起來十分
破舊，支撐房屋的支架東倒西歪，看起來隨時都有倒塌的危險，在
支架上覆蓋著些許椰樹葉搭建成菲律賓當地常見的棚屋。

每個原本只能容納十六個人的棚屋現在擠進了四十個人。這裡
的棚屋窗戶緊閉，到處彌漫著腐朽的氣味。棚屋內外雜草叢生，蛇
蟲鼠蟻充斥橫行。只有那些圍繞在集中營四周的是鏽跡斑斑的帶刺
的金屬網，才能讓我們感覺到過去曾有人在這裡生存過。

日本士兵總是不分青紅皂白，狠狠地打我們。我們唯一要做

的就是排著隊在場地上齊步走和立正站著，如果做不好就要遭到虐打。然而這樣的要求對於包括我在內的多數俘虜來說都十分困難。

我的腿在剛到集中營的時候受傷了，走起來一瘸一拐，看守們就用槍柄打我。其中一個站崗的看守脫下軍用腰帶粗野地抽打我，腰帶劃過我的後背，越過屁股，我能感覺到身上的血液統統湧向了後背和大腿，然後腰帶呼嚓一聲直接抽在我的臉上。強烈地抽打和刺骨的疼痛讓我的意識逐漸模糊起來，我幾乎想要還手了。值得慶倖的是，我及時控制住了自己沒有做出愚蠢的事。我拭去臉上的血，用衣角按住傷口，希望在再次挨打之前能把血止住。日本人不會花費時間精力去找強壯的人的麻煩，他們只會欺負老弱病殘。

隨後，我們被押到一個開闊的行軍場地。看守命令我們把身上、口袋和攜帶的背包裡所有的財物都掏出來放到身前的地上。日本人在佇列裡走來走去，搜尋那些能夠置我們於死地的蛛絲馬跡，而只有他們才知道這些所謂的蛛絲馬跡到底是什麼。突然，我聽到步槍開火的巨響。不久，所有的戰俘都明白了，誰身上有日本的或印著日本標誌的物品，誰就會立刻被幹掉。因為日本人認為，這些東西很可能就是我們從戰死的日本兵身上取走的。然而事實是，在巴丹半島的臨時營地時，有一次幾個日本人來向我們要了些香煙，其中一個日本人給了一名俘虜些許錢和東西作為交換。不幸的是，日本人難得的慷慨給我們的夥伴惹來了殺身之禍：看守在這個俘虜身前發現了一枚日元硬幣，不由分說地把他拖到一邊施行了槍決。

日軍戰機在菲律賓地區曾扔下一些「投降書」。如果某個俘虜身上有這樣的「投降書」，他也會被處死，理由是沒有珍惜投降的機會。我們這些戰俘不得不在被發現之前把它吃掉或者塞入肛門內。對我們來說，這比嚴刑拷打更讓人害怕。

當我發現一張投降書從身上掉出來的時候，我頓時呆住了。到底要怎麼做才能不讓這群虎視眈眈的看守發現呢？我深吸了幾口氣，偷偷把紙片塞進嘴裡盡可能迅速地把它嚼碎，費盡力氣才讓這害人的東西澈底消失。

日本兵的訓誡

接著，我們立正站在廣場上接受日本指揮官竹田上尉的訓誡，訓誡的內容是戰俘的言行規範（譯者注：坦尼是第一批到達奧唐奈集中營的戰俘，以後還有戰俘陸續到達）。竹田上尉大約35歲，高5英尺8英寸，大約有160磅重。他站在高臺上，居高臨下地俯視著我們，向翻譯打了個手勢，在高臺上手舞足蹈地咆哮起來。他說我們都是懦夫，任何一名日本軍人在即將被敵人俘虜的情況下，一定會自殺的，而我們卻沒有。他罵我們連狗都不如，並激動地抱怨著一百多年來美國人一直都是日本人的敵人，美國人的任何行為都不能改變這種看法。他接著說道：「我們絕不可能跟豬一樣的美國人成為朋友。」

這位指揮官一邊歇斯底里咆哮著，一邊瘋狂地揮舞著胳膊和拳頭。他在高溫的烘烤下變得有些惱怒，大口大口地喘著粗氣。接著，他說我們很快就能意識到那些戰死沙場的戰友們是多麼的幸運。天哪，他說的真是太對了。

我們被要求參加訓練，訓練的內容是在集中營內應該做些什麼以及如何去做。首先，無論在何處，只要看到日本軍人，一定要彎腰敬禮；其次，我們跟日本軍人對話的時候一定要說「是的，長官」。他用不容置疑的口吻提醒著我們，如果違反規定，任何一個

日本軍人都可以隨時給予我們嚴厲地處罰甚至是處死；他還警告說日本軍方不會按照日內瓦協議來對待戰俘，而會選擇自己的方式處置我們。

這次訓話是在下午三點左右結束的，時長約兩個小時。這是一天當中最炎熱的時候。在整個訓誡過程中，所有戰俘不得不直挺挺地站在場地上，至少有十多人中暑暈倒。他們一直躺在地上直到訓誡結束，才被允許抬進去接受治療。

指揮官結束了他的「演講」以後，士兵們把我們的物品翻了個底朝天，收繳了幾乎是所有他們感興趣的東西——手錶、戒指、妻兒的照片等。幸運的是，我的寶貝蘿拉的照片安全地被我藏在襪子裡面。最後我們被允許在集中營裡面四處走走，選擇一個棚屋住下。

死亡木馬

每個原本只能容納16個人的棚屋現在擠進了40個人。在這裡，幾乎所有人都身患疾病，痢疾是我們到現在為止最大的敵人。痢疾傳染的速度很快，我們的居住條件又那麼擁擠，以至於每個人好像都出現了腹瀉的症狀。食品和水等生命必需品的嚴重缺乏使得很多戰俘都患上了一種甚至多種疾病，如痢疾、瘧疾、營養不良、肺炎、腳氣等。

美國的戰地衛生員將兩間棚屋設置為病房，其中一個是普通的醫務病房，另一個則是「零號病房」或「Z病房」（意思是人生的最後一站，為垂死的戰俘準備的地方）。病房裡每天都擠滿了病入膏肓的戰俘，普通病房裡的多數病人最終都會被送到「Z病房」。送進「Z病房」的戰俘們像活死人般掙紮在生死邊緣，直到停止呼吸。

有些生病的戰俘既沒住進普通病房，也沒有被送入「Z病房」，他們病得很嚴重，極度衰弱地昏倒在骯髒不堪的棚屋裡，他們之所以選擇這樣的生活是因為他們拒絕接受像畜牲般的對待。然而「萬人坑」——墓地往往就是他們最終的歸宿。

　　晚上，有些戰俘會睡在壕溝邊——那裡就是廁所，這樣在我們經常急需方便的時候，只要翻一下身就可以了。又髒又臭的壕溝是蚊蟲的天堂，但是我們仍要繼續睡在這兒，因為日本人拒絕給我們改善衛生條件，也不提供任何針對痢疾和瘧疾的藥物。

　　每天美國軍人的死亡人數在50人以上，而比美國軍人數量多4倍的菲律賓軍人，每天的死亡數量只有不足150人。毫無疑問，和我們相比，他們抵禦風險的能力遠在我們之上。死亡就像是不停運動著的旋轉木馬，我們騎在它身上一圈又一圈地轉，不知道何時才能將其擺脫。週一的時候，有兩個人埋葬了一個死者，而到了週末，曾經的掘墓人可能就成為被埋葬的對象了。幾天後，所有人都被捲入到了一場「等待遊戲」中，大家都不知道下一個被埋葬的人會是誰。整個集中營瀰漫著死亡的氣息，我們在肉體上被折磨的奄奄一息，更因恐懼死亡而精神崩潰——死神無處不在。

　　在埋葬屍體的時候，我們只能將墓穴挖到三英尺深，如果挖得再深一點就會有地下水滲進來。大多的死者都是赤身被下葬的，因為活著的人需要他們的衣服。很多時候我們在往死者身上傾倒泥土之前，卻發現屍體已經浮在墓穴中。必須要一個人用竿子使勁按住屍體直到另一個人用土把屍體埋起來。如果死者身上的身分識別牌還在的話，我們總是試圖把它放在墳墓前匆忙豎起的十字架上，希望有一天他們的親屬能夠找到他們。接著，參加埋葬的所有人會為死者進行簡單的祈禱，聖歌第二十三曲是葬禮中大家最喜歡吟唱

的：「上帝是我的牧羊人；他讓我臥在綠草悠悠的牧場……」葬禮過後，我們對視著沉思，他們會為我們祈禱嗎？誰會成為下一個躺在墳墓裡的人？如果在集中營繼續待下去，下一個被埋葬的可能就是我！

回家的希望

一天晚上，大家坐在壕溝外面，我的一個名叫鮑勃、馬丁的夥伴指著天空說：「看，多麼莊嚴的月亮！我想到過去在梅伍德上空看到的月亮也是這樣的。真想知道在這樣的夜晚我的家人在幹什麼想什麼。」其實在我們每個人的心中都懷著這樣的期待，家裡都發生了什麼事？我們的家人是否知道我們正在慢慢地走向死亡？但總有一天，我們會回到家中接受月光的洗禮，再一次盡情享受著滿月散發出的耀眼的光輝。想著想著，我的心中再次充滿希望，與逆境鬥爭的決心主導了我的生命。

很快，同伴的呻吟和哭喊聲把我們拉回到現實。「說不定地獄都比這鬼地方美妙，」鮑勃咕噥著，「我們會一直待在這嗎，坦尼？」

「我們不會死在這，鮑勃。」我向他保證，「主會保佑我們的。」短暫地思考之後，我接著說道：「我們必須活下去，要把這裡惡劣的條件、以及我們在這所受到的非人的對待告訴朋友和家人們，那些自詡為軍人的禽獸是如何對我們進行拷打和謀殺的。我們必須活著走出這裡，將這裡發生的一切公告世人。」

鮑勃斬釘截鐵地說：「我寧願死在叢林中，也不想在這苟且偷生。咱們得儘快離開這個鬼地方。」可是，我們要怎麼離開，又能

在何時離開？即便能逃出集中營，畢竟我們和菲律賓人以及日本人是不同的種族，所以就像看守們認為的那樣，無論我們怎麼隱藏都無濟於事。

幸運的是，日本人嫌麻煩並沒有對奧唐奈集中營裡的所有戰俘進行清點和確認身分。逃走的念頭在大家的心裡已經不再是可望而不可及的了。

逃跑的可能

在這裡，一天中最重要的一件事莫過於排隊打水喝。有時候我們要等上幾個小時才能喝到水。一次我看到有人在排了三個多小時以後暈倒在地，當醫務人員趕過來時，他已經咽氣了。一個生命就這樣結束了，僅僅是為了排隊等一口水喝。儘管每天都有許多人相繼死去，但日本人仍拒絕為我們提供各種醫療救助和足夠的水。

在進入集中營的第四天，我自願加入一個送水小分隊，專門負責從集中營後面一個的池塘裡提水回來。儘管集中營裡有一口泉水，但它僅僅能提供飲用。我們仍然需要池塘的水來做飯和進行簡單地清洗。

在小分隊離開集中營區去池塘提水的整個過程中只有一個看守員跟著，我知道只有在這個小分隊工作才有機會逃跑。我從沒想過要去哪裡，也沒有考慮過一個人身陷密林中是多麼可怕。我不懂當地的語言，也不熟悉這裡的地形，但是，我已經看夠了嚴刑拷打，看夠了死亡和那些掙扎在生死邊緣的人。我不想死，我想活著，如果我繼續待在奧唐奈集中營只有死路一條。

從幾個軍官口中，我們打聽到日本人正計畫為戰俘建立一個編

號體制，這個體制是這樣實行的：每個人都會有一個編號，在早上或晚上的點名中如果有人沒有應答，看守們將會處死他編號上面的五個人和編號後面的五個人，最終我們不得不像看門狗一樣互相監視著。如果我打算逃跑的話就得儘快行動了。

由於缺少食物、水和醫療照顧，我也患上了瘧疾，引發的高燒使我每天的體溫都達到102度，而痢疾使我的腸壁外翻。我在想，自己能活著走出集中營的可能性幾乎為零。

一天晚上，我像往常一樣正要躺在廁所旁那個污濁不堪的地方睡覺，猛地感覺自己身上痢疾的症狀似乎消失了，這彷彿是個預兆。我感覺到血液中那股重生的力量在蠢蠢欲動，這種感覺真的棒極了。我下定決心不能像其他夥伴那樣淒涼離去，也不願意在錯誤的時間和錯誤的地點繼續忍受著精神上那無止境的折磨，既然已經邁出了一步，我就不會再放棄，不允許自己再為死亡的種種預兆而惶惶不安，我告訴自己一定會成功。

我的夥伴

剛到集中營的那幾天十分混亂，我發現我的幾個好朋友布朗、斯克依和盧、布林頓不見了。我搜尋了集中營的每一個角落，終於有個人告訴我他看到盧在病房裡，但沒有看見布朗和斯克依。

我飛快地走到病房，看到了坐在一角的盧，他心不在焉地抓著衣服，目光茫然，他的思緒似乎飛到了九霄雲外。我意識到如果不把他帶出病房，他就無法活下去了。在看守員進來的時候，那些憔悴的只剩下半條命的人們互相攙扶著站立起來向他們行軍禮，而盧卻像一個能夠自己立正起來的空軀殼。

我忍著嗓子裡腫塊的劇痛，懇求道：「盧，你現在首先要做的就是離開這個鬼地方。抓住任何機會，竭盡所能離開這裡，至少外面還有新鮮的空氣可以呼吸。無論你身體有多虛弱都得參加一個工作小組，大家都會幫你的，因為我們都在一條船上。」接著，為了給我剛才嚴肅的話題增加一點幽默，我說：「盧，我有個信奉猶太教的祖父，他總是說，在猶太人的法律裡，絕望是有罪的。我相信天主教、新教和其他相信上帝的宗教也應該主張這樣。所以，盧，你是不可以陷入絕望的。」

　　接著，我和盧出去吃了早飯。早飯是用一點米和很多水做成的一種熱粥。盧說他不想吃，任何食物都難以下嚥。我們正在說著話，他突然提出要用自己的食物和一個路過的傢伙交換一根香煙。「盧，」我忍不住喊道，「你不能這樣做！你必須要吃東西才能活下去。」我用能想到的所有理由和藉口懇求他，但都徒勞無功。接著我堅持道：「看在上帝的份上你就吃點東西吧，盧，否則我們就更不能離開這些惡棍了。如果你再不吃東西的話，我也不吃了，我們就一起沉淪下去，如果這是你希望的。」

　　他臉上閃過一抹微笑：「你贏了，我會堅持下去。我的髒衣服哪去了？」他那烏黑的眼睛似乎在對我說著感激，不只是因為我勸他吃東西，而且是為了我們之間的友誼，因為我真正把他當作一個人來關心。

　　我目睹了不少拒絕進食帶來的悲傷的場面。許多人病得無法走路，虛弱得無法照顧自己，他們用自己的那份食物換取香煙。他們想要的只有多一點藥物，多一些煙草的味道和氣息。這種煙草非常容易使人上癮，不少人因為它而死去。在剛來的幾天裡，他們用意志力與死亡搏鬥，而現在卻已喪失了對未來的希望。

早飯過後，看守沒有點名，也沒有給戰俘們分配編號。我終於等到這千載難逢的機會了。我又一次選擇了提水小分隊。我注意到盧站在邊上，就把我的計畫告知了他。「你能做到的，是吧？」我問道，「我們將到離公路一公里的河裡提水，你能堅持到那裡吧？」

　　「我不能。」他說，「你走吧，上帝會與你同在。我會照你說的做的，別擔心，你已經給了我活下去的理由，過段日子我會加入工作小分隊，你走吧，去做你想做的事。」

　　那天在我們去提水的路上，同樣只有一個看守跟著我們。在池塘和集中營我們將往返三趟，每一趟提兩個盛五加侖水的容器。我確信這個小分隊將成為我離開那個陰暗的地方活下去的通行證。

　　那天晚上，盧靠近我說：「列斯特，你不懂這裡的語言，也不知道該去哪裡，一旦離開這兒，你根本不可能在陌生的叢林中活下來的。」我回答他：「你知道嗎，盧，六萬多的美國人和菲律賓人從南海礁開始行軍，到這裡只剩下不到一半了。一些人死去或被殺害了，還有一些人逃到了山裡。我打算去尋找那些游擊隊並加入他們。」

　　盧知道再說下去也是無濟於事。他脫下身上的腰帶交給我，我看到在帶扣裡面有一個小小的指南針。他在總部擔任機車偵查的任務，隨時都可能有危險，所以準備得很充分。他對我說：「拿著它，它能幫助你走出密林。」

　　我拒絕了他的好意：「還是你留著它吧，盧。我需要比指南針更重要的東西才能活下去。」我意識到，如果在密林中沒有人給我帶路的話，指南針也不會有多大用處的。

盟軍游擊隊在行動

導語：坦尼趁著加入運水隊的機會逃出了集中營，加入了游擊隊。日本兵的掃蕩開始了，他們以小米誘惑菲律賓人告密，殘殺當地人逼迫他們提供游擊隊的情報。由於一個孩子的告密，他被日本人抓住了。經過非人的折磨之後，他又被送進了奧唐奈集中營。本文編譯自美國二戰老兵列斯特‧坦尼的回憶錄《地獄的夢魘》。

成功逃脫

在奧唐奈集中營的第六天，我決心逃離。每天都會有250個左右的菲律賓人和美國人死於飢餓和病痛，瘧疾和痢疾不會放過任何一個戰俘，我留在這裡只不過多活幾天。日本人曾多次強迫我去看斬首場面，他們以斬首對待那些試圖逃離的戰俘，警告我們不要以身犯險。但是我認為與其在集中營中等死，還不如豁出性命拼一把。

第二天早上，我加入了運水隊，只有一個衛兵看守我們。到達遠離集中營的溪邊後，我找了個靠近草叢的地方。要最後一次往集中營送水時，天開始變黑了。我們幹了一天活，每個人都很累，日本看守也很累。

夜幕降臨了。趁著看守不注意，我偷偷地溜進了叢林。過了大約一個小時，我才敢站起來，準備離開。

　　猛然間，一隻有力的大手攔在了我的肩上，深深地掐進我的皮膚。恐懼攫住我了，我的頭腦一片空白，冷汗直冒，心跳如鼓，噁心想吐。突然，我聽到後面那人說：「不要害怕，我是美國人。我一直在觀察你。我會給你藥和食品的，跟我走吧！」

　　他說的是純正的英語！我飛快地轉過了身，發現一個高大的大鬍子男人正注視著我。他說他叫雷，是個游擊隊隊員。原來，雷一直在幫助「死亡行軍」中的人和奧唐奈集中營裡的人，引導了很多人加入游擊隊。

　　雷說，我們要穿過一片芒果樹林、一塊鳳梨田和一群野生水牛，才能到達游擊隊的露營地。一路上，樹木蔥蔥郁郁，月光不時從樹叢的縫隙當中透下來，樹影婆娑。當晚，我們在一個很隱蔽的地方安頓了下來。上帝！我的處境和在集中營時是多麼的不同。我躺在地上，開始大笑，不一會又哭了起來。這世上的任何事情，都會比聞著奧唐奈的惡臭，看著人們日復一日地數以百計地死去，然後和別人的屍體一起，像動物一樣被埋在一個洞裡，要好受！

　　夜晚叢林的聲響是那麼的神祕，宛如天籟。在這一刻，我是作為一個自由人在傾聽，沒有人扇我耳光，沒有人讓我挨餓，沒有人來剝奪我的藥品，也沒有人強迫我去做骯髒的工作。我突然意識到，就算在這場戰爭中，我會死去，也必須作為自由人而死，我不願死在病菌遍佈、惡臭彌漫的奧唐奈集中營，我不願死在殘破狹小的矗帕櫚樹棚屋裡！我不願日本人用腳踩我，或者是用一根棒子來捅我，讓我不再浮出那積滿水的墓穴。

游擊隊的復仇

第二天一早，我們繼續朝著目的地前進。雷說，那裡是個菲律賓小村莊，有六七個從集中營逃出的或是在戰鬥中失散的美國人，他們是游擊隊的締造者，還有些渴望光復祖國的菲律賓人。

最終，我們到了這支游擊隊的總部。他們給我提供了足夠的米飯、烤雞和烤豬肉。面對著如此豐盛的一餐，我想起那些留在奧唐奈的人。我想知道他們在做什麼，我的夥伴是不是還在勞動隊幹活，我的戰友有沒有在最近一兩天內死去。想到這些，我忍不住又哭了起來。

游擊隊的頭，自稱瑞利，是個中尉。他告訴我，日本人近期要給內陸部隊運送補給，他們會從馬尼拉出發，沿著公路行進。游擊隊的任務就是阻止這批補給運達目的地。瑞利告訴我，每一個游擊隊員，都成為日本人的「眼中釘，肉中刺。」他要我體力恢復之後，再出去參加戰鬥。

到了第4天，瑞利中尉準備派兩個美國人和12個菲律賓人去打埋伏。我感覺體力已經恢復了，便積極要求加入。他雖然用懷疑的眼光看著我，最終還是同意了。就這樣，作為游擊隊員，我獲得了第一次殺鬼子的機會。

早上7時30分，我們出發了。每個游擊隊員都帶著一把11.43毫米口徑的自動手槍、一枝湯姆遜衝鋒槍和兩個備用彈匣，還背著一把菲律賓大砍刀。一個半小時後，我們到達伏擊地點，並快速在公路上及兩旁埋下炸彈。隨後，我們埋伏在距炸點30米處。15分鐘後，馬達聲傳來，日軍只有3輛卡車，每輛卡車上有兩名司機和4個

衛兵。鬼子並沒發現我們，卡車大搖大擺地從我們身邊駛過。

突然，炸彈爆炸了，巨響在山間回盪。強大的衝擊波令車上的貨物灑得滿地都是。日本兵被拋上6米高空，斷肢殘骸差點落到了我們身上。我右手握著手槍，左手拿著手榴彈，第一個從隱蔽點跳出來。當我沖到燃燒的卡車旁邊時，烈焰炙烤著我的皮膚，我把槍口對準日本兵，準備補上幾槍，可是日本兵已全被炸死了。

在美軍整體投降後的幾個星期裡，游擊隊主要從事報復活動。瑞利禁止我們保留任何帶有自己名字、位址或是任何可以證明我們游擊隊員身分的文字記錄。

我只在那支游擊隊裡待了兩個星期。我們和日本人之間發生了五次小型戰鬥，幸運的是，隊伍裡沒有一個人在行動中受傷。在那段時間裡，我們又吸收了四個美國人進來。

待到第11天的時候，從另一支游擊隊傳來消息，說日本人正在計畫對所有的游擊隊進行掃蕩。日本人貼出告示：只要告發參加游擊隊的人，或者提供游擊隊的情報，將獲得一袋米。菲律賓的大米已經被搜刮殆盡，對於饑寒交迫、在死亡線上苦苦掙紮的當地居民來說，一袋米的誘惑實在太大了。

日軍暴行

為了躲避日軍的圍剿，我們一直處於不斷地轉移之中。

在執行下一個任務之前，我們在下午提前到達宿營的村子。在村外，我們遠遠地聽到了槍聲，還有婦女驚恐的尖叫。我們飛快地在一道可俯視整個村莊山脊上隱蔽起來。

我被眼前的一幕嚇呆了：每個小屋的支撐柱上都綁著一個菲律

賓婦女，她們的衣服被撕成一條一條的，所剩無幾。不難想像，在不久前這些婦女遭受了怎樣的凌辱。更恐怖的事情發生了，日本兵把什麼東西塞進了婦女的陰道裡。婦女們哭泣著，尖叫著，祈求有人來阻止這群禽獸的暴行。日本兵放肆地大笑，他們玩弄那些婦女的乳房，拿著灌滿沙子和礫石的竹竿抽打著這些可憐的婦女。竹竿很快被抽裂了，破碎的竹竿輕而易舉地撕開了婦女的皮膚，鮮血從婦女們身上像噴泉一樣噴濺出來。日本兵的哄笑和婦女們的慘叫，混合成了世界上最恐怖的音響。

然而，更恐怖的事情發生了。一些日本兵點著了從那些婦女陰道裡伸出來的導火索。上帝，這是多麼可怕的景象啊！炸彈把那些婦女炸得四分五裂，把棚屋炸成了一堆瓦礫。在煙霧中，孩子們一邊尖叫，一邊對著他們的母親大哭。另外五六十個村民被日本人逼著「欣賞」了這次行刑。

我出離憤怒，熱血沖向腦門，我打開衝鋒槍的保險，想和這群畜牲拼了。就在我即將躍出的一剎那，瑞利一把拖住我。我們只有五個人，下面少說也有四十個鬼子，貿然行動無異送死。這時，耳邊傳來日本翻譯的聲音：「這次只是對你們的小小懲罰，下次如果拒不交待游擊隊的行蹤，我們就一個不留地殺光你們。」接著，日本兵跳上卡車走了。

日本人摧毀了村裡一半的房屋，街道上落滿了瓦礫和斷肢殘骸。太可怕了，到處都是殘缺不全的大大小小的胳膊、腿和軀幹。一個被炸死的婦女的兒子，對我們大吼，說是我們害死了他的母親。我們沒有介意，因為他還不到十歲。

再入魔窟

晚上我們留宿在這兒。我和衣而眠，輾轉反側，難以入夢，那可怕的一幕老浮現在我眼前，很晚我才我迷迷糊糊地睡著。

大約五點半的時候，腿上傳來的劇痛弄醒了我。我下意識地摸了一下疼痛的地方，發現那兒有一股溫熱的液體流了出來。我澈底醒了。一個日本兵站在我身邊，他正要把刺刀從我的腿裡拔出來。他對我大叫，使勁地踹我的胸部和我腿上的傷口，我又倒下了。最終，在一個菲律賓男子的幫助下，我站了起來。他在我耳邊低語：「是那個男孩告的密，日本人給了他一袋米。」

我拼命回憶瑞利跟我講過的應急措施：我們一旦被捕，要表現出對對方的尊敬，說出自己的名字、軍階和入伍編號，告訴他們自己絕不是游擊隊員，也不知道其他美國人在哪兒，就說自己因為丟了裝備，已經在叢林裡度過了幾個月。換句話說，就是裝作什麼都不知道，堅決否認自己加入過游擊隊。

我忍著痛畢恭畢敬地向打我的日本兵敬了個禮。這時小屋裡進來了一個日本軍官，我轉向他，大聲說道：「長官，我的編號是20-600-429，我是……」沒等我說完，他的刀鞘就落在我右臉頰上，劃開了一道五英寸長的傷口。另一個日本兵上來，用槍托把我砸倒在地。他們拖著我，把我扔到卡車車廂裡。車廂裡有四五個日本兵，他們搜走了我口袋中所有的東西：一把菲律賓小刀，幾張比索（菲律賓貨幣單位），和我的一本「微型詩集」的抄本。

顛簸了兩個小時之後，大約是早上十點，卡車停在了一個鄉村校舍前面。很顯然，這是日本人審訊游擊隊員的地方。

刑訊逼供

車上的日本兵，把我從車上，拖到一間大房間裡。不久，像個矮冬瓜似的日軍的指揮官登場了。他微笑著看著我，語氣平和地問著話。翻譯告訴我，他說的是：「告訴我，那些和你一起工作的可憐傢伙都藏在哪兒？」

他們想知道那些游擊隊的藏身地。可我並不知道隊伍裡其他人在哪兒，就算我知道，又怎會告訴他們呢？我說：「如果我知道，我會告訴你們，但我真的不知道。我只是路過那個村莊，想找個地方睡覺，順便弄點兒食物罷了。」很明顯，他們不相信我的話。

他們所有的提問，我都說自己不知道。矮冬瓜收起了笑臉，右手一揮，從門外進來了一個日本兵。他舉起槍托對著我的鼻子就是一下。我的鼻子麻木了，隨即感到劇痛，鮮血竄出鼻腔噴到了褲子上，我的門牙被打掉了。

日本兵對著我的膝蓋窩就是狠狠地一腳，我跪倒在地。他開始用槍托猛砸我的後背，我疼得在地上打滾。翻譯輕描淡寫地說：「說吧，省得皮肉受苦！」我咬緊牙一聲不吭，暴打起碼持續了一個小時。三個衛兵走了進來，把我拖到了操場上。

一出來，我就看見一個美國人被五花大綁在一個木樁上。一個日本兵捏著他的鼻子，讓他的頭昂起來，另一個日本兵端著一個茶壺，不斷地往他的嘴裡倒鹽水（這是我後來才發現的）。那位兄弟不停地咳嗽，嘔出水來。他嘔吐得厲害的時候，一個日本軍官就會靠近他，問他問題。如果他沒有立即回答，這個軍官就命令那兩個士兵繼續灌水。這種中世紀的酷刑竟然出現在二十世紀！我將面對

的是什麼啊，我感到渾身虛汗直冒，寒毛都豎了起來。

日本人沒讓我等太長時間，他們讓我坐在地上，那個翻譯官走了過來，俯身在我耳邊，用英語重複著那些問題：「你是游擊隊的負責人嗎？其他美國人都藏在哪兒？是誰給你們提供了槍支彈藥？又是誰給你們提供飲食？告訴我。告訴我，你就能活下來。」

當時我真的嚇壞了，我不知道這些問題的答案，也不知道他們給我準備了什麼樣的酷刑。或許他們會槍斃我，那樣來的還輕鬆一些。但假如他們要把我當成刺刀訓練的靶子呢？我一急就說道：「按照日內瓦公約的規定，我只有給你們提供姓名，軍階和入伍編號的義務，先生。」那個翻譯官大笑起來。接著有人告訴我，日本沒有在日內瓦公約上簽字；因此，他們沒有必要遵守公約上那些關於如何對待戰俘的條例。

那些日本人因為我說的這些話，笑了幾分鐘。就在這個時候，那個美國人求饒了：「求求你們，停下來吧。我說，我說！停下來吧，停下來！」那個翻譯跪在他面前，記下了他說的話。接著，翻譯掏出手槍對著那個美國人的頭部就是一槍。

我以為剛才的回答，已經讓他們對我失去了興趣。但是翻譯官抽在我右臉上的皮帶鐵鎖扣讓我知道，過關只是黃粱一夢。不等我反應過來，臉上就又挨了一槍托的重擊。我倒下去的剎那，看到日本兵單杠上豎起了一根吊起的竹竿（就像單杠一樣，只是中間的橫檔是可升降的）。

他們要吊死我嗎？我是不是再也見不到親愛的蘿拉了？我嚇得尿了褲子。沒容我多想，日本兵就把我拖到了那個臨時搭起來的竹竿那兒。他們把我兩手的手指交叉起來，還要保持站立的姿勢。那軍官把我的兩個拇指和那根只有寬鞋帶粗的竹竿綁在了一起。日本

兵把竹竿兩端抬到了左右兩個支撐杆的頂部，抬的高度剛剛能讓我的腳趾勉強接觸到地面（後來我才知道，日本人管這種刑具叫「伸展架」）。

我的腳趾很快就累了，承受不住身體的重量，要往下沉，但是剛想腳尖著地，兩個拇指卻傳來劇痛。我在「伸展架」上被掛了一天半才被放下來。其間的痛苦，是難以用語言形容的。

可是這一天半只是開始。他們接著扒光了我的衣服，把一根被擰成麻花的濕竹竿，兜襠綁在竹竿上，再把我掛起來。陽光變的越來越強，竹竿開始變乾，收縮，鋒利的竹片和尖利的竹刺，像千萬把尖刀一樣剮著我的睪丸，刺進睪丸。時間長了，我的睪丸被生生擠進腹部。當時感覺就好像是有人不打麻藥就閹割了我一樣。我現在才知道，不應該鄙視那位對日本兵招供的兄弟，因為他可能也受到了這種非人的折磨，甚至比我受得更多。

日本人又把我吊了一個下午，才把我放下來。晚上他們又連著審問了我兩個多小時。對每個問題，我的回答都一樣：「我什麼都不知道，我只是一個普通的士兵，只懂執行命令。」

因為沒達到目的，日本人很憤怒，他們先是把幾截乾竹籤刺進了我的指甲裡，鑽心的疼。我仍然不說。日本人點燃了竹籤，火燒到了我的手指，我甚至聞到了肉在燃燒的味道。日本兵抓著我的手，按到了一桶冷水裡，灼痛立刻得到了緩解，但是不一會一種更加強烈的痛苦從手指湧上心頭，插著竹籤的手指頂到桶底，竹籤刺得更深了。桶裡的鹽水侵蝕我的血肉，讓我的每個細胞都感到劇痛。在我即將失去知覺，意志變得極其脆弱的幾分鐘裡，翻譯官仍然在用這些問題來「轟擊」我。疼痛已經讓我兩天一夜沒合眼了，我漸漸地失去了知覺。

醒來的時候，我已在一輛卡車的後車廂裡。一片熟悉的矗棕櫚棚屋進入我的視野：奧唐奈，我又回來了。雖然，我的雙手沒有知覺，指頭腫得有平常兩倍大，臉上和背部也還留著日本兵「恩賜」的傷口，陰囊千瘡百孔，睪丸腫得有雞蛋那麼大，雙腿更像是一碗硬梆梆的果凍，但是我已經真正經歷了生死，我要活下去，活著回家！

巴丹「殺戮遊戲」

導語：列斯特·坦尼逃出集中營，參加了游擊隊，卻因為當地人的告密而再度被抓回奧唐奈集中營。這一次，美國人中間出現了「美奸」。他們私藏武器企圖逃跑的風聲傳到了日本人那裡，新一輪恐怖開始了。本文編譯自美國二戰老兵列斯特·坦尼的回憶錄《地獄的夢魘》。

廢舊金屬回收隊

集中營的情況，比我逃離前還要糟糕，空氣中彌漫著屍體和糞便散發的惡臭，每天都有一百五十個兄弟悲慘地死去。我們的軍醫束手無策，原本可憐的藥品早已用光。指望日本人救治傷患，好比指望太陽打西邊出來。相反，日本守衛變得更加兇暴，一旦我們這些「獵物」失去了自衛能力，他們就會闖進來，進行獵殺。

兩天後，我走出集中營的機會來了。日本人組織了一個勞動隊回巴丹回收廢舊金屬，他們要三種人：卡車司機，焊接工和搬運工。儘管我的傷還沒有好，但我毫不猶豫地報名參加了。可是只要能離開這個魔窟，我會不惜一切代價。

大約有九十個兄弟報名，日本人把我們趕進三輛卡車，沒有給我們一點兒水或食品。我們早已衣衫襤褸，坐在車廂裡，就像一群

叫花子。路過聖費爾南多的時候，我發現了幾個打扮成菲律賓人的美國人，他們對我們豎起了大拇指。真正的菲律賓人是絕不會學出這種美國式手勢的，他們只會打出「V」（勝利）的手勢。這些美國人肯定是游擊隊員，而幾天前，我也是他們中的一員。

顛簸了四個小時，我們到達了目的地。日本人徵用了當地的一棟老校舍，作為營地。死亡行軍途中，我曾經過這個學校，它離我被俘的地方只有二十英里。開卡車只要四個小時，可在死亡行軍途中，我和兄弟們卻沿著相同的路線走了整整十二天。在這十二天裡，有多少兄弟被日本鬼子奪去了寶貴的生命！

第二天一早，日本人就把我們從教室裡趕了出來。看到在被俘前親手破壞的坦克車輛，大家都心情沉重。一個夥伴說：「我們把它們炸掉，真是白費力氣。日本人會把這些交通工具，變成炸彈。」

日本人把我訓練成了一個噴燈操作員，切割在巴丹找到的所有鋼材。我們日出而作，日落而息，休息時間被剝奪殆盡，早上和下午各有五分鐘的休息時間。

除了把工作速度放慢些，作為戰俘的我們已經不可能為美國的戰爭出什麼力。不過有些兄弟還是想出了辦法：推著獨輪車往碼頭上卸貨時，故意裝作體力不支，把車子上所有廢金屬倒入大海，一天當中，「偶爾」倒上那麼幾次。日本看守很光火，他們沖著我們大叫，用巴掌、拳頭，還有槍托教訓犯錯的兄弟。每當這時，我們就一起輕輕地哼唱起「星條旗永不落」。就這樣，我們每天「挽救」回來的金屬都會有一些註定要歸於大海。

獵捕水牛

　　廢舊金屬回收是重體力活，我們大多數人都身患瘧疾，實在吃不消日復一日的巨大消耗。第五天，我們請求看守允許我們去獵捕一些遊蕩在此的野生水牛，它們的肉能讓我們更強壯，也能應付更多的工作。日本軍官很高興，挑了我和另外兩個人去獵捕水牛。他們命令我們殺掉兩頭水牛帶回來，會分給我們一些。這會是怎樣的一種待遇啊！有兩個看守和我們一起參與這次狩獵。他們給我們每人一支步槍，告訴我們，只要發現可以獵殺的動物，就可以得到子彈。

　　下午兩點，我們坐上卡車出發了。我們在離營區五英里遠的地方發現了四頭悠閒吃草的水牛。大家迅速下車，日本兵發給我們子彈，指著兩頭大的，命令我們開火。我瞄準了一頭水牛，連開三槍，它應聲倒下，另外兩個兄弟也擊倒了另一頭大的。另外兩頭小水牛給嚇跑了。我們小心翼翼地往前挪動腳步，四下張望，誰都知道這種巨大的動物死前反擊的力量。日本兵示意我們向前，顯然他們不想觸這個黴頭。

　　我們走到離兩頭倒下的動物一百碼的時候，突然從樹叢後面沖出來一頭巨牛，這傢伙比華爾街上的「紐約大飆牛」還大，它瞪著銅鈴大的血紅眼睛，粗壯的鋒利的牛角像兩把尖刀。轉眼之間，它就沖到了離我們五十英尺的地方。

　　日本兵嚇傻了，他們學著美國人的腔調喊著：「kill！kill！」說來遲那時快，我把步槍抵在肩頭，瞄準目標，開了兩槍，這頭野獸倒在了離我不到二十英尺的地方。

捕獵行動結束之後，我們剝下牛皮，切割牛肉。剝皮和切割持續了幾個小時，雖然大家身體狀況都很糟糕，可一想到能吃上肉，似乎就有了無窮的力量。

我們決定帶上獵殺的全部三隻水牛。裝完這些動物，我們就駛回了營地。在那兒，我們受到了來自戰俘們的英雄式的歡迎。自從宰殺了第26騎兵師的一匹馬後，戰俘們在這三個月裡還沒吃過一點兒肉。日本人拿走了大部分的肉，最好的牛肉都被他們拿走了。

毒打帶來日語學習

大約下午五點的時候，日本人把我們三個「獵人」安置在校舍裡休息，這時一個人跑進來說日本人命令我馬上去指揮部。

我走進指揮官的辦公室，緊張地站在那兒。屋子裡有五個人，其中一個是指揮官，另外的看起來像是看守。突然，那個指揮官開始用日語沖著我吼，我聽不懂他說什麼，只能不斷像日本兵那樣，低著頭說著「哈依」（日語：是的）。

指揮官很憤怒，又大叫了四五聲，一次比一次聲音大。我誠惶誠恐，不知道該怎麼辦，只能說著「哈依」。突然指揮官給了我一個大嘴巴，打得我眼冒金星。四個看守一擁而上，用槍托猛擊我的頭部和頸部。我越來越緊張，不知道哪裡錯了。我只能施展多次應付毒打的伎倆，模仿出遭到重擊的痛苦。但我知道，我不能倒下，巴丹死亡行軍過程中，日本兵殺害了太多倒下的人，他們就是喜歡欺負虛弱的人。

在我又說了幾聲「哈依」之後，一個看守扯下了他制服上的皮帶。這種皮帶有大約三十五英寸長，上面還帶著四英寸長，兩英寸

寬，至少八分之一英寸厚的金屬鎖扣。我回答一次「哈依」，就感覺到它擊打在我的臉上、脖子上和鼻子上的劇烈疼痛。在臉上挨了第二次重擊之後，我的鼻子破了，血也從鼻子和顴骨中流出來。毒打使我快要失禁，但是我的意識是清醒的，我不能拉在指揮官辦公室的地板上。

我突然明白，我不能再說「哈依」了。他可能問的這樣的問題：「那麼你認為自己比我們更優秀嗎？」也可能他們是在問：「你認為我們是愚蠢的人嗎？」如果我回答「哈依」，當然只能招致更多的毒打。我決定保持沉默，什麼都不說，不去試圖回答他們的訊問，或許這樣那些看守會停止這種懲罰吧。毒打又持續了十五分鐘。就在我以為最糟糕的時刻已經結束的時候，更多的看守走進了辦公室。

他們把我推到了外面，命令我跪在一節竹竿上，然後把另一節竹竿放在我的膝蓋彎裡。我很快明白，他們要對我上夾棍。果然，兩個看守站在了竹竿的兩端。我的小腿傳來劇痛，下面的細竹竿，頓時裂開了，鋒利的竹刃，劃開了我的皮肉。他們還嫌不夠，一個看守拿來了一個從美軍6×6卡車上拆下來的輪子，命令我把它舉過頭頂並一直保持這個姿勢。過了幾分鐘，我的胳膊越來越疲勞，輪子的高度不斷下降，看守一看到這種情景就又開始打我。突然有一個看守，蹲下來，用英語對我輕聲說：「再堅持五分鐘，你就可以回到自己的床上了。」

我在腦子裡吟唱一首短歌，這首歌是這樣唱的：

1，2，3，4，你是為誰而生；5，6，7，8，別把自己當回事；
9，10，11，12，在架子上你可以找到它……

果然，這三百秒結束之後，一個看守把我踢倒在地，我順勢丟下了那個輪子，靜靜地躺在了地上，等待著下一個懲罰的來臨。但什麼都沒有發生，他們把我扔在了黑暗的雨林中。

　　幾分鐘內，我的三個朋友來把我抬到了校舍的床鋪上。一個人前後挪動著我的腿，試圖恢復我肢體的血液循環。另一個人擦去我臉上的血污，用涼水清洗我的眼睛、鼻子和嘴。第三個兄弟幫我清洗了脖子和後背，撕下自己的襯衫，幫我包紮傷口。

　　過了幾天，我碰到了那個曾在我耳邊低語：「只剩下五分鐘」的日本看守。我向他鞠躬，並用英語說：「謝謝你，救了我！你能幫我學日語嗎？我想理解你們的語言，學會說你們的語言。」他很高興，用英語微笑著對我說：「你們都很勇敢，是好樣的。別擔心，我教你。」於是我從工具棚裡拿出一支鎬，舉給他看，然後說：「這個日語裡叫什麼呢？」他慢慢地發出了一個詞的音：「truabosh」。我的一個嶄新的學習階段開始了。

　　在幾天的時間裡，我已經學會了十件我們正在使用的設備的日語名字，每次他們命令我去拿一把常用工具，像一把鏟子，一把鎬或是錘子的時候，我都可以直接對他們的日語命令作出反應。

　　我的朋友們會問：「你怎麼能這麼快學會這門語言呢？」「很簡單」，我說，「被人狠揍十次，你也能學會。」通過學日語，我幫助了自己和朋友擺脫了由於不能對看守的命令立刻做出反應而受到的暴虐毆打。在接下來的三年裡，儘管我還是半調子日語，但是我再也沒有因為聽不懂看守的話，而受到懲罰。

美奸出現了

令人痛心的事情還是發生了。我們中間的一個美國中士，邁克、蘇利文（化名），竟然和日本人搞到一起去了。戰前他是聖路易的一個職業拳擊手，他很強壯，寬肩細腰，有強壯的二頭肌，整個人鍛鍊得就像一頭年輕的公牛。他對看守表現得十分友好，巧妙地施展手腕，當了我們的頭。有些時候，為了表示對日本人的忠心，他竟然出手打我們。

有次我臨時代替一個兄弟做卡車司機，不小心倒車倒過頭，撞在了金屬堆上。雖然並沒有造成什麼損失，但蘇利文立即衝了上來，把我從駕駛員座位上拖下來。他左手揪住我的襯衫，右手狠摑我的臉，咒罵道：「你這個笨蛋，耳朵聾啦！」。我準備還手，但是身邊的朋友使眼色制止了我，因為他們看到日本看守哈哈大笑，拍著手，大聲說著：「吆西（非常好）」。如果我攻擊他們的走狗，日本人饒不了我。

蘇利文當「頭」，並不是沒有好處。他確實拯救了我們中的一些人的生命，如果不是因為蘇利文插足進來，搶先懲罰我們，那些日本看守可能會把我們打得更慘。換句話說，他打在我們臉上的拳頭的滋味，要比日本人用槍托、皮帶鎖扣、灌滿沙子的竹棍猛擊我們頭部和背部的滋味兒要好受多了。

在工作期間，我們發現很多車輛、機槍，還有數以百計的手槍還能使用。一些兄弟撿了一些槍支回來，防備日本人在我們幹完活之後殺了我們。我也偷偷地藏起了一把小手槍。手中有了武器，便有殺了為數不多的日本看守，逃到山區打遊擊的想法。大家議論紛

紛，經常聚在一起討論成功的幾率。我們要逃走，除了殺死日本人之外，那些不願合作的同胞該怎麼辦？怎麼對付蘇利文這個雜碎？他肯定會向日本人告密。要暴動，首先要除掉這個絆腳石。這個傢伙對於我們這些虛弱的人來說，太強壯了，如果不成功，肯定會牽連其他人。

時間一長，這事就走漏了風聲。蘇利文向日軍指揮官告了密。日本人澈底地搜查了營地，找出了很多私藏的武器。我們當時很緊張，不知道接下來會發生什麼。奇怪的是，指揮官並沒有追查下去。後來我才明白，日本是一個勞動力缺乏的國家，國內的青壯年都上戰場了。而我們這些白人技術工人是他們難得的勞動力，他們捨不得殺我們。

蘇利文在戰後沒能回家，戰爭結束後他跳上了去舊金山的船，但有人把他趕下了船。

甲萬那端戰俘營

算起來，我們在巴丹整整工作了三個月，靠著我們90雙手，把散落在巴丹的所有車輛的鋼材全部切割下來，裝上卡車，運回日本。1943年6月1日，奧唐奈集中營的兄弟們被陸陸續續地轉移到甲萬那端戰俘營。

它位於甲萬那端市區以東四英里，距離馬尼拉六十英里，奧唐奈集中營在它西面，大約相隔十五英里，它是日本人在菲律賓建立的規模最大的戰俘營。我粗略估算，營房面積至少占地一百英畝，還有三百英畝的「魔鬼衣場」。營區崗哨林立，四周被一些破爛的、鏽跡斑斑的有刺金屬網圍著。日本人住在集中營中心區，戰俘

的營房位於東部。我們的隨軍醫生幾經爭取，日本人才在營地的西北部設立了隔離病房，收容痢疾患者，還有那些無藥可救的兄弟。剩下的地方則是「魔鬼衣田」。

這座年戰俘營裡囚禁著兩批截然不同的俘虜。奧唐奈的兄弟們是後來者。先到的是從克雷吉多島押送過來的戰俘。他們投降時，仍然補給充足，也沒有經歷恐怖的巴丹死亡行軍，因此他們大都身體健康，總數大約有6000人。他們被關在集中營的3號營。奧唐奈的兄弟被關在五英里外的1號營裡。在1943年10月29日合併之前，有63名戰俘死在3號營，而1號營中卻死去了2100名戰俘。

甲萬那端的「魔鬼衣田」臭名昭著。我們沒有任何可以協助刨地和收割的機器，所有的活兒都要用雙手完成。工作時間從上午六點到十一點，下午兩點到天黑。中午我們會領到一碗米飯和一碗被稱為「湯」的帶顏色的水作為午飯。菲律賓的太陽很毒，很多兄弟缺乏衣物，經受不住長時間暴曬下，由於體表溫度迅速升高，中暑倒下。日本人禁止我們在田間交談，違者會受到嚴厲的懲罰。如果有人在耕作期間偷吃蔬菜，被抓住，他可能會付出生命的代價。

兄弟們都覺得甲萬那端戰俘營的看守是日本軍隊當中素質最低劣的。如果不是被徵調來當看守，他們在國內只能看澡堂子。他們當中的一些人，非常愚蠢，以至於他們的上司經常當中我們的面懲罰和羞辱他們。倒楣的還是我們，他們常把氣撒在我們身上。我們給這些看守起了綽號。有一個傢伙在我們幹活的時候，總是喜歡大喊大叫，大家就叫他「大喇叭」。還有一個傢伙說話語速很快，音調怪得像唐老鴨，他的外號就是「鴨子唐納德」。

殺戮遊戲

　　有一天點名的時候，有五個人沒有應聲。看守們發瘋似的尖叫，叫大家在操場上席地而坐。他們沒辦法確認這些人是越獄了，還是生病了。這些蠢蛋立馬就認為，集中營裡發生了嚴重的越獄事件。他們的大喊大嚷，驚動了辦公室裡的指揮官。鬼子軍官嚴厲地斥責他們，命令他們趕快去找。

　　兩個小時之後，看守們汗流浹背地回來了。他們宣布抓到了這五個人。看守們對自己「高效率」的工作很滿意，大笑著並互相拍打著肩膀。實際上這五個人當中有四個是企圖逃跑的，而第五個人是藏在一間兵舍的地板下面被看守發現的，他病得很厲害，僅是想找個地方安靜地離去，他已經被瘧疾折磨的精疲力竭。

　　看守們用木棍毒打他們，踢他們的胃部、後背和腰腎處。一番折磨過後，每個人都倒在地上。接著，看守將他們的雙手反綁在背後，把他們綁在平時鞭打戰俘的柱子上。他們被綁了兩天，既沒有飯吃也沒有水喝。他們能得到的是日頭的炙烤和看守們連續不斷地毒打。看守們用沉重的皮帶金屬扣不停地抽打他們的臉、胳膊和頭。還有一些看守，端起裝了刺刀的步槍，佯裝向這些可憐人的心臟刺去。兩個沒有軍銜的軍官從刀鞘中拔出武士刀揮舞著，似乎在練習如何砍掉他們的頭。

　　到了第三天傍晚，遊戲結束了。十個全副武裝的看守押著他們來到了墓地，強迫他們為自己挖掘墓穴。他們知道最後的時刻已經到來。這幾個勇敢的戰士不約而同地屹立在墓穴旁，夕陽映照在他們滿是血污的臉上，他們昂首挺胸，眼神裡陡然神采奕奕。日軍

指揮官示意看守蒙上他們的眼睛，一個兄弟一把搶過黑布，扔在地上。指揮官示意看守反綁住他們的雙手。隨後給他們每個人的嘴裡放了一根點燃的香煙，並讓他們面對警衛，警衛手中的步槍已經上好膛瞄準這幾個兄弟。司令官把武士刀舉過頭頂，快速地揮下來。槍響了，四個兄弟應聲倒下，還有一個兄弟傲然挺立，槍聲再次響起，最後一個兄弟也倒下了。日軍指揮官走到他們跟前，發現他們的身體還在顫動著。他從皮套裡掏出左輪手槍，瞄準每個人的頭部又開了一槍。這一次行刑，我們是觀眾。這一幕嚴厲地警示我們：逃跑，死路一條。鮮血淋漓、腦漿飛濺，再一次讓我難以忍受。天啊！我怎樣才能離開這個非人之地。

第二天一早，日本人我從佇列中叫出來，並命令我收拾自己的行裝，我將會和其他四百九十九名戰俘一起離開。謠言開始流傳：據說紅十字會正在與日本軍方協商釋放美軍戰俘。我開始激動了起來，我終於有機會回家了，回家去見我親愛的蘿拉。

卡車載著我們向馬尼拉進發。自由，自由即將來臨！我們即將乘船離開這個人間地獄，自由就在前方?!

日本死亡礦井

導語：1942年9月5日，日軍把列斯特‧坦尼和499名美軍戰俘送往上「地獄航船」。他們被送到日本大牟田煤礦，充當奴工。在那裡，他們度過了三年暗無天日的礦井生涯。隨著日軍節節戰敗，戰俘受到的毒打就越頻繁、殘忍。為了怠工，他們不惜假裝患上「肺結核」，甚至不惜自殘身體。

地獄航船

1942年9月5日，在日本兵的指揮下，我們排隊走上了一艘名叫「泥丸號」的日本貨船。從外表上看，這艘船至少有30年的船齡，船體鏽跡斑斑，極度老化。和停泊在船塢裡的其他貨船相比，它就是一個小弟弟。

我們甫一上船，就有一個日本軍官前來訓話。他叫田中，海軍中尉，泥丸號的指揮官。他說，我們將去日本為「大日本帝國服務」。我意識到，我們將會把一些日本公民從某種枯燥、卑下的工作中解脫出來，從而使他們能夠自由地服兵役。

我們24小時都要待在貨艙裡。貨艙長寬大約各50英尺，高20英尺（約合6米），四壁都是鏽跡斑斑的金屬。我們每個人能分到5平方英尺（合0.46平方米）的空間，這點地方對我們大男人來說，壓

根不能躺下睡覺。貨艙裡沒有電，只有當艙口打開的時候，才會透進一絲光亮。這簡直不是人待的地方。

艙裡臭氣熏天，木頭地板上堆滿馬糞，地板縫裡濕乎乎的是尚未乾透的馬尿。在不久以前，這個貨艙是用來裝運馬匹的。沒有幾天，我們的衣服上都沾染了馬匹排泄物的惡臭。除了這些，空氣當中還混雜著人的糞便的味道。上船的時候，我們大多數人的體重下降了30%-40%，很多人患有痢疾，起碼有一半的人正遭受著瘧疾的折磨。貨艙的密閉空間，讓這兩種疾病迅速蔓延，擊倒了很多兄弟。我們選了兩個角落放便桶，但兩個便桶容不下500個人一整天的排泄物，經常會溢出來。靠近廁所的兄弟不得不睡在屎尿當中。

剛開始的幾天，日本人只允許我們在白天選派四個人出艙倒便桶。便桶只能從艙口用繩子吊上去，然後被抬到甲板上倒進大海。這可是一個重活，後來我們申請加派四個人。再後來，我們又申請在晚上睡覺之前，再倒一次，這樣我們就不用擔心便桶溢出或傾倒的問題了，在夜間也不用忍受充斥痢疾病菌的污濁臭氣。

腳氣病也是我們的另一個敵人。我們長時間營養不良，體內缺乏維生素B1。濕腳氣病會引起腿腳、生殖器、腹部，甚至是面部的水腫，腳部最嚴重，佈滿水泡。我們只能輕輕拍打患者的身體，以便排出一些水分，減輕患者痛苦。幹腳氣病，多侵襲腿腳，與濕腳氣病相反，身體缺少水分，引起的劇烈疼痛，就像遭受電擊一樣。後來我們才知道，腳氣病不同於腳氣，如果不及時治療，時間一長會導致嚴重的心臟問題。

我們在木地板上和衣而眠。每天晚上都有人瘧疾發作，冷得直打哆嗦，哭喊著想要毯子，幾分鐘之後，他們又開始尖叫，說他的身體著了火。兄弟的呻吟，就像指甲劃過黑板，讓人渾身起雞皮疙

瘝；兄弟的嗚咽和嚎哭，像一把利刃要把我們的耳膜撕裂。

　　日本看守向我們散發軍方的「紅頭文件」，標題是「犯人管理條例」。條例分為兩個部分，第一部分，一般性條款，違背了會受到懲罰。第二部分，嚴禁違反的條款，觸了高壓線，就是死路一條。就我所記，第一部分包括：不准在船上隨地大小便；不准對食物數量和居住條件提出任何異議；犯人一天只能吃兩頓飯，每頓一份米飯；便桶滿了要放在貨艙中間，通報後方可外出傾倒。第二部分的條款，一旦觸犯，立即會被處死：沒得到看守命令就爬貨艙梯子；意圖損壞任何船上物件；拿取超出自己分內的食物；違反日軍的命令或指示；對衛兵大聲說話或開低級玩笑；未經允許在貨艙外活動。

　　沒有人敢以身試法，我們甚至竭力阻止他人觸犯這些條例，奧唐奈和甲萬那端戰俘營的經驗告訴我們，一個人「犯罪」，其他人都跟著倒楣。然而慘劇還是無可避免地發生了。在離開臺灣的第三天，一個深受瘧疾和痢疾折磨的兄弟突然失控，他大聲叫喊，想要到甲板上去呼吸新鮮空氣。事情來得太突然，我們還來不及阻止他。日本看守聽到喊聲，跑過來打開艙蓋。剛才還躺在地上奄奄一息的兄弟，不知哪來的力量，竟然一躍而起，迅速地爬到了梯子上。當他把頭伸出艙口時，看守的刺刀刺進了他的脖子。他跌落在地，雙手摀著脖子，鮮血透過指縫噴濺到地板上，噴濺到離他不遠的兄弟的身上。我們的兩位軍醫戰俘迅速跑到他的身邊，輪流壓住傷口，在黑暗中摸索了幾個小時才把傷口縫合起來。這位兄弟傷及頸動脈，缺乏器械和血漿的軍醫根本無法實施救治。第二天，他在飢餓中離開人世，屍體被拋進大海。因為我們沒看好自己人，我們第二天沒有吃到早飯。

大牟田煤礦

「泥丸號」實在太過於陳舊。如果全速航行的話，只要10天就到達目的地了，可是這只蝸牛的爬行速度太慢，從馬尼拉到日本竟然花了整整28天，在離開馬尼拉14天後才到達臺灣。從「泥丸號「上解脫下來，我們又被驅趕上了火車。

火車走了大約4英里之後，目的地到了；靠近大牟田煤礦的17號戰俘營。映入眼簾的是一片巨大的木板房營區，裝了有刺鐵絲網的木柵欄圍繞著營區。

我被分到了4號營房。所有的營房都是一樣的，約有65英尺長，15英尺寬，分為7個房間。第一個房間住著日本看守，剩下的6個房間我們住，8個人一間。地板上雜亂地鋪著幾張破爛的稻草墊子，每人一條稍厚一點的質地粗糙的毯子。每個房間有一扇可以打開的紙糊的大窗戶，天氣轉冷時，冷風從破裂的紙縫中吹進來，我們只能擠在一起相互取暖。在這裡，264號代表著我，那時，我還沒有想到我要在這裡度過3年漫長的歲月。

到達這裡的第二天早上，我們被派去大牟田煤礦工作。一個日本礦工告訴我，我們要在「在乾草堆裡尋針」，換句話說，我們在榨乾這座煤礦所有剩餘的煤炭。因為這個煤礦在多年以前就已關閉，能開採的煤都被采空。我們的工作就是進入採空區去挖掘礦井頂棚支撐面上的煤，失去支撐的礦井隨時都可能塌方。

剛開始的幾個星期實在難熬。絕大多數人還受著瘧疾、阿米巴痢疾的折磨，身體非常虛弱。我們每天要帶著挖掘工具，步行3英里去礦井。日本人採取「36小時換班制」，我們一班工作12小時，

36小時換班一次，每10天滾動一班。很多兄弟在工作時虛脫，昏倒在礦井裡。經常性的塌方埋葬了我們很多兄弟，很多兄弟缺胳膊斷腿，但我們的工作必須繼續。

到了冬天，我們的營房冷得像冰窖。日本兵「為了我們的健康和幸福」，讓我們每天在煤礦裡多工作一個小時。我們沒有鬧鐘，一個小時經常被延長為兩個小時。

我們十分虛弱。在見時，我們要兩個甚至三個人才能把大石頭從地面弄到，上。每到這時，和我們在一起工作的日本人就開始嘲笑我們：「美國人高大而軟弱，日本人矮小而強壯。」、「兩個美國人搬的石頭，只要一個日本人就能搬動。」我一開始很憤怒，但是轉念一想，這正是我們的機會啊，可以讓日本人多幹點活。

我於是向日本監工打著手勢說，「請讓我們看看閣下是怎麼做到的！」日本監工聽到我稱呼他為「閣下」很開心，立馬站起來，往手心裡吐了一口唾沫，兩手一搓，抓起一塊大石頭，就舉到了，上。我開始鼓掌，其他人也跟著鼓起掌來。

另一個日本監工走向了另一塊更大的石頭，大喝一聲，把它舉到，上。我再次帶頭鼓掌。兩位露了一手的「閣下」竟然朝我們鞠了一躬，我們也向他們鞠躬。他們開始幫我們建，了。我只是用了很簡單的心理戰術──他們喜歡美國人的掌聲，想要多少，我們給多少。

後來我們慢慢適應了這種單調的重複性的勞動，很多兄弟能在鏟煤時睡著。就像巴甫洛夫試驗中的狗一樣，他們的身體也能下意識地機械性地完成鏟煤這個動作。我提醒自己千萬不能睡著，一直認真地觀察井下的每一件事。

一天，我發現了驅動全部巷道和井口的傳輸機的大型發動機。

我意識到，只要這個主發動機停止運轉，礦井就得停工。我們工作組的10個人計畫下次步行經過時，破壞那個發動機。過了沒幾天，機會來了。軌道車壞了，我們排成一列縱隊走下去。按照計畫，第1個人經過時，擰松儲油器的螺母，第2個人拿開蓋子，剩下的6個人往貯油器裡扔石頭、硬煤以及任何可以破壞發動機的東西。最後兩人，負責善後工作。1小時以後，整個地獄自由了！我們坐著休息了3個小時。

有一次，我們發現另一組日本礦工在離我們僅僅幾百英尺的地方鏟煤。我想了一招「偷樑換柱」。我指揮同伴占據了一條通往主要坑道的軌道，移動到我們上煤車的地方，這樣日本礦工的煤車就會自動停在我們裝煤車的地方。等到我們聚集了六車日本人鏟的煤，才把這條軌道復位。我們給這六車煤掛上我們組的標籤。核定產量時，我們生產了十車煤，六車是從日本人手里弄過來的。那幫日本人只生產了4車煤，挨了訓。

隨時隨地的「巴蘇魯」

我們在礦井工作，除了隨時提防事故，還得時刻提防日本人的「巴蘇魯」（懲罰）。如果他們食品短缺，如果美國人轟炸了一座日本城市，他們會打我們；他們有挫敗感，想發洩怨氣，也會隨時暴打我們。只要他們突然勃然大怒變得像地獄裡的魔鬼一樣，我們就知道他們又吃了大敗仗。他們打得越厲害，我們就越能感覺到勝利的接近。

有一次，一個日本礦工帶了份當天的報紙到礦井裡。報紙的頭版刊登了一張整版照片，以好萊塢為背景，4個日本兵摟著著名影

星麗塔、哈瓦斯和吉格、羅傑斯，標題上寫著：「好萊塢的美人兒在洛杉磯招待大日本帝國的武士們。」我忍不住笑了笑，他對著我的臉就是一煤鏟。他憤怒地告訴我，日本的報紙說的都是事實，不許我們嘲笑和懷疑。

這種隨時隨地地毒打，在1944年冬天以後變得司空見慣。美國軍隊不斷逼近日本本土，日本食物短缺，日本人對我們的痛恨也與日劇增。除了拳打腳踢，他們還用上了鐵鏟、鐵鎬以及鐵鍊。我在一個月內，被突然飛來的鐵鍊擊中3次。第1次，鐵鍊擊中了我的後背。第2和第3次，我在幾分鐘內連續兩次被鐵鍊擊中。一個日本礦工飛擲過來的鐵鍊結結實實擊中我的胸部，把我撞出了20英尺遠。隨後另一個日本人飛擲出的鐵鍊迎面擊中我的臉部，頓時一陣劇痛襲來，以至於我都感覺不到胸部的疼痛了。我的臉頰部位被深深地劃開，眉毛上面的皮膚都裂開了，鼻子再一次血肉模糊；下巴部位鮮血噴湧而出。

當休利特醫生在戰俘營為我治療，我的左肩骨骼突然發出「唪」的聲音，我的左肩胛骨破裂了。醫生用一根吊帶緊緊地將我的左臂吊在胸前。但日本人沒有讓我休息，因為「一隻手動不了，但你仍然可以用剩下的一隻手臂鏟煤。」

一天我正在礦區裡工作，一個日本礦工看到我心不在焉地挖煤，頓時狂暴不已。他飛奔過來，用日本話朝我吼，說我殺了他的父親。他掄起鐵鎬，猛地敲在了我的腦袋上。幸運的是，擊中我的是鐵鎬較寬平的那頭，而不是尖的那頭。儘管如此，我還是立即不省人事，5分鐘後才甦醒過來。

超強的勞動強度和恐怖的精神壓迫，讓我們組裡的一個兄弟發了瘋。日本人認為他在裝瘋，就把他拖到操場上，三四個日本兵用

木棍、石頭和槍托打他，一連打了兩個小時。他們直到打累了才停手，那位兄弟就這樣被活活打死在操場上。

為怠工自殘身體

當工作和生活變得不能忍受，當兄弟們覺得再待在礦井下末日就會來臨時，他就會想辦法逃避工作，付出的代價是忍饑挨餓、傷筋動骨、皮開肉綻，甚至是失去生命。

我們發現如果抽了在碘液中浸泡過的煙，人的肺部會像那些感染了肺結核的病人的肺部那樣，在X光片上留下黑色斑點。於是，一些膽大的人抽那些在碘液中浸泡過的煙，然後在日本人面前裝模作樣地劇烈咳嗽。日本人非常害怕肺結核，他們會命令他去胸透。一旦傳回肺部有斑點的消息，日本人會把他送到一間離營區非常遠的專門安置肺結核病人的屋子裡隔離起來。他們每天只准戶外活動半個小時，其他的時間都處於被監禁狀態。不幸的是，這間「肺結核屋子」裡住著一些真正感染了肺結核的人。結果，那些為了逃避工作假裝得了肺結核的人被傳染，真的得了肺結核。

最保險的方法是，雇用有經驗的「敲骨師」，讓他幫忙敲斷身上的某根骨頭，要麼自己弄傷自己的手、胳膊或是腳。「敲骨師」服務的報酬標準是：弄斷一隻手或是腳，5份米飯；弄斷一隻胳膊或是腿，10份到12份的米飯。這是一個技術活，他們需要保證傷勢痊癒後不再復發。

有一天下午，我覺得自己實在堅持不下去了。趁日本監工不注意，我找了一截綁在纜車上的金屬線，這根線大概有十英寸長，直徑大概有兩英寸。我用右手抓住那根線，把左手抓著支撐頂棚的

樹幹，使出全身力氣抽打左手。左手立即出現了一個巨大的紅色腫塊，被線頭刺破的皮膚也開始淌血，鑽心的疼，我咬著牙不讓自己叫出來，但是疼痛使眼淚一下子湧了出來。我將獲得有食物供給的兩周假期，因為我是在為天皇工作時在生產線上受的傷。

當那個日本監工回來時，我製造了一場小小的塌方，我大叫一聲，舉起了「斷了的手」，讓日本監工看到我受傷。晚上我回到營房，立刻被帶到醫生辦公室。休利特醫生檢查了我的手說：「看起來很糟糕，不過你很幸運，骨頭沒有斷。」骨頭沒有斷，我明天得繼續工作。

一個月後，我總算自己弄斷了左手，只不過第二次的疼痛比第一次劇烈多了。

一個更加聰明的逃避工作的方法是製作潰瘍，這正是我的專利。我製造的潰瘍連醫生都看不出來是假的。

首先我用一個鋒利的工具，例如有尖頭的小刀或是大頭針，刺破踝關節上部，大概刺了二十次，讓腳流出一點點血。然後我用從鹼性肥皂上刮下來的糊，再找來一些覆蓋在廁所裡的排泄物上的鹼性粉末，把它們混合在一起搓成五分鎳幣大小的小球。把小球敷在流血部位，用繃帶紮緊。第二天早上拆掉繃帶，就會出現一個完美的痂，把痂弄掉，就會出現一個很新鮮的完美的潰瘍。軍醫診斷我有一個潰瘍正在形成，命令我幾天不要工作，以確保潰瘍能儘快癒合。

過幾天，我再次擴大「潰瘍」，把「潰瘍」擴大到兩個五分鎳幣大小。醫生會讓我繼續休息。大概這樣做了一個星期，直到潰瘍變得有一美元硬幣大小，我才開始讓它癒合。這樣做醫生不會懷疑，我自己也滿意——又有一周可以不為日本人工作，還有比這更棒的事情嗎？

解放東方「奧斯維辛」

導語：為了活著回家，坦尼充當了位於日本本土的大牟田煤礦17號戰俘營的地下秩序管理者，在這裡，他是最成功的黑市交易商，也是集中營的「歌舞大王」。苦熬三年，他終於以勝利者的姿態，迎來了無比珍貴的「自由」。

最成功的黑市交易商

我是17號戰俘營中最成功的黑市交易商。休利特醫生是我的好友，在藥物和醫療器械短缺的情況下，他盡了最大的努力，挽救了很多兄弟的生命。他一直想留下一些治療記錄，好說明兄弟們在戰後恢復健康。怎麼幫他弄到用於記錄的紙呢？我想到了鋌而走險進行黑市交易。

幾天之後，生意上門了。一個日本監工知道我會說些日語，在我鏟煤的時候，問我能不能幫他搞到一支美國牙膏。我會心一笑，問他用什麼交換。他說：「香煙吧。10包、20包，30包也行啊。」我乘機要了一些紙。他一口答應了。

我在全營搜尋了幾天，終於在一個爪哇戰俘那裡發現一支原包裝的未拆封的高露潔牙膏，他開價10包煙。那時在營裡，1碗米飯值3包煙，牙膏這玩意兒已不是生活必需品。

我和日本新朋友本先生第二次見面的時候，我告訴他我找到了牙膏，但是它的主人想要20包香煙——差額就是我的利潤，因為我承擔著高風險，一旦發現就會被處死。本眼睛都沒眨，說：「好的。我明天把煙帶來，還給你帶禮物。」我們商定等我凌晨4點回去的那一班交換，那個時候守衛都快要睡著了，檢查比較馬虎。

　　交易的日子到了，我小心翼翼地把牙膏藏在黃色炸藥裡帶到井下。工作結束後，本悄悄地把我叫到一個黑暗的角落。他解開制服露出20包香煙，每10盒用一個大包裹著。我們迅速完成了交易。本沒有食言，給了我兩個小筆記本。本子很小，大約有3英寸寬5英寸長，我想都沒想就把它們裝進夾克的口袋裡。我用導火索把煙綁在大腿內側，但守衛還是發現了筆記本。我緊張得汗流浹背。幸好他翻了一下，說了句「裡艾歐－卡嫩（沒有錢）」，就放我進去了。

　　有了一個好的開頭，以後的事情就好辦多了。接下來我又為一個日本礦工弄到了一雙8號的鞋，他願出50包香煙。一個爪哇人主動和我聯繫，帶來雙新鞋。我穿著這雙8號的鞋步行3英里到煤礦完成了這筆交易。我的腳是10號半的，我以腳上磨出好幾個水泡的代價，賺了20包煙和1本筆記本。我堅持每筆交易都必須有一些能夠寫字的紙作為我的報酬的一部分付給我。

　　儘管我經常做生意，但是在很多日子裡我仍然在挨餓。我們的交換物件是提供給日本看守和礦工的多餘的米飯，或者當天剩餘的米飯。廚師是我們主要的交易對象，當我們能夠提供他們感興趣的東西時候，我們就能獲得額外的食物。即使如此，我在大牟田840天的日子裡，有90％的時間都吃不飽。

　　在做了一年的交易人之後，我手上已經有了足夠的香煙。我決定策劃一次抽獎，獎品是一個完整的紅十字包裹。我支付了420

包香煙，花了整整一個月才收集齊紅十字包裹裡的物品。我又用了一個月的時間倒賣彩票，彩票是從一個日本礦工手裡賣的，絕對正規，正面是日文，背面是阿拉伯數字，戰俘們沒辦法複製。每一張彩票都有機會獲得一整套紅十字包裹，一包香煙買一張彩票，沒有一整包香煙的人可以和他人合夥下注。兄弟們熱情很高，每個人都知道，獲得了那個紅十字藥箱，就等於獲得了生存的機會。紅十字藥箱裡的任何一件東西都是可以交換食物的硬通貨。

抽獎在一個輪休日舉行，擁有彩票的兄弟們悄悄地聚到食堂。我派出了兩個望風的人，囑咐大家千萬別出聲。當那個號碼抽出來的時候，那個幸運兒高興得跳上了飯桌，他大聲叫道：「感謝上帝，我有機會活下去啦！這是我人生當中的第二次勝利，第一次是被徵兵！」

我也大賺了一筆，通過賣彩票得到了675包香煙，淨賺205包。兄弟們手裡的香煙基本上被我「收繳」上來了。我給了休利特醫生一百多包香煙，讓他分給生病的兄弟們。剩下的香煙有些與兄弟們分享了，還留了一些作為交易的資本。

「1944年的歌舞大王齊菲格」

常在河邊走，哪能不濕鞋。當我的交易對象擴展到日本士兵身上時，我被發現了。但日本人並沒有因此砍掉我的頭，而是把我關進了禁閉室挨餓。我在集中營之所以能夠大難不死，與我在1944年組織的戰俘戲劇表演有很大的關係。

這次表演，是我和約翰、梅諾將軍商量的結果。將軍認為，可以通過娛樂活動來振奮士氣，他鼓勵我去和集中營指揮官交涉這個

事情。想不到指揮官竟然同意了，允許我在晚上點名時當眾宣布這個事情。

報名的人很多，大概有30個人。在這些極具創造性的天才當中，有兩人會彈鋼琴，六人會表演各種各樣的樂器，還有4人能夠表演四重唱，有五個人喜歡扮演隨著音樂翩翩起舞的女人，剩下的人大都善於表演和講故事。我是導演兼編劇，我分析了大家的特長，立刻想到了「歌舞大王齊格菲」，我們可以演一部類似的滑稽劇。

日本人的開恩有限，我們必須像以往一樣在礦井裡工作。在接下來的這個星期，我利用所有的閒置時間琢磨這齣戲，去煤礦的路上在想，回營的路上也想，吃飯的時候在想，甚至鏟煤的時候也在想：詼諧的音樂，跳舞的「女孩」，惹人注意的舞臺佈景，發人深思的詩歌朗誦，精彩的獨唱，還有富有感染力能夠撥動這回憶的四重唱。在夥伴們的幫助下，「1944年的歌舞大王齊格菲」劇本成形了。

演員有了，劇本有了，但是我們缺乏器材，城田中佐幾乎沒弄到我們所需要的樂器。於是我們自己動手，鼓手用空箱子做出了鼓，他那對時髦的鼓槌是用我們在礦井裡發現的硬木頭做成的，鐃鈸是用廢金屬做的。沒有鋼琴，我們從戰俘當中找到了一把口琴。

最犯愁的是，如何使那些跳舞的「女孩子們」看起來像女孩子。沒有女性的衣物，唯一的辦法就是讓他們穿得少一些，並戴上巨大的頭飾。我們跟日本人要了一些廢紙板和一些破碎的彩色玻璃瓶，跟廚房要了兩杯生米。我們把紙板裁成鑽石型、心型、圓形、三角形等等，每個頭飾大概有十五到十八英尺高，八到十二英尺寬。我們碾碎生米，加進一些水做成米糊，用這些米糊塗滿頭飾，然後把那些閃閃發光的玻璃小顆粒撒在塗滿米糊的紙板上，這樣閃閃發光的頭飾就做成了。

那些想扮演跳舞女孩的人都是同性戀者，有八個人。以前，很多個夜晚，我看到他們擁抱、相互愛撫、調情，我的胃會一陣陣地翻騰，感到噁心。但是排練的時候，我發現自己錯了，我們都是風雨同舟的患難兄弟。我們抽出每一分空餘的時間來排練。這部滑稽劇驅散了縈繞在我們頭腦中那些恐怖的回憶和對未來的無望。最終，一切都準備就緒。

　　演出的那個晚上，我像熱鐵皮上的貓一樣緊張。這部滑稽劇在「一個美麗女孩」的歌聲中拉開帷幕。當那些「女孩子們」穿著像真正的齊格菲女郎們的衣服出來跳舞時，笑聲簡直要震倒了房子。觀眾們都站了起來，慷慨地把掌聲、口哨聲和尖叫聲獻給了我們節目。城田中佐還邀請了一些東京的高層官員和三井男爵來觀看我們的表演。三井男爵是三井家族的首領，大牟田煤礦的老闆。

　　演出一結束，我就被介紹給了三井。我們體面而莊嚴地接受了表揚。三井給予了我一個特別的獎賞：我可以寫一封信給家裡人，他們會在電臺中廣播我寫的信，只要美國方面收到這個訊息，我還活著的消息就會傳遞給我的家人。1945年6月17日，我的父母收到了美國憲兵司令部拍發的電報，他們知道我還活著，在日本福岡。

　　當「歌舞大王齊格菲」這部滑稽劇謝幕之後，我們的劇團沒有解散，在以後的十四個月裡，我們又上演了十三部舞臺劇，至少六部是音樂劇，所有的兄弟們都能夠跟著表演者一起唱。我仍然做著我的生意，因為生存下去仍然是我的首要任務。

戰爭結束了

　　1945年8月9日，我們和往常一樣，黎明起床，草草地吃一些米

飯，然後走向煤礦。快到礦井的時候，不尋常的情況發生了。在17號戰俘營東南方向，大約35英里外的長崎，升起了一個巨大的浮雲，底部呈現莖幹狀，扁平的頂部看上去就像個大煎餅。後來我才知道，為了儘早結束戰爭，美國在長崎投下了第二顆原子彈，我有幸成為目睹這一過程的為數不多的美國人之一。

第二天，我們受到了日本衛兵和礦工的毒打，他們往死裡打我們。他們的狂暴告訴我們，戰爭就要結束，小日本猖狂不了幾天了。

果然，8月15日早上，當我們整裝待發，準備繼續為天皇鏟煤時，日本看守卻說了一句「雅蘇米、康多」（休息時間）。日本人沒有任何解釋，很快我們被迫返回營房，興奮的情緒在我們心頭滋長。

中午，我們來到食堂，廚師居然把我們的飯盒裝滿了，並且一直把米飯塞到裝不下為止。湯也發生了變化，居然有蔬菜了。我看了一眼其他幾個夥伴，咧嘴笑了笑。我們的興奮感逐漸達到了顛狂的程度，儘管還沒有人敢公開談論這件事。

不久，日本人命令我們到操場列隊。就在我們立正緊繃著身體時，突然來過來一個車隊。一共是七輛車，車頂上架著機槍，踏板和車廂裡都站滿了日本兵。我們一下子緊張起來了，日本人要幹什麼，他們一直虐待我們，很多兄弟被他們殺害，他們是不是想把我們都殺了，毀滅罪證？

指揮官以慣常的神氣十足的姿態大搖大擺地走到中間，彷彿是日本剛剛贏得了戰爭，而他是專門來炫耀勝利的。站定後，他清了清嗓子，說道：「美國和日本現在已是朋友，戰爭已經結束了！」隨後他跳上了第一輛卡車的踏板，用拳頭錘了一下車頂，喊道：「由卡！「（出發），就駛離了操場。

他話音未落，操場上已經沸騰了。我們自由了！戰爭結束了！我們終於贏了！我終於可以回家，見到我親愛的蘿拉！天哪！我興奮得差點暈倒！

很多兄弟，決定進城去找出那些在過去三年裡曾經無情摧殘過我們的日本監工，以牙還牙！很多監工早已聞風而逃，不過我們還是設法找到了一些，用拳頭回敬了他們。我們還在17號戰俘營裡搜出一些沒來得及逃走的日本看守。那些曾經屠殺過我們的兄弟的看守，全都死於我們憤怒的拳頭底下。

8月18日中午，一架我從沒見過的大飛機出現在我們營地上空，大量降落傘從炸彈艙飄下，下面捆著寶貴的物資。當第一頂傘觸到地面時，三個裝滿罐裝水果沙拉的箱子砸開，罐頭滾落了一地。我們飛奔而去，迫不及待揀起來打開，用手撈著吃。

當第二架飛機飛到我們上空時，機艙裡的人向外拋出了一個圓柱形的黑色皮革製品。在那裡面我們發現了長崎、熊本、大牟田的地圖，以及我們集中營所處的位置。還有一張字條，上面說美國已對廣島投放了一顆原子彈，第二顆投放到了長崎，要不是因為天氣緣故，我們這將會成為轟炸目標。因為大牟田有大量的礦藏以及龐大的船隻貨容量。老天保佑！我們太幸運了！

尋找美軍

9月11日的一大早，我和鮑勃、馬丁悄悄離開了17營，去尋找美國的大部隊。現在想來，我們出現在日本大街上的情形真是十分滑稽，神氣十足的我們穿著日本囚服，身無分文，在大街上遇到日本人就問。其實仔細想想，我們當時的做法真的很愚蠢，弄不好就

會被殺或是再次被送回牢房。

　　有日本人把通往鹿屋的火車班次告訴了我們，並且提醒我們，在這一趟車的終點必須換乘。心急火燎地等了一個小時，火車剛進站，我們就上了車。到這趟列車的終點後，小站站長親自接待我們，迎接我們的是禮貌的鞠躬、善意的微笑以及香濃的熱茶。他告訴我們，要去鹿屋第二天早上才有。他堅持安排我們在他的辦公室內屋住宿，慷慨地派人送來了一餐美味的家常飯，還有一大瓶的米酒。就在同一時刻，兩個日本軍官走了進來，朝我們鞠了個躬，然後解下了腰間的刀鞘和佩刀，遞給了我們，以示日本的戰敗。晚些時候，站長又給我們送來了枕頭和毯子。說完又禮貌地鞠了個躬，向後退了四步，然後走出了房間。

　　這實在太不可思議了，日本人的態度變化如此之快，十天前他們還是兇神惡煞的主子，今天就成為了站長宣稱的「美國人的好朋友」。

　　次日大清早，站長給我們送來了早餐，一小杯米酒，一大碗米飯，兩小份炸魚塊，一碗蔬菜熱湯，當然，還有少不了的熱茶。鮑勃呆呆看著我，我們倆人都不約而同笑出聲來，這不是在做夢吧？這是真實的嗎？就在幾星期前我還被打得死去活來，而今天他們卻把我視為上賓。

　　上車後，我們發現已經沒有座位了，車裡擠滿了人，還有一隊日本兵。我發現在站在扶梯上的是個軍官。為了證實昨晚和今天早上我們不是做夢，不僅僅是一部分日本人想成為「美國人的朋友」，我靠近他，用日語說道：「把你的劍給我，我們是勝利者。」只見他毫不猶豫地走到我面前，解下他的佩劍和腰帶，雙手奉上。然後朝我一個鞠躬，用日本話說道：「我們感到很抱歉，

就把這個作為友誼的象徵吧。」說完又回到扶梯上，一個人哭了起來。我感到有些內疚，但我不能把武士刀還給他。

折騰了半天我們總算到了鹿屋。可能是怕我們受擠，列車長把我們帶到了司機室。三個小時後，火車減速了。我們以為快到鹿屋了。很快火車就嘎然而止，司機笑著對我們鞠了個躬，然後來了個立正的姿勢，用手指向東方，說道：「這裡就是鹿兒島縣了，往那邊向東走六英里便是鹿屋市。」這意味著我們要過海，穿越6英里的海面到鹿屋。

下車後，我們碰到了5個同伴，他們也是從集中營裡面出來找美國部隊的。大家興奮地打著招呼，結伴而行。很快，我們找到了一條船。船長跟我們要20日元，大家都沒錢，好在我身上還有做生意剩下的10包香煙。看他的神情有些不願意，我決定嚇嚇他，說要把武士刀也給他作為船費。考慮到自身處境，他二話不說，立即開船。

漁船到岸時，兄弟們哭的哭，笑的笑，我高聲喊道：「自由了！終於自由了！」

日軍刺殺中國政要

日軍為什麼刺殺張作霖
——兼論張作霖的歷史功績

　　張作霖，奉系軍閥首領，赫赫有名的東北王。他由胡匪搖身一變成為清政府的軍官，繼而又搖身一變成為北洋政府的封疆大吏，最後揮兵入關，成為北洋政府最後一任國家元首「中華民國陸海空軍大元帥」。張作霖的興衰沉浮與日本帝國主義有著千絲萬縷的聯繫，然而他畢竟是一個有愛國心的中國人，他發展壯大之後，表現出強烈的擺脫日本控制的願望。他用高超的手腕對付日本人，對他無可奈何、惱羞成怒的日本軍國主義分子，狗急跳牆地在皇姑屯炸毀了他的專列，一代梟雄的生命就此泯滅。

東方會議為謀殺張作霖定調

　　1928年的5、6月份，奉系北洋政府對於其控制之下的華北地盤的統治已經呈現風雨飄搖之勢。國民黨新軍閥聯合的北伐軍打得張作霖好不容易捏合起來的舊北洋軍隊為班底的安國軍節節敗退。北伐軍已經將刺刀頂到了張作霖的咽喉之上。此時的張作霖麾下尚有數十萬士氣低迷的殘兵敗將，可是已經是不堪一戰。老謀深算的張作霖，早就想好了退路，他將率領奉系本部人馬撤出關外，將山海關大門緊閉，仍舊當他的「東北王」去。

張作霖與日本政界、軍界的關係盤根錯節，日本的除張派和保張派一直在明刀暗槍的較量。這種較量在日本首相田中義一召集的「東方會議」上畫上了句號。「東方會議」召開的背景，就是南方北伐軍將刺刀頂到了張作霖的脖子上，張作霖準備率兵出關的前夕。日本的田中義一首相在1927年6月27日到7月7日在東京日本外相官邸，召開「東方會議」。會議由執政黨政友會議員森恪聯繫籌備。日本陸軍、海軍、外務省、內閣的主要高級官員與會，日本駐華公使芳澤謙吉、關東軍司令官武藤信義大將、關東廳長官兒玉秀雄、日本駐奉天總領事吉田茂、高級參謀河本大作、日本駐漢口總領事高尾、駐上海總領事關田、日本駐朝鮮政務總監山縣伊三郎和參謀長寺內壽一等四十餘人參加。[1]

　　東方會議開了11天，會議結束時田中義一以「訓示」的形式提出了《基於對華根本方針的當前政策綱領》。《對華政策綱領》由簡短前言和八條意見組成。田中在前言中明確提出：「鑒於日本在遠東的特殊地位，對中國本土及滿蒙，自應區別對待」。[2]

　　田中義一在會後給天皇上了一道奏摺，這道奏摺史學界稱為「田中奏摺」，它為日本今後侵略中國東北，侵略整個中國，乃至侵略整個世界畫出了一張明確的路線圖。前文我也提到過，就是「惟欲征服支那，必先征服滿蒙，如欲征服世界，必先征服支那……此乃明治大帝之遺策。亦是我日本帝國之存立上必要之事也」[3]，張作霖治下的東三省就是他們侵略世界的第一塊跳板。

[1]　郭俊勝主編，《張作霖與日本關係》，遼寧人民出版社，2008年11月第1版，郭俊勝文《東方會議與皇姑屯事件》，第96頁。
[2]　[日]鈴木隆史：《日本帝國主義對中國東北的侵略》，吉林教育出版社1995年版，第416頁。
[3]　瓊崔僑外抗日救國會印贈：《日本田中內閣侵略滿蒙之積極政策》，上海民新書店1931年版，第5頁。

《對華政策綱領》強硬宣稱：「最近，無可爭辯的是，往往有不逞之徒乘政局不穩而跳樑，擾亂治安，有發生不幸的國際事件之虞。帝國雖然希望中國政府取締並依靠國民的自覺，對這些不逞之徒進行鎮壓並維持秩序。但在中國有侵犯帝國權益及日僑生命財產之虞時，必要時，將斷然作出自衛措施，以維護之。特別是在日、華關係上，對於以捏造和虛構的謠言為基礎，妄圖掀起排日、排斥日貨的不法運動的人，自應排除其疑慮，為了維護權利，更必須進而採取適當的措施。」[4]

　　他們對於中國東北和張作霖的態度也明確了：「對於滿蒙，特別東三省地方，因與我國防和國民生存具有重大利害關係，我國不僅必須予以特殊考慮，且對該地區維持和平與經濟之發展，使之成為國內外人士安居之所，作為接壤之鄰邦，尤須具有責任感。……萬一動亂波及滿蒙，治安紊亂，有侵害我在該國特殊地位、權益之虞時，不論其來自何方，均應加以防護，並須做好準備，為保護內外人士安居、發展，及時採取適當措施。」[5]

　　日本人的意思非常明白，只要他們認為，他們「關注」的東北「治安」要「變壞」，他們就會採取武力措施。我給解釋得再明白一些，無論是張作霖的軍隊，還是北伐軍，只要對東北的「治安」造成危害，他們都會出兵制止。日本人的如意算盤是這麼打的，先逼迫張作霖簽訂出賣滿蒙利權的協議，如果張作霖不答應，就出兵佔領錦州，解除敗退回東北的奉軍的武裝，讓張作霖成為一個聽話

[4]　郭俊勝主編，《張作霖與日本關係》，遼寧人民出版社，2008年11月第1版，郭俊勝文《東方會議與皇姑屯事件》，第96頁。
[5]　[日]外務省編：《日本外交年表與主要文書》，下冊，原書房1965年版，第101-102頁。轉引自《皇姑屯事件的歷史考察》，郭俊勝主編，《張作霖與日本關係》，遼寧人民出版社2008年11月第1版，張瑞強文，第190頁。

的傀儡。用河本大作在自己的回憶錄中的話來說就是：「張作霖之所以施行虐政，其原因在於擁有不必要的龐大軍隊，因而橫徵暴斂，並屢屢在關內發動內戰。今後張作霖一旦在南方派的逼迫下向關外敗退，即以關東軍為主力，並由朝鮮派出部分日軍支援，堅決解除奉天軍之武裝，削除其爪牙，使之成為'善良的統治者'。」

如果張作霖不肯乖乖就範，就採用激烈手段。皇姑屯事件的主謀河本大作在東方會議上叫囂：「殺掉張作霖豈不是一切問題迎刃而解！……迫張下野，誰能保證其繼承人改弦易轍，若比張更難控制又怎麼辦？殺掉張作霖，其子張學良必不善罷干休，其部下亦必騷動，我軍可借維護治安名義，解除奉軍武裝，一舉佔領滿洲，進而另覓屬意人選，在我軍保護下，組織政府，滿洲權益問題豈非一勞永逸。」[6]

河本大作是除張派的急先鋒，他認為，「張作霖曾受日本培養，但卻忘恩負義，接近英、美，從事排日運動，真是豈有此理。日本滿蒙政策的最大眼中釘就是張作霖。」他在《我殺死了張作霖》中如此寫道。他認為，解決張作霖是日本解決「滿蒙懸案」的必然選擇，「只要打倒張作霖一個人，其他所謂奉天派的諸將，必將樹倒猢猻散。時至今日，相信只要依靠一個張作霖，使之主宰滿洲，就可以確保治安的想法是錯誤的。……幹掉頭子，除此之外，沒有解決滿洲問題的第二條路。只要幹掉張作霖就行。……」[7]

在東方會議上，河本大作的言論得到了軍人出身的田中義一以及關東軍司令官武藤信義的支持。河本大作就是按照這種思路去策

---

[6] 張氏帥府博物館編，《走近大帥府 走近張作霖》，遼寧教育出版社，2009年9月第1版，第322頁。

[7] 張氏帥府博物館編，《走近大帥府 走近張作霖》，遼寧教育出版社，2009年9月第1版，第322頁。

劃謀殺事件的。這個狂妄的傢伙，希望一次性解決「滿蒙問題」。時任日本駐奉天總領事館領事的森島守人在戰後所著的《陰謀・暗殺・軍刀──一個外交官的回憶》中披露：「本來，策劃爆炸者的企圖，並不只是為了殺害張作霖一個人。主要的目的是想乘列車爆炸和張的死亡而引起社會紊亂之機立即出兵。進而挑起大規模的武裝衝突，然後使用武力徹底解決滿洲問題。」[8]

謀殺他國元首的策劃，雖然沒有落到東方會議的紙面上，可是與會諸人都已經心照不宣。張作霖的死活，就看他對待日本接下來的侵略行動的態度了。

東方會議後，日本人就開始執行對張作霖的強硬政策。日本駐奉天總領事吉田茂一回到奉天就向奉天地方當局提出強硬照會，要求東北當局立即停止自築鐵路，並不得反對日本在臨江設領事等侵略行徑。吉田茂威脅說，如果張作霖不接受上述要求，日本將考慮「南滿鐵路拒運奉軍，停止供應東三省兵工廠所需材料，禁止京奉線專用列車通過滿鐵附屬地。」張作霖雖然面臨北伐軍強大壓力，可是仍然以強硬對強硬：「如日方這樣做，只會使我排除萬難，自主地修建鐵路。」[9]

1928年四月，北伐軍向張作霖的安國軍發動攻擊，為阻擋北伐軍進軍華北，日本悍然出兵濟南，屠殺我軍民5000餘人，殘忍殺害國民政府外交交涉員蔡公時。18日，日本對中國南北軍隊發出「覺書」警告南北雙方：「……戰亂如果進展到京津一帶，其禍亂將波

8　[日]森島守人：《陰謀・暗殺・軍刀──一個外交官的回憶》，黑龍江人民出版社1980年版，第23頁。轉引自，郭俊勝主編，《張作霖與日本關係》，遼寧人民出版社，2008年11月第1版，張瑞強文《皇姑屯事件的歷史考察》，第193頁。
9　何應會，《試論張作霖與日本的關係》，《黑龍江教育學院學報》，2000年第4期，第70頁。

及滿洲的時候，為維持滿洲治安，帝國政府或將不得不採取適當而有效的措施。」日本人進行赤裸裸的戰爭恫嚇，企圖趁中國內戰之機佔領滿蒙的野心昭然若揭。從客觀形勢上而言，「覺書」的發表對於張作霖有利，畢竟日本的這一聲明，有阻止北伐軍進攻華北，尤其是東北的門戶京津地區的用意。可是張作霖並不領情，他發出強硬照會：「深盼日本政府鑒於濟南不祥事件之發生，勿再有不合國際慣例之措置……。」在日本人對他又打又拉的時候，他明確表示，他不會出賣滿蒙權益，因為他決不能做「叫我子子孫孫抬不起頭來的事情。」他的部下、山東軍閥、直魯聯軍總司令張宗昌出於保住自己地盤的考慮，有迎合日本的意向，張作霖知悉後，立即發出急電，把張宗昌召來當面嚴厲斥責：「勝敗事小，引狼入室，關係太大，我們可以不幹，但絕不能借重日軍留下萬世罵名。」[10]

掐著脖子要好處，太不像話

東方會議定了調子，日本人就開始實施他們的方針了。他們決定實施「積極的滿蒙政策」。「積極的滿蒙政策」的重中之重，當然是鐵路的修築權了。日本人的執行力是很強的，東方會議剛結束，他們就開始用軟和硬的兩手對付張作霖了。一方面，他們採取外交途徑，由駐奉總領事吉田茂、駐華公使芳澤謙吉、「滿鐵」總裁山本條太郎組成對張談判陣容，力求在最短的時間內逼迫張作霖委託滿鐵建造敦圖（敦化至圖們江）、長大（長春至大賚）、吉五（吉林至五常）、洮索（洮南至索倫）和延海（延吉至海林）等五

---

[10] 何應會，《試論張作霖與日本的關係》，《黑龍江教育學院學報》，2000年第4期，第71頁。

條鐵路。[11]另外一方面，關東軍向奉天增加兵力，只要天皇敕令一下達，他們就立即沿著南滿鐵路向西推進，佔領錦州，關住奉軍向東北敗退的大門，在錦州解除奉軍的武裝。在這裡簡單地解釋一下，為什麼要天皇的敕令呢？因為關東軍名義上是日本南滿鐵路沿線的所謂「關東州」的守備兵力，如果要超越南滿鐵路附屬地範圍用兵，必須要日本天皇的御批。這個手續是由首相向天皇提出請求的。

張作霖雖然處境艱難，但是他和日本使者一接觸，就敏感地意識到日本想把東北一口吞下的野心。這五條鐵路用他的話來說，「這不是準備和蘇聯開戰的鐵路嗎？」，他向日本使者表示，「自己的懷裡好像抱著炸彈」，不能答應。他很清楚地意識到，這五條鐵路宛如五把鋼刀插向中東鐵路，插向北滿，其意義已經超出了鐵路本身。這五條鐵路是日本的「戰略鐵路」，向北運兵可與蘇聯開戰，向南可源源不斷地戰略物資運輸，向東可與朝鮮鐵路相接，日軍可在一日之內到達東北，一旦修成，整個東北將成為戰場。張作霖越想越覺得後背發涼，只好重拾「假癡不癲」之計，裝糊塗，先是推脫這些事情他不熟悉，請與奉軍總參議楊宇霆談；再者就說，這屬於地方問題，應該跟地方談；接著又說軍情緊急，外交問題應當推遲。總之，以拖代拒。[12]

交涉受阻，山本條太郎派出與張作霖素有深交的江藤豐二見張作霖。張作霖表示，事關重大，斷難接受。江藤豐二恫嚇說：「如果你不合作，日本軍隊將要幫助蔣介石。」張作霖躊躇再三，在江藤準備好的文件上畫了四個圈。江藤豐二再次慫恿，張作霖又

---

[11]　張氏帥府博物館編，《走近大帥府 走近張作霖》，遼寧教育出版社，2009年9月第一版，第321頁。
[12]　張氏帥府博物館編，《走近大帥府 走近張作霖》，遼寧教育出版社，2009年9月第一版，第321頁。

圈了一條，據江藤豐二向山本條太郎彙報時說，張作霖在文件上畫圈的時，似乎渾身都在哆嗦，一再囑咐江藤豐二，這只是預備性商談，千萬不要對外界透露。為將預備性商談向正式商談邁進，山本條太郎親自出馬。在山本條太郎的百般威逼下，張作霖不情願地在《滿蒙新五路協約》上簽了字。簽字之日，53歲的張作霖「蹣跚踉蹌」，「一夜之間，憔悴萬分」。

張作霖在協議簽字前，已找人對文本進行了研究，他知道協議第十條明確規定：「本協議簽字後，尚須派兩國代表正式簽字，方能生效。」因此，張作霖雖在協議上簽了字，但協議仍然屬於沒有履行完法律程式的無效檔。此後，張作霖以各種理由拒絕辦理正式手續。

1928年6月3日下午四時半，張作霖離京前夕，芳澤謙吉按約定到中南海取正式密約。張作霖讓辦事人會員將文件轉交芳澤謙吉。芳澤謙吉回到使館，打開文件一看，大呼上當。原來，檔上只有一個「閱」字，既無簽名，也無「同意」字樣。當芳澤謙吉打電話詢問究竟時，張作霖已離開中南海。[13]

回去之前

張作霖回奉天之前，曾經與日本人發生過激烈的衝突。5月17日的那次衝突特別激烈。當晚，日本駐華公使芳澤謙吉會見張作霖，威脅張作霖出讓東北鐵路修築權，張作霖大為光火，拉下臉來，大發脾氣，芳澤謙吉悻悻而走。據張作霖的親信周大文描述，

---

[13] 張氏帥府博物館編，《走近大帥府 走近張作霖》，遼寧教育出版社，2009年9月第一版，第321頁。

5月17日的情形是這樣的：

　　5月17日晚上張作霖和梁士詒、李宣威等幾位客人打麻將牌的時候，芳澤來訪（是預先約定的）。梁、李等人要走，張作霖堅留他們說：「我與芳澤沒有什麼可談的，不大工夫就能說完。」可是，他由純一齋裡間出來會見芳澤以後，過了很長一段時間還沒有談完。在裡間屋的那幾位客人等得有點不耐煩了。大家叫李宣威去聽聽他們說些什麼，因為李宣威懂日語。李聽了聽，也沒有聽出什麼來，只聽到張作霖說：「我這個臭皮囊子不要了（『臭皮囊』是張作霖常說的口頭語），也不能做這件叫我子子孫孫抬不起頭來的事情。」跟著，不待芳澤辭去，他就先離開了進入裡間。當時留在裡間的幾位客人都很驚訝，不知道芳澤究竟提出了什麼問題惹起這麼一場嚴重的衝突。[14]

　　事後據張作霖的承啟官長趙錫福和當時在場的差官們透露，事情經過是這樣的：那天晚上芳澤來見張作霖，向他提出簽訂中日合資修築吉會鐵路合同的無理要求。並且誘惑張作霖說，如果他答應這個要求，日本可以設法阻止北伐軍過黃河。張作霖未為所動，正色回答說：「我們家中的事，不勞鄰居費心，謝謝你們的好意。」芳澤說：「你們打得過北伐軍嗎？」張作霖說：「若打不過他們，我們可以退出關外。」芳澤說：「恐怕未必回得去吧。」張作霖說：「關外是我們的家，願意回去就回去，有什麼不行呢。」芳澤見張作霖不上套，就進一步採取威脅手段，從懷裡掏出一張紙交給張作霖（可能就是日本政府關於滿洲問題警告南北雙方的覺書），接著又說：「張宗昌的兵在濟南殺死了幾十名日本僑民。」張作霖

---

[14]　文斐編，《我所知道的張作霖》，中國文史出版社，2004年第1版。第198-199頁。周大文，張作霖大元帥府密電處負責人。

回答說他尚未收到報告。芳澤竟然用恫嚇的口吻對他說：「張宗昌是你的部下，你對此事應負一切責任。」張聽罷勃然大怒，由座位上站起，把手上的翡翠旱煙袋猛力向地下一摔，磕成兩段，聲色俱厲地衝芳澤說：「此事一無報告，二無調查，叫我負責，他媽拉巴子的，豈有此理！」說完之後，就扔下芳澤怒氣沖沖地離開了客廳。三個多小時的會談就這樣收場了。[15]

日本方面為了威逼張作霖，接二連三地使出毒辣手段。

5月21日，日本公使館武官立作川警告張作霖，如果奉軍敗退出關，日軍將解除其武裝，揚言任何軍隊不得進入東三省。5月22日，日本關東軍將司令部移駐奉天，日本第十三、十四師團一部開抵南滿線一帶。[16]

針對日本人在「覺書」中提到的，「任何軍隊影響滿洲，日軍將採取『應急行動』」的狂言，張作霖指示外交部於25日發表書面聲明，公開反對日本的警告，聲明申說：「於戰亂及於京、津地區，影響波及滿洲地區時，日本將採取機宜措施一節，中國政府斷難承認。東三省及京、津地方，均為中國領土，主權所在，不容漠視。」[17]

日本人不斷地通過軍事和外交手段向張作霖施加壓力。可是張作霖不買帳。在張作霖發出「息爭」通電，向北伐軍發出「求和」信號的當天。芳澤謙吉再次要求會見張作霖，想逼迫他簽訂轉讓東北路權的條約。張作霖不想見他，讓外事人員在客廳中接待芳澤謙吉，自己卻在隔壁房間高叫：「日本人不夠朋友，竟在人家危急的

---

15 文斐編，《我所知道的張作霖》，中國文史出版社，2004年第1版。第198-199頁。周大文，張作霖大元帥府密電處負責人。

16 張氏帥府博物館編，《走近大帥府 走近張作霖》，遼寧教育出版社，2009年9月第一版，第298頁。

17 張氏帥府博物館編，《走近大帥府 走近張作霖》，遼寧教育出版社，2009年9月第一版，第298頁。

時候，揩脖子要好處，我張作霖最討厭這種做法！我是東北人，東北是我的家鄉，祖宗父母的墳墓所在地，我不能出賣東北，以免後代罵我張作霖是賣國賊。我什麼也不怕，我這個臭皮囊早就不想要了！」[18]芳澤謙吉只好走了。

回去路上

張作霖為了防止日軍搞刺殺行為，還是做了一些防範措施。他原本宣佈6月1日出京，卻推遲到2日才走。然而2日下午7時，京奉鐵路前門東站啟程的專列卻又不是他的，而是他的五太太壽夫人及僕役人等的。[19]

6月3日凌晨，張作霖在大批政要以及大元帥府人員、衛隊的簇擁下，來到正陽門車站。[20]隨行的政要陣容強大，有前國務總理靳雲鵬、國務總理潘復、東北元老莫德惠、參謀總長于國翰、財政總長閻澤溥、教育總長劉哲等高級官員。日本顧問町野武馬、儀峨誠也（也作嵯峨誠也或儀我誠也），張作霖的六太太馬岳卿及三公子張學曾、隨身醫官杜澤先等也隨他返回奉天。[21]

張作霖身著大元帥服，腰佩短劍，精神抖擻。月臺上人山人海。來送行的有北京元老、社會名流、商界代表，以及各國使節等中外要人。張學良、奉軍總參議楊宇霆、京師員警總監陳興亞、北

[18] 張氏帥府博物館編，《走近大帥府 走近張作霖》，遼寧教育出版社，2009年9月第一版，第298-299頁。
[19] 郭俊勝主編，《張作霖與日本關係》，遼寧人民出版社，2008年11月第1版，徐徹文《炸死張作霖的是日本人》，第174-175頁。
[20] 文斐編，《我所知道的張作霖》，中國文史出版社，2004年第1版，第197頁，回憶者周大文係張作霖大元帥府密電處負責人。
[21] 郭俊勝主編，《張作霖與日本關係》，遼寧人民出版社，2008年11月第1版，徐徹文《炸死張作霖的是日本人》，第175頁。

京警備司令鮑毓麟等也到車站送行。[22]

　　張作霖的專車，包括車頭在內，共計20節組成。其列車編組依次為：車頭1節，鐵甲車1節，三等車3節，二等車2節，頭等車7節，二等車1節，三等車2節，一等車1節，鐵甲車1節，貨車1節。[23]張作霖乘坐的包車在中間，是前清慈禧太后所坐的花車，設備先進，豪華舒適，車廂內有大客廳一間，臥房一間，另有沙發座椅、麻將桌等。[24]包車後面是飯車，前邊是兩輛藍鋼車，劉哲、莫德惠、于國翰等在這兩輛藍鋼車中。在專車前面，還有一列壓道車。[25]

　　6月3日淩晨1時15分，張作霖的專車開動。張作霖的專列於6月3日早晨6時30分到達天津，安國軍軍團長褚玉璞特意從唐官屯趕到天津車站迎送。前來迎送的還有在天津的前兩湖巡閱使王占元、熱河都統闞朝璽等官員。前交通總長常蔭槐在天津站上車，陪張作霖回奉天。[26]

　　靳雲鵬、潘復以及日本顧問町野武馬在天津站下車。靳雲鵬是張作霖的兒女親家，原本是要陪張作霖回奉天的，可是他的副官上車報告，說是日本領事館送信，他的好友阪西利八郎要找他商量要事，請他立即回宅。靳雲鵬在家裡白白等了一夜，阪西利八郎卻沒有來。第二天接到電報，才知道張作霖出事了，是他日本方面的朋

[22]　郭俊勝主編，《張作霖與日本關係》，遼寧人民出版社，2008年11月第1版，徐徹文《炸死張作霖的是日本人》，第175頁。
[23]　張氏帥府博物館編，《走近大帥府 走近張作霖》遼寧教育出版社，2009年9月第1版，第291-292頁。
[24]　郭俊勝主編，《張作霖與日本關係》，遼寧人民出版社，2008年11月第1版，徐徹文《炸死張作霖的是日本人》，第175頁。
[25]　文斐編，《我所知道的張作霖》，中國文史出版社，2004年第1版，第197頁，回憶者周大文系張作霖大元帥府密電處負責人。
[26]　郭俊勝主編，《張作霖與日本關係》，遼寧人民出版社，2008年11月第1版，徐徹文《炸死張作霖的是日本人》，第175頁。

友不願意看到他給張作霖陪葬，就用計把他騙了下來。[27]

潘復和町野武馬是要去德州見直魯聯軍總司令張宗昌。據關東軍參謀長齋藤恒少將《齋藤日記》的披露，町野武馬其實是日本安插在張作霖身邊的間諜。他一直參與是否讓張作霖「多活幾天」的討論，而且對刺殺張作霖的計畫已有耳聞。另據曹汝霖的《一生之回憶》一書揭露，町野武馬在下車前曾囑咐張作霖「須在日間到達奉天」，這在曹汝霖看來，町野武馬「已露暗示」。張作霖太大意了，沒有注意他所說話的含義。[28]

下午4時，專車抵達山海關。張作霖的廚師朴豐田和趙連璧精心地做了六個菜、一道湯：肉絲燒茄子、燉豆角、榨菜炒肉、乾煎黃花魚、菠菜烹蝦段、辣子雞丁，外加小白菜湯。馬夫人說：「明天的早飯就得到家吃了。」張作霖邊漱口邊說：「在火車上吃啥也不香，覺也睡不好。」沒想到，這是張作霖最後的晚餐。[29]

張作霖用完晚餐，黑龍江督軍吳俊升就上車了，他是特地從奉天趕到山海關來迎接張作霖的。張作霖和他聊了一會，就叫來了莫德惠、常蔭槐、劉哲玩麻將。晚上11時，專車到達錦州車站。等車到新民時，天已經微微亮了，張作霖讓陪他打麻將的人回去休息。他朝窗外望去，看到鐵路兩旁「皆有步哨警戒，面向外立，作預備放姿勢，十餘步就是一崗」。實業總長張景惠在皇姑屯車站上車向他問安，並告訴他其他家人和文武官員在奉天新車站迎接他。[30]

---

27 郭俊勝主編，《張作霖與日本關係》，遼寧人民出版社，2008年11月第1版，徐徹文《炸死張作霖的是日本人》，第176頁。
28 郭俊勝主編，《張作霖與日本關係》，遼寧人民出版社，2008年11月第1版，徐徹文《炸死張作霖的是日本人》，第175頁。
29 郭俊勝主編，《張作霖與日本關係》，遼寧人民出版社，2008年11月第1版，徐徹文《炸死張作霖的是日本人》，第176頁。
30 郭俊勝主編，《張作霖與日本關係》，遼寧人民出版社，2008年11月第1版，徐徹文《炸死張作霖的是日本人》，第176頁。

日本人在皇姑屯下毒手

張作霖忙著將奉軍撤回東北，日本人卻忙著要謀害他。在關東軍司令官村岡長太郎的支持授意下，一場針對張作霖的謀殺開始了緊鑼密鼓的策劃。

關東軍司令官村岡長太郎最初的考慮是，他認為自己的幕僚河本大作參謀等人從一開始就堅決主張按照「東方會議決議」行動，因而難於向他們下達暗殺的命令。便私自向曾任吉林省顧問的竹下義晴少佐秘密下達命令，委託竹下到北京與日本駐華使館武官建川美次少將聯繫，組織刺殺張作霖的行動。[31]

在奉天的瀋陽館，村岡長太郎向竹下義晴交代赴北京組織刺客暗殺張作霖的任務。竹下義晴受命後，從司令官室出來，恰巧在二樓走廊上遇見了河本大作。他告訴河本大作他這就要去北京的消息，但是說這話時，神情很緊張。看其神色不對，河本大作感覺一定是有什麼重要的事情，就一定要邀請竹下義晴吃個晚飯。

在瀋陽十間房招待所的一個「綠」字型大小客間裡，河本大作邀請到了竹下義晴與其同桌共飲。席間，趁酒酣耳熱之際，河本大作一再追問竹下義晴急赴北京所為何事。竹下義晴不得不把他北京之行的目的告訴了河本大作。河本大作得知內情後，認為這樣辦不妥，有可能導致失敗。他傲慢地分析道：「不要多此一舉，萬一失敗了怎麼辦？華北方面有沒有敢於幹這種事的人，實在不無疑問。萬一的時候，不要給軍方或國家負任何責任，而由一個人去負一切

---

[31] 中央檔案館等編，《日本帝國主義侵華檔案資料選編》，《河本大作獄中自述》之中東路（皇姑屯）事件的真相。

責任。否則虎視眈眈的列國，一定會乘這個求之不得的機會來胡搞。所以由我來幹好了。」[32]竹下義晴一聽這話，甚覺為難，但他堅持說他不能不執行司令官的命令。河本大作於是接著解釋，說作為司令官的村岡長太郎直接參與這件事是不恰當的，反正是要達到殺死張作霖的目的，交給誰來執行還不是一樣的？對竹下義晴你來說並不違反司令官的命令，並信誓旦旦的向竹下保證，有他河本大作一個人就足夠了。

話雖如此說，竹下義晴還是有所顧忌的，總不能就這麼簡單的就將這一絕密任務輕易轉手他人，需要他做的事情他還是要去做的。隨後他即與建川美次取得了聯繫，建川美次少將卻發來一封電報，明確的告知村岡長太郎司令官，此暗殺計畫不可能實現，希望他們打消這一念頭。此時的村岡長太郎發現，日本不僅沒有下達按東方會議決議行動的奉敕命令，而且發現，根據慣例為了獲得奉敕命令，在進行帷幄上奏時，必須有首相侍立，但連這一程序也尚未履行，因此歸根結蒂，等於是停止執行東方會議的決議。

面對這種情形，村岡長太郎不得不考慮竹下義晴向其彙報的河本大作的提議了，因為此時已經到了不採取非常情況便不能打開僵局的地步。最終，在村岡長太郎的默認下，河本大作說服了竹下義晴，由他主持暗殺張作霖的任務，而竹下義晴聽從他的指揮。並建議，為確保在不付出重大犧牲的情況下使奉天軍屈服，只有剷除其首領，或可有成功的希望，因而決心採取消滅張作霖個人的計畫，並認為最簡便的方法就是炸毀張作霖返奉乘坐的列車。[33]

---

[32] 徐徹，《究竟是誰殺死了張作霖》，《文化學刊》，2007年第3期。
[33] 中央檔案館等，《日本帝國主義侵華檔案資料選編》，《河本大作獄中自述》之中東路（皇姑屯）事件的真相。

隨即，河本派竹下和田中兩位參謀，赴北京偵察張作霖的行期。他們二人假借同北京武官處聯絡的名義，從事調查張作霖之列車編組及行車時刻。很快，竹下義晴就拍來了密電，說張作霖已經決定出關，並報告了火車的預定行程。

　　得此消息的河本大作立即派出關東軍特務機關的石野芳男大尉到山海關，武田丈夫、神田泰之助到錦州、新民屯等京奉鐵路要地，命令他們切實監視火車到達和啟動的具體時間、地點，並及時報告他。[34]

　　關於如何實施暗殺，他們進行了精心討論。認為可以採用兩種方法，一個是用炮彈襲擊火車，一個是用炸藥炸毀火車。但是如果用第一種方法，馬上就會使人知道是日本人幹的。而如果用第二種方法，也許能不留痕跡地達到目的，因而他們選擇了第二種方法。[35]

　　此外，為了預防爆炸失敗，同時確保一定殺死張作霖，河本還制定了使列車脫軌顛覆的計畫，即在京奉鐵路上安裝脫軌器，一旦爆破計畫失敗，馬上啟用脫軌器使專列脫軌顛覆，再讓事先埋伏在附近的精於劍術的勇士所組成的敢死隊乘混亂之機衝上去刺殺張作霖。[36]

　　採用炸藥炸毀火車，又涉及許多問題，首先便是暗殺地點的選擇。他們對照地圖，一再研究，開始認為巨流河上的大鐵橋很合適。於是派某工兵隊中隊長去偵察，結果發現奉軍戒備森嚴，無隙可乘。而且，安裝炸藥最少也得一個星期，時間也不夠。這個地點

---

[34]　徐徹，《究竟是誰殺死了張作霖》，《文化學刊》，2007年第3期。
[35]　徐徹，《究竟是誰殺死了張作霖》，《文化學刊》，2007年第3期。
[36]　《張作霖與日本關係》，郭俊勝主編，遼寧人民出版社，2008年11月第1版，《皇姑屯事件的歷史考察》，張瑞強，第191頁。

只得放棄。後來經過多次的反覆研究，認為滿鐵線和京奉線的交叉點最為安全。因為滿鐵線在上面，京奉線在下面。日本人在那裡活動，不會引起別人的注意。同時，根據非法的南滿鐵路條約，中國軍警是不能靠近南滿鐵路的。這就為他們佈置埋設重磅炸藥，提供了便利條件。[37]

滿鐵線和京奉線的交叉點是駐守當地的日本守備隊中隊長東宮隆吉大尉的警備地區。河本等人將東宮大尉召至瀋陽館（當時的關東軍宿舍）示以密謀要點。東宮大尉回答，除東宮本人外還有二、三名青年軍官，以及北陵的地主原某和伊達順之助等人，早已醞釀這一計畫，並已做好充分準備，隨時可以行動。河本大作聽後十分滿意。[38]

執行這一計畫，需要大量的炸藥，而所有這些準備工作又必須在暗地裡秘密執行，不可能直接向關東軍司令部申請。同時負責這一暗殺計畫的川越守二大尉以他在旅順工科學堂講授火藥課的合法條件，以實習的名義從旅順關東軍司令部兵器部拿出了大量爆炸力極強的黃色炸藥。[39]日本人為了掩蓋他們的暗殺密謀，想盡了一切辦法欲蓋彌彰。

有了炸藥後，最關鍵的問題便是關於現場佈置及爆炸的執行問題。5月28日夜，東宮大尉指揮日本關東軍派自朝鮮調遣來的工兵組，在鐵路交叉點三洞橋橋墩上，工作6個小時，將120公斤黃色高爆炸藥，分裝在30個麻袋內，裝置在鐵路交叉點橋墩上面的兩處

[37] 徐徹，《究竟是誰殺死了張作霖》，《文化學刊》，2007年第3期。
[38] 中央檔案館等編，《日本帝國主義侵華檔案資料選編》，《河本大作獄中自述》之中東路（皇姑屯）事件的真相。
[39] 潘研、董希政，《「皇姑屯事件」與旅順口》，《蘭台世界》，1999年第10期，第41頁。

地方。為了保證爆炸成功，他們設置了兩道爆炸裝置。[40]直接爆破由來自朝鮮派遣軍的藤（桐）野中尉擔任，他是東宮大尉的同期同學，採用工兵的專門技術，用電動裝置進行爆破。同時，在橋墩500米外的瞭望臺上設有電線按鈕，由東宮隆吉大尉專門負責控制電流，觸發爆炸。為防止被人發現，日軍在三洞橋一帶設置崗哨，不許行人通過。這一反常現象曾引起奉天憲兵司令齊恩銘的注意，並將此情況電告北京張作霖，但張作霖對此報告並未給予足夠的重視。[41]

日本人之所以將炸藥裝在麻袋中然後放在鐵路交叉點的橋洞上方，是因為兩個月前，奉天軍曾計畫從洮昂線向沈海線運輸軍用物資。當時為了防止對滿鐵線造成影響，保衛南滿鐵路，在通過交叉點上方的滿鐵線上利用沙袋築成護路用的碉堡。正由於是兩個月之前築成的，就連滿鐵自身的員工對於這一用沙袋築成的碉堡也沒有任何懷疑。日本人正是利用了這一點，將沙袋裡的沙子換上了爆炸力極強的炸藥。而且，將沙子換成炸藥是由並不知情的士兵在其他地方完成的，然後又由另外一批士兵將此「沙袋」運到此處，安裝這些「沙袋」──實為炸藥包的工兵們對此也並不知情。[42]他們準備當張作霖的列車進入交叉點時，便立即按動電氣開關引爆炸藥。為了監視列車的到達時間，他們安排竹田中尉在皇姑屯的前一站新民屯站負責偵查，在離鐵路交叉點三洞橋橋墩500米處專門用來監視列車的瞭望塔上，由東宮隆吉負責按下引爆的電動裝置。[43]日本

---

[40] 徐徹，《究竟是誰殺死了張作霖》，《文化學刊》，2007年第3期。
[41] 《張作霖與日本關係》，郭俊勝主編，遼寧人民出版社，2008年11月第1版，張瑞文《皇姑屯事件的歷史考察》，第192頁。
[42] 中央檔案館等編，《日本帝國主義侵華檔案資料選編》，《河本大作獄中自述》之中東路（皇姑屯）事件的真相。
[43] 中央檔案館等編，《日本帝國主義侵華檔案資料選編》，《河本大作獄中自述》之

人為此次謀殺，對每一個環節都進行了精心安排，甚至對於暗殺的栽贓，都進行了縝密的佈置。這可以說是一個無懈可擊的計畫，一切只待時機到來。

6月3日淩晨1時許，張作霖乘專列離開北京，沿途監視其列車運行的日方特派人員不斷向奉天方向報告其通車情況。火車一路平安地通過天津、山海關、錦州等地，至6月4日拂曉到達奉天附近，此時天已大亮。這與關東軍原本夜間行事的計畫不一致，但河本與川越二人再次乘車督促現場執行任務的東宮大尉，即使天亮也要按照原計劃實施執行暗殺任務。

專車過皇姑屯時，奉天憲兵司令齊恩銘來接。齊登車後，專車即向東行使，開往小西邊門外奉天車站。很快，張作霖的專列已到達距皇姑屯車站外200米處的老道口，馬上就要達到三洞橋了。這是日本人經營的南滿鐵路和京奉鐵路的交叉點，南滿鐵路在上，京奉鐵路在下。上邊設有日本人的崗樓，老道口在日本人的警戒線內。6月4日清晨5時半不到，張作霖的專車駛到三洞橋附近，因即將進入奉天車站，列車此時已減速至時速10餘公里左右。張作霖坐的那節車廂，此刻只有張作霖、吳俊升和校尉處長溫守善。早晨有些微涼。吳俊升關切地問道：「天有點冷，要不要加件衣服？」張作霖看了看手錶，已是5點多了，便答道：「算了，馬上要到了！」[44]說話間，專車駛過京奉鐵路和南滿鐵路交叉處的三洞橋，此時的張作霖無論如何也沒有想到，在三洞橋等待他的是一個必死陣。

眼見張作霖專車駛過三洞橋，隱藏在瞭望台的東宮隆吉隨即按下電氣開關，隨著轟隆兩聲巨響，該地附近硝煙彌漫，直沖雲天，

中東路（皇姑屯）事件的真相。
[44] 徐徹，《究竟是誰殺死了張作霖》，《文化學刊》，2007年第3期。

將遠處瀋陽城內外還在沉睡中的市街從夢中驚醒。剎那間，所有車廂一起震動，有的脫軌，有的起火，張作霖所乘坐的天藍色裝甲車和連接在其前部的餐車車體像刀削的一樣被切斷，車身崩出三四丈遠，顛覆在線路之外，熊熊燃燒。南滿鐵路橋東面橋欄矮鐵牆被炸得向上豎立起來，洋灰橋墩東面上半截炸去三分之一。據河本大作描述：「只聽驚天動地一聲響，煙火騰空而起，看這情形，我以為張作霖連骨頭都炸沒了……」[45]

　　爆炸發生後，車上衛隊向車兩旁連放十幾槍，經何豐林喝令停止射擊，槍聲停止，日本兵沒有等到槍停就倉皇走避。衛隊下車守衛住道口，包括隨車人員也一律被阻止探視。同車廂受傷的溫守善急忙爬起來到被炸出3丈多遠的張作霖跟前，一看，張作霖還未死，頭部和咽喉等處嚴重受傷，咽喉處有一個很深的窟窿，滿身是血。溫守善用一個大綢子手絹把張作霖的傷口堵上，然後和張作霖三公子張學曾一起，把張作霖抬到前來迎接的奉天憲兵司令齊恩銘的汽車上，由副官王憲武抱著橫臥在車上，兩邊還有三公子張學曾和隨身醫官杜澤先，以最快的速度向大帥府馳去。[46]張作霖被抬上車時，看上去非常難過，神志雖然模糊，但還能說話。他頭一句話就問：「逮住了嗎？」溫守善誆他說：「逮住了。」張問：「哪的？」溫守善答：「正過問呢。」張說：「我到家看看小五。」接著又說：「我尿一泡尿，尿完了尿我就要走啦！」當時大家都以為張由於嚴重腦震盪，說的是囈語。[47]

---

[45] 中央檔案館等編，《日本帝國主義侵華檔案資料選編》，《河本大作獄中自述》之中東路（皇姑屯）事件的真相。
[46] 徐徹，《究竟是誰殺死了張作霖》，《文化學刊》，2007年第3期。
[47] 文斐編，《我所知道的張作霖》，中國文史出版社，2004年第1版，張作霖的管家溫守善口述，第212頁。

到了帥府東院小青樓（此為壽夫人住所），眾人馬上把滿臉是血的張作霖抬到一樓的會客廳裡，緊急進行搶救。壽夫人、醫官等人找藥的找藥，扎針的扎針，用大煙噴、灌白蘭地，都無濟於事。後又請來小河沿盛京醫院的院長、英國人雍大夫，參與搶救。但終因傷勢太重流血過多，於當日上午9時30分不幸逝去，年僅54歲。

在張作霖奄奄一息時，他說的最後一句話是：「我受傷太重，兩條腿都沒了（其實他的腿並沒有斷），恐怕不行啦！告訴小六子（張學良將軍的乳名）以國家為重，好好地幹吧！我這臭皮囊不算什麼，叫小六子快回奉天。」[48]

和張作霖同車廂、專程到山海關迎接張作霖的黑龍江省督軍吳俊升頭部穿入一個鐵釘子，腦漿外溢，當即身亡；同車廂的溫守善負輕傷。同車被炸負傷的高級幕僚還有：原農工總長莫德惠，頭部受傷；實業總長張景惠，頸部受傷；教育總長劉哲、總參謀長于國翰，也被炸傷。後經英文《時事新報》記者披露，此次事件共計死亡20人，受傷53人。這就是日本關東軍製造的駭人聽聞的「皇姑屯事件」。炸車時間是1928年6月4日早晨5時23分。此外，張作霖的六太太的腳受了輕傷，隨行的日籍顧問儀我徹也（少佐）也碰傷了面部和腰部。[49]

張作霖雖然於炸車案發生後的當日上午即已逝世，但是，其家人及下屬們怕張作霖去世的消息透露出去，引起地方人心不安，更顧慮日本人將會乘機有所舉動，而且張學良在北京還未回來，因此各方商討後，軍署上校參謀、代理參謀長臧士毅決定嚴密封鎖消息。

---

[48] 徐徹，《究竟是誰殺死了張作霖》，《文化學刊》，2007年第3期。
[49] 徐徹，《究竟是誰殺死了張作霖》，《文化學刊》，2007年第3期。

7月2日，在東三省議會聯合會上，張學良被任命為東三省保安總司令兼奉天保安司令。7月4日，年僅28歲的張學良宣佈就職，7月9日，張學良正式宣誓。旋即，東北當局又成立了東三省安保委員會，張學良被公推為委員長。[50]東三省正式進入張學良時代。

事實不容辯駁

策劃皇姑屯事件的日本軍官河本大作在抗戰結束後，沒有回國，幫助山西軍閥閻錫山訓練軍隊，後來被解放軍俘虜，作為戰犯羈押。他在戰犯管理所期間曾經寫過一個簡略的皇姑屯事件的經過並談到了他策劃的皇姑屯事件的影響，相關文字如下：

> 恰巧1925年12月，爆發了張作霖部下郭松齡的倒戈事件。事件發生後，張作霖驚慌失措，派張學良赴旅順，向關東軍司令官白川義則和關東州長官兒玉秀雄請求救援，並在信函中提出保證：通過日方援助，郭松齡叛亂一旦平定，日滿間以往的外交案件，如日本商租及旅行居住自由等懸案，當能立即解決。白川和兒玉以及滿鐵總裁安廣伴一郎三人經協商後，建議當時的政府田中義一內閣支援張作霖，政府立即批准。於是，不僅向張作霖提供武器彈藥，而且還直接出兵，以武力保護張作霖。此事件發生後，在滿洲的日本僑民原以為郭松齡倒戈失敗後，土地商租及居住權當即可以解決。不了張作霖卻進關做了英美的傀儡，反過來對日本僑民施加壓

---

[50] 張氏帥府博物館編，《走近大帥府 走近張作霖》，遼寧教育出版社，2009年9月第1版，第305頁。

力，於是解決滿蒙問題的輿論再次沸騰起來。結果於1927年
7月田中內閣在東京召開了東方會議，就解決滿蒙問題徵求
芳澤公使（駐北京）、武藤關東軍司令官、兒玉關東州長
官等人的意見。最後作出如下決議：「滿蒙問題雖然可以通
過張作霖解決，但他的軍隊過於龐大，多次進關，消耗巨
額經費，必然實行虐政，橫徵暴斂。有鑑於此，應乘其軍
隊由關內敗退滿洲之機，解除其武裝，以絕禍根。對於尾追
前來滿洲的南方派軍隊應堅決進行阻止。」會後，關東軍根
據上述決議，全力以赴地進行準備，等待時機的到來。1928
年5月末，形勢的發展正如東方會議所設想的一樣，關東軍
及時地在奉天集結兵力，為了向戰略上需要的錦州西方地區
移動，要求下達奉敕命令（向滿鐵沿線以外地區出兵時，需
要履行此手續）。而田中首相卻對於自己親自召開的東方會
議的決議表現猶豫不決，一拖再拖，終於使關東軍喪失了向
錦州進軍的時機，而且面臨著以薄弱的兵力與優勢的東三省
軍隊（約30萬）相對抗的危機。關東軍立即作出判斷：為了
保護在滿20萬日僑和南滿鐵路，能夠避免同東北軍交戰的唯
一方策就是消滅張作霖，打亂東北軍的指揮系統，除此以外
別無良策。最後終於釀成6月4日皇姑屯炸死張作霖的事件。
我當時以關東軍參謀（大佐）的身份作為主謀參與策劃了爆
炸事件（我已認識到這是我最大的罪惡）。此後在日本當局
的慫恿（主要是秦真次少將的意見下），張學良從管被返回
奉天，繼其父作霖之後統治東北三省。而當時以駐奉天的美
國總領事為首，張學良身邊的親美派人物大肆活躍，積極煽
動，從而使排日氣氛更加高漲。另一方面，以滿鐵為中心的

在滿日僑更是群情激憤，達到頂點。滿鐵派出擅長辯論的社員分赴全國各主要城市進行遊說，以喚起國內輿論，滿蒙問題終於作為一個日本國內外的緊迫問題，引起了日本全體國民的關注。接著又相繼發生了長春附近的萬寶山事件和中村大尉失蹤事件等，日本方面對滿蒙問題的輿論從而更加強硬，終於導致了1931年「九・一八」事變的爆發。[51]

河本大作回國後，又於1954年12月在日本《文藝春秋》雜誌發表了《我殺了張作霖》一文。看來對這個頑固的侵略分子，我們的戰犯改造政策不是很成功。他得意洋洋地講述了策劃刺殺張作霖的全部過程，筆者將與事件直接相關的文字摘錄於下：

周到的爆破計畫

不久，竹下參謀打來電報，說張作霖將要逃亡關外，返回奉天，還通知我關於他乘車的預定計劃。於是我更進一步做好了準備，讓派到山海關、錦州、新民和京奉線重要地點的偵查人員，監視其準確的通過地點和時間。

那麼，在奉天城，哪個地方好呢？經過種種研究，認定惟有巨流河鐵橋是最好的地方。

於是，派工兵中隊長，詳細地偵查其附近的情況。發現奉軍的警戒十分地嚴密，無論如何是不可能的。要抓住這位經常使用假名和喬裝打扮的人，僅僅只有一次機會，有錯過的危險，需要充分地佈置。而且，我方的監視必須選擇一個

---

[51] 中央檔案館等編，《日本帝國主義侵華檔案資料選編》，《河本大作獄中自述》之中東路（皇姑屯）事件的真相。

能夠比較自由進行的地方。這就是南滿鐵路與京奉鐵路交叉的地方──皇姑屯。在這裡，京奉線和南滿線上下交錯，所以日本人稍稍走動是不會引人注意的。所以最後得出的結論是，只限於在這個地方行事。

那麼，今後採用什麼手段呢？需要考慮這麼幾個問題：

1. 襲擊列車嗎？
2. 使用炸藥嗎？

手段只要這麼兩條。用第一種方法，不然會留下日軍襲擊的明顯證據；用第二種方法，或許可能不會留下日軍的痕跡。於是確定了選擇第二種方法。萬一這一爆破計畫歸於失敗，馬上還制定了第二步驟，使列車脫軌顛覆的計畫。而且不失時機地乘混亂的時機，使大刀隊闖進去殺他。

萬全周到的準備完成了。

根據第一個報告，預定六月一日列車經過，但是沒有。二日也沒有來，三日還是沒有動靜。第四天才得到了張作霖確實上車了的情報。

通過鐵路交叉點，是上午六點左右，安裝了預先準備的爆破裝置，預備裝置也安置好了。第一次爆破不成功時，決定馬上繼續第二次爆破。然而要完全在當場幹掉他本人，需要相當數量的炸藥。量少了，有失敗的危險。分量越多效果越明顯，但是爆炸也大了，轟動也大了，對此很傷腦筋。

另外一個方面，南滿線方面的問題。萬一在這個時間裡滿鐵列車也來了怎麼辦？如果能事先通知滿鐵就好了。但是

因為只有最小限度的當事者來承擔責任，此事屬於絕對的秘密，所以那是辦不到的。為了準備萬一的情況，裝置了發電信號，做了防止危害南滿線的準備。

終於，毫無預知的張作霖的列車到達了交叉點。

在轟隆的爆炸聲中，黑煙升上了天，高達200米。我只能想像張作霖的骨頭是否也上了天。可是對於這猛烈的黑煙和爆炸聲，連我也很驚恐，有些體現吊擔的。藥力實在太大了，的確如此。

第二個脫軌的計畫已經沒有了必要。只怕萬一得知這次爆破是我們策劃的，甚至派兵來的時候，最好不要使用我們的武力。為了準備這一情況，我讓荒木五郎指揮他組織的奉軍中的「模範隊」，堅守在城內，關東軍司令官所在的東拓大樓前的中央廣場則有關東軍主力警備著。

萬一奉軍起兵，張景惠就作我方的內應，發動成立奉天獨立軍。後來的滿洲事變一氣呵成，也有這樣的安排。但奉系中有高明的臧式毅，阻止了發了瘋的奉軍的行動，使之與日軍的衝突以防範於未然而告終。

沒有發喪，為了穩定人心，只說張作霖負了重傷，沒有生命的危險。城內處在異常沉默之中。當時這一反常現象，雖然是暫時的，但那樣不得了的排日行動也突然停止了，真是可笑。

接下來，我們來看看關東軍參謀長齋藤恒少將的相關記述。他寫有一本《齋藤日記》，他在日記中對於皇姑屯事件的內幕有過詳細的記述。齋藤恒是一個中國通，也是一個擴張主義者，他在1927

年1月，寫過一個《紅乎白乎黃乎》的秘密文件，文件中說：「為確立如何使中國均沾王化的具體方策，必要時當干涉其內政，並以強大的武力為背景，舉凡妨害天業者應為剷除，斷乎往王道邁進。」[52]這暴露了他也有除掉張作霖的想法。

被炸的前10天，即1928年5月25日，齋藤恒又在日記中寫道：「松崗（滿鐵副社長松崗洋右）副社長談國內的空氣。他辯解說要不要讓（張）作霖活下去，社長（滿鐵社長山本條太郎）沒有多嘴。」[53]

他在5月30日又寫道：「滿鐵社長來。由司令官（關東軍司令官村岡長太郎中將）聽了他與司令官的會談。民政黨也認為，此時日本應該解決滿蒙問題。但是，（1）幹掉（張）作霖，使日本為所欲為；（2）讓其多活些日子，使其變成傀儡；（3）命列國勢力入滿蒙，以實現所謂機會均等，等等。首相（田中義一首相）的想法似乎還沒定。」又寫道：「社長的想法好像是，要讓（張）作霖多活幾天，以便做工作。社長又說，松井顧問（軍事顧問松井七夫少將）也希望（張）作霖多活幾天；町野（張作霖的日籍顧問町野武馬）也同樣意見。如果是為日本（利益）而要讓他多活幾天，當然沒話說；但卻又說以可憐為理由而讓（張）作霖多活些日子，對日本並沒有利益。因此社長的意思似乎為：這個傢伙，如果好好做工作，他還是會聽話，如令其多活些時候，對工作有幫助。」[54]

爆炸案發生前1天，即6月3日，齋藤又記道：「秦少將（奉天特務機關長秦真次少將）說，21日之以不發表奉敕命令的內容的電報，被何本（河本大作）拿走。又令森岡說，軍憲要殺（張）作霖

---

[52] 徐徹，《究竟是誰殺死了張作霖》，《文化學刊》，2007年第3期。
[53] 徐徹，《究竟是誰殺死了張作霖》，《文化學刊》，2007年第3期。
[54] 徐徹，《究竟是誰殺死了張作霖》，《文化學刊》，2007年第3期。

的計畫，似由何本所規劃。今天，總領事（日本駐奉天總領事林久治郎）給我看電報。公使（日本駐華公使芳澤謙吉）暗示軍憲可能殺（張）作霖。」[55]

最後，我們來看看日本軍部高層的證詞。在遠東國際軍事法庭上，1927年由日軍參謀本部派遣來華，曾任戰時日本陸軍省兵務局局長的田中隆吉中將在法庭上作證：「我查過卷宗，張作霖之死，是當時關東軍高級參謀河本大佐計畫並實施的……，進行這場爆炸的是當時從朝鮮來到瀋陽的京城工兵第二十連隊的部分軍官和士兵共十幾人。」[56]

日本人為什麼要殺害張作霖

何應會先生在《試論張作霖與日本的關係》[57]中分析日本人刺殺張作霖的三點原因，這也是張作霖與日本人的三點突出的矛盾。

第一，拒絕簽訂解決「滿蒙懸案」的條約。張作霖在郭松齡反奉時，曾在日本人的逼迫之下，表示同意簽訂條約，可是他解決了郭松齡的問題後，為了維護國家主權拒絕履行前約。他雖然用自己的大筆金錢去賄賂日本要員，可是日本方面並不滿意，覺得他出爾反爾，毫無信義，遭致日本人的憤恨。

第二，張作霖在經濟上反制日本。張作霖不顧日本反對，大力修建鐵路，向日本貨物徵收關稅，導致滿鐵收入受到影響，日本商

---

[55] 徐徹，《究竟是誰殺死了張作霖》，《文化學刊》，2007年第3期。
[56] 賀金祥，《誰是皇姑屯炸死張作霖的元兇？誰是中國八年抗戰的中流砥柱？》，《紅旗文稿》，2005年第7期，第15頁。
[57] 何應會，《試論張作霖與日本的關係》，《黑龍江教育學院學報》，2000年第4期，第70頁。

人的利潤縮水。有這麼一組資料，1920年以後，在全國貿易普遍處於入超嚴重的情況下，唯有東北的對外貿易「聯繫七年，每年平均超出三千五百萬元」。1925年後因「奉天之日本商人的買賣減少了三成到四成，有的商品甚至減到五成，叫苦連天」[58]。

第三，張作霖對東北各地出現的收回主權、反日排日運動採取了「明打暗保」的態度，致使反日運動迭起，是日本人覺得日本人在東北受到的「迫害」比中國的其他地方還要「厲害」，東北的反日「氣焰」，「十分囂張」。日本人把這一切帳都算在了張作霖的頭上，認為是他有意為之，他縱容東北的反日運動。張作霖在這個問題上對待日本人「兩面三刀」的態度，令日本人感到非常棘手。

筆者認為，最根本的是實力壯大的張作霖有了強烈的擺脫日本控制的欲望，張大帥並不想做日本人的傀儡，張大帥不想中國和中國人的權益被日本人侵吞。筆者認為，他最遭日本人忌恨的有四個地方。

第一，引入歐美勢力，大力開辦奉天兵工廠。

張作霖讓日本人最不放心、最憤怒的，就是他主動引入歐美等列強的勢力，想實現「以夷制夷」的目的。他已經做了一些努力，取得了很大的成效。這一點讓日本人感覺張作霖想過河拆橋，更讓日本人產生嚴重的危機感，畢竟日本的科技和經濟實力和歐美列強相比還是有很大差距的。

張作霖大搞招商引資，調到了一條大魚，美國的鐵路大王弗里曼，弗里曼雄心勃勃地想在幅員遼闊的東北開創自己的事業的新高

---

[58] [日]河本大作，《我殺死了張作霖》，吉林文史出版社1986年版，第110頁。轉引自郭俊勝主編，《張作霖與日本關係》，遼寧人民出版社，2008年11月第1版，沈宗豔文《淺析張作霖皇姑屯被炸原因》，第228頁。

峰。這一計畫，雙方已經開始交涉，不過由於張作霖遇刺最終沒有實現，我在此也不展開說了。我要說的是，張作霖的這一舉動，對日本人心理上的打擊是非常大的。弗里曼計畫是日本人決定刺殺張作霖的重大誘因之一。

張作霖擺脫對日本依賴的最重要的表現和成就就是東北兵工廠的擴建和改造。張作霖是有著統一全國志向的軍閥。作為軍閥，他當然最重視軍事領域的擴張。原來奉系軍隊對日本武器裝備的依賴特別嚴重，奉軍裡面日本顧問也是一抓一大把。日本人對於東北的野心，是司馬昭之心，路人皆知。

為了從根本上扭轉這種被日本人把握住「命根子」的不利局面。1922年，張作霖斥資幾十萬元，擴建奉天兵工廠。奉天兵工廠原來很小，只能生產步槍子彈和無煙火藥。[59]張作霖大規模從歐美軍事強國引進設備和工程技術人員。奉天兵工廠的設備和材料絕大多數購於美國、德國和丹麥，只有部分購於日本。被張作霖請到奉天兵工廠當「大師傅」的歐美軍事技師最多時達到1516名，大多來自俄、德、英、美等國。張作霖把這些客卿請來，不惜血本，為了請英國著名的迫擊炮和雷管專家沙敦，他當時開出了1.5萬英鎊的天價。奉天兵工廠再也不是「黑頭髮，小鼻子」的天下，到處可見恪盡職守的「黃頭髮、大鼻子」。[60]

一時間，奉天兵工廠人才濟濟，設備先進的機器日夜轟鳴。張作霖憑藉東北的富源，在武器裝備上得以自立。奉天兵工廠規模宏大，設備完善，不僅是中國第一，而且日本人也為之側目，日本人

---

[59] 王海晨，《從「滿蒙交涉」看張作霖對日謀略》，《史學月刊》，2004年第8期，第42-44頁。。

[60] 張氏帥府博物館編，《走近大帥府 走近張作霖》，遼寧教育出版社，2009年9月第1版，第319頁。

稱之為「東方第一兵工廠」。[61]

　　張作霖是一個武器裝備的技術論者，他從來都很重視武器裝備的更新。奉軍兵力雄厚，加上他不時還要接濟一些依附於奉軍的軍閥。奉天兵工廠生產的東西還不能完全滿足他的需要。奉天兵工廠生產能力有限，諸如飛機、坦克等當時世界上最先進的武器裝備還是生產不了的。既然一是生產不了，怎麼辦？買，到國際市場上買好的，比日本人更好的。

　　張作霖在軍事領域擺脫對日本武器的依賴的另外一個表現就是武器採購走國際化的路線。他重金請來了歐美軍事強國的很多武器專家，這些人原本就是這些國家的大兵工廠的技術骨幹，請他們出面，向老東家開口，從老東家那邊買大筆的軍火，哪個老東家不笑得合不攏嘴。有錢不愁買不到好東西，何況還有賣家的熟人幫忙。張作霖輕而易舉地將軍火貿易對象擴張到了義大利、法國、德國、捷克、挪威、丹麥、美國、瑞士、荷蘭等十幾個西方國家，從這些歐美軍事強國那裡，槍支、彈藥、坦克、飛機、大炮、軍用電話機和軍裝等各種軍械、軍需用品源源而來。奉軍手裡的傢伙再也不是清一色的東洋造。[62]20年代後，張作霖極力從西方國家獲取軍火的這種「多元」軍火貿易，很大程度上減輕了奉張對日本的軍事依賴程度。[63]張作霖的軍事雄心特別大，他不僅大肆採購陸戰兵器，還有大規模的軍艦和飛機採購計畫。

[61] 陳修和：《奉張時期和日偽時期的東北兵工廠》，《文史資料選輯》第25輯。[日]豬木正道，《吉田茂傳》上，上海譯文出版社1983年版，中譯本，第291頁。轉引自郭俊勝主編，《張作霖與日本關係》，遼寧人民出版社，2008年11月第1版，沈宗豔文《淺析張作霖皇姑屯被炸原因》，第232頁。

[62] 張氏帥府博物館編，《走近大帥府 走近張作霖》，遼寧教育出版社，2009年9月第1版，第319頁。

[63] 王海晨，《從「滿蒙交涉」看張作霖對日謀略》，《史學月刊》，2004年第8期，第42-44頁。

第二，嚴厲抵制日本人取得東北土地的商租權。

張作霖在抵制日本人在東北取得商租權這件事情上，手段也非常高明。為了便於大家理解，我打個比方。在中國近現代史上，日本人一直多次抗議我們中國人「抵制日貨」，「抵制日貨」風潮起來的時候，很多城市的中國民眾會打砸燒日本的商店和貨物，「抵制日貨」的用意非常明顯。而張作霖的手法是，明著，我禁止「抵制日貨」，各家商店，無論日本人的，還是中國人的，日本貨物照樣銷售，他甚至可以提供保護，暗著，他卻下令中國人不准買日貨。然後，他就會和日本人說，我在轄區以內禁止「抵制日貨」，日本朋友，你看，你們的商品在我管區裡的商店裡琳琅滿目，可是你們日本人實在有點太過分了，得罪了中國老百姓，老百姓不買你們的日貨，我不能拿槍逼著他們買啊。日本人也不好說什麼。

張作霖出身胡匪，這種兩面派手法，他用起來是得心應手。在處理商租權的糾紛上，他對日本人說，我一定按照二十一條當中的條款辦，可是暗地裡，他卻嚴令東北各縣的縣知事，也就是縣長，禁止中國人把土地租給日本人和朝鮮人，違者嚴懲。為了防止某些縣官經不住日本人的誘惑，怠忽職守，沒有嚴格執行他的禁令。他三令五申地多次頒發密令。1917年12月，他在給各縣知事的密令中說：「自民國七年一月一日起，人民商賈等不得將土地私租與外人，不得以地契等證據為抵押，向外人私自借款。否則，上述行為一經發現，得以盜賣國土罪及私借外債罪論處。」[64]他的嚴令桀住了日本人企圖以商租權謀奪日本人雜居的地方的行政管理權和領事裁判權的口子。沒有那個基層官員敢讓自己轄區內的土地所有者將

---

[64] 王海晨，《從「滿蒙交涉」看張作霖對日謀略》，《史學月刊》，2004年第8期，第38頁。

土地租給或者賣給日本人或者朝鮮人。

　　日本人和朝鮮人想盡辦法也無法突破張作霖的嚴令。張作霖對日本人卻有一套說辭：「我從來不反對你們日本人在東北租地做生意，但是你們日本人在中國老百姓心中印象不好，太凶了，中國老百姓不把土地租給你們。你們對他們好點，或許他們就租給你們了。我有什麼辦法呢？」

　　當時有人評論說，在商租權等問題上「日人常脅作霖履約，作霖不應，急飭地方官不得以房地外賃，違者處以重辟。厥後日人屢以商租房地向民間嘗試，終無一人應者。」[65]於是，日本人在「二十一條」當中得到的日本人可以在中國東北可以租地從事商業活動的這一條款，就成了一條紙面上的條款，日本人只能在表面上「享有」這項權益。

　　第三，堅持修建東北自己的鐵路幹線。

　　張作霖抵制日本控制，謀求東北自立的最突出的，最遭日本人忌恨的措施是建立東北自主的鐵路網。日本人控制的南滿鐵路是一把懸在張作霖和東北三省老百姓頭上的一把尖刀。由於日本人禁止中國人修建南滿鐵路的平行線，南滿鐵路成為奉軍向關內運兵和輸送物資的唯一的主動脈。受日本軍方保護的南滿鐵路當局非常霸道——奉軍要使用該鐵路時，當場要交付運費，還要經日本駐奉天總領事和關東司令部批准才可以；奉軍乘車時必須解除一切武裝，槍支彈藥另行托運；關東軍對乘車的奉軍有監督權，奉軍的軍需物資須經關東軍司令部批准才准予運轉，日方可隨時中止運輸。

---

[65] 金毓黻：《張作霖別傳》，《吉林文史資料選輯》第4輯，第245頁。轉引自郭俊勝主編，《張作霖與日本關係》，遼寧人民出版社，2008年11月第1版，沈宗鹽文《淺析張作霖皇姑屯被炸原因》，第236頁。

鑒於這種不利局面，張作霖決定突破日本阻力，營建東北自己的鐵路網。他採取了「曲線救國」的辦法，既然日本人依仗條約，不准修建南滿鐵路的平行線，那麼，他就把南滿鐵路的平行線拆成一段一段地來修，先修一段，再修一段，最後把多段鐵路連成一線，造成事實上的平行線。

　　張作霖不顧日本人的阻撓，於1924年成立了東三省自建鐵路的領導和執行機構——東三省交通委員會，開始建築東北鐵路網。[66] 張作霖計畫修建東北兩大幹線：一是葫蘆島經由通遼、齊齊哈爾至瑗琿的西部幹線；一是聯繫京奉路，經由海龍、吉林到佳木斯的東部幹線。[67] 張作霖企圖通過自建鐵路，把奉、吉、黑以及內蒙聯繫起來，以葫蘆島做吞吐港口。[68]

　　1925年以後，東北出現了一個東北三省當局和商民共同投資修建鐵路的熱潮。[69] 東北地方政府和商民使用本國資金和技術修建鐵路，先後建成錦朝、開豐、打通、奉海、吉海、呼海、昂齊、齊克、洮索等10條鐵路，營業里程共計1521.7公里，占東北地區鐵路營業里程的24.45%，占全國鐵路的10%。先後建成打通鐵路、錦朝鐵路、奉海鐵路、吉海鐵路、呼海鐵路等10條鐵路。[70] 至1927年，東北自建的「一個于南滿鐵路平行的完好的西部幹線系統」逐漸成形。[71]

---

[66] 范麗紅，《張作霖父子與「滿蒙鐵路懸案交涉」》，《炎黃春秋》，2005年第5期，第50頁。

[67] 郭俊勝主編，《張作霖與日本關係》，遼寧人民出版社，2008年11月第1版，沈宗艷文《淺析張作霖皇姑屯被炸原因》，第229頁。

[68] 范麗紅，《張作霖父子與「滿蒙鐵路懸案交涉」》，《炎黃春秋》，2005年第5期，第50頁。

[69] 王海晨，《從「滿蒙交涉」看張作霖對日謀略》，《史學月刊》，2004年第8期，第45頁。

[70] 郭俊勝主編，《張作霖與日本關係》，遼寧人民出版社，2008年11月第1版，王貴忠文《中日滿蒙新五路交涉與皇姑屯事件》，第214頁。

[71] 王海晨，《從「滿蒙交涉」看張作霖對日謀略》，《史學月刊》，2004年第8期，第

「自行籌款」修建東北鐵路的張作霖，有效地打破了日本的長期壟斷東北鐵路運輸的局面還不滿足，他更進一步。他決定在南滿鐵路沿線設卡徵收貨場稅，狠狠地挖去了南滿鐵路的一大塊利潤。[72]等他在北洋政府當政以後，他開始徵收進口附加稅，南滿鐵路是日本貨物進入中國的主要通道之一，南滿鐵路當局又叫苦不迭。[73]張作霖置之不理。

　　日本人對於張作霖興建南滿鐵路平行線的舉動一直是抗議、警告不斷，認為張作霖嚴重影響了「日本在滿蒙的權益」。張作霖政府開始徵收進口附加稅的時候，日本人在奉天辦的中文報紙《盛京時報》對他展開大肆攻擊，十分囂張。1927年6月10日，張作霖下令禁止中國人購讀《盛京時報》，狠狠打擊了日本人的氣焰。不過，張作霖與日本人的磨擦也越來越劇烈。

　　第四，創辦自己的宣傳喉舌，用作抵制日本侵略的宣傳陣地。

　　張作霖要擺脫對日本人的依賴的一大表現是自辦報紙，佔領文化宣傳的陣地。鑒於東北的輿論被日本通訊社和報社控制的現實，張作霖在1922年10月創辦《東三省民報》。該報很快成為鼓吹東北民族意識和反帝運動的先鋒。該報紙成為張作霖的輿論喉舌，經常配合張作霖抵制日本人侵略的行動。1924年2月，張作霖挑戰日本在「關東州」和南滿鐵路附屬地的領事裁判權，他向日本駐奉總領事明確提出，在上述地區居住的中國人如果犯罪，應該由中國的司法部門負責懲處。日本的「關東州」和南滿鐵路附屬地形同租界，

　　40-41頁。

[72]　范麗紅，《張作霖父子與「滿蒙鐵路懸案交涉」》，》炎黃春秋》，2005年第5期，第50頁。

[73]　王海晨，《從「滿蒙交涉」看張作霖對日謀略》，《史學月刊》，2004年第8期，第40-41頁。

領事裁判權是對中國司法權的嚴重侵害，是中國半殖民地社會的標誌，是帝國主義列強鎖在中國人民身上最沉重的一道鎖鏈。張作霖向日本人明確要求歸還這項權益，是維護國家主權的明顯表現。《東三省民報》發表社論，支持張作霖的這種做法：「怎樣才能制止日警的胡鬧亂殺？日警像對待牛馬一樣，對待東北人民，想要鞭打就鞭打，想要拘禁就拘禁……曾在臺灣和朝鮮發生過的暴行現在又在東北發生了，因為他們也同樣把東北看作臺灣和朝鮮。毫無疑問，日人是世界上最殘酷無情的人。」[74]

最後，我用任紅女士對張作霖的評價作為本文的結尾。筆者認為，她的論述最為全面和公正。她在《皇姑屯炸車案內幕》中寫道：

張作霖是中國近現代史上一個傳奇式人物。從一介武夫，到國家元首，可謂平步青雲。縱觀張作霖早期發跡，既有其「長於權謀數術」，也得益於日本的支持。但張作霖羽翼漸豐後，則不完全聽從日本擺佈，逐步由以往的依靠日本變為獨立自主，比如：鋪設與南滿鐵路平行的打通、奉海線，企圖搶南滿鐵路的生意；拒絕日本在帽兒山、臨江等地設領；阻撓《盛京時報》的發行等等，特別是新五路協約的談判，張作霖表現得更加狡詐，不守信用。在對日關係上，由張作霖出身所決定的，他奉行的一貫是土匪式「賴皮」外交政策。他的這種外交策略，對阻止日本貪得無厭的侵略行徑確實起到了一定的作用，但卻種下了皇姑屯炸車案的禍根。[75]

---

[74] 王海晨，《從「滿蒙交涉」看張作霖對日謀略》，《史學月刊》，2004年第8期，第41頁。

[75] 任紅，《皇姑屯炸車案內幕》，《遼寧廣播電視大學學報》，2009年第1期，第94頁。

偉哉上將軍
——日軍誘降與吳佩孚之死

　　吳佩孚，1874年4月22日生，山東蓬萊人，北洋後期直系軍閥首領。七七事變之後，其居住在北平什錦花園，因留戀故宅未曾南下，日偽方面妄圖誘其出山，利用其強大的政治和軍事影響力，在淪陷區組織傀儡政府。吳佩孚堅持主權原則，毫不退讓，屢屢挫敗日偽陰謀。日本特務惱羞成怒，1939年12月4日，借為吳佩孚醫治牙疾之機，將其殘忍殺害。

與土肥原賢二周旋

　　盧溝橋事變發生後，吳佩孚居住在北平什錦花園，因眷念故宅沒有南下。日本人佔據北平後，企圖拉吳佩孚下水當漢奸。日本人提出一個口號，要在中國尋找「第一流人物」「組建新政府」，以實現「中日親善」。1938年7月12日，日本五相會議正式通過《伴隨時局的對話謀略》要綱，將這一方略落實到紙面上，《伴隨時局的對話謀略》要綱的第一條就是：「啟用中國一流人物，削弱中國現中央政府及中國民眾的抗戰意識，並醞成建立鞏固的新興政權之氣勢。」[1]

---

[1]　中央檔案館、中國第二歷史檔案館等合編，《日本帝國主義侵華檔案資料選編 汪偽政權》，中華書局，2004年6月版，第551頁。

直系首領吳佩孚和曾經當過民國首任總理的唐紹儀，被日軍優先選中。日本人制定了專門的「南唐北吳」計畫，打算策反吳佩孚和唐紹儀，由吳佩孚掌軍，唐紹儀掌政。[2]

日本人想讓吳佩孚成為第二個「溥儀」。在日本大特務頭子土肥原賢二陸軍中將的佈置下，大小漢奸輪流上陣，充當說客，吳佩孚不為所動。北平陷落時，白髮蒼髯的老賊江朝宗不甘寂寞，率先落水，作為北平維持會的會長率眾歡迎日軍入城。他仗著臉老皮厚，上門拉吳佩孚下水，吳佩孚罵得他狗血淋頭：「你年紀比我大，還當日本人走狗，賣國求榮，真是白髮蒼蒼，老而不死。」[3]吳佩孚遂與江朝宗絕交，不准他再登門。

看到大小漢奸、特務全都無功而返，1937年10月，日本大特務頭子土肥原賢二親自出馬，前來拜會吳佩孚。賓主落座，寒暄過後，土肥原突然用誠懇而沉痛的腔調對吳佩孚說：「請大帥救救日本。請大帥出來主持中國的國事，結束與日本的戰爭。」吳佩孚立即不客氣地回道：「我是中國人，我應該先救救中國！」[4]

吳氏坦率表示：「爾等就商於我，首須急速撤兵；次則將所有佔據地方之軍政、財政，及一切行政交還，顧問、指導官必須取消，經濟統制亦應立即解除。我為主，日為客；我發命令，日本人亦當極端服從。能如是，自可建議政府，恢復和平。」[5]

---

[2]　王紅梅，《論抗戰時期的吳佩孚》，《河北大學成人教育學院學報》，2004年第12期，第58頁。

[3]　另外一個版本是這樣的，「你的年紀比我還大，還要落水當漢奸，受萬世之唾罵！真是白髮蒼蒼，老而不死是為賊。從今以後，請別上我這兒來！」《中外雜誌》第8卷第2期，1960年8月號。

[4]　文斐編，《我所知道的吳佩孚》，中國文史出版社，2004年1月第1版，252頁。此處事實為吳佩孚舊屬王振中回憶。

[5]　文斐編，《我所知道的吳佩孚》，中國文史出版社，2004年1月第1版，第231頁-232頁。此處事實為吳佩孚隨員、英文翻譯陳文會回憶。

因為吳佩孚與日偽方面保持接觸，所以日偽方面始終沒有中止「勸進」工作。時間長了，吳佩孚也松了一些口，比如說，願意出來促進「和平工作」。這更加讓日本人覺得吳佩孚有可能上鉤。

　　1938年7月，日本大本營在華設立「對華特別委員會」[6]，代號「竹機關」，由土肥原賢二為機關長，海軍中將津田靜枝、外務省顧問阪西八郎協助其工作。日本人喜歡用部隊長的名字稱呼軍事機關，這個策反機關又稱為「土肥原機關」。[7]由於土肥原要往返于北平和上海兩地，統籌「吳佩孚工作」和「唐紹儀工作」，分身乏術，所以他讓高級特務大迫通貞少將在他不在的時候負責「吳佩孚工作」。竹機關的駐地北平南山莊成為土肥原、大迫等人誘降吳佩孚的司令部。在土肥原、大迫等人的策劃下，對吳佩孚的「勸進」工作進行得更熱鬧了。[8]高級特務川本芳太郎拜吳佩孚為師，宣稱要學習「大帥的立身處世、道德文章」；吳佩孚的老朋友、原軍事顧問岡野增次郎也被土肥原機關由東京調到北平，出任「敦請專使」，前來「陪伴」吳佩孚；大量已經落水的吳佩孚舊部被組織起來，組成了「正太社」，勸「大帥出山」；日偽假名的「民眾團體」發來的「擁戴電報」、「勸進電報」，像雪片一樣飛進什錦花園。[9]

　　在土肥原機關的策動下，1938年9月，臨時、維新兩偽政府合併為「中華民國政府聯合委員會」，迫切需要吳佩孚走到前臺充當傀儡，領導整個偽政府。此時的汪精衛，還不是日本人考慮的優先對象，誘降汪精衛的「梅機關」此時尚未設立。

---

[6]　程華，《偽和平救國會與七七前後的吳佩孚》，《湖北文史資料》，2006年第1期，第102頁。

[7]　吳自強，《吳佩孚暴死之謎》，《武漢文史資料》，2004年第5期，第14頁。

[8]　吳自強，《吳佩孚暴死之謎》，《武漢文史資料》，2004年第5期，第14-15頁。

[9]　鄭志廷、張秋山著，《直系軍閥史略》，人民出版社，2007年12月第1版，第396頁。

1938年10月7日，日本五相會議給土肥原賢二發來訓令。訓令中說：

> 閣下之任務仍一如既往，但尤應以推翻蔣政權工作為重點。
>
> 隨著唐紹儀的逝去，就解決新中央政權建立困難的意義上，可以掌握足以成為骨幹的中青年人士，其意義將更加重大。
>
> 關於貴機關應進行的主要工作，此次會議的初步意見如下：
>
> 一、建立新政權的準備工作
>
> 　　對吳佩孚、靳雲鵬、舊東北軍的工作；
>
> 　　通過唐紹儀殘部進行工作。
>
> 　　對廣東和廣西的工作。
>
> 二、為推翻蔣政權的工作
>
> 　　通過蕭振瀛進行工作；
>
> 　　通過高宗武進行工作；
>
> 　　對李宗仁、白崇禧進行工作。[10]

由於唐紹儀被軍統特務誤殺，吳佩孚顯得更加重要，於是訓令當中又把爭取吳佩孚，放在了第一位。土肥原這個日本的特務頭子，不是吹出來的。他見到，沒有生活來源的吳佩孚肯收下落水

---

[10] 中央檔案館、中國第二歷史檔案館等合編，《日本帝國主義侵華檔案資料選編 汪偽政權》，中華書局，2004年6月版，第556頁。

當漢奸的昔日老部下的接濟，覺得誘使吳佩孚出山，有戲。[11]他制訂、部署了周密的誘降計畫：

第一步，發表通電，邀請民間「有志之士」吳佩孚及其他元老出馬；

第二步，由「臨時」、「維新」兩政府若干要人及在野元老共同組織「和平救國會」；

第三步，由兩政府參加上項「救國會」之要人各一名，懇請吳佩孚出馬，任綏靖委員長；

第四步，發表《和平救國宣言》；

第五步，吳佩孚發表通電，回應近衛首相聲明，接受前項推戴，對全國軍隊發表通電，勸告停戰和平；

第六步，綏靖委員長事務所先設於開封，主要實施綏靖工作，以兩政府管轄外之軍隊實施之。[12]

土肥原大肆利用報刊、廣播等大造吳佩孚即將出山的輿論，日本的《朝日新聞》、《讀賣新聞》等連篇累牘地發表消息，「吳近日將赴開封，組織軍隊，討伐蔣」。[13]

此時的吳佩孚如泰山巋然不動，當然，他不能不「與時俱進」，此時他提出了自己的出山條件：「事變若由余來調停，大概可望得到解決。如果舉國輿論寄希望於余，余則可任此勞。但是在調停之前，余須先行培植一勢力，足以使重慶政府接受調停。

---

[11] 程華，《偽和平救國會與七七前後的吳佩孚》，《湖北文史資料》，2006年第1期，第104頁。

[12] 日本原駐中國大使館檔案，《關於吳佩孚副出工作之件》，75-I-199，《近代史研究》，1982第3期，第99頁，轉引自王紅梅，《論抗戰時期的吳佩孚》，《河北大學成人教育學院學報》，2004年第12期，第58頁。

[13] 日本原駐中國大使館檔案，《有野總領事致堀內參事官》，75-I-199，《近代史研究》，1982年第3期。轉引自王紅梅，《論抗戰時期的吳佩孚》，《河北大學成人教育學院學報》，2004年第12期，第58頁。

為此，余思招撫華北之土匪。如余發佈命令，各支土匪將會立即匯合。如此，就易於培養軍、政勢力。作為軍、政勢力之骨幹的軍隊一旦建立，即可組織政府，擴大行政區域，取消臨時政府。若蔣介石不聽調停，則可把新政府之行政區域擴至重慶，以解決事變。」[14]

吳佩孚的意思非常明白，他要建立一支軍隊，用實力「幫助」日本人解決中日戰爭。日本人不可能答應，為什麼呢？答應了，就意味著默認吳佩孚東山再起，再次成為中國的大軍閥，成為第二個蔣介石。但是不管怎麼說，吳佩孚總算提條件了，說明吳佩孚想談。土肥原當然不會放過這個機會。別的不說，先誘使他上鉤，當了「首腦」再說。你不是想建立軍隊，建立政府，武力調停嗎？那麼，先讓你幹起來吧。反正決定權在我們日本人手中，你的政府不過是個傀儡。

日偽千方百計想把吳佩孚拉出來做傀儡，是很多人不願意看到的事情。尤其是國民政府和廣大的愛國軍民。國民政府行政院副院長兼財政部部長孔祥熙代表國民政府中樞曾在1938年12月8日，托劉泗英帶密函給吳佩孚，規勸他把握住民族立場，信中寫道：

> ……邇來道路流傳，奸人妄思假借名義，以資號召，遂致愚氓揣疑，謠諑繁興，弟及中樞諸同仁深知先生正義凜然，不可侵犯，惟念居住困難，輒為懸繫不已！昨朱騮兄過訪，報告先生來電，並由報章得悉先生熱忱愛國，力主正義，其不屈不撓之精神，非惟同人心折，尤為中外欽仰！所慮者，華

---

[14] 鄭志廷、張秋山著，《直系軍閥史略》，人民出版社，2007年12月第1版，第396頁。

北環境惡劣，先生對於此間真相恐未洞悉，屢擬設法奉聞，
苦於妥人可托，適唔劉君泗英，知其曾隸麾下，關懷亦甚殷
切，且願間道北上，親謁階前，特托代為奉候，並將此間一
切情形詳細面陳。……[15]

吳佩孚在1939年1月10日給孔祥熙回了信。他在信中說了心裡
話，對自己應付日本人有足夠的自信。他在信中說：

……惟剛柔相濟，似相反實相成，我兄公忠體國，計當如
此！弟處境安如泰山，應付綽
有餘裕，請釋遠慮！一切詳情，統由泗英面達，惟照不既，
此頌……[16]

吳佩孚特地在信後附言：「**純剛純強，其國必亡；純柔純弱，
其國必削；能柔能剛，其國乃昌。**」此為太公語錄。[17]由此可見，
吳佩孚對付日偽早已是胸有成竹，他引用的《太公語錄》的話，就
是他的方法論。

孔祥熙密信中提到的朱騮兄，就是國民黨大員朱家驊，朱家驊
曾來電勸阻吳佩孚不要做漢奸，吳佩孚回信直截了當地說：「我不

---

[15] 中央檔案館、中國第二歷史檔案館等合編，《日本帝國主義侵華檔案資料選編 汪
偽政權》，吳佩孚與孔祥熙往來函（1938年12月~1939年1月），孔祥熙致吳佩孚函
（1938年12月8日），中華書局，2004年6月版，第591頁。
[16] 中央檔案館、中國第二歷史檔案館等合編，《日本帝國主義侵華檔案資料選編 汪
偽政權》，吳佩孚與孔祥熙往來函（1938年12月~1939年1月），吳佩孚複孔祥熙函
（1939年1月10日），中華書局，2004年6月版，第592頁。
[17] 中央檔案館、中國第二歷史檔案館等合編，《日本帝國主義侵華檔案資料選編 汪
偽政權》，吳佩孚與孔祥熙往來函（1938年12月~1939年1月），吳佩孚複孔祥熙函
（1939年1月10日），中華書局，2004年6月版，第592頁。

做漢奸。」[18]上海商會也打電報給吳佩孚，吳佩孚回電：「平期關岳文史，春秋內外之義，尤所兢兢。舊京寄跡，殊服異俗之賓，從未一入門庭。」[19]

1939年1月26日，日本的同盟通訊社突然播發吳佩孚所謂「和平息戰運動給江天鐸的響應電」。同盟通訊社由日本外務省支持的新聞聯合社和日本陸軍支持的日本電報通訊社在1936年合併而成，是日本當時的國家通訊社。吳佩孚在通電中「說」：

> 余悟誦仁言，憂傷不已，讀後愈覺心膽欲裂。自客年事變以來，以近畿的血刃肇其始，漸自其大，及於全華，同種相爭，天地為悲，山野改形，洪流蕩盡，地獄慘狀，曠古未聞。公等醉心於人民塗炭，首創和平息戰，以此激勵於余。余冀和平，實乃宿願，苟能不損國權，維持財貨，拯救百性，回復升平，余當不辭。
>
> 伏祈教化中心及世界視聽所集之南北相通，糾合同志，向兩國軍民從事啟發，兄弟鬩牆，為東南所危，終非善計，螳螂捕蟬，黃雀已尾其後也。須留餘力，以備他日自用，勿煮豆燃萁。俪各方意見一致，餘必從公等單命，誠心應承出任職務。[20]

此電發出後，世界輿論一片譁然。因為日本的同盟通訊社與西方的大通訊社有合作協定。這條通電在世界各地瘋狂傳播。吳佩孚

---

[18] 趙恒惕，《吳佩孚先生集》，沈雲龍主編，《近代中國史料叢刊（第68輯）》，臺灣文海出版社，1973年版，第294頁。

[19] 章君谷，《吳佩孚傳》（下），臺灣傳記文學出版社，1983年版。

[20] 農偉雄，《吳佩孚晚年無媚骨》，《民國春秋》，1999年第8期，第39頁。

在西方是很有名的人物，上過《時代》雜誌封面。能上《時代》雜誌封面的，可不是一般人物。

但是世界各地的人們很快冷靜下來，拆穿了這份虛假的通電。既然是吳佩孚的通電，應該有中文的電訊消息。該通電只有日文版，沒有中文版，不用說，是日本人一手炮製的假玩意兒。吳佩孚沒有對這則電文進行回應，身處日偽包圍的他，想回應，也沒有途徑，除非是表示贊同。

日本同盟社發表吳佩孚附逆的電文只不過土肥原硬逼吳佩孚「上馬」的前奏。接下來土肥原就緊鑼密鼓地耍開了把戲。1939年1月30日，陳宧、袁乃寬、陸宗輿、馮恕、吳廷燮、陸錦、吳毓麟、王廷楨、王人文、江天鐸、鄧廷述等42名大小漢奸發表宣言，成立「全國和平救國會」，他們「敦請」吳佩孚出面組織綏靖委員會，並出任委員長。[21]這個群魔亂舞的會議，大批記者應邀而來，會議「主辦方」一再向記者表示，本來吳「委員長」是要親自出席的，只不過綏靖委員會千頭萬緒、「百廢待興」，吳「委員長」無法親臨現場，只能向各位記者朋友表示歉意，不過，吳「委員長」草擬了一份對新聞界的講話稿——吳「委員長」一方面向與會的記者朋友表示感謝，另一方面希望記者朋友大力呼籲「中日停戰」。為了讓與會的各國記者都能看懂講話稿，講話稿用中、日、英三種文字印刷。[22]

由於與會記者強烈要求吳「委員長」出來面呈一切。「主辦方」決定於次日，也就是1939年1月31日，召開新聞發佈會，由吳

---

[21] 王紅梅，《論抗戰時期的吳佩孚》，《河北大學成人教育學院學報》，2004年第12期，第58頁。

[22] 農偉雄，《吳佩孚晚年無媚骨》，《民國春秋》，1999年第8期，第39-40頁。

佩孚宣佈「綏靖委員會」的施政綱領。

土肥原此舉無非是讓吳佩孚公開表態「落水」，吳佩孚又豈會不知。望著日本人草擬好的講話稿，吳佩孚站在關公像前微微一笑，眉頭一皺，妙計已上心來。

31日上午130多位元記者早早地來到記者招待會現場——什錦花園的大客廳，靜靜地等待吳佩孚的出現。日本方面為了防止意外發生，裡三層外三層地將什錦花園圍得像鐵桶一般。不用說，進入什錦花園的人，都經過了嚴格的搜查。

九時許，吳佩孚在八大處舊屬的簇擁下，出現在大客廳裡。土肥原見了吳佩孚手上抓著日本人的發言稿，走到了主席臺前，大喜過望，看來吳佩孚是打算念稿子了，只要吳佩孚念了稿子，就是跳進黃河也洗不清了。可是吳佩孚突然將講話稿遞給了身邊的幕僚，土肥原嚇得汗都出來了。只見吳佩孚清了清嗓子，開始了大聲演講：「余受『和平救國會』之推薦，組織綏靖委員會，並出任委員長，以實現日華之間的和平。余在正式任職之前，必須先聲明三點：第一，『中華民國』應是保持領土完整和主權尊嚴的國家；第二，作為和談的前提，日本軍隊必須退回事變前的駐地，把華北的政權交給綏靖委員會；第三，綏靖委員會在建立了政權和軍隊之後，始可在日本和重慶政府之間進行和平或武力調停。余在國內戰爭中已有數次調停經驗，所以對此是充分自信的。這三點條件日方若不答應，余出山任職之事斷難從命！」[23]

吳佩孚語氣堅定，擲地有聲，兩三分鐘就說完了，隨即轉身退出會場。

---

[23] 鄭志廷、張秋山著，《直系軍閥史略》，人民出版社，2007年12月第1版，第397頁。

記者們沸騰了，議論紛紛──有些人拍手叫好；有些人還沒緩過神，還在發著愣；有些人倒吸了一口涼氣，大吃一驚。土肥原等一干日本特務氣得七竅生煙，到場的漢奸們則噤若寒蟬。土肥原反應快，立即下令查收記者們的筆記，將攝影記者的膠捲曝光。會場秩序大亂，來自西方國家的記者紛紛大聲抗議日本人的粗暴舉動。隨後，土肥原又下令嚴密封鎖消息，尤其是防止消息從西方國家駐華記者的電訊稿中走漏出去。

　　當天，日偽方面的報紙，紛紛刊登了吳佩孚的「講演稿」。然而，日本人枉費心機，真實的消息還是通過各種途徑傳了出去。1939年2月6日，香港《大公報》發表總編輯張季鸞撰寫的題為「日本政治進攻的又一慘敗」的社評。[24]社評中說：「根據最近兩天我們所得的平津方面的確報，可以證實吳佩孚決不作日本的傀儡，日閥們雖然做盡了醜態，替吳氏發通電，造談話，結果經英美駐平記者出來證明，純是日本人的一套把戲，這是日本侵華政治進攻的又一慘敗。」[25]

　　土肥原沒有放棄，他又一次來到什錦花園，與吳佩孚進行新一輪的談判。1939年3月10日發行的《半月文摘》雜誌探得兩人談話如下：

　　　　土：吳先生向來反對國民黨，此時何不率舊部南下討伐國民
　　　　　　政府？

---

[24] 唐錫彤、吳德運、蔡玉臻主編《吳佩孚研究：第三屆吳佩孚生平與思想學術研討會論文集》，北京圖書館出版社，曲春傑、刁熙軍文《吳佩孚令人稱道的品格和氣節》，2007年12月第1版，第335頁。

[25] 唐錫彤、吳德運、蔡玉臻主編《吳佩孚研究：第三屆吳佩孚生平與思想學術研討會論文集》，北京圖書館出版社，李少莉文《吳佩孚民族氣節考略》，2007年12月第1版，第304頁。

吳：我是中國人，我同國民政府有種族血統親親之誼，此時
我不但不能討伐，而且也不能反對。而貴國被認為是中
國的兄弟之邦，但視今日在中國之舉動，已經不是兄弟
之邦應有的行為了。

土：先生既不願去反對國民政府，是否願意在中日之間呼籲
和平息戰？

吳：和平我一貫贊成。但此時中國是因被壓迫太甚而不得已
應戰，中日兩國的和平，但須經過此次決戰後才有可能
實現。

土：問題是現在兩國人民均願尋覓和平，先生可出面主持和
局，使和平得以實現？

吳：議和我也贊成，如貴國真有誠意，應首先用行動表示，
然後我以在野之身，向重慶國民政府表示個人意見。但
必須有一個條件：貴國軍隊應首先撤離中國領土。[26]

　　吳佩孚多次化解了土肥原的無恥伎倆，好脾氣的土肥原
面子上有點掛不住了。土肥原又來到了什錦花園做最後一次
努力。任他巧舌如簧，吳佩孚還是那個態度，讓我調停中日
戰爭可以啊，不過我得武力調停，我得有實力、實權、實際
地盤，要不然，我說的話蔣介石不會聽啊！土肥原實在忍不
住了：「大帥，你再不和皇軍合作，我可能壓不住那些少壯
派將領啦。他們早就想對您下手了。」

　　吳佩孚大笑道：「多謝將軍閣下的美意，來來來，我領
你看一樣東西。」

[26]　農偉雄，《吳佩孚晚年無媚骨》，《民國春秋》，1999年第8期，第40頁。

土肥原一愣，吳佩孚要給他看什麼呢？

　　土肥原跟著吳佩孚來到一個客廳，客廳中央赫然放在一具棺材。棺材前面放著一座神位，神位上寫著幾個大字——吳佩孚上將之靈位。[27]土肥原驚道：「大帥，您這是何意？」

　　吳佩孚微微一笑：「什麼意思？你還看不明白嗎？我的後事，我早準備好了，就不勞你們日本人幫我費心了。」

　　「你，你，你……」土肥原半天說不上話來。不一會，他回過神來，站直身子，向吳佩孚恭恭敬敬地鞠了一個90度的躬。「大帥，在下實在佩服！打擾了！」隨即轉身離去。

　　原來，來勸進的日本人、漢奸來得多了，吳佩孚也煩了。就買了一具棺材放在家中，以表明自己堅決不當漢奸的志向。

　　這件事，在當時也有記述。《少年時事讀本》1938年第16期刊載了《吳佩孚寧死不做傀儡》一文，文中說：「吳佩孚深明大義，寧死不做傀儡；因為怕他們來纏繞不休，所以買了一具棺材放在客廳上，並囑僕役對來訪的那般客人說：『你們一定要逼他，他只好躺到棺材裡去了。』」[28]

裝傻玩死大迫

　　土肥原被吳佩孚用棺材嚇跑以後，大迫通貞少將赤膊上陣，企圖逼降吳佩孚。不過這個大迫和老牌特務土肥原比起來可就差遠

---

[27]　萬美榮，《吳佩孚拒絕出任偽職》，《文史月刊》，2009年第3期，第3頁。
[28]　唐錫彤、吳德運、蔡玉臻主編《吳佩孚研究：第三屆吳佩孚生平與思想學術研討會論文集》，北京圖書館出版社，曲春傑、刁熙軍文《吳佩孚令人稱道的品格和氣節》，2007年12月第1版，第335頁。

了。說得不好聽，此人就是一個趄趄武夫，毫無腦子地想憑匹夫之勇把吳佩孚嚇住。吳佩孚閱人無數，豈會被這個沒見識的土包子唬住。吳佩孚簡直將他玩弄於股掌之中，因此愚蠢的大迫不久就被日本軍方調走了。

具體經過是這樣的，不妨詳細一些地寫出來以饗讀者。

大迫通貞主持的是1939年5、6月間與吳佩孚的談判工作。[29]吳佩孚的日本顧問岡野是個明眼人，他發現大迫就是一頭蠻牛、笨牛。東京方面本來為了打擊吳佩孚的氣焰，曾有指示，要讓吳佩孚覺得日本方面對汪精衛更為看重，東京方面形象地將這種策略概括為「吳三汪七」。日本方面希望用「吳三汪七」的策略，實現「吳七汪三」的效果。[30]

之所以說大迫是蠻牛、笨牛，是因為這個傢伙態度蠻橫，腦子不會拐彎。大迫沒有高超的手腕執行東京「吳三汪七」的談判策略，他的一舉一動直接讓吳佩孚洞察到，日本人更加希望由他來出山收拾殘局，因此吳佩孚談判時底氣十足。岡野很撓頭，他知道，大迫的這種做法，將大大增加吳佩孚出山的難度，大迫沒有將「吳氏之當元首的心理狀態降至三」，以後想讓吳佩孚折服「決非易事也」。[31]

6月18日，吳佩孚和大迫有過一次攤牌的談判。日方代表有大迫、神田、岡野。吳也擺出相對的陣勢，計有林出、張燕卿、張英

---

[29] 吳自強，《吳佩孚暴死之謎》，《武漢文史資料》，2004年第5期，第16頁。

[30] 此時日本方面當然更看中武人出身的吳佩孚，而輕視文人出身的汪精衛。吳佩孚曾經是北洋魁首之一，而汪精衛雖然是國民黨元老，可是這個叛徒和漢奸的號召力，在蔣介石和國民政府屹立不倒之時，影響力有限。日本方面當然更看重吳佩孚，這從竹機關是土肥原中將負責，而汪精衛的誘降工作是由上海梅機關影佐禎昭大佐負責，從軍銜上就可見一斑。

[31] 中央檔案館、中國第二歷史檔案館等合編，《日本帝國主義侵華檔案資料選編 汪偽政權》，日方代表大迫通貞與吳佩孚會談記錄（1939年6月18日），中華書局，2004年6月版，第600—601頁。

華、符定一、陳廷傑等。「實誠」的大迫談判一開始就亮出了底牌：「由於東京方面的工作，敝國內閣諸公及有關人士對情況亦有充分瞭解，結果一致決定請吳將軍出山以收拾殘局。同時汪先生亦出來與吳將軍一致合作，投身於和平工作。這對於糾正日中兩國之國交，並解決中日戰爭，乃值得慶賀之事，此點乞吳將軍諒察之。」[32]

接著大迫「乞求」吳佩孚派出代表數名，以接收「維新」、「臨時」政府造送之名冊，並討論具體「接收」辦法。

大迫既然這麼說了，毫無疑問，將吳佩孚放在了「國家元首」的位置。吳佩孚借驢上坡，順理成章地提出了自己的要求。吳佩孚說：

「余現乃在野之身，弗能行使命令，故未能指派代表進行交涉，尚乞鑒諒。若臨時、維新兩政府先將接辦之名冊造好送來，余接收後方能產生權力。得令彼等專聽余之命令，即使彼等與余所指派之負責人員交涉之任，從事工作。

余出山後，為中國之元首，故當與貴國之天皇處於平等地位；余任命之國民總理，當與貴國之內閣總理處於平等地位；余任命之各部部長，當與貴國之各省大臣處於平等地位。如是方能進行之交涉也。」[33]

記錄這些對話的岡野在此處加了一個備註：以上話語終了之同時，吳氏顯示出不居元首之位，不出山之執拗態度。

---

[32] 中央檔案館、中國第二歷史檔案館等合編，《日本帝國主義侵華檔案資料選編 汪偽政權》，日方代表大迫通貞與吳佩孚會談記錄（1939年6月18日），中華書局，2004年6月版，，第599頁。

[33] 中央檔案館、中國第二歷史檔案館等合編，《日本帝國主義侵華檔案資料選編 汪偽政權》，日方代表大迫通貞與吳佩孚會談記錄（1939年6月18日），中華書局，2004年6月版，第600頁。

吳佩孚如此態度，大迫這個蠢材還覺得吳佩孚挺配合，實際上有些話大迫理解錯了。這個會談紀要交上去，日本軍方當然不會滿意。大迫受到嚴厲訓斥是可想而知的了，雖然背後有人在給他出謀劃策，大迫仍然拿吳佩孚沒有辦法。不管他如何威逼利誘，吳佩孚堅持主權原則和「實力」原則，堅持日本要撤兵，他一再表示他要成立的政府要有實權，絕不是日本卵翼之下的「維新」、「臨時」政府。

　　面對他強硬的態度，惱羞成怒的大迫決定對吳佩孚實施一次訛詐，誰知這竟然是他的謝幕演出。他想用死來威脅吳佩孚，吳佩孚是從血裡火裡滾過三回的了，對於他的死亡威脅怎會放在眼裡，他用他擅長的讖緯學說，裝瘋賣傻，結結實實地戲弄了大迫一把。於是就有了下面幾段非常有趣的對話。

　　大迫用日本人慣有的神經質般的叫聲吼道：「大帥，不和我們日本人合作，不好辦吧！」[34]

　　吳佩孚伸出右手，一邊掐指，一邊口中念念有詞，他突然嘟囔了一句：「眼前大事，玄黃未判，不可不可……」

　　大迫聽得一頭霧水，翻譯也不知道該如何翻譯。大迫沒什麼耐性，又吼道：「吳將軍，你給個痛快話，否則，我們日本飛機可以把中國炸平，我們日本軍方也無法保證您的生命安全。」

　　吳佩孚微微一笑，說道：「將軍有所不知，我自幼學習奇門遁甲之術，可以撒豆成兵，呼風喚雨，又煉成神符一道，可以避開槍林彈雨，所以身經百戰毫髮無傷。我勸你們日本飛機還是不要來，我只要掐訣念咒，往天上扔上一個麻團，就可以把你們日本飛機纏下來……」[35]

---

[34] 劉明鋼，《吳佩孚的”裝傻”》，《文史天地》，2008年第6期，第32頁。
[35] 閻鳴，《晚年吳佩孚的民族氣節》，《湖北檔案》，2000年第1期，第40頁。

大迫通貞被搞得哭笑不得，喪氣地走了。

虛與委蛇敷衍汪精衛

　　日本人拿吳佩孚沒有辦法，不過他們不死心，就把大漢奸汪精衛抬了出來，讓汪精衛做說客。汪精衛知道吳佩孚在日本人心中的分量，日本人一開始想爭取出山的兩位中國大人物是唐紹儀和吳佩孚。如果不是唐紹儀被軍統特務刺殺，日本人的「南唐北吳」計畫受挫，就不會有他汪某人什麼事了。雖然時勢發生巨大變化，他這個叛逃的國民黨副總裁成為了掌管傀儡政府的重要候選人，但是日本人嫌他是個文人沒有實力，還是堅持要「汪吳合作」，汪精衛掌管行政，吳佩孚掌管軍事。汪精衛當然不想這樣，他當然想由他帶出來的班底包攬偽政府的一切要職，可是日本人堅持這樣。沒法子，吳佩孚不出山，他的汪記傀儡政府成立就會困難重重，汪某人只好心不甘情不願地「勸進」了。

　　1939年5月22日，汪精衛給吳佩孚發來電報，先向他大肆兜售漢奸理論——「中日兩國為敵，則兩敗俱傷；為友，則共同發達。其理至明。不幸數十年來糾紛膠積，鬱積至於今日，遂敗壞決裂，一至於此。欲謀收拾，且引之入於正軌，其事誠難，然又不可以已，且舍此更無他道也。」；接著大拍吳佩孚的馬屁——「公老成謀國，如有所示，極願承教。銘一得之愚，亦當作芻蕘之獻，但求有益於國，任何艱險，皆所不計。」[36]

---

[36] 中央檔案館、中國第二歷史檔案館等合編，《日本帝國主義侵華檔案資料選編 汪偽政權》，汪精衛與吳佩孚來往函電（1939年5~11月），中華書局，2004年6月版，第592頁。

吳佩孚何許人也？他雖然對汪精衛極其鄙視，但「老成」的他，照樣與汪精衛「禮尚往來」，於是雙方電報不斷，互派信使，表面上彼此敬重，很是親熱，可是實際上吳佩孚只不過在說些客套話，敷衍汪精衛。6月7日，有些厭煩汪精衛的喋喋不休的吳佩孚，回了一封擲地有聲的電報。電報中說：

　　「……竊謂中華民國，四萬萬民眾，實為主體。民意趨歸，果以抗戰為然，則任何犧牲，均可弗計。若民皆厭戰，相戰之國，復有感於窮兵黷武之非，即宣矜恤同胞，戛然而止。……誠知民為邦本，和與戰同一為民，則應戰應和，自不能不已民意之向背為準繩也。……故自盧溝橋變起，兀坐故都，本所信念，日以啟導和平為事。和平要領，則以保全國土，恢復主權，為惟一之主張。……弟委質國家，誓與國家共存亡，同其命運，苟能河山無恙，自計已足……」[37]

　　這封電報毫無疑義地表明瞭吳佩孚的態度，他沒有正面斥責汪精衛的賣國理論，卻明確表示抗戰是整個中華民族的共同心聲，他作為一個愛國軍人，雖然傾向于中日和平，但是和平要以保全國家領土、主權完整為前提，他誓與祖國共存亡！

　　到這裡，汪精衛可以說已經是碰了一鼻子灰。可是日本主子的命令，他又不敢不聽，老吳不出山，他的汪記國民政府就是紙上畫餅。

　　1939年6月26日，汪精衛飛到北平，邀請吳佩孚到日本華北佔領軍參謀長山下奉文的住宅會面。山下這個傢伙就是日後的「馬來

---

[37]　中央檔案館、中國第二歷史檔案館等合編，《日本帝國主義侵華檔案資料選編 汪偽政權》，汪精衛與吳佩孚來往函電（1939年5~11月），中華書局，2004年6月版，第593頁—595頁。

之虎」，指揮日軍橫掃馬來西亞、新加坡，最後因為部下製造的巴丹死亡行軍的戰爭暴行而被美軍絞死。他的宅院位於鐵獅子胡同。

汪精衛歷來自視甚高，他在日本人面前已經是一條狗，不過他還想在吳佩孚面前擺擺架子。按照中國的古禮和習俗，客人應該主動上門拜會主人，或者主人約在某處會見客人才算是尊重。汪精衛反客為主，竟然想「召見」吳佩孚。吳佩孚當然不願意，汪精衛約在日本人的地盤上，而且還登報聲明。吳佩孚要是去了就是自降身價，而且是「跳進黃河」，有「屁顛屁顛」當漢奸的嫌疑。

吳佩孚輕而易舉地化解了汪精衛的「絞盡腦汁」想出來的辦法。他來了個以其人之道還治其人之身，他也對報界發表聲明：「吾與汪先生皆中國人，如商國事，當相見於中國人住所，出沒日本人宅中，且為日軍之參謀長，何以使國人釋然？吾輩萬一共語一堂，日軍部提出何項要求，向吾們結盟，又將何以自處？茲事未必即有，而不敢決其必無。經加考慮，與其遺悔將來，受國人指摘，不如不應汪先生招，任其開罪，斯無兩全之策也。」[38]

汪精衛打電話來，他不接，派人上門請，他不理會。汪精衛一計不成，又生一計，他表示希望在著名外交家顧維鈞的宅邸會面。這次雖然在中國人的「地盤」上見面，吳佩孚照樣不同意。6月24日，他對老友、長期留在他身邊「勸駕」的日本特務岡野增次郎說道：「吳氏來京，余極歡迎。乞來敝舍一晤最為妥當。余外出相會則為不便，若為警衛上之必要，對外可稱係杉山司令官或山下參謀長來訪，則採取任何警戒手段亦無妨礙。且余之心境乃仰無羞於天，俯無怍於地，無怍何懼。我不殺人，他不殺我也。且按中國之

---

38 文斐編，《我所知道的吳佩孚》，中國文史出版社，2004年1月第1版，232-233頁。此處事實為吳佩孚隨員、英文翻譯陳文會回憶。

禮儀作法，亦應為「行客拜坐客」，即在平等地位上之主客訪謁禮儀云云。」[39]

汪精衛等得焦頭爛額，雖然不斷出招，但是吳佩孚見招拆招，兵來將擋，水來土掩。汪精衛的說客紛紛上門，他有一次派了吳佩孚的心腹陳中孚上門來勸，吳佩孚把桌子一拍，大罵道：「誰跟汪精衛合作，這個人一定下賤！」[40]嚇得陳中孚屁滾尿流，落荒而逃，很久不敢登門。

汪精衛總想比吳佩孚高出一等，在禮節上占些便宜，可是吳佩孚不讓他占這個便宜。他在北平等待多日，吳佩孚就是不與他見面，汪精衛也不肯「紓尊降貴」主動上門拜會吳佩孚。雙方在禮節上拉鋸了數次，汪精衛見沒有結果就悻悻地回去了。

汪精衛又陸續派趙尊岳、陶家瑤到北平來勸駕。吳佩孚說，他對汪精衛離開重慶深表可惜，他指出，汪精衛在日本挾持之下，空言救國，實則亡國也，他絕不會與之「同惡相濟」。[41]

話說到這，汪精衛也該明白了，吳佩孚對於他，如果鐵了心想當漢奸的他，談判不感興趣。汪精衛就是鐵了心想當漢奸，他不放棄，因為吳佩孚出山關係他太大了。於是吳佩孚也只好虛與委蛇，繼續與他談判。汪精衛一再強調國民黨的「法統」，吳佩孚表示「難以接受」。1939年10月2日，陳中孚作為吳佩孚的特使，與汪精衛舉行談判。陳中孚對汪精衛表示，吳佩孚對汪精衛要求承襲「國民政府」名稱，「意見很大」，吳佩孚有「投降」的感覺；另

---

[39] 中央檔案館、中國第二歷史檔案館等合編，《日本帝國主義侵華檔案資料選編 汪偽政權》，汪精衛與吳佩孚來往函電（1939年5~11月），中華書局，2004年6月版，第614頁。

[40] 郭智光，《淺議吳佩孚的拒日思想》，《世紀橋》，2007年第7期，第97頁。

[41] 文斐編，《我所知道的吳佩孚》，中國文史出版社，2004年1月第1版，233頁。此處事實為吳佩孚隨員、英文翻譯陳文會回憶。

外，吳佩孚對於汪精衛想以「國民黨專政」的想法也不敢苟同。[42]陳中孚建議汪精衛將「政府」與「黨」區別對待。這場談判是在日本梅機關的策劃下進行的。吳佩孚派出的特使是已經落水的陳中孚，陳中孚還幫著汪精衛出主意，可想而知，吳佩孚對待與汪精衛談判是什麼態度了。

汪精衛對於吳佩孚的「接觸」態度深表滿意，總算吳佩孚答應和他談具體的細節問題了，怎麼說也是很大的進步，吳佩孚的態度還是有所鬆動的嘛。10月19日，好了瘡疤忘了痛的汪精衛又興沖沖地給吳佩孚寫信了，他托陶家瑤面呈吳佩孚。他在信中向吳佩孚作了解釋，恬不知恥地標榜自己是「忠俠」之人，他也希望吳佩孚做「忠俠」之人，文字之無恥、諂媚，令人齒冷：

「……由是言之，今日國民黨人主張恢復國民政府，其為國民政府謀，忠也；非國民黨人亦主張恢復國民政府，其為國民政府謀，俠也。一忠一俠，而為國為民之心事則同。

銘竊願公以一忠字對民國，以一俠字對國民政府，則公之風節必照映宇宙，而旋轉乾坤之功業，亦必成於公手。銘之與公並未謀面、接杯酒之歡，而於公之人格，夙所傾仰，故敢以率真之詞，負起誠悃，惟垂察之，幸甚幸甚。專此。敬請勳安。尚祈霽照不宣。」[43]

吳佩孚在汪精衛的信封上寫下了這樣的話語作為回信：「復。

---

[42] 中央檔案館、中國第二歷史檔案館等合編，《日本帝國主義侵華檔案資料選編 汪偽政權》，汪精衛與吳佩孚來往函電（1939年5~11月），中華書局，2004年6月版，第623頁。原文為：彼對承襲"國民政府"之名稱，抱有若自己投降之感。此乃彼所忌諱者。對此欲說明之，並非難事，惟於國民黨之問題上，汪氏偏重於國民黨專政，此點難以使其接受。如將政府與黨區別考慮，則可？

[43] 中央檔案館、中國第二歷史檔案館等合編，《日本帝國主義侵華檔案資料選編 汪偽政權》，汪精衛與吳佩孚來往函電（1939年5~11月），中華書局，2004年6月版，第597頁。

公離重慶，失所憑依；如虎出山入柙，無謀和之價值！果能再回重慶，通電往來可也。」[44]

11月4日，吳佩孚正式給汪精衛回信。他在信中針鋒相對地駁斥了汪精衛的謬論。汪精衛宣稱蔣介石為首的軍事當局沒有處理好對日關係，應該「引咎辭職」，因而，蔣介石沒有權利負起「實際政治之責任」。言下之意，只有他，這位能夠與日本處理好關係的「國民黨」元老有資格負起「實際政治之責任」，言下之意，他叛逃、另立中央的決策是正確的。吳佩孚指出，中國百年積弱，國民黨政府興起不過是機會比較好而已，國民黨政府奉行黨治，所以僅僅把抗戰的不利局面歸咎於軍事當局，「似不免稍失其平」。他「願公持寬大之論，藉免內滋不協，外複示人以間，大難未夷，尤以共諒能為宜也。」[45]意思是說，汪精衛應該客觀公正地做出判斷，以避免國民政府內部分裂，給日本人以可趁之機，國民黨和國民政府的各派政治勢力，應該同仇敵愾，相互諒解，以共赴國難。

他告誡汪精衛：「……法律方面即不能同時有兩政府之存在，萬一外內未經協調，和議已臻成熟。一方即組織政府，而重慶之政府依然健在，聽之則屬非法，或致有礙和約之履行，反之則西班牙殷鑒不遠，而人民亦將不堪其命。」[46]如果汪精衛真敢冒天下之大不韙，與國民政府公開分裂，「誠國家不幸中之尤不幸矣」。

---

[44] 中央檔案館、中國第二歷史檔案館等合編，《日本帝國主義侵華檔案資料選編 汪偽政權》，汪精衛與吳佩孚來往函電（1939年5~11月），中華書局，2004年6月版，第597頁。

[45] 中央檔案館、中國第二歷史檔案館等合編，《日本帝國主義侵華檔案資料選編 汪偽政權》，汪精衛與吳佩孚來往函電（1939年5~11月），中華書局，2004年6月版，第598頁。

[46] 中央檔案館、中國第二歷史檔案館等合編，《日本帝國主義侵華檔案資料選編 汪偽政權》，汪精衛與吳佩孚來往函電（1939年5~11月），中華書局，2004年6月版，第598頁。

吳佩孚給汪精衛戴了一頂高帽子——佩服其勇「當收拾時局大任」；還拉了拉關係——與他有過「同心斷金之約」，但是他明確提出希望汪精衛能夠使國家之「主權、土地」「悉得保全」。說白了，他反對汪精衛當漢奸。

軟硬不吃氣死川本

　　土肥原、大迫等人威逼利誘，吳佩孚不買帳，日本人又想出了一招。你吳佩孚不是標榜自己學問已成，而且還公開設立過「精一道」、「正一堂」收徒講課嗎？好啊！我就順著你這根杆子往上爬，千穿萬穿馬屁不穿。於是竹機關的新任負責人川本芳太郎，拜吳佩孚為師來了。

　　1938年12月的一天，岡野增次郎領著川本芳太郎來到什錦花園。川本一見到吳佩孚就撲通一聲，跪倒在地。川本說：「我雖然是一個日本人，但是久聞大帥學問已入化境，我對中國文化心儀已久，所以，懇請大帥收我為弟子。」並連磕三個響頭。

　　吳佩孚說道：「你這是幹什麼，請趕緊起來。岡野先生知道，我從來不收外國弟子。」一邊，把川本扶了起來。

　　這時岡野說話了：「玉帥，您的學問向來不拘一格，由儒家入道家，現在又精研佛理，中國的儒道釋三家學術，您已經是融會貫通。日本文化說到底，還是中國的文化，中日同文同種，何分彼此。川本先生誠心拜您為師，您就收下他吧。」

　　吳佩孚不好駁了老朋友的面子，就點頭同意了：「好吧。我就收下你，今後你要好好學習中國的道德文章。」

　　川本芳太郎「喜從天降」，又當即跪倒在地，又是「通通通」

的三個響頭，於是川本改叫吳佩孚「師父」。[47]

做了吳佩孚弟子的川本，有了理由三天兩頭地往什錦花園跑。吳佩孚當真給他上了幾堂課，正一堂的活動也讓他參加。可是川本拜吳佩孚為師是假，想拉吳佩孚下水是真。竹機關有的是錢，他知道吳佩孚清心寡欲，向來看輕銀錢，但是吳佩孚的夫人張佩蘭多少有些不能免俗。他就給「師母」送上了大筆金錢，吳佩孚身邊的各式人等，包括丫鬟和衛兵，都有一筆不菲的禮金，美其名曰，「感謝照顧師父生活」，實際上是要讓這些人做他的耳目。

吳佩孚知道張佩蘭收下了川本的大筆禮金，很光火，狠狠地訓斥了她。張佩蘭其實很不容易，吳佩孚這個曾經中國最大的軍閥，向來不治私產，他不像很多下野的軍閥，在位期間大肆搜刮，退位了，也同樣有大筆金錢用來揮霍。吳佩孚下野後，一直靠部署接濟過日子，何況還有大批隨從跟著他，吳府的開支是一個不小的數目。張夫人只能想辦法，盡力籌措。吳佩孚也是人，雖然他堅持三不原則，但是他也要吃飯，不能不食人間煙火，也要為跟著自己的老部下考慮考慮，所以他默許張佩蘭接受已經做了漢奸的老部下的接濟，對於漢奸政府的一些「車馬費」他還是接受的。這就是吳佩孚的圓通之處，他接受的是老部下的饋贈，從這個層面，他可以心安理得。

但是吳佩孚是有原則的，川本的禮金，他絕不能收！第二天，張佩蘭就找到川本，把川本的巨額禮金退還給他，張佩蘭和顏悅色地說：「你孝敬師母的這筆錢，師母很感謝，不過師母不能拿，打賞下人們的，就算了。你師父昨天罵我了，他說，這筆錢數目太大

---

[47] 苗體君，《日本人是如何害死吳佩孚的》，《文史春秋》，2003年第2期，第12頁。

了，你的收入也不高，我們不能收。你的心意，我們領了。」「你的收入也不高」，切中要害，言下之意，作為徒弟給師父禮金，師父能收，但是這筆錢不是你徒弟能拿得出來的。不是徒弟能拿得出來的，那是哪裡來的呢，肯定是日本軍方的公款，日本軍方的公款，吳佩孚是不能收的。看，張佩蘭多會說話。川本，不好多說什麼，只好打落牙齒往肚裡咽，把給張佩蘭的錢拿了回去，白白送出了很多給下人的錢。

川本裝模作樣地跟著吳佩孚學了一陣子學問。有了師生的便利，川本時常向吳佩孚進言，希望吳佩孚出來拯救中日之間的戰爭僵局。曾任北洋政府海軍部次長的、吳佩孚的心腹湯住心回憶說，川本經常夥同陳廷傑、符定一等人對吳佩孚展開遊說，吳佩孚也一反常態，很給學生面子，對於川本提的一些「建議」表示首肯，表示願意承擔實現中日和平的重任。川本大喜過望，認為自己的「攻心」策略取得突破性進展，他向東京發電報，表示吳佩孚有望出山。東京方面大加讚揚，川本欣喜若狂，得意洋洋。川本約上符定一等人，把東京的復電送給吳佩孚看，借機詢問，吳佩孚何時準備上臺，他們好做些準備。[48]

吳佩孚笑呵呵地說：「中日之間的戰爭不能再進行下去，否則是亞洲的不幸。我一直希望出來做些事情。很感謝你們，不斷奔波，表達善意。我的要求還是以前那些條件，我要有實權、實力、實際的地盤，以貫徹我的政策，否則我就是出來也是白搭。沒實力，說話沒人聽啊！」

川本心中大罵吳佩孚老奸巨猾，和符定一等人苦勸無果，也不

---

[48] 文斐編，《我所知道的吳佩孚》，中國文史出版社，2004年1月第1版，257頁。此時事實為吳佩孚舊屬，曾任北洋政府海軍部次長、湖南民政廳長等職的湯住心回憶。

想把吳佩孚惹毛，就告辭而出。剛出門，川本就對符定一說：「符君，我慘了。我已打電報到東京說吳已允出山，東京也有回電。現在吳又變卦了，我誠為欺騙天皇，我只有剖腹，無他辦法。」[49]

符定一勸慰他說：「川本君，你也不要著急，大帥就是這個脾氣，你看，他的口氣已經比以前鬆動很多。我和陳廷傑找個日子，再去探探口風。你先回去休息吧。」

川本無奈地說道：「也只好如此了。」

可是，第二天，符定一、陳廷傑上門，張佩蘭卻堵在門口，說吳佩孚病了，不便見客。符、陳二人沒有辦法，只好各自留了一封信，給吳佩孚，無功而返。[50]

沒辦法，川本只好親自出馬了。數日後，他求見吳佩孚，吳佩孚允其覲見。

剛一見面，川本就突然跪倒在地，淚流滿面，抱著吳佩孚的腿，苦苦哀求：「請師父救救弟子，弟子有性命之憂！」

吳佩孚做出詫異地模樣，威嚴地說道：「忘了我怎麼教導你的嗎？大丈夫要養其浩然之氣，男兒膝下有黃金，什麼事情，需要如此，起來說話。」

川本一手抹著眼淚，一手緊緊箍住吳佩孚的右腿，說道：「師父如果不答應，弟子就跪死在這裡。」

吳佩孚生氣地把他一把拽了起來，喝道：「不成材的東西，有話好好說！」

川本芳太郎低著頭，哭道：「請師父出山吧！土肥原將軍在您

---

[49] 文斐編，《我所知道的吳佩孚》，中國文史出版社，2004年1月第1版，257頁。此時事實為吳佩孚舊屬，曾任北洋政府海軍部次長、湖南民政廳長等職的湯住心回憶。

[50] 文斐編，《我所知道的吳佩孚》，中國文史出版社，2004年1月第1版，257頁。此時事實為吳佩孚舊屬，曾任北洋政府海軍部次長、湖南民政廳長等職的湯住心回憶。

這受到他一生最大的挫折。如果您還是不同意出山，弟子只能切腹自殺，向天皇謝罪了。」[51]

吳佩孚哈哈笑道：「看來你我之間的師生關係是徒有虛名，怪不得從來不見你尋經問道。我送你一句孟子的話，’小國不可以敵大，寡國不可以敵眾，弱國不可以敵強’。中國大、人多、力弱，日本力強以二不對，對一可敵，終必失敗。這就是我對中日戰爭最後的看法。送客！」說完，吳佩孚拂袖而去。

川本站起身來，惡狠狠地說了一句：「大帥，你會後悔的。」隨後，揚長而去！

亦真亦假，身邊的日本特務沒法

前文已經提過日本人為了拉吳佩孚下水，專門在吳佩孚身邊安插了一個日本特務。這就是吳佩孚的日本顧問、老朋友岡野增次郎。岡野擔任了日本的「敦請專使」。岡野全程參與了「吳佩孚工作」，有許多實事求是的有見地的看法。

岡野的記錄當中，1939年5月30日，他和吳佩孚正式會面。吳自稱自己是在野之身，所以希望岡野以巡閱使時代的日本顧問的老朋友身份常來常往，早晨和下午三點以後，都歡迎岡野來拜會他。6月3日，吳佩孚對前來拜訪的岡野表示，「天下大事必緩而圖之」，「日中兩國徹底之和平解決，必須予以妥當處理」，「余事且暫置之，而尤以主權問題為關鍵」，「必須一步一步交涉，以得出最後之結果」。[52]

---

[51] 苗體君，《日本人是如何害死吳佩孚的》，《文史春秋》，2003年第2期，第12頁。
[52] 中央檔案館、中國第二歷史檔案館等合編，《日本帝國主義侵華檔案資料選編 汪偽

然而岡野既接受「敦請專使」的任務，不能「緩而圖之」，於是在1937年7月間，多次訪問吳佩孚。

　　第一次是1939年7月5日，吳佩孚和岡野增次郎進行了一次較為深入的交談。在此之前，岡野寫了一篇文章給吳佩孚「苦勸之」，想不到吳佩孚當著眾多幕僚的面答覆了他，吳佩孚「意氣軒昂，致使列座之中國人為之目瞪口呆」。岡野覺得很多日本人說吳佩孚「氣焰不可當」，不無道理，但是他卻感歎吳佩孚「內心真率可敬也」。

　　岡野和吳佩孚此次會談的意圖，是探明吳佩孚對於出山的真正想法。吳佩孚也對他開誠佈公地談了自己的看法。現將吳佩孚的談話要點列舉如下：

　　岡野首先問道，您對於出山收拾時局的真實想法是什麼？

　　吳佩孚卻答非所問。他強調日本人佔領北平後，「日本菜館繁昌，娼樓妓窟盛行，而日中人等滿街爭風」，風氣實在太壞。如果他出山之後，「當極力肅清城市之妓樓娼窟，刷新民氣也。」[53]

　　岡野接著問，您和日本方面就出山問題已經交涉很久了，為什麼還沒有達成共識呢？

　　吳佩孚解釋道，「日中兩國皆無不望余現在出山者，惟主權問題尚未解決。」根本問題在於中日之間的「學問種類與標準過於懸殊，故畏怖餘之所言，不解余之心情也」，主要是因為中日文化之間的差異，來交涉的日本人不懂中國文化。

政權》，中華書局，吳佩孚思想表現一束（1939年5月-8月），2004年6月版，第612-613頁。

[53] 中央檔案館、中國第二歷史檔案館等合編，《日本帝國主義侵華檔案資料選編 汪偽政權》，吳佩孚與其原顧問岡野增次郎會談記錄（1939年7月5日），中華書局，2004年6月版，第601-602頁。

吳佩孚接著給岡野戴了一頂高帽子，「閣下雖不能稱為通曉漢文但幾乎有四十年同桌辦公之誼，故只須用漢文書寫，彼此即能相互理解。」[54]吳佩孚強調，談判不能取得進展的根本原因就在文化方面。日本人派來談判的那些人不能像岡野那樣理解吳佩孚的心理和行為方式，不懂中國的傳統文化，在溝通方面存在代溝。在他看來，這些傢伙，一廂情願地想強迫他出山。他們不理解，我吳佩孚出山是需要一些「體面」的，如同中日戰爭一樣，日本「專斷強迫中國接受其立場」。[55]

　　他斷言，「日中之交涉，不可依仗技巧。而必須待水到渠成，使之如萬流歸於一溪，可也。……如果日本不停止戰爭，仍欲使事態發展下去，則惟有聽之任之矣。（不過）聽任日中邦交之現狀，余欲死亦為不能。余自信擔負日中親善之大使命而生存。……」[56]

　　岡野在7月中旬先後四次與吳佩孚進行了談判。時間分別為7月13日、15日、16日、18日。他將四次談話內容匯總，經由日本「駐華大使館」參事官崛內干城向日本外相有田八郎報告。這份報告在1939年8月10日發出。

　　7月13日晚上七點半，岡野前來什錦花園訪問，趁吳佩孚納涼的時候，向吳佩孚提出了兩個問題。第一個問題是，吳佩孚對於汪精衛的聲明有何感想。第二個問題是如何看待日本元老秋月左都夫的「中日親善觀」。

54　他還特地強調，如果岡野不是他的老朋友，他是不會這麼說的。
55　中央檔案館、中國第二歷史檔案館等合編，《日本帝國主義侵華檔案資料選編 汪偽政權》，吳佩孚與其原顧問岡野增次郎會談記錄（1939年7月5日），中華書局，2004年6月版，第601-602頁。
56　中央檔案館、中國第二歷史檔案館等合編，《日本帝國主義侵華檔案資料選編 汪偽政權》，吳佩孚與其原顧問岡野增次郎會談記錄（1939年7月5日），中華書局，2004年6月版，第602-603頁。

吳佩孚三言兩語就化解了他的問題。首先，吳佩孚一針見血地指出，汪精衛對於西南派領袖李宗仁、白崇禧影響力極弱。「……當時汪氏向李、白二人詳述了反戰主和之宗旨，當談及應攜手共事時，遭到了李、白的拒絕。他們說：’誠如閣下所言，與日交涉，中國不失主權，而日中衝突得以順利解決，則此乃吾輩之素願，甘願聽從，但倘若汪氏所為與「臨時」、「維新」兩政府相類，則實不敢從命。’此為李、白二人嚴厲拒絕汪氏勸誘之佐證。」不過「秋月之所論，正確地評估了時局。中國不喪失主權，則於日中互惠條約始可稱日中親善和平。」[57]

　　7月15日，岡野在吳佩孚的舊部張燕卿的陪同下，慫恿吳佩孚從漢口「出動」。

　　岡野和張燕卿首先向吳佩孚進言，汪精衛「據有武漢」，武漢是吳佩孚建立政權最理想的地方，一方面它靠近四川和廣西，方便吳佩孚聯絡這些地方的實力派；另一方面，可與日軍華北（以北平為司令部駐地）、華中方面軍（以南京為司令部駐地）形成「品」字形陣勢，相互支援。

　　吳佩孚舊話重提，汪精衛對西南影響力微弱。

　　岡野趕緊轉移話題：「目前在河南省有妙道會領袖張星辰手下訓練中之武裝民眾二萬人，如能以此作為將來吳將軍之親衛軍，集結於武漢，豈不妙哉。」[58]

　　吳對此不屑一顧，他說：「余如出山，則可讓四川將領中楊森（號子惠）及鄧錫侯所部於武漢集結。在河南省準備中之武裝民眾

[57]　中央檔案館、中國第二歷史檔案館等合編，《日本帝國主義侵華檔案資料選編 汪偽政權》，日本駐華大使館參事致日外相報告，中華書局，2004年6月版，第604頁。
[58]　中央檔案館、中國第二歷史檔案館等合編，《日本帝國主義侵華檔案資料選編 汪偽政權》，日本駐華大使館參事致日外相報告，中華書局，2004年6月版，第606頁。

作餘之衛隊及借為各地區防軍可也。但要成為正規軍隊則非再用一年多時間加以訓練不可；況且即使營長以下之主官可由民眾領袖充任，營長以上則必須任用經過正式訓練之將校。為防止士兵離心，可由其他軍官擔任副職，使其擔任訓練指揮之責。不過因其為副職，故待遇以高級主官月薪之三分之二為妥，而以前副職待遇則只有主官的二分之一耳。營長以上將校必須以正式軍官充任，以便統率指揮。其總首領張星辰則位居上位以號召指揮，但必須以通曉軍事之幹材輔助之。」[59]

吳佩孚的意思再明白不過，只要自己出山，一聲號令，像楊森、鄧錫侯這樣的舊部將會回應。對於妙道會這樣的「武裝」，需要訓練，才能成軍。張燕卿趕緊拍馬屁，說張星辰也有同樣考慮，妙道會的成員都是良民，心向吳大帥。

吳佩孚接著說，中日和平要從長計議，「但倘非使之似專為中國之利益而行，則中國人民不擁護；中國人民不擁護，則將一事無成矣。」

他在談話結束時，「不經意」地提了一下，他與汪精衛有聯繫。汪精衛派代表到北平，向他表示，如他「答應出廬合作，則自己亦願附驥尾，為天下民生不辭擔當起外交方面之事務」。[60]

7月16日，岡野再次向吳佩孚上書，勸諫他「出廬」收拾時局。他的這份勸諫書，先是拍馬屁，後是挑撥離間。他盛讚吳佩孚：「吳將軍人格偉大，浩氣貫蒼穹；德備而道全，舉世皆欽佩，友邦亦極敬服。」接著說，對吳佩孚心悅誠服的四川舊部現在部署

---

[59] 中央檔案館、中國第二歷史檔案館等合編，《日本帝國主義侵華檔案資料選編 汪偽政權》，日本駐華大使館參事致日外相報告，中華書局，2004年6月版，第606頁。

[60] 中央檔案館、中國第二歷史檔案館等合編，《日本帝國主義侵華檔案資料選編 汪偽政權》，日本駐華大使館參事致日外相報告，中華書局，2004年6月版，第606-607頁。

到湖南、湖北、江西、安徽等廣闊地域，兵力達二十餘萬。送到國民黨前線各師補充兵員的四川壯丁，有一百多萬，在四川接受過訓練的後備兵力合計可達兩百多萬。這些部隊都可能聽吳佩孚的號令，而蔣介石正是有了這樣雄厚力量的支持，才能夠延長戰局。

「因而，吳將軍之執導和平者，乃為四億同胞立刻變憔悴為歡樂，化干戈為玉帛也。故宜令友邦日本予以特別之重視。誠能先使四川之同胞連袂相接，一旦使群雄賓服，號令之下，立換雍蜀（四川之舊名）之民族旗幟，於中日之戎馬聲中還我河山，成為中原主人，則國家棟樑之材不召自來，此乃吳將軍速立政權之基礎，重整中華民國之第一步也。」[61]

吳佩孚批其函曰：「以小謀大自取滅亡」。[62]

7月18日上午十點半，岡野驅車至什錦花園與吳佩孚漫談時局。岡野問吳佩孚洛陽時代曾想用武力蕩平中原，實施模範政治，使天下歸心，為什麼現在不說了。

吳佩孚說道：「彼洛陽時代學問未成，道德涵養亦差，故往往不自量力。而今之學問道德已入圓熟之境，欲以平治而定歸趨，奉神意而導黔首，實乃殷鑒之昭昭也。余痛感惟有道德，惟有道德蒞臨於中國，惟有依靠道德之力量，此外別無他法矣。」[63]

吳佩孚當場向岡野展示了自己學問的進展。他拿出了正在編著的有關日食、月食等天文現象的書籍的原稿展示，並向他展示了他對近年來作古的名人政要的短評。這些名人都是他曾赤忱相待的，

---

[61] 中央檔案館、中國第二歷史檔案館等合編，《日本帝國主義侵華檔案資料選編 汪偽政權》，日本駐華大使館參事致日外相報告，中華書局，2004年6月版，第608頁。

[62] 文斐編，《我所知道的吳佩孚》，中國文史出版社，2004年1月第1版，232頁。此時事實為吳佩孚隨員、英文翻譯陳文會回憶。

[63] 中央檔案館、中國第二歷史檔案館等合編，《日本帝國主義侵華檔案資料選編 汪偽政權》，日本駐華大使館參事致日外相報告，中華書局，2004年6月版，第609頁。

比如說曹錕、黎元洪、孫岳、蔣方震、徐紹楨、韓復榘、鄭孝胥、徐世昌等。吳佩孚不無得意地說，他用三分、四分、五分、六分等評價這些人物的價值，他的這些蓋棺論定大抵中肯。岡野問他是怎麼來的，吳佩孚告訴他，都是扶乩得來的，扶乩可以稱為「生死簿代筆」。他把這些扶乩得來的人物短評彙集成書，署上了自己的道號「太和」。[64]

為了瞭解吳佩孚的真實想法，岡野在7月23日，去半壁胡同拜會了吳佩孚的參謀長蔣雁行。蔣雁行是日本士官學校第一期畢業生，時年65歲，在岡野眼中是一「好老翁」。

蔣雁行與岡野談起了吳佩孚的性格。「吳氏平生會見他人，於多數場合決不吐露真情，而以胡說八道如英語所謂「camouflage」之態度出現，使對方無法輕易窺測自己心境。」但蔣雁行認為，吳佩孚僅對他和岡野兩人有「打開窗戶說亮話之時」，「充分體現彼之本來面目，乃至禮讓、善妥協，且誠實而剛毅也」。[65]所以蔣雁行勸慰岡野，現在吳佩孚要求全權，要求日軍撤退，並不一定是吳佩孚真實的主張，但是吳佩孚對現實形勢有著深刻的認識，所以他出什麼招很難判斷。

蔣雁行將吳佩孚與汪精衛進行比較，得出結論，吳佩孚不可能與汪精衛合作。「夫惟吳氏意志堅定，不易為他人佞言所惑。而汪氏則恰與吳氏相反，其心術之流動性若油一般。有嘴巴善喋之人，拉住指頭善描之客，要使如石之吳氏與如油之汪氏一起合作，則即

64　中央檔案館、中國第二歷史檔案館等合編，《日本帝國主義侵華檔案資料選編 汪偽政權》，日本駐華大使館參事致日外相報告，中華書局，2004年6月版，第610頁。
65　中央檔案館、中國第二歷史檔案館等合編，《日本帝國主義侵華檔案資料選編 汪偽政權》，日本駐華大使館參事致日外相報告，中華書局，2004年6月版，第611頁。

使將兩者置於一個桶中攪拌之，亦斷難使其同化。」[66]

1939年8月24日，日「駐華大使館」參事官崛內干城向日本外相有田八郎發送密信。[67]密信內容是岡野所寫的《吳佩孚想法與日本意圖之比較》。此封文件是岡野數月來，對吳佩孚「勸進」的總結，比較能反映出吳佩孚的態度，擇其要點，照錄於下：

吳佩孚究竟該出山否

　　於收拾時局上，吳佩孚之出山問題為目前最緊要之事也。而迄今為止，由兩、三個月來對此問題之研究來看，有關吳佩孚之出山，一言以蔽之：尚無明顯之徵象。

吳佩孚想法與日本意圖之比較

吳佩孚要求日本恢復中國主權：

　　此表面上為面子問題，即吳氏至今對日本待以睥睨之態，無此則無以號召天下大眾，換言之，即不能有效地收攬天下人心，而此若不可能，則於收拾時局上，出山顯然無意義也。

日本給吳佩孚以有限主權：

　　此為現狀下當然之歸結。即使吳氏運用禮讓論等，說得天花亂墜，亦不可能於一朝歸還全部主權也。日中之間和平之恢復，必須按停戰、和議、撤兵之順序，妥善處理。否則，必將產生若干衝突點。其中駐兵、鐵道、港灣、利源開

中央檔案館、中國第二歷史檔案館等合編，《日本帝國主義侵華檔案資料選編 汪偽政權》，日本駐華大使館參事致日外相報告，中華書局，2004年6月版，第612頁。
機密第954號，崛內覺得岡野有些想法不符合新形勢的要求。

發等，居主要地位。

吳氏以中國之古代文化把握人心：

此雖在中國青年界會有一部分人反對，但結果由於其淵
博的古代思想之演繹，必然降服之。他發出如此豪語：經過
今後二十年之教育，必當徹底糾正排日抗日之思想也。除卻
三綱五常外，決無實行治制之道德。此為吳氏歷來之信條。

日本亦有通過古代文化與中國契洽之企圖：

而迄今為止，初極少數與吳氏接觸者外，一涉及此則茫
然無知。對此，吳氏頗為失望。彼表露了此種情緒：不通曉
中國古典主義，不通曉古代之文化禮節者，則必不能勝任領
導日中親善之工作也。

吳佩孚之政治態度極為消極：

吳氏於測量中國民心之歸趨，可謂第一人也。世人皆
望彼繼承古來太公望、周公旦、張良、郭子儀、叔孫通、趙
普、耶律楚材、曾國藩等而出山。其孚眾望於一身，即為此
論點之明證也。

　　　……

把握吳佩孚平生治國平天下之根本原義：

平生樹立孝、悌、忠、信、禮、義、廉、恥八德，作為
國家之支柱。也正因此，吳氏之清節為天下所知，因其不眈
於政治，無私心、功名心、投機心、利己心也。尤甚者，極
懼漢奸之名。彼之心境，乃俟時機成熟而自發出山，如有順
應民心之誠意，亦願得到日本之援助。

日本方面有一味地促使吳氏出山之傾向：

吳氏時常激怒者，並非出於衷心，乃逢場作戲之舉也。

日本人中，有人謂什錦花園猶伏魔殿者。

蓋吳氏周圍不乏雞鳴狗盜之徒，而吳氏之心境又難以揣摸也。此輩以有色眼鏡對吳氏觀而察之，故往往向各界披露其猶鬼氣襲人之妖怪也。特別說到佛堂扶乩，更有形形色色之描述，此不過為著述春秋正義之法耳。[68]

……

吳佩孚以天下第一自居，絕不甘拜他人之下風：

日本對於此次汪、吳合作，動輒有將吳置於汪下之異說，此則如緣木求魚，到底不值一提。而×××又非吳、汪不可。於此點必須仿效以前所進行之唐吳合作之法。

吳佩孚既有表面謙讓之美德，而又有內心中堅定不移之自信力。

此種資訊與月前汪氏入燕時即有端倪可見。彼以「行客拜坐客」之古禮等待汪氏來訪。汪之左右以國務總理論相對抗，吳方則以代理大總統之職來應酬。可見中國乃重禮儀之國度。今後之於吳、汪關係上，若不徹底認識中國之古風，則吳、汪之合作必不能成。

……

吳佩孚之心境，與德川家康之態度相類。

若未啼待啼之杜鵑，躍躍欲試，引而不發，此為吳氏日下之心境。「出山而不能成事乃蠢庸之輩」，「如使餘能有所作為，則出山」，此即吳氏心情之表露。「縱橫捭闔全憑乃公之智囊也。」言日本應將一切主權舉而還諸於我。此為

---

68 中央檔案館、中國第二歷史檔案館等合編，《日本帝國主義侵華檔案資料選編 汪偽政權》，吳佩孚想法與日本意圖之比較，中華書局，2004年6月版，第618-620頁。

彼之真實心情。於此際完全相信其人格，使其試行之，如何？
日本持豐臣秀吉之態度，強硬而尖銳：

> 杜鵑若不叫，便要使它叫。此為我方之主張。對於吳氏
> 之等待瓜熟蒂落態度，日本方面以各種各樣之手段誘其出
> 山。「敲鉦不得其法而和尚不入經堂」；叫門不得其法，
> 而主人不予接待。水到渠成，可認為此為中國普遍之行事辦
> 法。[69]

崛內認為岡野的想法有些落後，可實際上，我認為岡
野的想法卻比日本的職業特工們強多了，或者說，吳佩孚利
用岡野對他的瞭解，讓岡野落入了圈套。從岡野的這篇文章
中，不難看出岡野在批評日本的特務當局。

吳佩孚用兩手對付日本人，對土肥原、大迫等人是一
種態度，對「自己人」岡野是另一種態度，虛虛實實，一件
事往往有兩種說法，日本人也不知道他的真實想法到底是什
麼。搞到最後，老朋友也兇相畢露了。

某日，岡野與吳佩孚在什錦花園宅樓上促膝談心，岡野
突然說：「明年元旦（1940年）公須登大總統位，屆時皆佈
置妥善，上臺也得上，不上臺也得上，絕不容再事推諉。」
吳佩孚斷然回道：「如要威逼我出來，除非吳家父母再生一
回，寧願死在此樓，決不能作此無恥之事。」[70]事已至此，
兩人決裂。

第二天，吳佩孚卜了一卦，得山地剝卦，其占辭曰：食

---

[69] 中央檔案館、中國第二歷史檔案館等合編，《日本帝國主義侵華檔案資料選編 汪偽
政權》，吳佩孚想法與日本意圖之比較，中華書局，2004年6月版，第621-622頁。
[70] 文斐編，《我所知道的吳佩孚》，中國文史出版社，2004年1月第1版，234頁。此處
事實為吳佩孚隨員、英文翻譯陳文會回憶。

膚滅鼻。吳對著侍立在側的幕僚們說：「此卦示我，如出而肉食，必無面子。我對此事原無躊躇，再決之數者，借堅諸君之意，共期勿為謊言所亂也。」[71]他對家人說：「我不能禁止人威逼利誘我，但我決不受人威逼利誘。以前如此，現在如此，將來也是如此。」[72]

日偽方面計無所出，就打算從吳夫人身上打來缺口。吳夫人回答他們：「我只知治家，不知治國。你們跑過來遊說我，我也不知道你們所為何事。你們整天慌慌張張的，為了什麼呢？為了日本嗎？日本跟你有什麼關係，為了中國嗎？看起來也不像。」過來遊說的漢奸頓時語塞。[73]

吳佩孚之死

1939年底的一天，吳佩孚在吃飯的時候，有一塊雞的碎骨卡在他的金牙裡，怎麼也剔不出來。沒多久，吳佩孚的牙床就腫了起來，還影響到喉嚨，喉嚨也腫了，進食困難。[74]吳家就請來了熟識的日本大夫伊東豐作。伊東30多歲，瘦高個，大眼睛，穿著一身潔白的職業服，在東單八寶胡同掛牌行醫多年，能講一口流利的北京話，深受吳的信任。[75]按照常理，牙齒發炎的時候，是不能拔牙

[71] 文斐編，《我所知道的吳佩孚》，中國文史出版社，2004年1月第1版，234頁。此處事實為吳佩孚隨員、英文翻譯陳文會回憶。

[72] 文斐編，《我所知道的吳佩孚》，中國文史出版社，2004年1月第1版，251頁。此處事實為吳佩孚舊屬王振中回憶。

[73] 文斐編，《我所知道的吳佩孚》，中國文史出版社，2004年1月第1版，232頁。此處事實為吳佩孚隨員、英文翻譯陳文會回憶。

[74] 文斐編，《我所知道的吳佩孚》，中國文史出版社，2004年1月第1版，247頁。此處事實為直系將領、時任冀察綏靖公署諮議李炳之回憶，原文為李宜琛整理。

[75] 苗體君，《日本人是如何害死吳佩孚的》，《文史春秋》，2003年第2期，第12頁。

的，拔了可能加重感染，甚至導致敗血症。這個伊東違反常理，一再聲稱，必須把病牙拔出來才能好。病人當然聽醫生的，伊東以往與吳家關係也不錯，吳家就答應由他拔牙。伊東當即掏出鉗子，連麻藥也不打，硬生生地把吳佩孚的那顆病牙拔了下來。[76]只見病牙上面粘了一粒肉屑，伊東把牙齒給吳佩孚看了看，讓吳佩孚漱了漱口就走了。[77]

牙床發炎時拔牙後果很可怕，吳佩孚的病情更加嚴重了，連話都說不起來了。吳家人又趕緊請來了一位中國醫生。這位郭大夫，平時喜歡開石膏。[78]他對吳佩孚進行了診斷，認為吳佩孚要清火解毒，就給吳佩孚開了四兩石膏。石膏是有毒的，這個劑量太大了。吳佩孚不肯服用，病情越來越重，以至臥床不起。

吳家人看日本大夫、中國大夫都不行，就找了一位德國大夫來瞧病。德國大夫在中國行醫多年，是一位名醫。他見到吳佩孚的病態時，大驚失色，坦言相告，大帥的病情很嚴重，需要動手術。手術需要的設備沒辦法搬到吳家來，所以他希望把大帥送到他的醫院裡去。

可是他的醫院在東交民巷，是當時的使館區，吳佩孚不願意去。醫生轉而做吳夫人的思想工作。吳佩孚見狀，掙扎著擠出幾句話：「你我夫妻一場，我的心意你不能說不瞭解，倘若你趁我昏迷不醒之際，把我送到東交民巷，那我們就不是夫妻了！」[79]

---

[76] 錢劍鳴，《拒當漢奸的吳佩孚》，《海內與海外》，2006年第10期，第32頁。

[77] 苗體君，《日本人是如何害死吳佩孚的》，《文史春秋》，2003年第2期，第12頁。

[78] 文斐編，《我所知道的吳佩孚》，中國文史出版社，2004年1月第1版，254頁。此處事實為吳佩孚兒媳婦張義先的叔父、曾任北洋政府航空署署長的張紹程回憶。原文為胡君素整理。

[79] 張榮久，《北平市民為何自發為大軍閥吳佩孚送葬》，《檔案時空》，2004年第9期，第6頁。

拒絕到德國醫院治療的吳佩孚的病勢越來越沉重，竟然出現了昏迷現象。12月4日，吳佩孚從昏迷中醒來，發現始終對他忠心耿耿，且沒有被日本人收買的秘書幫辦張伯倫守候在身邊。吳佩孚說了一句話：「將來日本必定失敗，中國定可雪恥復仇。」[80]誰知道，這竟是彌留之際的吳佩孚的遺言，單單從這句話，我們就可看出，這位與日寇虛與委蛇的愛國將軍的真實的內心世界。他的生命即將消逝，他還在惦念著遭受日寇奴役的祖國。

　　下午三點多鐘，得知吳佩孚病勢沉重的川本、齊燮元等人趕來，他們帶著伊東和日本軍醫石田。與他們同來的還有吳佩孚的老部下陳中孚和符定一、陳廷傑。因此，符定一目睹了吳佩孚遇害的全過程。他把吳佩孚遇害的過程告訴了他的好友、吳佩孚的另一老部下，曾任北洋政府海軍部次長、湖南民政廳長的湯住心。湯記錄如下：

　　川本要求伊東為吳佩孚動手術，把膿放出來。但是伊東一再堅持說，不能動手術，動了，吳佩孚會有生命危險。川本用命令的口吻命令伊東：「我是奉天皇陛下的命令來請吳佩孚擔當中國政府重任的，你應當尊重天皇，盡最後的力量。」[81]吳夫人張佩蘭也認為不妥，但齊燮元堅持說：「不要緊，沒問題。」[82]伊東沒法，只得動手。川本等人帶來的憲兵，把來探病的諸多吳佩孚的部下擋在了吳佩孚的病房外，只有吳佩孚的親人允許留在房間中。

---

[80]　唐錫彤、吳德運、蔡玉臻主編，《吳佩孚研究：第三屆吳佩孚生平與思想學術研討會論文集》，北京圖書館出版社，曹桂華文《吳佩孚晚年的人生亮點》，2007年12月第1版，第272頁。

[81]　文斐編，《我所知道的吳佩孚》，中國文史出版社，2004年1月第1版，258頁。此處事實為曾任北洋政府海軍部次長、湖南民政廳長等職的湯住心回憶。

[82]　文斐編，《我所知道的吳佩孚》，中國文史出版社，2004年1月第1版，247頁。此處事實為時任冀察綏靖公署諮議的李炳之回憶。原文為李宜琛整理。

張佩蘭抓住吳佩孚的左手，吳道時抓住吳佩孚的右手，張義先扶著吳佩孚的頭部。伊東又一次沒有用麻醉劑，他現在吳佩孚的顎下左側橫開刀，刀口約1吋來長，並沒有流太多血。吳佩服雖然感覺疼，尚能忍耐。突然，伊東的手作了一個「勾」的動作。吳佩孚當即氣絕。[83]此時是1939年12月4日午後3時45分。[84]吳佩孚享年66歲。

---

[83] 文斐編，《我所知道的吳佩孚》，中國文史出版社，2004年1月第1版，254-255頁。此書事實為吳佩孚兒媳婦張義先的叔父、曾任北洋政府航空署署長張紹程回憶。原文為胡君素整理。

[84] 苗體君，《日本人是如何害死吳佩孚的》，《文史春秋》，2003年第2期，第13頁。

抗爭

軍統原來是幕後推手
──再探南京毒酒案

詹長麟是一個小人物。

詹長麟是一個普普通通的老百姓。

詹長麟是一個最基層的臥底特工。

然而，詹長麟卻是一個成功的刺客。

他善於「亮劍」。他的「亮劍」，不在於「逢敵必亮劍」，而在於隱忍不發，他真正做到了堅忍不拔。他的亮劍，一出手就是殺手鐗，在最恰當的時刻用最恰當的手段，給予侵略者最大的殺傷。他的亮劍，為抗戰初期兵敗如山倒的國民政府，為億萬擔心國家民族前途和命運的愛國者，注射了一支強心劑。籠罩在抗日軍民心頭的消極沉悶的陰霾被一掃而空。

詹長麟這樣的小人物所擁有的堅韌和隱忍以及瞬間爆發的力量，才是中華民族生生不息的生命力的真正源泉。在中國近代歷史上，中華民族遭受了太多的苦難，遭受了太多的橫暴侵略。發自這些小人物熾熱胸膛的吼聲，尤其是他們義憤填膺的時候的吼聲，將震碎敵膽！

「誠心誠意殺人」

關於詹長麟的傳奇故事。近年來報導不少，尤其是央視《尋找英雄》欄目組專門採訪詹長麟老人之後，這位低調的老人的故事已廣泛地傳播開來。[1]節目播出一段時間後，《尋找英雄》欄目組擇其精華，將其尋訪中國民間英雄的故事結集出版，彙集成《尋找英雄：抗日戰爭之民間調查》一書。

通過詹長麟老人和其子詹文斌以及相關專家學者的娓娓講述，一個有血有肉的、沉靜淡泊的，卻能夠在瞬間爆發出巨大力量的質樸老人出現在觀眾面前。當記者問到，平時對你比較和藹的日本書記官，被你毒死，你後不後悔？一直波瀾不驚的詹長麟老人，突然用拐杖狠狠地戳著地面，大聲叫道：「我是誠心誠意殺他們的，我是中國人啊，我要報仇呀！我要我的祖國呀！」[2]記者寫道，他聽到這句話時，「血往上湧」。我沒有看到那個節目，只是在《尋找英雄》這部書中看到了詹長麟老人的電視截屏，一個雙手握著拐杖的、穿著灰布中山裝的慈祥老人。當我看到這段文字時，我已經是熱淚盈眶了。

其實這個傳奇，不僅僅是詹長麟一個人的，他的哥哥詹長炳也有功勞。

老詹家是小手工業者，織緞子的。詹長麟、詹長炳的父親叫詹士良。老南京人管織緞子的人叫「機花子」。機花子的諧音就是

---

[1]　詹長麟老人的傳奇片名叫"兒女英雄傳之1939年夏天"。
[2]　陳真主編，田川、林平芳編著，《尋找英雄：抗日戰爭之民間調查》，廣西師大出版社，2006年6月第1版，第81頁。

「饑花子」，做這一行的人，大都生活窘迫，吃了上頓愁下頓。詹長麟1913年出生。等他長到15歲，詹士良為了給家裡減去一張嘴，也為了給詹長麟謀個前程，把他送出去當兵。詹長麟參加了蔣介石的「御林軍」——國府警衛師，後來擴編為國府警衛軍[3]。詹長麟運氣不錯，跟在蔣介石的親信、黃埔一期生、後來的抗日名將俞濟時身邊。俞濟時見他年紀小，且聰明伶俐，就把他留在身邊當勤務兵。

1931年9月18日，日本關東軍以柳條湖事件為藉口進攻東北軍北大營，隨即占領瀋陽，席捲東北。蔣介石政府期望國際聯盟主持公道，下令東北軍不准抵抗，退入關內，東北大好河山淪入敵手。最終，國聯派出了李頓調查團，代表英法美等國利益的李頓調查團，竟然建議，東北由國際共管。列強既不願意得罪日本，又怕資源豐富的中國東北被日本獨吞，就做出了這樣一個符合自己利益的結論，國民政府的主權被他們犧牲了。日本人虛驚一場，他們還是擔心國聯做出對他們不利的決議的。於是他們在上海挑起了事端，企圖轉移國際視線。1932年1月28日，日本人在上海挑起戰端。[4]

當時粵軍蔡廷鍇、蔣光鼐部駐守在上海，也就是中國人熟知的十九路軍。他們奮起抵抗。很多人以為，第一次淞滬戰役期間是十九路軍在孤軍抗戰。事實上，存在著巨大的錯誤。蔣介石投入了黃埔系的三支精銳部隊，兩支是後來的、被許多軍迷推崇為「鐵血虎賁」[5]的「國軍德械師」——八十七師和八十八師。此時俞濟時此

---

3 1927年，蔣介石的警衛部隊由侍衛大隊擴充為警衛團，1928，警衛團又擴充為警衛
  第一旅，至1930年，以擴充為兩個警衛師。
4 關於這段歷史，筆者建議讀者朋友參閱中國社會科學院近代史研究所沈予研究員的
  《日本大陸政策史（1868-1945）》（社會科學文獻出版社，2005年8月第1版）。筆者
  認為，沈教授這本大作為中國讀者瞭解抗戰史必讀之書。
5 《鐵血虎賁—抗日戰爭時期國民革命軍德式師》一文，我在大學期間首次拜讀，作
  者筆名"光亭"。此文在網路上流傳甚廣，全文詳見鐵血軍事論壇，網址為http://bbs.
  tiexue.net/post_1062103_1.html。

時調任八十八師的師長。[6]

　　中日雙方投入重兵，在上海打得很慘烈。上海是國際大都市，有很多的租界，帝國主義國家的目光時刻關注著。日本人很成功地達到了目的。英法主導的國聯注意力幾乎被上海的戰爭吸引了。等李頓調查團慢吞吞地到瀋陽時，已經是1932年4月21日，日本人一手策劃的、把清廢帝溥儀拉出來做「執政」的滿洲國，已經在一個多月前，也就是3月9日成立了。

　　必須承認，國民黨軍在上海打得不錯，迫使日軍四易主帥。不過日本人此時還不想全面侵華，還急於消化東北的「勝利果實」。詹長麟作為國民黨軍嫡系部隊的一份子，經受了戰爭殘酷的洗禮。

　　很多描寫詹長麟傳奇的文章，對這段歷史都是一筆帶過。詹長麟直到第一次淞滬戰役停戰期間，因母親生病，才向團長黃永淮請假回家探母，以後就留在家裡。[7]我想說的是，這段軍隊生涯對詹長麟的人生影響是很大的。我個人認為，這段時期對於詹長麟而言，可以視為他成為一個出色特工的培訓期。作為一名黃埔嫡系部隊的軍人，他必然要接受黃埔思想的薰陶，國家大義自不待言。軍人做事講究程式，強調臨危不亂，這些都是特工的必備素質。而且他見證過第一次淞滬戰役的血與火，早就見識過日本軍隊的橫暴，更能激起他的國家大義。如果沒有這一段歷史，他也不一定會成為軍統的發展物件。

6　　俞濟時亦為浙江奉化人，又為黃埔一期生，所以一直獲得蔣介石的信賴與提拔。1927年起，他先擔任國府警衛團營長，不久升為團長。1928年，他被委為國府警衛第一旅旅長兼南京警備司令。1930年，升任國府警衛第一師師長。1932年初，調任八十八師師長。俞濟時長期擔任蔣介石侍衛長，抗戰時期一度擔任國民黨軍王牌部隊74軍軍長（也就是後來的五大王牌主力整編七十四師的前身），1952年10月被授予中將加上將銜。1990年，因病逝世。以上材料來源於胡必林、陳齊、方瀕等編，《民國高級將領列傳》，解放軍出版社，2006年1月第1版，第306-307頁。

7　　周軍，《不該遺忘的"金陵毒酒案"》，《文史精華》，2008年11期，第54頁。

日本總領館的「老實」僕人

詹長麟在家賦閑沒有多久，就有人主動找上門來，要求介紹他去日本駐南京總領館工作。據詹長麟老人在《尋找英雄》一書中對記者說，1934年的一天，他的父親去鼓樓黃泥崗的何家茶館喝茶。這家茶館，他常來，有很多熟識的茶客。他有一個朋友叫王明和，王明和對他說，日本總領館現在缺一個僕人，我讓我家兒子王高科[8]介紹你家兒子去，好不好？詹士良問了一下報酬，每個月14塊銀元。他回家和詹長炳、詹長麟一合計，決定讓老二去，原因是老二長得有模有樣，「比較能走得出去」，而且老二畢竟見過一些大場面。實際上，他們都不喜歡日本人，詹長麟尤其不想去為日本人服務。沒辦法，生活所迫，畢竟一個月14塊銀元啊！14塊銀元在當時是什麼概念？一百斤一袋的洋麵粉才3塊銀元。

1934年，詹長麟21歲。

就這樣，詹長麟在幾天後跟著王明和的兒子去了日本總領館。詹長麟當時住在黃泥崗附近的薛家巷14號，離日本總領館不遠。當時位於南京北京西路1號的日本總領事館是日本在華的最高外交派出機構。日本在明治維新後執行「脫亞入歐」政策，甲午戰爭、日俄戰爭成為遠東第一強國，在第一次世界大戰期間，又大發橫財，自詡為東亞的領袖，躋身世界一流強國行列。因此日本給予貧弱的中華民國的外交待遇並不高，沒有給予大使級外交待遇，因此只在

---

[8] 王高科在1933年經人介紹到日本總領館當僕人，當時18歲。參見朱明，《南京"毒酒案"真相》，《民國春秋》，1999年第1期，第55頁。

中華民國的首都南京設立總領事館。[9]

　　據現代快報登載的文章中的資料。當時的日本總領館占地12.7418畝，約8493.6平方米，建起日本式花園樓房1棟51間，西式平房2棟8間，中式平房1間，白鐵皮房2棟11間。也就是說，日本大使館當年共計71間房。現在還殘存一座四層小樓的民國建築，是一家科技公司的辦公用房。[10]北京西路一帶使館林立，且有金陵大學、金陵女子文理學院等多所教會學校，屬於外國人聚居區。因此南京大屠殺期間，拉貝、魏特琳等國際友人得以在此設立國際安全區。[11]

　　王高科先帶詹長麟去見了掌管日本總領館雜務的宮下書記官。宮下看了看詹長麟，覺得詹長麟眉清目秀，本本分分的，覺得很滿意。他讓詹長麟跟著他去見日本總領事須磨彌吉郎，由總領事大人最終決定用不用他。詹長麟小心翼翼地跟著他到了須磨的辦公室，始終低著頭，顯得很靦腆的樣子。宮下跟須磨彙報說，這是我們新招來的僕役。須磨上下打量了一下，說了一句，要西（很好）。就這樣詹長麟被錄用了。[12]

　　實際上，這是軍統有意安排的。嚴格說來，這時還不能稱為軍統，因為這時軍統還叫做復興社。在全面抗戰之後，蔣介石將其嫡

9　直到1940年，日本人在南京扶植汪偽政權時，為了顯示"中日親善"，中日攜手共同建設"大東亞共榮圈"，日本人為了抬高汪記國民政府的"地位"，才將總領事館升格為大使館。

10　一步之差兩兄弟命運截然不同，現代快報，2008年12月8日，A20版。

11　南京大屠殺期間，留在南京的部分國際友人組成了國際委員會，設立了國家安全區。以下是國際委員會主席德國西門子公司代表拉貝先生在其回憶錄《拉貝日記》中記述的安全區範圍。"東面：以中山路為界，從新街口至山西路交叉路口；北面：從山西路交叉路口向西劃線（即新住宅區的西邊界），至西康路；西面：從上面提到的北界線向南至漢口路中段（呈拱形）（即新住宅區的西南角），再往東南劃直線，直至上海路與漢中路交叉路口；南面：從漢中路與上海路交叉路口起，至新街口起點止。"總面積為8.6平方公里。拉貝日記》，第98頁。

12　陳真主編，《尋找英雄：抗日戰爭之民間調查》，廣西師大出版社，2006年第1版，第83頁。

系特務組織之一的復興社，升格為軍事委員會調查統計局，簡稱軍統局。復興社是一支以黃埔系的太保們為首領的特務力量，它還有一個名稱叫做「藍衣社」。[13]因為它的成員喜歡穿著藍色的長衫而得名。因為軍統名氣更大，且這幾個組織實際上是一塊招牌。故在此統一以軍統代稱。

　　王高科是軍統打入日本總領館的特工人員。[14]他介紹詹長麟進入日本總領館工作是上級一手策劃的。詹長麟長期在國民黨軍中服役，深受愛國主義思想薰陶。從理論上來講，擔負日本在華間諜指揮機關職能的日本總領館，是不會容許具有抗日思想、且有過軍人背景的中國人進入總領館當僕人的。日本總領館當中的許多名為外交官的日本人，實際上是日本間諜。這幫傢伙受過特殊訓練，有著比常人敏銳的觀察力，一般人瞞不過他們的眼睛。事實上，日本總領館這次招人是有條件的。詹長麟到後來才知道。條件其實很高，就是為了防止中國間諜混進來。有四個條件。第一，不會說日語，不認識日文。（防止做間諜）第二，有至親在南京。（等於人質在手）第三，誠實老實，手腳勤快。第四，相貌端正。[15]

　　我想，詹長麟如此輕易地通過日本人的面試。主要有兩個原因。第一，他的年紀尚小，且看起來忠厚老實。第二，日本人對他的背景沒有進行調查。日本人肯定對詹長麟的老長官俞濟時瞭若指掌，可是沒有人會去注意他身邊的小勤務兵。他們更想不到，詹長麟參軍的時候，還是個半大孩子，他15歲就參軍了，1932年才離開

---

[13] 經盛鴻，《抗戰傳奇老人詹長麟》，《檔案與建設》，2007年第4期，第44頁。1938年8月，軍統正式成立。

[14] 王高科後來被調到國民政府首都員警廳工作。

[15] 陳真主編，《尋找英雄：抗日戰爭之民間調查》，廣西師大出版社，2006年第1版，第83頁。

部隊，是個老兵了。加上他自1932年以來一直在家織緞子，對於一個僕人，日本人即使調查，也不會調查得太細。人算不如天算。日本人進攻南京時，軍用地圖上連紫金山上的戰略要地上的每一棵大樹都標得清清楚楚，卻把這樣一個有著六七年軍齡的年輕人，放在了身邊，無異於放了一顆定時炸彈在身邊。

65號情報員

就這樣，第二天詹長麟上班了。日本人果然沒有看走眼，詹長麟的確是個勤快人，而且話不多，從來不東串西串，問東問西的。日本人讓他打掃房間、端茶送水、分發信件，有些時候還接聽電話。14塊銀元也不好拿，雜事不少，而且工作時間長。每天工作16個小時，我們現在是朝九晚五，他剛好倒過來朝五晚九。而且一年到頭沒有休息日，隔三天還要上一個夜班。[16]

剛上班半個月左右，有一天詹長麟剛下班。一個身著藍布長衫、眼帶墨鏡的年輕人到他家來找他。黃包車把他們拉到了鼓樓旅社。年輕人帶他上了二樓，走進四號房間。一個同樣打扮的中年人走了進來，年輕人退了出去。

詹長麟正在納悶，中年人把墨鏡摘下，笑嘻嘻地對他說：「你是詹長麟吧？在日本總領館幹得怎麼樣啊？你還記得32年，黃團長准許你回家探母吧？」此人對他的情況，如此熟悉，讓久經戰陣的詹長麟也不知不覺地心虛了。他一一作答。[17]

---

[16] 陳真主編，《尋找英雄：抗日戰爭之民間調查》，廣西師大出版社，2006年第1版，第83頁。

[17] 周軍，《不該遺忘的"金陵毒酒案"》，《文史精華》，2008年11期，第54頁。

中年人點點頭，很滿意。他介紹自己是首都員警廳特警科外事組組長趙世瑞。首都員警廳特警科是復興社的週邊組織。他向詹長麟講了一些愛國道理，聽得詹長麟熱血沸騰，又回想起了那些在淞滬戰場與日本人拼命的歲月。趙世瑞見詹長麟是血性男兒，直截了當地告訴他，讓他進日本總領館做僕人是組織安排的，目的是讓他刺探日本人的情報。他問，詹長麟願不願意幹，說完，撩起長衫，掏出手槍，往桌子上一拍，說道，「你已知曉組織的機密，自己選擇，幹就加入組織，不幹，就在這裡用這把手槍自殺！」[18]

　　詹長麟全明白了，他二話不說，當即表示，幹！他很高興有這樣的機會報效國家。隨即宣誓加入了復興社。

　　於是，詹長麟成了復興社安插在日本總領館的65號情報員，化名袁露。他開始了在日本總領館的「潛伏」生涯，每個月可以從復興社領取10塊銀元的經費。他們家的日子一下子變得寬裕起來了。

　　詹長麟兢兢業業，辦事妥帖，日本人很滿意。薛家巷離日本總領館絕對距離不是很遠，可是那麼早來，也不容易。後來，日本人也許是為他上班方便，也許是覺得這個人是個能幹的好手，就給他配了一輛自行車，提高工作效率。

　　詹長麟加入軍統後，組織隔三岔五地對他進行培訓。教他怎樣偷拆信件，如何交接情報，如何用明礬寫密信。表面上，忠誠的僕人詹長麟每天都在勤勞地工作，勤快地掃地、擦桌子、倒廢紙簍。日本總領事很喜歡他，把他調到公館樓侍奉自己，於是詹長麟可以順理成章地進入總領事的辦公室。實際上，他抓住一切機會，趁著日本人不在，偷偷地翻閱文件，甚至打開辦公室的抽屜偷抄文件。

---

[18]　陳真主編，《尋找英雄：抗日戰爭之民間調查》，廣西師大出版社，2006年第1版，第84頁。

他有些時候甚至把他經手的信件帶回家，偷拆，抄下信件內容，再用火漆封好，蓋上他用骨頭做的郵戳，再神不知鬼不覺地還回去，或者寄出去。[19]

自從他被調到公館樓，日本人覺得僕役的人手又不夠用了，又讓他把自己的哥哥詹長炳找來當差，也給他配了一輛自行車。自然而然地，詹長炳也被復興社吸納為成員。[20]

常在江邊走，哪有不濕鞋。詹長麟有一次差點失手，有一次日本總領事到花園耍大刀了。其他的日本官員也在室外活動。詹長麟覺得是天賜良機，偷偷地潛入總領事的辦公室打開抽屜尋找機密文件。他太專心了，直到聽到樓梯間響起很重的腳步聲時，才意識到有人來了。他趕緊合上抽屜，抓起一塊抹布，就裝作一絲不苟地給總領事擦辦公桌。

進來的是日本總領館員警署副署長悌澤。這個日本特務滿腹狐疑地看著他，本能地覺得他有問題。他大聲問道：「你在幹什麼？誰讓你一個人待在這裡的？」詹長麟剛準備開口辯解，他一個大嘴巴子就扇了過來。詹長麟「委屈」地看著他，眼淚在眼眶裡打轉。也許是表演得太逼真，悌澤以為他當真在打掃房間，回身取了，上的羽毛球拍就出去了。[21]

以後詹長麟就開始提防這個老特務，見到他就低眉順眼，表現得恭恭敬敬的。

19　周軍，《不該遺忘的"金陵毒酒案"》，《文史精華》，2008年11期，第54頁。
20　朱明，《南京"毒酒案"真相》，《民國春秋》，1999年第1期，第55頁。
21　陳真主編，《尋找英雄：抗日戰爭之民間調查》，廣西師大出版社，2006年第1版，第85頁。

平息藏本事件的大功臣

在詹長麟投毒之前，他立了一個大功。這個大功，讓他的頂頭上司趙世瑞一躍而成為少將。這就是民國歷史上有名的藏本事件。

藏本事件是日本人在1934年6月製造的，準備向國民政府施加外交壓力的重大外交事件。[22]藏本全名為藏本英明，當時是日本總領館的副領事。他實際上不是日本人，而是朝鮮人。因為朝鮮在1910年被日本吞併，所以他成為了皇國的臣民。他家很早就遷居日本，藏本英明好學上進，畢業於東京帝國大學，而且是一個文物專家，對中國很熟悉，號稱「中國通」。[23]不過在日本人看來，這個不是日本人的「中國通」是可以犧牲的。日本總領事須磨指令他偷偷地潛入紫金山，然後自殺。這樣，他就能誣稱是中國特工綁架並殺害了日本外交人員，從而製造戰爭藉口。[24]

這個藏本英明雖說長期被日本軍國主義洗腦，可畢竟不是純種的天皇子民，一想到自己的妻子兒女，他惜命。他偷偷地在紫金山上找了一個山洞躲了起來，沒有執行須磨自殺的指令。他躲了幾天，後來實在餓得不行了，偷偷地從山洞裡出來找老百姓要吃的，老百姓覺得他很奇怪，不給。他就用自己的金戒指換。老百姓就報告中國員警了，就這樣，當時得到詹長麟情報的趙世瑞，正漫山遍野地帶著大批員警一個山洞一個山洞地尋找藏本，一下子鎖定了藏

---

22 藏本事件，參見百度百科"藏本事件"詞條，網址為http://baike.baidu.com/view/1647852. htm?fr=ala0_1。
23 陳真主編，《尋找英雄：抗日戰爭之民間調查》，廣西師大出版社，2006年第1版，第86頁。
24 經盛鴻，《抗戰傳奇老人詹長麟》，《檔案與建設》，2007年第4期，第45頁。

本的藏身地點，準確地把他揪了出來。[25]當時日本人正在發動戰爭
訛詐，宣稱中國方面不給個說法，就對中國不客氣。國民政府外交
部急得焦頭爛額。人找到了，日本人沒話說了。須磨去外交部領人
時，尷尬地說，藏本這個人神經有些問題。不久藏本就回國了，臨
走前還帶走了一大批從中國竊取的文物，詹長麟幫他裝的箱。

詹長麟是怎麼知道他躲在紫金山上的呢。原來在6月6日晚上11
點，藏本從須磨辦公室裡出來時，就叫詹長麟去找總領館的司機，
說他要出去有事。詹長麟很意外，因為這麼晚了，他還要上哪去
呢？他仔細一看藏本面色有異，就一直把他送上車，看著他往北極
閣方向去了。[26]

第二天日本人就宣稱副領事失蹤了，日本軍艦在南京江面遊
弋。詹長麟趕緊把藏本的去向向上級彙報。趙世瑞得知了藏本去
向，帶著軍警，沿著北極閣方向找了三天三夜，不眠不休玩命地
找。後來藏本自己暴露了，被他逮個正著。趙世瑞憑藉詹長麟的情
報和老百姓的舉報，立了一大功。

時間一晃就到了1937年，詹長麟兄弟在日本總領館服務得盡
心盡力，日本人比較滿意。他們兩個利用日本人的信任，不斷地向上
級提供情報。如果時間就這樣慢慢地流逝，日本人不獅子大開口想把
整個中國吞下肚去，不發動全面侵華戰爭，他們將是日本總領館裡的
「忠心耿耿」的僕人，甚至某些日本人讓他們覺得還不是那麼討厭。

可是日本人在侵略中國東北，逐漸蠶食華北，將華北地區變成
特殊化地區，仍然不滿足。7月7日，日本軍隊藉口一名士兵在演習

---

[25] 趙世瑞搜捕藏本英明一事詳見《藏本事件與趙世瑞》一文，讀者可以參見五泄宣純
的博客，網址為http://blog.sina.com.cn/s/blog_5113f4950100bd5g.html。

[26] 周軍，《不該遺忘的"金陵毒酒案"》，《文史精華》，2008年11期，第54-55頁。

中失蹤，要進入29軍駐守的宛平縣城「搜查」，被宛平守軍拒絕。日本人挑起了戰爭，隨即將戰火燃燒到中國的上海，上海離國民政府首都南京很近，日本人想從上海方向進攻南京，占領中國的首都，使國民政府和中國軍民屈服，日本人狂妄地叫囂「三個月內滅亡中國」！

　　日本人不斷向上海增兵，而且憑藉強大的空軍優勢，不斷派出大批飛機空襲南京。為了避免誤傷自己人，日本總領館的工作人員撤退了。他們非常信任詹氏兄弟，給他們留下一個「日本領事館使用人」的白色袖章，讓他們看管日本領事館，保護日本領事館的財產。[27]詹長麟表弟徐萬興的兒子被日本飛機炸死了。由於南京城內沒有多少防空力量，中國空軍為數不多的飛機，在淞滬會戰期間基本消耗殆盡。日本飛機如入無人之境，在南京城內肆意投彈，他們將重磅炸彈投到居民區內，南京城內人口密集，受難居民血肉橫飛，慘不忍睹。

　　如果說，從天而降的炸彈，對所有南京居民而言，威懾和恐懼只是心理層面的話。12月13日，南京城破，慘無人道的日軍在南京城內燒殺搶掠，已經是對所有南京軍民的現實威脅了。由於在淞滬會戰期間，中國軍隊頑強抵抗，日本軍隊遭受重大傷亡。日本軍隊對南京軍民展開了瘋狂的報復。日本高層想借鑒滿清入關時期採取的屠殺政策，仿效「揚州十日」、「嘉定三屠」的做法，用鮮血懾服中國軍民放棄抵抗。日軍在南京城內隨意殺人，搶劫、強姦、縱火等罪行罄竹難書。

27　陳真主編，《尋找英雄：抗日戰爭之民間調查》，廣西師大出版社，2006年第1版，第87頁。

復仇機會來了！

南京大屠殺期間，詹長麟一家先後住在鼓樓二條巷和廣州路。國際難民營就大致設立在這裡，所以他目睹了很多的暴行。他住在廣州路時，日本兵闖入他家，想強姦他的妻子，看到了他的「日本領事館使用人」的袖章，沒有下手。但是剛好有一個婦女出來倒水，日本兵看到了想就地強姦，這個婦女堅決不從，日本兵就把她刺死了，之後揚長而去。詹長炳膽很大，騎著日本總領館配的自行車，戴著白袖章，四處查看，統計日本人的戰爭罪行，彙報給上級。[28]他們兄弟倆目睹了太多不堪入目的獸行，復仇的火焰在他們心中熊熊地燃燒。

日本人占領南京的兩個月後，日本總領館的工作人員又以勝利者的姿態回到了南京。日本人組織了以安福政客、大漢奸梁鴻志為首的「維新政府」。日本總領館照常辦公以後，詹氏兄弟又回到了總領館工作。曾經打過詹長麟的日本官佐吉野，得意地指著詹長麟的鼻子侮辱他：「你們現在是真正的亡國奴了！」[29]詹長麟不與他理論，暗暗地在心中發誓：「總有一天，老子要你們好看！」他在慢慢地等待時機。

隨著日本人在中國擴大侵略，大半個中國淪入倭寇之手，日本人在不同占領區扶植的傀儡政權也開始有效運轉了。南京的市面逐漸恢復了平靜。

---

[28] 周軍，《不該遺忘的"金陵毒酒案"》，《文史精華》，2008年11期，第55頁。
[29] 陳真主編，《尋找英雄：抗日戰爭之民間調查》，廣西師大出版社，2006年第1版，第89頁。

轉眼之間，一年多過去了，到了1939年6月。月初的一天，在日本書記官船山的房間裡打掃衛生的詹長麟無意間看到了一封信件。他當即把他抄下來，回去彙報給上級。一翻譯才發現，這是一個重大情報。

　　6月10日晚間，日本總領事崛公一要在總領館宴請前來視察的日本外務省清水留三郎次長及其隨員三重。崛公一打算請大批在華的日本軍官以及偽「維新政府」的頭面人物作為陪客。6月8日，詹長麟搞到了客人名單，他嚇了一跳，這份名單幾乎囊括了所有當時日本駐南京的「華中派遣軍」的首腦，以及所有偽「維新政府」的頭面人物。名單如下：

　　日方有「華中派遣軍」司令官山田己三中將、參謀長吉本貞一少將、副參謀長鈴木宗作少將、軍報導部長谷荻那華雄大佐、特務機關本部部長兼偽「維新政府」的最高顧問原田熊吉少將，以及谷田大佐、高橋大佐、公平中佐、岩松中佐、三國大佐、島本少將、三浦大佐、澤田海軍大佐、田中中佐和秋山大佐等；偽「維新政府」方面的有偽行政院院長梁鴻志、立法院長溫宗堯、綏靖部部長任援道、內政部部長陳群、交通部部長江洪傑、司法部長胡祊泰、教育部部長顧澄、外交部部長廉隅、則一政部次長嚴家熾、實業部部長王子惠、南京市市長高冠吾等。[30]

　　總領事崛公一和領事內田及兩名副領事等4人為東道主。[31]

　　軍統南京區決定投毒，將這些日寇和漢奸一網打盡。經過精心策劃，毒藥由詹長炳負責交到詹長麟手中。詹長炳向詹長麟傳達了

---

[30] 中國人民政治協商會議江蘇省暨南京市委員會文史資料研究委員會編，江蘇文史資料選輯，江蘇人民出版社，1981年6月版。第11輯蔡德金文─日本南京總領事官邸中毒事件，第31-32頁。

[31] 蔡德金，《日本總領事館投毒事件》，《縱橫》，1996年第12期，第37頁。

軍統南京區的指示，希望詹長麟在投毒之後，自己也飲下毒酒，這樣就可以製造中國僕人因為義憤而投毒殺死仇人的假像。詹長麟思慮再三，請求詹長炳請示上級，他希望全身而退，能夠保存有用之軀，再度殺敵，再說他覺得，完成任務之後再讓他死，沒有意義，日本人還是會追查下去。經詹長炳請示，上級同意了詹長麟的要求，並對他家人的撤退做了妥善安排。

復仇的毒酒

軍統南京區專門開了一個會議，討論投毒事宜。詹長炳去參加了會議，當天晚上詹長炳把一個有手指粗的藥瓶交到了詹長麟手中。藥瓶裡裝著白色的粉末，藥瓶上面有「USA」字樣。詹長炳告訴詹長麟，這是軍統從美國弄來的毒藥，劇毒，沾上就死。詹長麟暗暗地把藥瓶藏好。

日本人舉行宴會的日子到了。軍統這一次做得很人性化，10日早上在魚市街中華菜館安排詹長麟全家吃了個團圓飯。吃完飯，詹氏兄弟照常去日本總領館上班，他們的家人則由軍統護送，渡江去八卦洲衣村躲了起來。詹土良帶著自己的老伴詹潘氏和大兒媳詹朱氏、二兒媳詹黃氏、女兒詹蘭英，以及孫子、孫女藉口參加城外親戚的葬禮，從燕子磯下游的笆斗山渡口乘船到江北。[32]

因為詹長麟深得負責日本總領館雜務的宮下書記官的信任，整個領事館吃的喝的都歸詹長麟掌管，廚房裡的大大小小的鑰匙都在

---

[32] 中國人民政治協商會議江蘇省暨南京市委員會文史資料研究委員會編，江蘇文史資料選輯，江蘇人民出版社，1981年6月版。第11輯蔡德金文─日本南京總領事官邸中毒事件，第37-38頁。

詹長麟手裡。因為崛公一想讓清水和三重嘗一嘗異國風味，所以決定用中國菜、中國酒招待。詹長麟去南京有名的老萬全酒家買回了四壇紹興黃酒。老萬全酒家位於南京中華路三山街119號，是個老字型大小了，不僅賣中國酒，許多世界名酒都有。詹長麟在下午趁人不在的時候，把毒藥倒在一個溫黃酒的瓶子裡面，然後倒入一點點黃酒搖勻，把瓶子放在過道地下的櫃子底下藏好。

開席前，詹長麟把裝有毒酒的瓶子取出來，把毒酒倒在一個大瓶子裡，再倒入毒酒搖勻。為了保證在場的「王八蛋」們都能喝下毒酒，詹長麟自己去宴會廳，一杯一杯給這些傢伙倒好。

晚上7點，宴會準時開始。不知道什麼原因，有些日本要員沒有來，崛公一從總領事館裡找了幾個工作人員把席補全。船山書記官通知書記官宮下、吉生、金子、員警署長內藤四郎、翻譯石橋等迅速出席宴會。[33]

詹長麟藉口肚子疼，出去找醫生開點藥，離開了日本總領館。在此之前，詹長炳早已藉口有事，先走一步了。他從日本總領館的後門出去，騎上自行車在傅厚崗的高原嶺小巷子與詹長炳會合，哥倆騎著自行車飛快地穿過玄武門，直奔燕子磯江邊。剛準備上船的時候，有兩艘日本人巡邏的小火輪開了過來。他們趕緊閃到蘆葦蕩裡躲了起來。等小火輪走遠了，才過了江。他們過了江之後，到了軍統在江北設立的一個叫徐家窪的聯絡站。

詹長麟從日本總領館逃走後不久，日本人的酒席開始了。日本鬼子和漢奸們首先舉杯祝天皇身體健康，隨後一飲而盡。過了大約十分鐘以後，有人喝出來酒有問題，剛喊了一聲「酒裡有毒」，就

---

[33] 陸衛東，《"南京毒酒案"真相揭秘》，《紫金歲月》，1999年第4期，第71頁。

癱倒在地。酒席上亂套了，陸續有人倒下。

　　日本人一面召集醫生前來搶救，一面派人調查投毒之人。雖然南京城裡最好的醫生都趕到現場，宮下、船山兩人還是斃命了，梁鴻志[34]、高冠吾等漢奸以及很多日本要人已經中毒甚深，經搶救好歹保住狗命。[35]詹長麟投毒所用的毒藥是氰化鉀，也就是越南游擊隊與美軍在叢林中周旋，打完最後一顆子彈時，用於結束自己的生命的、掛在脖子上的膠囊。氰化鉀毒性很大，只要足量進入人體，大約十秒鐘就可以致人死命。可能是因為毒藥量太少，酒又太多，或者是因為氰化鉀溶於酒後，效力下降，所以很多日偽要人得以生還。[36]

《中央日報》的連續報導

　　南京毒酒案發生之後，雖然日偽一方試圖封鎖消息，但是國民政府的中央社對此事件進行了連續報導，迷惑敵人。[37]筆者錄之如下，以饗讀者。讀者可以從中獲得一些真實的資訊。

　　　一、中央社香港十一日電
　　　正標題：敵領館宴清水 敵偽均中酒毒

---

[34] 梁鴻志是臭名昭著的"安福系"政客，後任汪偽政府監察院長、立法院長等職，於1946年5月21日，被國民政府以叛國罪被判處死刑，11月9日在上海被處決。

[35] 實際參加宴會的為日方的清水、三重、鈴木、澤田、田中等人，偽維新政府漢奸梁鴻志、溫宗堯、任援道、江洪傑、胡礽泰、顧澄、廉隅、高冠吾赴宴。許多人缺席。臨時補充的日本領事館人員包括，四位東道主之外還有，日本總領館員警署長內藤四郎、書記官宮下、吉生、船山、金子、清水、翻譯石橋、囑託山本等。詳見，

[36] 氰化鉀仍然是目前人類已知的最毒的藥物之一。關於氰化鉀毒性，讀者朋友可參閱百度百科"氰化鉀"詞條，網址為http://baike.baidu.com/view/1727.htm?fr=ala0_1_1

[37] 當時《中央日報》應軍統要求連續發表了5篇文章。

副標題：梁逆鴻志等中毒最深敵稱系抗日份子所為

正文：滬訊 敵外務省政務次長清水留三郎，日前抵滬赴
寧。敵駐寧總領館與十日晚七時，設宴歡迎。除敵方
軍政要員一致與宴外，並邀偽組織首要梁逆鴻志、溫
逆宗堯、任逆援道、顧逆澄、高逆冠吾等作陪，計二
十餘人。席間敵解籌交錯，狀甚歡洽，詎料所食黃酒
中，為以暗置強烈毒質，敵偽暢飲後，立即中毒，均
昏倒地上。一時秩序大亂，急召醫生救治，卒以中
毒甚深，遂車送醫院，尚未脫離險境。敵方對此次
消息，於十一日晚始發表，謂酒中毒料系抗日份子所
置，並已捕獲一人。中毒最深者為梁逆鴻志及高逆冠
吾。至敵方人員，雖傳有高級軍事外交人員在內，但
未言姓名雲。

二、中央社香港十二日電

標題：南京中毒案，有兩人斃命

正文：滬訊 南京敵總領館中毒事件中，領館職員兩人於十
一日身死。又每日新聞稱，其餘敵偽官員均已出險，
華人兄弟二人，其一在敵總領館充任廚師已五年，均
為本案主犯，二人於宴會進行中失蹤。

三、中央社香港十五日電

標題：溫任諸逆中毒甚深　仍昏迷不醒生命垂危

正文：滬訊 （據南）京來人談，敵總領館置毒酒案發生
後，溫逆宗堯、任逆援道諸逆，仍昏迷不醒，生命垂

危。敵方大舉搜索，偽警並乘機勒索，偶不遂意，即加逮捕，情形緊張，居民惴惴不安。

四、中央社香港十八日電

標題：梁逆鴻志斃命　溫逆等亦將死

正文：滬訊　此間盛傳梁逆鴻志9日在京中毒後，救治罔效，××於十七日晚七時斃命。溫宗堯、高冠吾、胡礽泰諸逆亦系尚未脫離險境。

此外，筆者還搜集到一則海通社十三日的通訊，一併照錄於下。

標題：京日領館員中毒斃命

正文：東京　據此間所接消息，目前南京日本總領館歡宴日本外務次官清水之時，到「維新政府」顯要甚多，均因飲酒中毒，其中日本領事官員兩人，中毒甚深，已於昨日殞命。

著名抗戰史作家薩蘇先生曾專門在日本搜集了南京毒酒案的相關報導。他發現日本《大阪每日新聞》、《朝日新聞》都派了記者前去採訪，而報導最詳盡的是日本特刊雜誌《支那事變畫報》。[38]他將《支那事變畫報》的報導內容翻譯如下：

---

[38] 薩蘇先生也對南京毒酒案做過專門探討。詳情請見薩蘇新浪博文"復仇的南京——1939年南京領事館投毒案"一文，網址為http://blog.sina.com.cn/s/blog_476745f60100e1f2.html。

六月十日夜，歡迎清水外務次官的招待會在南京總領事館進行。日本方面外交，軍部當局和維新政府的梁行政院長，溫立法院長，任綏靖部長，高南京市長等二十余名出席。此時，被抗日組織發展的總領事館服務員在白酒中混入了毒物，結果造成所有與會人員中毒。其中，宮下玉吉（三十八歲）和船山已之作（三十五歲）兩書記官隨即因此殉職。18日，在總領事館舉行了盛大的葬禮。其他的人幸而中毒較輕，經過治療逐漸恢復。犯人逃走，但估計不久就會被逮捕歸案。

南京毒酒案，雖然沒有將與會的日酋和漢奸首領一網打盡，但是取得了良好的宣傳效果。1939年之時，日軍還處於軍事優勢時期，中國軍民雖團結一致，但是還缺乏戰勝日本的信心。南京毒酒案，在日本占領的中華民國的首都，在日本重兵防守的要害部門，在日偽的心臟上面狠狠地捅了一刀，這無疑是一聲炸響寰宇的春雷，令一切心向抗日的中國人感到快意和振奮！這是來自淪陷區的人民的反抗，淪陷區的人民沒有屈服！

好漢做事好漢當

因為毒下在酒裡，很好查。日本人首先就要找倒酒的人、買酒的人。一查，發現詹長麟、詹長炳都不見了。立即派人去他們家捕人。可是日本軍警撲了個空，他們一家早走了。他們迅速封鎖全城，在城內展開大搜捕，可惜，他們一家早就出城了。日本人在南京的大街小巷貼出了布告，通緝詹長麟、詹長炳一家。關於詹長麟一家是這麼寫的：

> 詹長麟二十六歲，身高五尺二寸，體型瘦長，皮膚清白，高
> 鼻圓眼，短髮，走路稍有羅圈腿，身著白上衣，黑長制服
> 褲、其妻黃氏，年二十四歲，身高五尺，鼻子大，局平，嘴
> 大；女兒五歲，兒子三歲，都是身著黑色中式衣褲……[39]

日本高層震怒，一定要找到「兇手」，於是總領館裡的其他中國僕役和詹長麟、詹長炳的親戚們遭殃了，遭受了刑訊逼供。可是他們根本不知道，他們一家去哪了，打死也說不出來。從六月十日到七月十日的一個月期間，日本憲兵隊和員警，在南京城內及其附近地區日夜搜查，任意逮捕和殺戮中國人，使南京人民處在極度恐怖的境況之中。據不完全的統計，除日軍之外，先後出動的日本憲兵隊和員警隊，人數達一千數百人之多。與此同時，日寇還在上海租界地區密派特務暗中監視，密令他們一旦發現詹長麟等人的蹤跡，便予以逮捕或殺害。[40]

為了避免牽連無辜，軍統方面在上海租界以詹長麟兄弟的名義給日本總領事寫了一封信。信中坦承投毒是他們兄弟所為，是為了報國仇家恨，並表示好漢做事好漢當，讓日本總領事不要牽連他人。中央社的連續報導，絕口不提有國民黨官方願意負責。加上這封信，日本人很可能相信這是兄弟倆的個人行為，從而放棄對其他中國人的迫害。全信內容如下：

---

[39]　周軍，《不該遺忘的"金陵毒酒案"》，《文史精華》，2008年11期，第57頁。
[40]　中國人民政治協商會議江蘇省暨南京市委員會文史資料研究委員會編，江蘇文史資料選輯，江蘇人民出版社，1981年6月版。第11輯蔡德金文—日本南京總領事官邸中毒事件，第38頁。

總領事先生：

　　我們兄弟兩人在日本總領事館幾年的服務期間，對你們日本人是非常好的，我們也非常忠於職守，沒有一次做過違背你們的事，這你們也是相信的吧。

　　不幸的是，發生了中日戰爭，我們目睹日本對中國的無理侵略，對日本人確實感到失望。然而那時我們僅僅是從新聞報導中看到你們日本人的兇殘，但還不是親眼看到的。因此，還沒有使我們改變在總領事館內忠誠服務的決心。後來，南京被你們日本兵占領，我們親眼看到了日本兵在南京燒殺姦淫的一切獸行。甚至，連我們自己的家也被你們燒了，我們的妻子也被日本兵強姦了，家裡的東西也被日本兵搶劫一空。我們兄弟雖如此在領事館內忠實服務，而我們的家被燒，妻子被姦污，財物被掠奪，可憐勞苦半生的血汗全被你們破壞盡淨。既然如此，我們還有什麼希望？我們決心要為國報仇、為家雪恥，我們已經和日本勢不兩立。只是我們既無兵，又無力量，加之總領事對我們又很好，因此至今我們都下不了手。十日，總領事招待客人，我們知道總領事不能出席，才決定下手。誰死誰不死，這就要看你們的命運了。

　　我們不管成功的可能性大小，只是為了滿足報仇雪恥的心願。我們事前對誰也沒有講，事後更不願意給別人添麻煩。「好漢做事一身當」，我們不想再說假話。我們已經來到上海，明天就要去香港，你們有本事就請來捉我們吧！但不要懷疑其他的人。我們既然做了此事，就不怕死，如果被你們捉住，為多數被你們蹂躪的人們報仇雪恥，死而無憾。像我們這樣的勞動者，除以這樣的死作為代價之外，沒有

比這更光榮的。我們在領事館進行這次行動，唯恐牽連總領事，但想不出其他報仇雪恥的方法，所以就在公館宴會的時間下了手。這樣做對不起總領事，感到遺憾。

詹長炳詹長麟

6月25日[41]

漫長的流亡

實際上，他們放了一個煙幕彈，他們以靜制動，就待在日本人的眼皮子地下。最危險的地方就是最安全的地方。他們全家在徐家窪整整呆了半年，才經揚州、泰州騎著毛驢，慢慢地到了上海。[42]這個時候，風聲已經沒有以前緊了。他們在上海住在軍統安排的華北公寓。

半年後，他們全家才坐船離開上海。由於出了軍統南京區的勢力範圍，所以他們一家從這個時候開始受苦了。他們全家先到了浙江，其間受到戴笠母親的熱情接待。但是不久他們在溫州住店的時候，物品被盜，丟失了全部盤纏，而且詹長麟防身的手槍也丟了。

他們被趕到大街上，流浪了一些日子。有一個好心的中醫看出他得了黃疸肝炎，給他開了藥，吃下去慢慢好了。詹長麟一家畢竟是吃過苦的。在福建莆田，他賣油條、稀飯，維持一家人的生活。很可惜，他的妻子在溫州生的女兒圓蘭子因為營養不良，病死在莆田。

---

[41] 中國人民政治協商會議江蘇省暨南京市委員會文史資料研究委員會編，江蘇文史資料選輯，第11輯蔡德金文—日本南京總領事官邸中毒事件，第34-35頁。此信系日文譯出。

[42] 陳真主編，《尋找英雄：抗日戰爭之民間調查》，廣西師大出版社，2006年第1版，第94頁。

1944年，詹長麟一家輾轉到了湖南衡陽，在軍統的安排下，詹長麟進了衡陽幹部培訓班。詹長麟可以拿到一份薪水。他在培訓班裡學會了寫毛筆字，打算盤，畢業的時候他獲得了一張八級財政稽查員的證書。這些正好為他抗戰勝利後經商打下基礎。

心情淡泊活百歲

　　抗戰勝利後，詹長麟獲得了5萬元的獎金，上頭還獎給他一個忠勇殺敵的銀盾。[43]他向組織提出申請，請求退出軍統。組織同意了。他用這筆獎金在中央門外神策門庫倫路買了一塊地，蓋了一個三層的小旅館。建國後，他的旅館公私合營。文革中，他受到了一些衝擊。

　　他的兒子詹文斌用幸福和節儉來形容他的晚年生活。他給自己寫了一副對聯要求自己，上聯是「心情舒暢活百歲」，下聯是「一生正派品格高」。詹長麟的退休工資不高，他和大兒子一家住在棲霞區長營村24號。他有6個兒女，20名孫輩，四世同堂。他晚年思維一直很清晰，生活很簡單。他每天打拳、練字、淘米、做飯⋯⋯生活過得很充實。[44]他平常從不在外喝水飲食，在家中喝水也是一飲而盡，等下次喝水時重新再倒。詹文斌說，「父親很節儉，牙膏只擠一點點，飯一定全部吃乾淨。」[45]

　　詹長麟老人一直不願讓外界知道他的行蹤及當年毒殺日偽敵酋的壯舉。這位性格內向的老人一直教育家人：「我們不能藉著這架

[43] 陳真主編，《尋找英雄：抗日戰爭之民間調查》，廣西師大出版社，2006年第1版，第94、96頁。
[44] 陸衛東，《"南京毒酒案"真相揭秘》，《紫金歲月》，1999年第4期，第72頁。
[45] 《一步之差兩兄弟命運截然不同》，《現代快報》，2008年12月8日，A20版。

梯子往上爬，以尋求政府的特殊照顧。」多少年來，左鄰右舍沒有人知道他是一位抗日英雄。他的傳奇故事直到央視採製的《1939年的夏天》播出以後，才廣為人知。社會各界對老人表示了高度的敬意。然而，特工出身的老人始終保持著平和的心境和一貫的生活方式。

2009年9月28日，新中國成立60年前夕，他和詹長炳一起被[46]評為「30位新中國成立做出重大貢獻的南京模範英雄人物」。[47]老人在2008年11月與世長辭。老人一直豁達地享受晚年，他的目標是活到100歲。[48]

英雄並非孤膽

大陸目前所能見到的記述南京毒酒案的文字，幾乎全部是以詹長麟個人為敘述主體。相對而言，他的支持團隊被忽視了，有些文章雖然提及，但是也屬於一筆帶過，甚至對詹長炳的記述文字也很少。筆者認識，這對於參與毒酒案的、已經湮沒不聞的無名英雄而言，是不公平的。

---

[46] 陸衛東，《"南京毒酒案"真相揭秘》，《紫金歲月》，1999年第4期，第72頁。

[47] 南京日報2009年9月28日，B2版。相關表彰文字如下：
詹氏兄弟詹長麟，男，1915年1月生於南京，2008年11月去世。詹長炳，男，1913年生於南京，病逝於"文革"期間。抗戰期間，經人介紹，詹氏兄弟在日本總領事館當傭人，目睹日軍燒殺姦淫無惡不作。1936年6月，詹長麟得知日本總領事館將在10日晚宴請原日本外務省次官清水、侵華日軍首腦人物和偽"維新政府"漢奸官員。偷偷將一瓶美國生產的毒藥粉帶到館內，於10日下午，利用溫酒的機會在紹興老酒裡摻入毒粉，然後把毒酒送到宴會廳。詹長麟藉故稱家中有人得了重急病，逃離總領事館，與接應他的哥哥會合，坐船離開了日軍控制下的南京。宴會開始不久，入席日本官員相繼倒下，日本兵宮下、川山當即送命。事發後，日本南京總領事館，張貼通緝令，進行大搜查。日軍投降後，詹氏兄弟才從江北返回到家中。詹氏兄弟這一驚人之舉，被當時的中外新聞媒介紛紛稱之為"南京毒酒案"。

[48] 《一步之差兩兄弟命運截然不同》，《現代快報》，2008年12月8日，A20版。

現在海峽兩岸已經能夠以正確的史觀來對待這一段攜手與共抗擊外辱的歷史。過去的諸多受意識形態因素影響而不能提及的內容，在現在也應該可以「解凍」了，至少在抗擊日寇的侵略這一領域，國共雙方都應該客觀地正視這段共同的歷史。軍統歷來被視為蔣介石的「劊子手」，是屠殺人民和進步力量的急先鋒。但是我們應該看到軍統在抗戰之中也的的確確做出過很多令中國人感到快意的「漂亮活」。南京毒酒案就是軍統南京區策劃、實施的重大事件。

鑒於目前已出版和發表的記述南京毒酒案的文章大都大同小異，所敘述的史實大都沒有超越《尋找英雄》以及《江蘇文史資料選輯》第十一輯當中的相關內容，筆者希望發掘出一點新的資料，尤其希望找到策劃此次投毒行動的軍統南京區的資料。岡村寧次在其回憶錄中也提及了此事，但是很簡短，未涉及軍統：「一九三九年六月中旬，我南京總領事館的中國僕役，在宴會開始時在酒中放了毒藥逃走，因而，造成主客死亡及病害事件。」筆者在搜羅了中國期刊網上全部的關於毒酒案的文章之後，發現了一點線索。王炳毅先生在《日本駐南京總領事館毒酒案真相》一文中談到了這次投毒行動是軍統南京區在軍統的「天王」陳恭澍指揮之下的報復行動。[49]

據王炳毅先生所說，陳恭澍在他的長篇回憶錄《英雄無名》中寫到了南京毒酒案。1938年初到1939年4月，軍統南京區的潛伏特工被日軍捕殺甚多。陳恭澍從上海來到南京，奉戴笠之命實施報復行動。南京留守軍統人員一開始決定在滬寧鐵路上實施爆破，炸毀日軍的軍列，給日軍一點顏色看看。實施地點被定在了山林豐茂、地形複雜、便於逃跑的棲霞山、龍潭一帶。但是這種說法很快被陳

49　王炳毅，《日本駐南京總領事館毒酒案真相》，《江蘇地方誌》，2004年第5期，第51頁。

恭澍否定了，因為江對岸的新四軍經常渡江在此襲擊小股日偽軍，奪取列車上的物資。他們打了就跑，日本人很頭疼，因此加強了警戒。日軍為了維護這一帶的安寧，配備了兩個中隊的巡邏力量，而且配備的軍犬，靠著軍統留在南京的幾十號人，想在日軍的虎口拔牙，無異於自尋死路。就在陳恭澍等人一籌莫展的時候，一個姓宋的特工建議由在日本總領館當僕人的詹氏兄弟投毒，被陳恭澍採納。

但在王炳毅的《日本駐南京總領事館毒酒案真相》當中，並沒有提及詹長麟、詹長炳的軍統背景，而是將他描述成迫於生計在日本總領館做工的普通人，是做了多次思想工作，並許以重賞之後，才同意投毒的。

對與陳恭澍，我並不陌生。我在研究生時代在導師的資料室裡看過一本小冊子《北國除奸》。這本小冊子實際上就是《英雄無名》的第一部。此人是戴笠極其賞識的得力幹將，先後在北平、天津、河內、上海等地制裁諸如汪精衛等大漢奸以及唐敬堯等預備投敵分子，可謂「功勳卓著」。從制裁漢奸的角度，我是敬佩的，但是他在抗戰期間，被派到上海主持軍統的暗殺工作，被汪偽76號捕獲，還曾與被蔣介石派到淪陷區真正地從事反間工作的唐生明將軍對質過。他被捕後，「被迫落水」，但是據其所言，很快又和重慶方面取得了聯繫「繼續」從事反間工作，身在曹營心在漢。

由於本人對於漢奸極其不屑，不管其以什麼藉口落水，我都是極其痛恨。但是，對於那些打入敵人內部從事臥底工作的英雄，我還是非常敬佩的。筆者對於那些「詐降」的人，還是很敬佩的，甚至覺得快意。像馬占山上將這樣的，打不過投降，等日本人幫忙補充了槍械之後，再打日本人的，我就覺得很好，因為這種行為有點「玩弄日軍於股掌之中」的意思。陳恭澍先生在加入汪偽特工總部

之後，仍然和戴笠保持密切聯繫，做了一些有益於國家民族的事情。我不好判斷，他是漢奸的成分居多，還是臥底的成分居多，也不做評論了吧。有一點是肯定的，此人得到了戴笠的諒解，並在抗戰勝利之後得以善終，不知道是因為他是「戴笠能幹的老部下」的因素起到了主要作用，還是因為他是「臥底的功臣」成分起到了作用。

有一點是必須肯定的，就是陳恭澍先生的文筆很好。他的《英雄無名》多達五卷，從抗戰之前寫到解放戰爭，披露了很多軍統的內幕，他以親歷者的口吻留下了很多歷史事件的材料。不管其說的是否屬實，總是有很高參考價值的。他的《英雄無名》是在上世紀八十年代中期由臺灣傳記文學出版社出版的，臺灣《傳記文學》雜誌號稱「中國近現代史的寶庫」，在海外有著極其強大的影響力，大陸讀者熟知的唐德剛教授的很多鴻文就在《傳記文學》雜誌上發表的。

順著王炳毅先生文章提供的線索。我就想先找到陳恭澍的《英雄無名》先驗證一下他的說法。陳恭澍的五卷本《英雄無名》是按照歷史時期寫的。南京毒酒案發生在1939年，屬於抗戰初期，筆者分析，應該在第三卷《敵後抗日鬥爭》中。因為是港臺書，我怕一般的圖書館沒有，就利用一天中午休息的時間，到國家圖書館查找。可惜，國圖的查詢系統顯示有三本在架，卻一本也沒有找到，我無功而返。後來，我在網上找到了一至三卷的PDF版本，遍觀一至三卷，未發現相關文字。第五卷是講「華北戡亂」的，我也找到了電子版，可惜也沒有相關文字。最後，我的朋友、北大歷史系蘭教材博士幫我在北京大學圖書館港臺室借到了第四卷《抗戰後期反戰活動》。我終於在書中發現了相關文字，但是與王炳毅先生所說的有些出入。

陳恭澍在第四卷「反間活動中『南京區』犧牲慘重」一節中，介紹了抗戰期間軍統南京區的情況。他在介紹卜玉琳烈士的生平時提到了南京毒酒案。相關文字如下：

> 民國廿七年抗日戰事重心西移武漢，南京區遂成為敵偽政治活動中心及後勤補給樞紐。「南京區」亦奉命兼及拓展對敵偽之行動工作。二十八年七月初，「南京區」接獲日本駐南京總領事館內線同志錢念慈、張建華等之報告，得知日本派遣軍總部將邀宴日本在華陸海軍高級將校、以及當時偽組織「維新政府」首要梁鴻志、溫宗堯、高冠吾等與會。「南京區」經妥善佈置，透過該領事館工友張建華兄弟之執行，乃置毒劑於酒瓶中。（其間，因毒劑限量與酒品種類之配合等問題，曾發生困擾，又一一予以克服）。事後獲悉，此役功虧一簣，未竟全功，僅斃領事館館員一人、大佐軍官一人、以及偽組織高冠吾口部灼傷而已。當晚，日軍宣布戒嚴，緊閉城門，大肆搜索，但一無所獲。本案即卜玉琳同志全權擘劃，曾經局本部通令嘉獎。[50]

筆者翻閱全書，未看到他處涉及南京毒酒案。兩相對照，筆者有如下疑問：從陳恭澍的文字可以看出，詹長麟應是軍統內部人員，及他文中提及的「內線」，而不是普通工友。因為日偽舉辦宴會的情報是「錢念慈、張建華」主動報告的。錢念慈應該另有其人，也可能是詹長炳或者詹長炳的化名。張建華可能是詹長麟或詹

---

50 陳恭澍，《抗戰後期反間活動》，《英雄無名》（第四部），傳記文學叢刊之九十七，臺灣傳記文學出版社，1986年7月31日第1版，第95-96頁。

長炳此時的化名，也有可能是陳恭澍記錯了。畢竟詹長麟、詹長炳只是軍統南京區的基層人員，而陳恭澍貴為軍統上海區區長，把兩個基層人員的名字記錯很有可能。既為軍統內線，應該不需要苦口婆心地做思想工作，而且要許以重賞。

另外，王炳毅文中，有兩個基本的事實錯誤。第一，他把詹長麟、詹長炳的兄弟關係弄錯了，詹長麟成了哥哥，詹長炳成了弟弟。第二，投毒的藥品他弄成了「阿托品」[51]，因為《尋找英雄》之《1939年的毒酒案》一文中，詹長麟親口說毒藥是氰化鉀，他本人不會記錯。推敲他的文字，這些話都是陳恭澍在《英雄無名》當中介紹的，可能存在一些問題。要麼就是筆者所看的版本與王炳毅先生有別。筆者搜集材料，一向有個習慣，但凡是書籍的材料，必然抄下出版社和版次。我對照了一下當時拍攝的照片，照片上顯示，《抗日後期反間活動》是「中華民國七十五年七月卅一日初版」。既然是初版，筆者查看到了這個版本，相對而言應該是比較權威的。

仔細對照陳恭澍的《反間活動中「南京區」犧牲慘重》和「尋找英雄」欄目組的《1939年的毒酒案》，筆者發現，它們可以互為佐證。因為詹長麟和陳恭澍軍統南京區的某些人物的姓名幾乎一致。首先，是參與1939年投毒事件的關鍵人物，錢新民任軍統南京區區長，卜玉琳、安少如等人協助他們投毒，他倆認知相同。不過《1939年的毒酒案》將南京區副區長的姓名寫成了尚振武，而多次出現在陳文中的卻是尚振聲，可以肯定的是兩者為同一人，「尚振武」系詹長麟記憶錯誤或者「武」字系印刷錯誤。第二，他們都提

---

[51]　筆者查閱資料，發現源頭是蔡德金先生在江蘇文史資料選輯第十一輯的《日本南京總領事官邸中毒事件》一文中將毒藥寫為阿托品。

到了趙世瑞，而且兩者對於趙世瑞的職務——首都員警廳特警科科長，記憶也是一致的。第三，從投毒的情節、參加宴席的日偽要人的組成、投毒的後果以及為什麼投毒功虧一簣的原因分析，兩者都幾乎一致。只是陳文對於被毒殺的一位日本人的身分與詹長麟的回憶不符，綜合其他資料，可以肯定，陳恭澍對於那位大佐的記憶有誤，被毒殺的應是兩書記官，這一點從當時中日兩國的報導當中就可以看出。雖說身分有誤，但是人數卻是一致的，都是兩人。

英雄背後的無名集體

筆者想把剩下的一些篇幅用於介紹支持詹長麟投毒的軍統南京區和軍統南京區的相關人員，讓讀者對於這個團隊，以及這些幕後的功臣的情況有所瞭解，以告慰這些為國家的獨立而獻身的英烈。我的材料來源主要是陳恭澍的《反間活動中「南京區」犧牲慘重》一節，綜合部分網路資料[52]。我想獲得多一些資料，可惜可在大陸找到的，實在是少。等到祖國統一的那一天，筆者如果有條件一定會去臺灣尋找，讓這些民族英雄的事蹟更加豐滿。

首先是抗戰時期軍統南京區的概況。從源頭上來講，軍統南京區首任區長是趙世瑞，第二任區長是汪兆龍，第三任區長錢新民，第四任區長尚振聲。[53]

趙世瑞與陳恭澍是黃埔軍校同學，當時編在一個連隊。據百度百科介紹，趙世瑞生於1903年，卒於1952年，浙江諸暨人，黃埔

---

[52] 陳恭澍的資料部分是曾擔任軍統南京區助理書記的李雨提供的。

[53] 陳恭澍，《抗戰後期反間活動》，《英雄無名》（第四部），傳記文學叢刊之九十七，臺灣傳記文學出版社，1986年7月31日第1版，第94、101-103頁。

軍校四期生，1933年下半年任職於南京首都員警廳，1935年因化解「藏本事件」有功，晉升陸軍少將，後調任軍事委員會駐宜昌辦事處主任。[54]汪兆龍是黃埔三期生，於1935年秋，接任南京區區長。

錢新民是雲南人，黃埔軍校出身，於1937年4月接任南京區區長。當時，尚振聲由軍統河南站站長調任他的副手。至1940年11月15日，錢新民一直擔任南京區區長，在他任內，軍統南京區有很多出色表現。他接任南京區區長之時，適逢日本發動全面侵華戰爭的前夕，山雨欲來風滿樓，有大量日本間諜向國民政府的首都南京滲透。此時軍統南京區的代表作就是破獲了行政院秘書黃濬父子間諜案。這對父子被日本間諜南雲造子拉下水，他們向日本間諜機關提供了很多重大的絕密情報。其中最重要的是，他們將國民政府準備封鎖江陰江面，準備發動偷襲全殲日本遊弋在長江中上游航道之內所有日本軍艦的絕密情報，洩露給日本情報機關。他們還將時任國民政府副參謀總長的白崇禧的住處洩露給日本間諜，日本間諜趁著黑夜摸到白崇禧位於清涼山的住所，準備將這位號稱「小諸葛」的國民黨內首屈一指的軍事戰略家暗殺。[55]幸而，李克衣及時將這個情報通過謝和賡報告白崇禧，使得這位國民政府實際抗戰方略的制訂者躲過一劫。南京區雷霆出動，一舉破獲黃濬間諜案，生俘南雲造子等多名日本間諜。

尚振聲，單名一個「方」字，河南省羅山縣人，出身當地名門望族，其伯父曾擔任河南省教育廳長。弱冠之年尚振聲考入黃埔軍校第6期，畢業後，又入幹部訓練班學習，因成績優異，被分配到

---

[54] 1937年抗日戰爭爆發後，任武漢警備司令部稽查處長。1938年10月武漢淪陷，遷任重慶衛戍總司令部稽查處處長。後一度出任軍事委員會調查統計局西北區區長。
[55] 讀者可參見《毛澤東：李克農是個大特務》（《臥底：解密"余則成"們的潛伏檔案》，范國平等著，世界知識出版社2009年11月第1版，第19頁）。

國民政府軍事委員會工作。1935年，他出任軍統河南站副站長，後升任站長；全面抗戰爆發前夕，調任軍統南京區副區長。[56]他面目清秀，文質彬彬，寬以待人，嚴於律己，與同事關係融洽。他調任軍統南京區不久，即成為錢新民的得力助手。

淞滬會戰爆發之後，軍統南京區就在部署上做了兩手準備。他們將指揮部轉移到了江北的六合瓜埠山區，挑選精幹力量組成「南京行動總隊」留守南京，執行除奸和暗殺日寇任務。管容德化名徐曦擔任總隊長。十二月初，日軍兵臨城下，軍統決定讓副區長尚振聲留在南京，統一指揮南京的軍統特工。[57]南京大屠殺期間，很多軍統人員避入國際安全區。他們當中很多人，冒著隨時可能被日軍槍殺的危險，四處搜集日軍製造南京大屠殺的證據，報告上級。

由於情勢變化，軍統南京區將人員和機構分散在南京和上海兩地，因為上海有租界的庇護，南京區在上海另外設立了一部電臺，南京區的指揮機關書記室也一分為二，南京上海都有，而外勤人員（也就是具體執行任務的人員）分散在南京和上海兩地。[58]這樣做是為了避免被日偽一網打盡，即使一地的地下組織被破獲，建制還在，就可保持並補充戰鬥力。

在叛徒陳明楚投敵之前，南京區策劃和實施了很多次針對漢奸和日寇的行動，極大地震懾了大小漢奸。軍統的組織嚴密，日偽多次試圖破壞，沒有得逞。堡壘最終還是從內部攻破了。汪偽「特工總部」的大小特務，原先就有很多就是中統、軍統的。而這批投敵

[56] 陳恭澍，《抗戰後期反間活動》，《英雄無名》（第四部），傳記文學叢刊之九十七，臺灣傳記文學出版社，1986年7月31日第1版，第101頁。
[57] 陳恭澍，《抗戰後期反間活動》，《英雄無名》（第四部），傳記文學叢刊之九十七，臺灣傳記文學出版社，1986年7月31日第1版，第94-95頁。
[58] 陳恭澍，《抗戰後期反間活動》，《英雄無名》（第四部），傳記文學叢刊之九十七，臺灣傳記文學出版社，1986年7月31日第1版，第98頁。

分子恰恰是汪偽特工總部的骨幹。他們落水了，就牽連一大批與他們熟悉的中統和軍統特務落水。南京區被日偽破獲，就是原任南京區助理書記的陳明楚投敵導致的。

陳明楚原名陳弟容，陳明楚是化名。他在1937年底從南京區調到上海區擔任助理書記。他在1939年初，加入汪偽「特工總部」，任第一處處長。[59]他的同鄉，時任軍統南京區專員的譚文質在其拉攏下投敵。他們大肆出賣軍統南京區、上海區的組織，軍統留守南京和上海的大批特工被汪偽「特工總部」抓捕。譚文質可以成為南京區的「猶大」，他交出了當時南京區留守成員名單。汪偽特工們按圖索驥，錢新民、尚振聲、蔔玉琳等骨幹分子首先被捕。

1940年11月15日下午，汪偽特工總部萬里浪手下的林煥芝發現錢新民現身上海。錢新民在上海南京路大新公司理髮廳理髮。林煥芝一面留守盯死錢新民，一面派人到76號召喚大批汪偽特務前來增援。錢新民沒有發覺異樣情況，等他理完髮下樓，想走已經走不了了，出路都被特務堵死，他落入76號手中。[60]由於他隨身攜帶了通訊錄，76號的漢奸特務們根據通訊錄上的電話和位址展開大搜捕。軍統南京區在滬書記室人員大都被捕。76號將他們押往南京，關押在汪偽「特工總部」下設的南京區監獄，由汪偽特務頭子馬嘯天、蘇成德親自審訊。

尚振聲的得力助手、時任南京區助理書記的蔔玉琳被抓到南京白下路日本憲兵隊（原國貨銀行大樓舊址）關押。由於蔔玉琳是南京毒酒案的關鍵人物，日偽希望從他身上打開缺口。蔔玉琳從被

---

[59] 陳恭澍，《抗戰後期反間活動》，《英雄無名》（第四部），傳記文學叢刊之九十七，臺灣傳記文學出版社，1986年7月31日第1版，第96頁。

[60] 陳恭澍，《抗戰後期反間活動》，《英雄無名》（第四部），傳記文學叢刊之九十七，臺灣傳記文學出版社，1986年7月31日第1版，第99頁。

捕之日起，就決心殉國，面對酷刑，他咬牙堅持，沒有出賣任何一個同志。為了表達自己的決心，他從入獄之日起，就開始絕食，沒過多久，就悲壯成仁。筆者在此，簡單介紹一下卜玉琳的生平。卜玉琳，天津人家資巨富，為北洋紗廠少東家。少有報國之志，畢業於北洋大學，為人精明幹練，沉默寡言，盡忠職守。抗戰爆發前，入軍統特訓班受訓，畢業後先到漢口工作，後調任南京區政治組組長，時年34歲。[61]

卜玉琳犧牲不久，軍統南京區行動總隊大隊長王愈也壯烈犧牲。

拔出蘿蔔帶出泥，汪偽特務無所不用其極，嚴刑拷打，威逼利誘，對於一些意志不堅定者頗見成效。汪偽特工總部又順藤摸瓜，一舉捕獲潛伏在南京、上海一帶的江蘇省教育廳長馬元放、京滬鐵路與滬杭甬鐵路特別黨部主任委員李達三、軍統南京區特派員黃征夫等，並且逮捕了打入汪偽政權內部、已經取得一定地位的軍統人員黃光逸和邵明賢。[62]黃逸光和邵明賢，都是軍統高級特工，他們只與錢新民保持單線聯繫。

黃逸光與汪精衛有舊，其打入汪偽內部的目的就是伺機刺殺汪精衛。其原籍廣東赤溪，為墨西哥華僑。他為人勇敢正直，孔武有

---

[61]　卜玉琳是詹長麟的老上級，他是詹長麟的第四任直接領導。據詹長麟回憶，前三任領導分別為：楊立民（安徽人，家住鼓樓二條巷）、黃泗清（四川人，家住尖角營土地祠）、潘崇聲（浙江溫州人，家住丹鳳街二十三號，後來與詹長麟妹妹結婚）。在詹長麟的印象當中，他們脾氣各異，但是都有一種"當日事，當日畢"的精神。他們時常要求詹長麟反省自己的工作，主要從三方面反省。第一，忠誠，有沒有背叛組織的思想和行為，是不是忠於組織。第二，破立，工作上有沒有創新進取的精神，有沒有突破自己的成績。第三，廉恥，是否操守廉潔，是否肥私損公，是否墮落腐化。黃泗清時常教導他，當特務要不圖名利，不暴露身份。任何時候都要裝扮成無所作為之人，即使受氣挨打都要笑臉相迎，不以"低三下四"為恥；要守口如瓶，嚴守秘密，即使對至親，也不能透露身份。

[62]　陳恭澍，《抗戰後期反間活動》，《英雄無名》（第四部），傳記文學叢刊之九十七，臺灣傳記文學出版社，1986年7月31日第1版，第99頁。

力，富有冒險精神，在墨西哥曾隻身搏虎。他愛好旅行，因旅行結識汪精衛。1935年，他與好友結伴徒步環遊世界，途經巴黎，在歡迎會上見到汪精衛。1938年，他在非洲旅行期間，聽聞南京淪陷，立即中斷旅行計畫，不遠萬里，乘船火速趕回祖國，他在漢口再度遇到汪精衛，急切表達抗日願望。此時的汪精衛尚有與日本抗爭之心，留他在家中住下，寫信推薦他到昆明航校受訓，並贈給路費。黃逸光在昆明航校學習期間，因為身體條件不太適合戰鬥飛行，只能轉做地勤人員。他為自己不能駕機翱翔藍天奮勇殺敵而感到深深的遺憾。

汪精衛出逃河內之後，汪精衛的舅爺陳耀祖給他寫來密信，密信的核心內容是希望他在空軍內運動，鼓動空軍將士參加「和平運動」。對汪精衛投敵深惡痛疾的黃逸光深明大義，是非分明，當即將密信交給上級。由此他與汪精衛的特殊關係，被軍統得知。

黃逸光不願長久做默默無聞的地勤人員，經香港到達重慶，主動請纓，希望能夠上戰場殺敵。軍統幾次制裁汪精衛都失了手，他來得正好，徵求他的意見，希望他打入汪偽內部。黃逸光慨然應諾，並表示要利用機會刺殺汪精衛。在軍統的安排下，黃逸光「出逃」南京，參加「和平運動」，汪精衛沒有忘記這位「忘年交」，親自召見，撫慰有加，非常高興。當即表示希望他發揮「航空」專長，幫助建立汪偽的空軍。不過，他向黃逸光表示，他現在資歷不夠，要一步一步培養他提拔他。因此黃逸光先後被任命為汪偽「教育部」專員、「宣傳部」編審，後來才任命他為汪偽「航空委員會」委員。[63]

---

[63] 陳恭澍，《抗戰後期反間活動》，《英雄無名》（第四部），傳記文學叢刊之九十七，臺灣傳記文學出版社，1986年7月31日第1版，第100頁。

邵明賢是汪偽大員梅思平的老部下。梅思平曾擔任江寧縣縣長。讀者朋友可不要小看這個江寧縣縣長，江寧是國民政府首都南京下面的一個縣，擔任此職位的肯定是國民黨中央大員。邵明賢出身杭州警官學校，是梅思平的「直接下屬」，江寧縣長手下的警察局長。梅思平在汪偽的巨奸當中，幫手不多，所以無法與周佛海、陳公博、陳璧君等擁躉眾多的漢奸抗衡。但是，他也希望擴充自己的勢力，因此他當漢奸之後，立馬想起了自己能幹的老部下邵明賢。

　　同樣，他也給邵明賢寫了一封密信，信的核心內容是「希望邵明賢參加和平運動，如能前來南京，必將委以重任云云」。邵明賢當時正在貴陽訓練員警，戴笠在抗戰時期插手全國警政系統，正好是他的頂頭上司。同樣深明大義、是非分明的邵明賢，主動將密信上報，並提出希望利用這個機會打入汪偽內部，他也想伺機刺殺汪精衛。戴笠喜出望外，當即批准。1939年冬天，邵明賢全家到達上海。梅思平迫不及待地安排他擔任了「浙江省黨部」書記長，隨後又把他提拔為「首都員警廳」督察長。邵明賢深知最危險的地方就是最安全的地方的道理，他利用自己的身分作掩護，將軍統南京區的祕密電台放在了自己的宿舍裡。汪偽「中央黨部」占據的辦公場所就是位於湖南路上的原來的國民黨中央黨部，職工宿舍就在路對面。[64]

　　黃逸光和邵明賢利用自己在汪偽中的地位，源源不斷地將大量有價值的日偽情報，送交錢新民，居功至偉。黃逸光在1940年11月19日被捕，他堅貞不屈，守口如瓶，拒絕透露任何有價值的資訊。

---

64 陳恭澍，《抗戰後期反間活動》，《英雄無名》（第四部），傳記文學叢刊之九十七，臺灣傳記文學出版社，1986年7月31日第1版，第98頁。

日偽惱羞成怒，於12月17日，將他殺害。黃逸光罹難前，索要筆墨，慨然寫下這樣的詩句：「可愛的中華，我願為你歌唱，我願為你而死！」[65]同日，邵明賢也光榮就義於南京。他們的犧牲都不是由於自身工作的失誤，而是由於叛徒的出賣。

錢新民的身分被76號破獲後，汪偽脅迫他於1941年7月間就任汪偽「特工總部」上海「虹口區」區長。因為自己的疏忽，導致南京區受到巨大破壞，牽連了很多同志，錢新民一直深為自責。又「落水」實非其所願，身在曹營心在漢，他經慎重考慮後，祕密派人到重慶與軍統重新建立了聯繫。軍統允其戴罪立功，命令他與尚振聲脫離關係，並允其另立電臺與重慶保持聯繫。他利用偽職作為掩護，將祕密電台設立在「特工總部」、「虹口區」辦公處。

尚振聲被錢新民牽連，在南京關押了7個月，經營救出獄。他出獄後隨即與軍統取得聯繫，恢復工作。他祕密派出軍統南京區交通站負責人程希賢經上海轉香港赴重慶報告南京區被破壞情況，並請示機宜，隨即被任命為南京區區長。尚振聲已被汪偽特工總部逮捕過一次，雖釋放，也受到祕密監視，於是他因勢利導，加入汪偽政權作為掩護。他利用個人關係，謀得了清鄉部隊某部第七旅參謀長一職。他已「落水」，與汪偽特務成為一家人，多少可以減輕汪偽特務的懷疑。他立足已穩，利用職權範圍，為軍統南京站祕密開闢了一處新的據點。

此時由軍統局總部派出的潛伏在汪偽政權內部的高級特工程克祥（軍統南京特派員）、彭盛木（臺灣人，日本帝國大學畢業生）與尚振聲取得了聯繫，通過他的路徑，將他們獲得的重要情報轉報

<hr />

[65] 陳恭澍，《抗戰後期反間活動》，《英雄無名》（第四部），傳記文學叢刊之九十七，臺灣傳記文學出版社，1986年7月31日第1版，第100頁。

重慶。他們都是通過周佛海妻弟楊惺華的推薦，打入汪偽「財政部」的，分任辦公室主任和周佛海的機要秘書。[66]

1941年11月8日，軍統南京區上海方面的交通員被76號逮捕，錢新民出現在他的通訊錄上，因此再次被捕。76號從錢新民處搜出了與重慶方面聯絡的祕密電台和密碼本。再次被捕，錢新民做好了犧牲的準備。據與他同時被關押並得以倖存的軍統人員回憶，他在獄中非常平靜，心情開朗，靜靜地等待最後時刻的到來。12月13日清晨6時許，錢新民被日偽槍殺於上海西郊中山路刑場。

雖然尚振聲此時已經和錢新民脫離了組織上的聯繫，但是汪偽方面認定他們是一夥的，尚振聲再次被捕。1942年1月19日，尚振聲英勇就義。據與他同時被關押並得以倖存的軍統人員回憶，他當日就義，似有預兆。他於清晨「放風」時，拾到一面破鏡子，他一手拿著破鏡，一手撫弄自己的眉毛，眉毛應手而落。他對難友說道，「真倒楣」。話音剛落，警衛就在門外喊他的名字。他知道自己大限將至，從容地與難友道別，並將衣物分贈難友以為紀念。他昂然步出門外，立即被五花大綁。他被押到上海西郊刑場，一路上，他大罵汪精衛、李士群群醜，罵聲不絕。到刑場後，汪偽特務命令他跪下，他堅決不肯下跪，並大呼「中華民國萬歲！」、「蔣委員長萬歲！」劊子手連開數槍，把他的胸膛打得像馬蜂窩，他仍然屹立不倒，用他年輕生命中最後氣力大聲朗誦文天祥的《正氣歌》：「人生自古誰無死，留取丹心照汗青！」[67]他的犧牲可謂壯烈之極！

---

[66]　陳恭澍，《抗戰後期反間活動》，《英雄無名》（第四部），傳記文學叢刊之九十七，臺灣傳記文學出版社，1986年7月31日第1版，第102頁。

[67]　陳恭澍，《抗戰後期反間活動》，《英雄無名》（第四部），傳記文學叢刊之九十七，臺灣傳記文學出版社，1986年7月31日第1版，第103-104頁。

叛徒陳明楚和譚文質相繼受到軍統的制裁。陳明楚於1939年12月25日凌晨三點三十分，在滬西愚園路惠爾登舞廳門前被軍統的除奸隊員馬河圖、岳清江、丁寶齡擊斃。譚文質在1940年1月21日被軍統上海區第二行動大隊的趙聖、陳默擊斃，地點也在愚園路。[68]

　　在本文的最後，我想再次總結一下，參加南京毒酒案的軍統南京區的有功人員名單。

　　　　行動執行者：軍統南京區基層特工詹長麟
　　　　傳遞毒藥者：軍統南京區特警科外事股股長潘崇聲（詹長
　　　　　　　　　　麟妹夫）、基層特工詹長炳
　　　　行動最高領導：軍統南京區區長錢新民
　　　　行動直接領導：軍統南京區副區長尚振聲
　　　　行動總聯絡人：軍統南京區政治助理書記卜玉琳
　　　　毒藥選定者：軍統南京區會計主任安少如
　　　　行動善後者：軍統南京區情報助理書記劉玉卿和李再生、
　　　　　　　　　　王高科（王職務不詳）

---

[68] 陳恭澍，《抗戰後期反間活動》，《英雄無名》（第四部），傳記文學叢刊之九十七，臺灣傳記文學出版社，1986年7月31日第1版，第97頁。

並非徒勞的抗爭
──我是怎樣退出南京的

倪受乾

　　兩年前，當我們擔任南京防務的時候，這新興首都給了我們難以泯滅的回憶。現在那些溫暖的回憶都一一變成了失望和懺悔的酸果了，因為，那恥辱的日子來得太快──1937年的12月12日！在這毫無計畫的撤退中，成萬未發一彈的兄弟們都成了甕中物！

　　從中央路、中山東路、丁家橋……湧來的人群彙集成一條氾濫的洪流，隨著暮色的漸深，這洪流是逐漸逐漸的在洶湧起來。督戰隊的槍聲阻止著這條洪流的推進，硫磺味的火花，在凝固的騷亂的夜色中閃著光彩。龐大的軍用卡車，流線型的私人汽車……擁擠著，公文箱、軍毯、自行車、槍支……在人們的腳下阻礙著每一步的移動。

　　團長派出一部分人去分頭搜尋民船，和本師專備的小汽船，剩下的人便焦急的期待著。當然，很快的大家便失望了，民船沒有了，小汽船因為江水低落的緣故，在江邊擱住淺。雖然是擱住淺的船，竟也擠滿了人，恰似一群螞蟻聚附著一隻死蠅一樣，因而船也就越發難以入水了。團長忽然大聲吼著：「每個人都去找船，不然，我們只有向回衝！」而他自己就在群眾擾攘紛紜中悄悄帶著兩個衛士走了，我看得很清楚，然而我沒有轉告任何別的人。

「跟我來，要活命的跟我來！現在船隻是沒有的了，一定要過江的話，我們得趕快找木板，找木板！」環繞著我的兄弟們沉寂著，為眼前的情景所憾，沒有一個人敢於回答，更沒有一個人移動。

「既然不願這麼幹，那我們只有沖，沖出去！把刺刀上起來，子彈壓上膛！」回答我的是一片沉默，四十八雙可恥而怯懦的膝頭零零落落的屈向地面。

他們中的一個顫抖著嗓子：「報告排長，為什麼我們要衝出去呢，多少萬人並不……」一個意念倏地刺到我的腦海裡，「啊，訓練不夠，中國人！」

現在，我置身於一個閣樓上。在微光中，看到手錶的短針正指著三點三分。一陣連續的手榴彈的爆裂聲，把我從朦朧中驚醒過來。

敵人的輕騎兵昂然越過障礙物，把子彈毫無標的的從短短的馬槍中放射出去。當我正將駁殼向一個佩著的指揮刀的野獸瞄射著的時候，街道對面的樓房下湧出一群我們的兄弟，三個人迎接著彈雨倒了下去，其餘的便與南來的敵人肉搏相遇了。

不知從什麼地方，手榴彈拋擲出來，擾亂了敵人的尾端，刺刀上的血滴向四下裡飛濺開去，我的注意力被一個年輕而紅黑的臉龐吸引了去，在極短暫的時間裡，這年輕的臉龐解決了八個。但是最後他顯然受傷了，痛苦的蹣跚著沒入一條小巷裡去。

為一股同情和興奮所激動，我從狹窄的扶梯衝下去，在那小巷中的垃圾桶旁，我發現了他。他手撫著創口，大而明敏的眼，向遠天凝望著。「同志，讓我扶著你走吧，這兒可不能久留！」、「不，我自己能走，只要休息一會，你還可以去拼一下，拼一下啊！」

只要發現敵人，我們就不顧一切的把他們撲滅，同時，敵人對我們也是一樣。我們散亂的行列，忽而急疾的躍進，忽而又停止下來。

步兵上士徐金奎同我默默地坐在一間寬敞而黑暗的店堂裡，兩人拼命抽著煙捲，時而用指頭在滿布灰塵的矮桌上畫一個數目字——計算結果在我們刀尖上的敵人，時而傾聽著屋外的戰鬥的音響。

數目字一個個的增加起來，八小時的格鬥，完全在我們的記憶中重現了一次，最後，我們相互來了一個總結：37~41人。兩人相對會心的笑著。

14日的早晨，我同徐金奎坐在棲霞山的一棵樹下。現在我們已經換上便衣了。山後一千尺的高空中，升起了敵人的觀測氣球，敵艦在江中來回逡巡著，機關槍如沸水似的向岸邊掃射。

收容著一萬余難民的棲霞寺，顯得異常喧雜而紛亂。難民們聽到敵人已經入城的消息，急得如熱鍋上的螞蟻，各處飛來的關於日軍暴行的傳言，使得寺僧們的安慰和飾詞，不復能解除他們的焦急和恐懼了。

我和徐金奎現在也和其他難民一樣，接受每天三餐稀飯的施與，晚上我們便宿在山頂上的一個小小的破廟裡。

17日的夜晚，寒冷而淒涼，天上朦朧的夜色從破碎的瓦片中篩落在滿布灰塵的神龕上，小廟破碎的，透進來尖利的風，並且斷續地吹進了棲霞寺的鐘聲。

一個黑影，倏地從門外闖進來，他手上執著一柄刀：「喂，拿出你們的鈔票來，奉大日本皇軍司令的命令，中國的鈔票現在一概不准通用，要調換大日本的！」

對面，角裡的幾個難民，都被這個夜半的不速之客的威脅嚇呆了，這吼聲，激起了另外幾個扮作難民的傷兵的不平。徐金奎悄悄地爬向前去，把駁殼猛地舉起，瞄準著那不速客的胸膛。那傢伙瘋狂似地大聲號叫求救起來，震耳的槍聲驚哭了母親懷裡的孩子們，

這古怪而頑強的傢伙迎著槍聲，尖嚎著蹲下去，終於在地上痛苦地遊動著而不聲不響了。

第二天早晨，我和徐金奎把那個漢奸屍體拖出去掩埋了，一個老者猶豫地走近我們的身邊，低聲說：「要過江嗎，五隻洋一個人？」

「過江，在什麼地方？」

「過去兩里路。」他指著偏東的方面。

敵艦傲然在江面來來去去，顯得很匆忙。遠處有幾隻小木船搖蕩著，大約也是載著與我們同樣命運的人。有時，敵艦上的機關槍會對這些木船來一陣突然掃射，甚至迫令停止檢查，或不准通過。當我們的船渡過二分之一航程的時候，正好一隻小型巡洋艦從西往東去，艦上的敵人用望遠鏡向我們瞭望，急得搖船的老人直跺腳，叫我們把身子縮到船舷下面去，好讓敵人以為這是一隻空船。焦急和恐懼就這樣壓抑著每個人的心……

終於小船一步步的挨近北岸了，全船人的臉色也開始變得明朗起來。

愈近北岸，血的國都、被蹂躪的國都也就離我們愈遠了。我胸中蓄著一腔急待發洩的羞辱、憤怒和仇恨……

勇者的正義之舉
——紀念刺殺伊藤博文的安重根壯士

　　導語：1909年10月26日，投身朝鮮獨立運動的義士安重根在哈爾濱火車站刺殺了準備勾結沙俄勢力、圖謀吞併朝鮮的日本軍閥首領、前首相伊藤博文。安重根義士從容就捕，其後被日本帝國主義殘忍殺害。本文重點敘述了安重根義士投身朝鮮復國運動的經歷及其刺殺伊藤博文的壯舉，並對他在旅順監獄及日本關東州高等法院與日本軍國主義分子作鬥爭的歷史進行了較為詳細的闡述和總結。安重根義士刺殺行動對於朝鮮復國運動的產生了重要影響。在他就義後，為實現祖國的獨立不惜捨身成仁、採用暗殺手段對付日本侵略分子的義士不斷湧現，暗殺成為朝鮮獨立運動家對付日寇的經常使用的手段之一。

　　2014年1月20日，日本安倍內閣二號人物、內閣官房長官菅義偉在新聞發佈會上污蔑中國在哈爾濱設立安重根義士紀念館是「對恐怖分子的禮贊」。日本在近代崛起的過程中，對中國和朝鮮半島進行了野蠻的侵略。日本通過甲午戰爭將朝鮮半島變成自己的勢力範圍，後來又將朝鮮吞併。而在吞併朝鮮的罪惡行動中，被安重根刺殺的伊藤博文，充當了劊子手的角色，也正是這個伊藤博文逼迫

李鴻章簽訂了馬關條約，讓日本強佔了中國的寶島臺灣。伊藤博文在朝鮮半島臭名昭著，他被刺殺大快人心。安重根用自己的生命為朝鮮半島的獨立作出了貢獻，他對伊藤博文的驚天刺殺也是亞洲各國人民反抗日本帝國主義侵略的正義行動的豐碑。

立志光復朝鮮的血性男兒

安重根1879年出生於朝鮮黃海道海州府首陽山的一個書香世家，表字應七。他的祖父是朝鮮的鎮海縣監（縣令），父親李泰勳是朝鮮的進士，他們家世代相傳的家訓是「正義」。他從小在家庭的薰染下，熟讀中國的四書五經等典籍，打下了深厚的中文功底。但是他成長到十幾歲的時候，喜歡上了騎馬打獵，時常與獵人們在山林間遊獵。他在被捕後，在旅順監獄中寫下的自傳中提到：「那時我十七八歲，年富力強，體魄相貌不在眾人之下，平生秉性愛好有四，一是交友結義，二是飲酒歌舞，三是持槍狩獵，四是騎馳駿馬。」[1]

甲午戰爭後，日本獨佔朝鮮，並圖謀消除朝鮮的保護國地位，直接將朝鮮吞併，納入自己的版圖。看到祖國的人民處於水深火熱之中，看到祖國即將喪失獨立，安重根的民族主義意識覺醒，他投身朝鮮的民族獨立運動。

1905年10月，他來到中國尋找復國同志，在上海期間他接受了曾在朝鮮傳教的郭神父的建議，試圖用教育救國。他回國後變賣家產，在鎮南浦開設了三興學校，並接管了法國傳教士方神父的噉義

---

[1]　徐明勳：《安重根義士的哈爾濱義舉》，《哈爾濱日報》2014年1月20日。

學校，自任校長，向學生傳播救國的真理。但是他發現面對日本的殘酷而嚴密的統治，想通過啟發民智來謀求朝鮮的獨立是不可能的。他於是決定展開武裝鬥爭。

1907年3月，他離開了家庭和學校，來到中國東北和俄國遠東地區，聯絡朝鮮僑民中的反日人士，希望組織義兵，武裝推翻日本對朝鮮的野蠻統治。在前往中國的輪船上，他寫下了「男兒有志出陽關，生不成功死不還。埋骨豈肯先墓下，人間到處盡青山」的豪邁詩句。[2]

他在廣泛聯絡同志的同時還時常在報刊上發表文章，鼓吹抗日救國的道理。很快他和同志一起募集到了30萬元的鉅款，組織起了4000人的義軍。[3]他被任命為中將參謀和獨立大隊長，在1908年7月，安重根任右軍將領，率領50名義軍戰時，回到了朝鮮。他們度過圖們江，進入朝鮮的慶興郡，襲擊日人，與日軍作戰三次，斃敵50餘名，進逼會寧郡。但是由於勢單力孤，寡不敵眾，且沒有後援，被日軍擊潰，義軍潰散，最後跟在他身邊的義軍戰士還剩下兩位。[4]安重根原想自殺，但是在義軍的同伴的勸慰下，打消了念頭。

1909年1月，他在俄國的納沃基耶夫斯克，組建了斷指血盟會。他和姜基順等12人集會，他首先盟誓，將自己左手無名指的第一個關節切斷，用自己的獻血在太極旗上寫下了「大韓獨立　安重根」七個字。其他同志依次斷指血書，大家在太極旗下發誓：「必須竭盡全力，恢復大韓的獨立；如果違背誓言，雷電就落在我的頭上，焚燒我的身體，而且要連累我的家屬族人。」[5]發誓完畢後，

2　石源華：《論朝鮮義士安重根與中國關係》，朝鮮學論文集，2004年5月31日。
3　韓悅行，安重根，《大連近百年史人物》，遼寧人民出版社，1999年版。
4　徐明勳，安重根義士的哈爾濱義舉，哈爾濱日報，2014年1月20日。
5　石源華，論朝鮮義士安重根與中國關係，朝鮮學論文集，2004年5月31日。

大家三呼：「大韓獨立萬歲！」安重根被推舉為盟主，大家商議再舉義兵，反抗日本殖民統治。[6]

哈爾濱車站的驚天刺殺

1909年，朝鮮半島風雲突變，日本加快了吞併朝鮮的步伐。日本帝國主義的代表、前首相伊藤博文在1906年3月出任朝鮮統監（總督）。伊藤博文一步一步地實行吞併朝鮮的計畫，他先是控制朝鮮政府的內閣，將朝鮮政府變成了裝點門面的擺設，朝鮮的王庭也受到他嚴密的控制。他還把控朝鮮的外交大權，通過1905年《乙巳保護條約》，將朝鮮變成日本事實上的保護國。他在朝鮮儼然以太上皇自居。[7]1907年海牙國際和平會議期間，朝鮮國王高宗派出代表秘密與會，他親手寫了一封手書：「朕，今日處境愈亦艱難，四顧無處可訴，云云」，希望朝鮮代表可以在國際和平會議上控訴日本的狼子野心。日本代表知道此事後，蠻橫地阻止朝鮮代表與會，而且給朝鮮扣上了「密謀逆反宗主國」的罪名。伊藤博文對高宗進行了嚴厲訓斥：「事件的責任全在陛下一人身上，並且此種行為係公然向日本表明敵意，故日本保有向朝鮮宣戰的權利」。他逼迫高宗讓位給皇太子，並且與朝鮮簽訂了《第三次日韓條約》，解散朝鮮軍隊，全面掌握朝鮮的司法權和員警權及中央到地方的一切實權。[8]

1909年4月，日本首相桂太郎、外交大臣小村壽太郎與伊藤博文密談，陰謀吞併朝鮮。7月份，日本內閣通過了吞併朝鮮的決

---

[6]　韓悅行，安重根，《大連近百年史人物》，遼寧人民出版社，1999年版。
[7]　王婧，安重根和尹奉吉義烈鬥爭的比較研究，延邊大學，碩士論文，2012年12月。
[8]　王婧，安重根和尹奉吉義烈鬥爭的比較研究，延邊大學，碩士論文，2012年12月。

議。伊藤博文卸任朝鮮統監，就任日本樞密院議長。為了達成與沙皇俄國的諒解，平衡遠東日俄關係，日俄雙方決定在10月份在哈爾濱舉行秘密會談，日方代表伊藤博文，俄方代表是財政大臣科科夫佐夫，他們的首要議題就是日本吞併朝鮮問題。[9]

10月19日，安重根在符拉迪沃斯托克的《大東公報》的編輯主任李剛處得到了伊藤與科科夫佐夫即將舉行會談的詳細情況。《大東公報》社舍長俞鎮律與他們商談此事時，安重根聲淚俱下地表示：「日本是我國的仇敵，伊藤是侵犯我國的元兇。伊藤此行定與進一步侵略我國有關，若不剪除此賊，則我國亡有日，安某願以死報國，剪除老賊。」[10]

他們召集了朝鮮義士協助他完成刺殺計畫，在商談時，安重根悲憤地說：「彼攘奪我三千里疆土，殘害我二千萬生民，尚且野心未已，更欲進取大陸，置四萬萬人於死地，是不特我人之不共戴天之仇，即世界人道之大賊，余欲殺雪恨久矣，而未得其便，含忍至此，今乃有此機會，是天假吾人而除之也！」[11]

10月21日，安重根從符拉迪沃斯托克動身，於22日晚間九點十五分到達哈爾濱火車站。他隨後乘坐馬車來到了列斯那亞街28號的抗日義士金成白家。金白成擁有俄國國籍，是當地的朝鮮僑民協會會長。安重根在中文版的《遠東報》上看到一則短訊：「前朝鮮統監伊藤博文，將乘東清鐵路總局的專列，於25日晚11時出發寬城子站，前往哈爾濱會見俄羅斯財政大臣戈果甫佐夫。」寬城子就是今天的長春。安重根根據西伯利亞鐵路快速列車的時刻表推斷出伊藤

---

[9]　石源華，論朝鮮義士安重根與中國關係，朝鮮學論文集，2004年5月31日。
[10]　韓悅行，安重根，《大連近百年史人物》，遼寧人民出版社，1999年版。
[11]　石源華，論朝鮮義士安重根與中國關係，朝鮮學論文集，2004年5月31日。

博文會在10月26日上午的九點四十分到達哈爾濱。[12]

　　他在行動前夕，寫了一首古風：「丈夫處世兮，其志大矣。時造英雄兮，英雄造時。雄視天下兮，大業可期。朔風其冷兮，我血則熱。慷慨一去兮，目的其達。對彼鼠賊兮，豈肯比命。同胞同胞兮，速成功業。萬歲萬歲兮，大韓獨立。」這首詩是他慷慨赴義前的心境的真實寫照。

　　10月26日，安重根攜帶手槍，與日本僑民一起混進了哈爾濱火車站。在俄國軍警眼中，日本人和朝鮮人差別不大，他們看著安重根穿得體體面面，也就把他放進去了。穿著西服，套著呢子大衣的安重根靜靜地坐在候車室的小茶館裡，等著伊藤博文的出現。上午九點鐘，伊藤博文的專列駛進了哈爾濱車站。俄國人組織的軍樂團頓時鼓樂齊鳴。俄國財政部長科科夫佐夫殷勤地登上了伊藤博文的車廂，將伊藤博文迎了下來。伊藤博文在俄國軍政官員的簇擁下，沿著月臺，從東北方向走向西南方向，與月臺上列隊等候的各國領事一一握手，隨後又折回，檢閱俄國的儀仗隊。

　　安重根見到機會來了，就走到了俄軍儀仗隊的後面。伊藤博文越來越近了，等他進入5米的射程時，安重根走到舉槍敬禮俄軍士兵中間，向身材短小、黃面白髮的伊藤博文連開三槍，第一槍打在胸口，第二槍打在肋部，第三槍打在腹部。第一槍擊中伊藤博文的時候，由於現場花炮聲大作，在場的俄軍士兵及歡迎的人竟然沒有反應過來。第二槍的時候，在場眾人才覺出異樣，不過他們的第一反應是四散逃命。開第三槍的時候，伊藤指著安重根罵他「混蛋」，倒在了地上。[13]

---

[12]　徐明勳，安重根義士的哈爾濱義舉，哈爾濱日報，2014年1月20日。
[13]　石源華，論朝鮮義士安重根與中國關係，朝鮮學論文集，2004年5月31日。

安重根乘著現場混亂，又怕打錯了人，就對著陪同著伊藤博文的那幾個人開了四槍。一槍打中日本駐哈爾濱總領事川上俊彥的右胳膊；一槍打中日本宮內大臣、伊藤隨行秘書森泰二郎左腹部；一槍打中南滿鐵道株式會社理事田中清次郎的左腿關節；最後一槍打中南滿鐵道株式會社的總裁中村。[14]

于佰春先生撰寫的《安重根刺殺伊藤博文的歷史鏡頭》一文中披露了這樣一則秘聞：安重根刺殺伊藤博文的時候留下了珍貴的歷史鏡頭。俄國方面為了表示對伊藤博文的尊重，安排了攝影師對伊藤博文在哈爾濱的活動進行攝像。俄國攝影師做夢也沒有想到會碰上這麼大的爆炸新聞，他們的攝影機將安重根刺殺伊藤博文的整個過程全部收錄。用于先生的描述就是：「9時許，伊藤博文的專車緩緩地駛入月臺。一剎那間，鼓樂齊鳴，俄國財政大臣科克淑夫親率文武百官上前歡迎，攝影機也及時地對準這一盛大場而進行攝錄。突然間，安重根衝出人群，掏出手槍，瞄準與科克淑夫握手言歡的伊藤博文連連開槍射擊。伊藤共中四槍，十分鐘斃命。」俄國攝影師的刺殺紀錄片在哈爾濱進行了公映，轟動了全世界。

于先生在文章中引用了當年的《東方雜誌》第10期對這一事件作的報導：「安重根槍殺伊藤的情況，已被俄人攝入電影片，緣俄國大臣科克淑夫約會伊藤公爵以前，就預備活動電影寫真。不料凶狀出現，遂將當時形態攝入。在哈埠各影園開演數日，觀者異常擁擠，各國人為之轟動。咸欲覓得之原本，旋為東京印刷局某氏所得。計出價15000日元購去，自有影戲片以來，從未有得此高價者。聞此片共長五百尺，先為伊藤到哈之情狀，次為與科克淑夫相

---

[14] 徐明勳，安重根義士的哈爾濱義舉，哈爾濱日報，2014年1月20日。

見之狀，各官相見之狀。次被彈狀，次將伊藤屍骸裝入火車，及刺客被獲之狀，纖悉具備，毫無失漏，詢為難得也。」[15]

　　安重根沒有乘亂逃走，而是從容地從衣服裡拿出了一面太極旗，上面有四個用鮮血書寫的大字：「大韓獨立」。他奮力地用俄語喊了三聲：「大韓獨立萬歲」。然後從容就捕。[16]俄軍士兵把他押送到鐵道憲兵隊分署。當晚九點，他被俄國轉交給日本，關押到日本駐哈爾濱總領事館（花園街97號），旋即日本將他囚禁於旅順監獄。

慷慨赴義的勇士

　　安重根在旅順監獄寫下了《自傳》、《東洋和平論》等著作，他知道日本人不會放過自己，自己是必死無疑。他早已將生死置之度外，在監獄期間，他寫了一些漢語詩歌，其中有一首是這樣的：「男兒寧詩欺心正，判檢何知用誣言。骨捕鐵戶平生誤，罪作審重百行先。已矣於今無可奈，報仇即地落孤魂。」[17]

　　日本人在他監禁期間對他進行了十次審訊，1910年2月14日，日本關東都督府高等法院對他舉行「公判」，他利用這次機會詳細闡述了刺殺伊藤博文的原因，並且呼籲東洋的和平。筆者與讀者朋友一起分享當時日本法院記錄員竹內靜衛記錄的《安重根陳述記錄》。[18]

　　「……本人是為了朝鮮，作為義兵中將而採取的行動。日本人亦對此予以承認，日本軍隊和員警也承認此前安應七是為了朝鮮在

---

[15] 于佰春，安重根刺殺伊藤博文的歷史鏡頭，文史春秋，2004年8月。

[16] 王婧，安重根和尹奉吉義烈鬥爭的比較研究，延邊大學，碩士論文，2012年12月。

[17] 姜曄，旅順監獄與安重根，中國近現代史史料學學會學術會議論文集之七——中國近現代史及史料研究，2007年12月。

[18] 井上互判讀，張曉剛翻譯，宋成有校對，研究安重根「東洋和平」思想的一篇基本史料，大連近代史研究，2012年9月。

鹹鏡北道及俄國境內而採取了一些行動。此次刺殺行為亦屬此一資格之所為，因而應適用於《國際公法》、《萬國公法》，按照戰俘對待。由一個普通的地方法院來審理判決，甚為不當，違反日韓協約。假令本人服從此一判決，各國將嘲笑日本是個野蠻國家。基於上述理由，本人不服此一判決。

伊藤作為統監來到朝鮮時，聲明其一切的謀劃皆是為了朝鮮，但這不過是為了應付各國的托詞而已。其真實想法，與其聲明完全相反。僅舉一例為證，所有的朝鮮人均認為參與締結日韓協約的李完用之流狗彘不如，亦將伊藤視為仇敵。如讓伊藤活著，則只能危害東洋和平。本人相信，作為東洋一分子，清除如此惡人實乃義務，故將其殺死。因此，將本人作為一般普通的殺人犯來處理，是極大的錯誤。另外，將本人說成是暴徒，實在令人憤慨之至。由此而言，本人亦表示不服。

伊藤所作所為均是為了中飽私囊，他是蒙蔽日本天皇的威德為非作歹的惡人。在此前的公審法庭上，檢察官指控我謀殺了現今已非統監的伊藤是出於私怨，此種說法是錯誤的。伊藤在辭去統監之職後，依舊干涉我國內政，造成諸種問題。本人決非出於私怨，亦非作為個人而殺死伊藤。

伊藤向世界吹噓說，朝鮮舉國上下，心悅誠服，這與事實完全不符，明眼人一定清楚實際情況如何。在此僅舉一例來說明，由於朝鮮先皇聰明睿智，伊藤難以恣意左右之，遂將先皇廢黜，另立不如先皇的現今皇帝。朝鮮人民自開國以來，未曾侵略過他國，是不以武國而以文國之美譽著稱的人民。然而伊藤侵略朝鮮人民，為實現自己的意圖，殺害所有人才。讓此種人活著，即是危害東洋和平。故此，本人為了東洋之和平，將其從世界上清除，並非以個人

身份完成此舉。……」

安重根被日本關東都督府高等法院判處了死刑，他放棄了上訴。3月26日上午，他穿上了母親送來的白絲綢上衣、黑褲子和朝鮮鞋。他對前來探望的兩個弟弟說：「我的遺骨帶到祖國是不大可能了。恐怕要埋在監獄墓地，那時遺骨能交給遺族，把遺骨埋到哈爾濱公園附近。等到國權恢復後，返葬到家鄉。我即使到了天國，也會為恢復國權竭盡全力。你們把我的意思轉達給同胞們，一定盡到國民義務。同心一體，高呼大韓獨立萬歲的喊聲響徹天國時，我也欣喜雀躍，高唱萬歲。」

隨後他慨然走上了絞刑架。日本檢察官溝淵孝雄問他臨刑前有無遺言時，他莊重言道：「我為大韓獨立而死，為東洋和平而死，死而無憾。遺憾的是，未見國家之獨立也。我大韓獨立之後，東洋可保和平，日本亦可免將來之危機。」[19]

十點零四分，他的脖子上被套上絞索，日本看守踩下踏板，他的身體被懸在半空，日本醫師折田確認他在十點十五分離開人世，年僅32歲。[20]

結語

安重根烈士的犧牲是為了反抗奉行侵略政策的日本帝國主義。他的這種捨生取義的精神激勵起朝鮮民族乃至所有遭受日本侵略的東亞民族的鬥志，朝鮮復國運動更加如火如荼，中國對於朝鮮復國

---

[19] 李帆，辛亥革命前夜的安重根義舉及在中國的反響，歷史教學問題，2011年12月。
[20] 姜曄，旅順監獄與安重根，中國近現代史史料學學會學術會議論文集之七——中國近現代史及史料研究，2007年12月。

運動也始終給予支援。暗殺這種手段也成為了朝鮮民族懲罰日本仇敵和本民族敗類的常用手段。1932年4月29日，尹奉吉烈士在虹口公園炸死了「歡慶」日本贏得一二八淞滬戰爭勝利的日酋白川義則大將，炸傷日本軍政高官重光葵、植田謙直等人。[21]

　　面對狂暴而強大的侵略者，弱小的國家和民族的義士只能用自己的血肉之軀，反抗侵略。安重根是中韓抗日義士的代表。中國方面建立紀念他的紀念館表示崇敬是正當正確正義之舉。時常參拜供奉著甲級戰犯靈位的靖國神社的日本政府右翼高官，不思反省日本在近代對亞洲各國人民造成的傷害，竟然還指責中國紀念抗日義士的合理舉動，簡直是顛倒黑白、無理取鬧。最後筆者以中國社會科學院日本所政治室主任吳懷中先生在人民日報撰寫的《安重根是除奸義士》中的一段對日本的質問作為結尾：

　　發動侵略戰爭的戰犯值得參拜，以侵害鄰國來建立「強大日本」的政策可以至今被推崇而得不到真正反省和改正，而反抗侵略的義士卻不能被紀念。這就是當今安倍內閣顛倒黑白的價值觀和世界觀。缺乏正常的歷史觀、道義觀而急欲實施「正常國家化」，這樣的政府又能把日本帶向何方呢？[22]

---

[21]　石源華，安重根義舉的後續影響及其歷史作用，大連近代史研究，2012年9月30日。
[22]　吳懷中，安重根是除奸義士，人民日報，2014年1月29日。

狼子野心的「饕餮」
——甲午戰爭兩甲子評伊藤博文

　　2014年是甲午戰爭爆發120周年，正好兩個甲子，也是當時的日本戰時首相伊藤博文被刺殺105周年。伊藤博文是日本侵略亞洲的急先鋒，在1885年中日關於朝鮮問題的談判中，在1894年爆發的甲午戰爭中，在1904年的日俄戰爭中，以及後來的日本吞併朝鮮等一系列的日本侵略亞洲鄰國的戰爭中都扮演了主要的角色。

　　下級武士出身的伊藤博文，也依仗其顯赫的「侵略功績」，而被日本天皇封為公爵，並四度出任日本首相。這頭狼子野心的「饕餮」永不滿足，在其與沙皇俄國密使勾結，共同瓜分亞洲的利益的途中，被朝鮮愛國志士安重根擊斃在哈爾濱火車站。本文集中筆墨重點向讀者介紹伊藤博文在甲午戰爭後期也就是中日議和中的醜態，當時的他是一隻不折不扣的赤裸裸地展現自己欲望的「饕餮」。

春帆樓下晚濤急

　　日本人有一句俗話，未嘗河豚味，何識富士山？在日本人眼中，河豚魚是天下的美味，富士山是天下的奇景。日本人對河豚魚非常癡迷，尤喜吃河豚魚做成的生魚片。日本河豚魚最有名的出產

地就是下關。下關也就是昔日伊藤博文逼迫李鴻章簽訂《馬關條約》的馬關。鮮為人知的是，《馬關條約》的簽約地點春帆樓就是伊藤博文命名的當地最有名的以河豚魚為主要特色的酒樓。1888年，伊藤博文到了春帆樓吃了河豚，覺得味道鮮美，廢除了禁止河豚在餐廳出售的禁令。伊藤博文選定春帆樓作為簽約地點，是不是想把李鴻章作為鮮美的河豚魚吃了呢？

十年前，伊藤博文在天津與李鴻章談判的時候還是謙恭有加。這次談判，伊藤博文攜日本戰勝之威，表現得非常狂妄。他提出了苛刻的條件——清朝要割讓遼東半島、臺灣及澎湖列島，並且要向日本賠償軍費兩億兩白銀。他強硬地說道：「但有允、不允兩句話而已。」表示絕無商量之餘地。李鴻章苦苦哀求，希望酌情減少賠款的數量，「請讓稍許，即可定議。」伊藤博文立刻回絕：「如已稍讓，盡已稍讓。……只管辯論，但不能減少。」談到交割臺灣的時候，伊藤博文表現得更為急不可耐，李鴻章表示：「貴國何必急急！臺灣已是口中之物？」伊藤博文露骨地回答道：「尚未咽下，饑甚！」後面的這段對話在國內流傳甚廣，李鴻章與伊藤博文的對話已經被翻譯成白話文了。在網上也是一個段子：李鴻章說：「臺灣已是日本口中之物，何必心急。」伊藤博文回道：「還沒有咽下去，餓得厲害！」

對於以上的這個段子，在中國是廣為人知的。事實上，在中國，伊藤博文是個名人，大家還記得《走向共和》裡面的那個光緒皇帝在戊戌維新的關鍵時期召見的梳著分頭、短髮短鬚的那個日本侯爵嗎？光緒皇帝希望向他求教維新之道，但是礙於端坐在隔壁房間聆聽的慈禧太后，不得不顧左右而言他。伊藤博文身著華麗的制服，在光緒皇帝面前謙恭有禮，與甲午戰爭後期逼迫李鴻章簽訂

《馬關條約》之時的舉止判若兩人。這位梟雄在維新派眼中，更多地是作為作為明治維新元勳而存在，他們忽略了他一直是侵略中國的罪魁禍首這一身份。

伊藤博文一生中，有四次重大歷史事件與中國有交集，第一個是1885年作為日本特使前來天津與李鴻章簽訂《中日天津專條》，第二次是甲午戰爭，第三次是戊戌變法期間以「漫遊」的身份訪問中國，也就是上文提及的覲見光緒皇帝的那一次。第四次就是他在哈爾濱車站被朝鮮志士安重根刺殺。

伊藤博文究其一生，在軍事、政治、外交等領域都有很多「功業」，但是他一生最大的特徵就是窮兵黷武，侵略成性，他時刻在謀求日本的海外利益，時刻在盤算著日本對亞洲的侵略。如果說山縣有朋可以成為日本軍國主義之父的話，那麼伊藤博文就可以稱之為日本軍國主義的設計師。下文筆者將對此做一介紹，並簡要分析甲午戰爭之前的中日力量對比。

伊藤博文是日本軍國主義的設計師

日本武裝倒幕，繼而明治維新之後，確立了「脫亞入歐」的國家方針，將亞洲鄰國——朝鮮和中國作為了侵略的目標。日本的明治維新學習西方較為徹底，在政治、經濟、軍事等方面進行了全面的改革。而當時的中國，從表面上看，仍然維持著東方第一帝國的尊榮，在李鴻章、張之洞、左宗棠等主要地方督撫的主持之下，清朝通過洋務運動，以「自強」和「求富」為口號，也開展了大規模的近代化進程，在軍事方面成效比較顯著，北洋海軍是洋務運動最大的成就之一，也是李鴻章一生中最引以為豪的成績。

然而中日之間展開的現代化競賽從骨子裡講，日本改革更為徹底，全面建立資本主義制度，中國學到的只是西方列強的皮毛，根本上還是落後的封建制度。伊藤博文則是日本明治維新的大功臣，他創造了日本的多個第一，擔任首任首相、頒佈首部憲法，他大搞殖產興業，加快了日本的工業化發展步伐。日本處心積慮地希望向亞洲擴展，一開始就以清朝為假想敵，將朝鮮視之為侵略中國的跳板。

　　1884年朝鮮發生甲申事變，日本在朝鮮的勢力受到巨大打擊。日本國內當時對清朝開戰的聲音就很大。但是伊藤博文認為，日本當時的實力不足以戰勝清朝，所以抓緊時間擴軍備戰。到了1894年甲午戰爭爆發前夕，日本的軍力隨著國家的巨額投入，極為膨脹。據林敏在《伊藤博文與近代中日關係》一文中的研究，1885年，日本的軍費在1000萬日元以內，而從1886年起便超過了2000萬日元，直至甲午戰爭，軍費支出一直占國家財政支出的30%左右。

　　1892年，伊藤博文第二次出任日本首相，將對清朝的戰爭擺在首位，進一步擴軍備戰。為此，他下令裁減政府官員3272人，削減政府開支170萬日元，以用作擴充軍隊的經費，並向中、朝、俄大量派遣間諜，進行全面偵查，做軍事進攻的準備。

　　國人評價甲午戰爭，有一種說法，說是李鴻章對日本的「一人對一國」的戰爭，以北洋陸軍和海軍作為主力，對抗整個日本國家，中國軍力沒有進行全面的動員，國人引證的最為典型的論據是，為什麼與日本人海戰就北洋海軍參加了，福建水師和南洋海軍為什麼就不參加呢？

　　實際上，這只是表像，最根本的還在於日本相對於中國，已經形成了「小而強」對「大而弱」的態勢。現代戰爭拼的是國家的整

體實力。在伊藤博文等人的「內治」下，日本已經的翅膀已經硬起來了，已經有實力，以「國運相賭」，與大清國全力一戰。

　　華東師大歷史系劉學照先生曾經列舉過日本在甲午戰爭之前近代化的成就，實事求是地講，在日本的近代化過程中，伊藤博文始終充當著主導者的角色：在伊藤任第一任內閣總理大臣後的1886至1890年間舊本出現了產業革命熱潮，棉紡織業成為當時民間近代工業的中心。1890年，日本棉紗出口大於進口，開始成為紡織品出口國。此外，私營鐵路、航運、造船和其他輕重工業均得到了較為迅速的發展。1894年，日本私營鐵路達2473公里，為官營鐵路929公里的兩倍半以上；而同年底，中國僅有官辦和官督商辦鐵路425公里，不足日本鐵路里程的八分之一。到1893年底，日本以民營為主的航運業有16萬噸船舶。而中國只有輪船招商局一家航運企業，有24584噸船隻，不及日本船舶噸位的六分之一。到第二屆伊藤內閣期間的1894年，日本已初步實現了資本主義工業化，成為亞洲第一個實現工業化的國家。……在軍事方面，明治政府在「富國強兵」口號下，建立起亞洲最雄厚的近代軍事工業。1869年成立兵部省，後又分設為陸軍省和海軍省，實行兵制改革。70年代，根據「國民皆兵主義」，頒佈徵兵令。並成立軍令機關參謀本部。在1885年後的第一屆伊藤內閣期間，日本為適應野戰和境外作戰，將舊有「鎮台制」改為「師團制」，大體上完成了近代兵制改革。

　　筆者在此特別提出一點，伊藤博文為了加強天皇的絕對權力，也為了保證日本軍隊的優勢地位，在制度設計時做出的兩個決策，對當時的日本以至於日本未來走向軍國主義、軍部獨裁打開了道路。伊藤博文設計的內閣當中，原來是設立的兵部省，後來分裂為陸軍省和海軍省，陸軍大臣和海軍大臣都由現役軍人擔任。由於伊

藤博文到西方國家考察完「憲政」後，為日本設計的是以普魯士憲政為藍本的君主立憲制，確保了天皇的絕對權威，讓天皇不僅是國內一切事務的最終決定者，也是日軍的最高統帥。所以，日本內閣的陸軍大臣和海軍大臣具有直接向天皇參奏的權力，他們可以越過內閣的負責人——首相，直接向天皇奏事。在內閣之外，伊藤博文又設立了日軍大本營，也是由天皇擔任最高負責人。日軍大本營也就是日後的日本軍部，不受政府的管轄和控制，與日本政府事實上處於平行的地位。日本政府無權管轄軍部，但是軍部卻有殺手鐧對付政府——只要軍方不派出高級將領擔任陸相和海相，內閣只有倒臺。伊藤博文的這一設計最終導致了日本走向軍國主義，軍隊勢力膨脹，乃至於軍人獨裁，掌握國家命運，乾綱獨斷。在甲午戰爭之前，日軍的大本營已經開始運作，設在廣島，甲午戰爭期間，由天皇親自坐鎮。

處心積慮的廣島拒使事件

甲午戰爭的爆發對清朝來說，完全是始料不及的。但是對於伊藤博文等日本主政者來說，那是處心居慮的，他們一直在等待機會。當清朝政府內部還在就主戰和主和爭論不下的時候，伊藤博文等已經迅速消弭了國內的反對言論，舉國一致地投入戰爭。戰爭一開始後，清朝陸軍就節節敗退，北洋海軍也被日本聯合艦隊重創，龜縮在軍港內避戰，輕而易舉地將制海權拱手相讓。日軍進展神速，快要威脅到清朝的京畿地區，清政府慌了神，派出了張蔭桓和邵友濂充當全權大臣，赴日本廣島議和。當時正值日軍攻略威海衛的關鍵時刻，伊藤博文希望擴大侵略戰爭的勝利，以獲取更多的勝

利果實。因此，他以中國欽差「全權」不足，而且沒有攜帶與萬國公法樣式符合的敕書，拒不與張邵二人談判，他暗示清政府派出的議和代表地位不夠尊榮，希望清政府派李鴻章前來議和。戰敗的清政府，惶惶不可終日，生怕日軍直搗京畿，立即派出年逾七旬的李鴻章遠涉重洋前來議和。具體談判過程，筆者在第一小節已經介紹了，不多說了，簡單說一說結果。

伊藤博文對李鴻章威逼利誘，李鴻章苦苦乞求，如果不是出現了日本浪人刺殺李鴻章的事件，引起國際輿論的一致聲討，伊藤博文還會堅持一開始提出的更為苛刻的條件，由於害怕列強出面干涉。伊藤博文與李鴻章在1895年4月7日，簽訂了《馬關條約》。條約規定：清政府承認朝鮮「獨立自主」，事實上使日本取得了朝鮮的控制權；清政府割讓遼東半島、臺灣及澎湖列島給日本，後來三國干涉還遼，日本方面吐出了遼東半島，又從清政府勒索了三千萬兩「贖遼費」；清政府賠償日本軍費兩億兩；增開重慶、沙市、蘇州、杭州為通商口岸；開闢內河新航線；允許日本在中國的通商口岸開設工廠，產品運銷中國內地免收內地稅。中國的主權危機日益嚴重。

對於《馬關條約》的內容，讀者朋友也不陌生，但是對於伊藤博文玩弄手段，拒絕清政府派出的首批議和使者的事件，普通讀者朋友並不太瞭解。這件事情被稱之為廣島拒使事件，這在當時是日本違反國際慣例，為了追求將侵略戰爭的利益最大化，而採取的故意刁難清朝使節的歷史事件，伊藤博文是此次事件的策劃者和主要參與者。我簡單說兩句。

作為張蔭桓和邵友濂隨員的伍廷芳在1895年2月15日在長崎旅社給盛宣懷寫了一封信，他在信中交代：初八（1895年2月2日），訂期再往縣廳會晤。伊藤云：「我們所奉敕書係照萬國公法成式，

中國敕書則大相懸殊。貴大臣此來商辦何事，敕書內並未載明。即此已見全權之不足，斷難與議。貴大臣可早日回國，即備船隻護送出境。」當將說帖宣讀一遍。張、邵欽差復辯論一番，伊藤等終以：「權力不足置辯。」遂辭回寓。初九日，張、邵欽差有致伊藤、陸奧一函，囑廷面交。伊藤等堅持全權不足之說，不能開議辦事，竟於是日將原文送還。

伊藤博文是外交老手，他一方面藉口中國使節的敕書與國際公法的制式敕書不相符合，拒絕談判。另一方面私下裡，又與伍廷芳兩次談話。初八那天，邵友濂等人回去旅社，伊藤將伍廷芳留下來，「執廷芳手留坐良久」。他很客氣地問候了李鴻章的健康，暗示清政府「現派二位大臣非位望者」，擺明瞭是要與全權的李鴻章談判。初九，伍廷芳又奉命到伊藤寓所，交公文一份。伊藤又把他留下來聊天。伊藤一方面表示，不能與他們談判，很遺憾，責備中國為什麼「不頒發全權敕書」？他認為中國使節並無談判誠意，是來探聽日本虛實的。伍廷芳告訴他，「今張大人、邵大人帶來國書、敕書，照我中國視之，係有全權辦事。」伊藤藉口說，這是兩國的大事，當然要照萬國公法辦理，否則會被別國所笑。他明確提出，要讓恭親王奕訢或者李鴻章前來談判。他最後威脅道：「現在兵攻威海衛，南邊一帶已得，但海面及劉公島各炮臺現尚鏖戰，勝負未分，大約指日可全取。軍情萬變，時刻不同，早和為宜。」

事實上，當時中國政府與別國在外交文書上的往來，在敕諭方面——查中國敕諭，往外國議約，其格式向與此次相同，向未聞他國不接收也。張蔭桓、邵友濂表示如果日方覺得敕書略有缺簡，願即電奏補足，但是伊藤博文等人拒不接受。在這樣的情況下，張蔭桓、邵友濂在日本會談無望，只得無功而返返回。

其實，這是伊藤博文故意玩弄的手法。伊藤博文非常明白，戰場上可以獲得談判桌上得不到的東西，在軍事上取得勝利後，再在談判桌上要價，就方便得多了。他利用敕書的藉口，拒絕與中國使者談判，就是為了保障日本圍攻威海衛的勝利。當真是陰險狡詐，用心險惡，但是有說得如此冠冕堂皇。可憐李鴻章一世英名，以老邁之軀，到馬關受辱、被刺，背負上了「賣國賊」的惡名。如果不是這個七旬老人竭力爭取，並且利用了自己被刺有利的國際輿論，伊藤博文的條件就不會下降，賠款就不是兩億兩，而是三億兩了。

對伊藤博文的評價

伊藤博文擔任戰時首相，指導甲午戰爭，並作為日方首席談判代表，取得了馬關談判的巨大勝利。日本明治天皇在1895年8月5日，賜他侯爵，並賞金10萬，並敘為大勳位。伊藤博文的政治生涯從此進入頂峰。之後他又在1906年擔任首任韓國統監。1907年，又迫使韓國簽訂第三次日韓合約，把韓國完全變成了日本的殖民地。

伊藤博文是一個梟雄式的人物，尊奉天皇的絕對權威，為日本帝國開疆拓土，在日本大力發展軍國主義，將亞洲鄰國作為其嘴邊之肉，隨時準備一口吞下，為此不惜多次興起刀兵，與清政府和沙皇俄國大打出手，不斷擴展日本的勢力範圍。

他作為一個軍人出身的政客，強硬是其一貫的風格，窮兵黷武是他血液中的因數。在甲午戰爭中，他作為首相得到了列席日軍大本營的特權，事實上主導了甲午戰爭的進程。在日軍攻下遼東半島和旅順港之後，他反對山縣有朋直接進攻直隸平原的主張，堅持集中兵力攻佔威海衛，並派兵攻略臺灣，奠定了日軍在甲午戰爭中

的最後勝利。在世界輿論譴責旅順大屠殺的時候，他一味詭辯「旅順屠殺的報導多少過於誇張。比如，說許多被殺者是非戰鬥人員，其實是清兵偽裝的市民」，兵令日本外相陸奧宗光向各國遞交申辯書，混淆視聽。在與李鴻章談判之際，時常威脅李鴻章：「若此次談判破裂，則我一聲令下，則有六七十艘運輸船只，搭載增派之大軍軸櫨相接，陸續開往戰地⋯⋯」逼迫李鴻章答應他的嚴苛條件。

他雖然在日本軍國主義的勢力支持之下，取得了很多的勝利的，但是自古以來，窮兵黷武者必定自取滅亡，他最終被韓國義士安重根給刺殺，倒在了安重根正義的槍口之下。奉勸今日之某些日本政客，如果再走軍國主義老路，必將重蹈覆轍，再次嘗到失敗的苦果！

陸

國際評論

▍道歉賠償：日本政府的義務

　　從日本挑起九一八事變到日本投降，日本軍隊製造了許多超越人類文明容忍程度的戰爭暴行：南京大屠殺、三光政策、新加坡大屠殺、巴丹死亡行軍、緬泰死亡鐵路、馬尼拉大屠殺、「地獄航船」、慰安婦、細菌戰……受害者一直要求日本政府道歉賠償，日本法院一次又一次地否決了他們的正義要求。但受害者和倖存者的呼聲此起彼伏，開始可能很微小，但是最後一定會發出獅子般的怒吼。道歉賠償是和解的基石，也是日本政府的責任。

日本的戰爭暴行違反國際法

　　著名歷史學家、劍橋大學範力沛（Lyman Van Slyke）教授指出：「九一八事變、日本全面侵華戰爭和太平洋戰爭不應該割裂開來研究，而是應該將其看作是同一場延續性的戰爭。」日本挑起的這場戰爭，讓9000萬人口遭到嚴重傷害，2400萬人喪生，其中有2000萬為平民。（Werner Gruhl, *The Great Asian-Pacific Crescent of Pain: Japan's War from Manchuria to Hiroshima, 1941 to 1945*）

　　日軍踐踏了國際戰爭法的人道主義原則。1907年日本政府簽署了《第四次海牙公約》，並在國內獲得批准。1929年日本政府簽署了《日內瓦公約》，在國內未獲批准。但世界知名法學家、魯爾

大學的科納特・愛普生（Knut Ipsen）教授認為，條約是政府之間的協議，簽字即產生法律效力，日本應該遵守1929年的《日內瓦公約》。（Knut Ipsen, *A Review of the Main Legal Aspects*）退一步講，《第四次海牙公約》包含著幾乎等同於1929年《日內瓦公約》的條文，從這個角度講，日本也應該人道的對待戰俘和占領區的平民。

事實上，日本也違反了他們的戰爭習慣法——武士道。武士道宣稱同情弱者，包括受傷的敵人，並且允許光榮地投降。新渡戶稻造在其名著《武士道》中寫道：「對於弱者、劣者、敗者的仁，被讚賞為特別適合於武士的德行。」他還特別提到了「武士之情」——「最剛毅的人是最溫柔的人，仁愛的人是勇敢的人」。

可是日軍視國際法為無物，它在作戰和占領過程中不加區別戰鬥人員與平民，是否對日軍有敵意成為他們屠殺的標準。他們的某些戰爭暴行，超出了人類文明所能容忍的限度——日軍在太平洋地區曾多次食用被擊落的盟軍飛行員的肉。日軍的惻隱之心在戰爭中很少見。

日本為何對歷史如此「健忘」

二戰結束之後，日本在美國的扶植之下，迅速實現了經濟復興，就像荷裔政治評論家伊恩・布魯瑪所說的那樣，「如一場大雪，……掩蓋了所有的痕跡，消除了所有的聲音」。（Ian Buruma, *The Wages of Guilt: Memories of war In Germany and Japan*）日本得了歷史健忘症，缺乏反省，並不斷否認其侵略歷史。

日本學者野田正彰在《戰爭罪責：一個日本學者關於侵華士兵的社會調查》一書中總結了日本民眾對戰敗的兩種回應方式：第一

種回應是，戰爭都是殘酷的，戰爭的發動者和受害者都無可指責，最重要的是呼籲今後的和平；第二種回應是，用建設來代替反省，陷入了一種經濟狂熱，在狂熱中回避歷史。第二種回應是主流，日本民眾試圖用經濟上的成功來忘卻過去的戰爭創傷，這種物質主義塑造了現在的日本文化。兩種回應，都沒有正視歷史。

大多數在戰後出生的日本人不能理解「戰爭責任」的意義。從某種意義上說，美國對廣島和長崎的原子彈轟炸，給戰後的日本提供了一個是無辜的受害者的遮羞布，而不是應該內疚的加害者。戰後有關廣島和長崎的文學作品，似乎提供了令人信服的證據，日本人在戰爭中遭受的災害最為深重。

日本有許多歷史修正主義者在推波助瀾，他們的勢力非常強大，正是由於他們的存在，導致了一次又一次的「歷史教科書事件」，以及否認日軍暴行的事件。他們正試圖美化侵略戰爭，說日本出於高尚的目的——把亞洲的其他地區從西方殖民帝國主義手中解放出來，而發動戰爭。

日本政府不承認戰爭罪行，並向受害者道歉賠償，美國難辭其咎。為了便於控制日本，美國讓日本的戰時體制得以延續，天皇制仍然存在。在麥克亞瑟將軍的保護下，裕仁天皇以及所有皇族成員都被免於追究戰爭責任，對於戰犯的追索工作也早早地結束了。美國為了自身利益，進行了許多骯髒的交易。哈裡斯在《死亡工廠》中披露：731部隊頭目向美國占領當局提供了可怕的、利用中國平民和盟軍戰俘進行人體試驗的資料，被免於起訴。（Harris, *Facories of Death: Japanese Biological Warfare, 1932-45, and the American Coverup*）。

為了冷戰的需要，美國加快了扶植日本的步伐。諾貝爾文學獎得主大江健三郎認為《舊金山和約》導致日本人「沒有對戰敗進

行深刻反省」，「反而為日本提供了一個擋箭牌」。在美國的導演下，最終日本只和遭其侵略的少數亞洲國家簽訂了條約。為了排除共產主義勢力，美國主導、簽訂《舊金山和約》時，排除了中國和朝鮮，蘇聯也拒絕簽約。

約翰‧普萊斯（John Price）指出，和約成了第二個慕尼克協定，日本在逃避了領土和賠償等遺留問題的條件下，脫離了亞洲。（*A Just Peace? The 1951 San Francisco Peace Treaty In Historical Perspective*）「儘管和約已經使美日同盟的關係鞏固了，也加速了日本的經濟復甦，可是它使日本形成了一種對戰爭歷史問題遺忘的政策。」新美國基金會的高級研究員斯蒂芬、克萊蒙斯評論道，「和約在日本鄰國和暴行的受害者眼中，不僅沒有成為確保和平和正義的工具，反而成為了真正和解的障礙。」（Steven Clemons, *Recovering Japan's Wartime Past—and Ours*）

道歉賠償意味著正義

世界已經經歷了漫長的等待，等待日本政府承擔亞洲太平洋戰爭的責任。對於風燭殘年的受害者而言，時間是最寶貴的，擱置正義就意味著否定正義。

很多人會說，「事情都過去了那麼多年了，道歉有什麼用？官司打了那麼多年，總贏不了，日本政故堅持不賠償，再打下去有什麼意義？」代表美國老兵向日本政府和企業索賠的坦尼教授說：「我們要求賠償，並不是為了錢，我們的要求涉及人格和尊嚴。我們要求獲得正義！」對於飽受摧殘的受害者而言，一個真誠的確定無疑的道歉，可以撫平他們心靈的創傷，讓他們從長達60多年的痛

苦和恥辱中解脫出來，帶著尊嚴安息。

　　真誠的道歉和賠償缺一不可，而且必須以道義為基礎。評論家羅格‧盧森伯拉特在評價德國對猶太浩劫的賠償時指出：猶太浩劫僅僅是賠償是不夠的；它還需要解釋、和解、同情、原諒、贖罪，以及人類盡力糾正錯誤所需要的任何因素──道義是改正錯誤的基礎，否則沒有錯誤可以被糾正。

　　很多日本人說，日本不是道歉過了嗎？你們到底要日本道歉到什麼時候？他們認為，這是在給日本難堪，在羞辱日本。日本是否已經進行了不含糊的道歉，是日本政府和受害者政府爭論最激烈的一個話題，時常讓評論者眼花繚亂。

　　受害者需要的是日本政府正式的道歉，而不是某個官員以私人身分的道歉。當然這些道歉對於受害者會起到一定的撫慰作用，但是相對於這種道歉而言，日本官員歪曲、否認歷史事實的言論更多。受害者不能接受剛剛發表道歉言論，緊接著就去參拜靖國神社的官員的道歉，這種道歉是缺乏誠意的。

受害者可以索賠

　　日本政府一直聲稱，所有的戰爭賠款問題已經在《舊金山和約》中得到解決了。美國也支持這種觀點。《舊金山和約》的第十四條，有關於戰爭賠償的條款，似乎為日本政府提供了一個無法穿透的金鐘罩。

　　舊金山和約的十四條是否在事實上消除了受害者個人要求對於違反人性的罪行進行賠償的權利，法學界的觀點是多樣的，很多法學專家堅信，作為簽約國的國家，不能夠取消不屬於它們的個人的

權利。

張純如女士在《南京浩劫——被遺忘的大屠殺》中寫道：「但是仔細研究該條約，人們會發現，該問題只是被推遲到日本的財政狀況改善後解決。」、「人們意識到，日本應該向盟國支付戰爭賠款。」

個人可以獲得戰爭發起國賠償的權利早已被寫進了國際法，這可以上溯到1907年的《海牙公約》。公約第三條規定：違反國際法條款的好戰一方，如果情況需要，有義務進行賠償。它必須為它的軍隊以個人形式犯下的所有罪行負責。日本是1907年的《海牙公約》的簽約國，從這個層面上來講，它不能否認個人要求賠償的權利。史維會的李競芬女士認為，條約是用來解決國家間的問題的，它們的約束物件不是個人。受害者有權要求對違反人性的罪行進行賠償，這一點任何國家間的條約都不能擱置和放棄。

此外，參照德國對受害者進行賠償的成功範例，日本也沒有理由拒絕戰爭受害者的賠償要求。德國不僅建立了一整套的賠償機制，政府和所有從猶太浩劫中獲利的企業都要進行賠償，據初步估算，德國方面已經向猶太人支付了600億美元的賠償。此外，德國國內興建了大批紀念浩劫的博物館、紀念館，政府領導人不斷公開進行道歉，勃蘭特總統甚至用下跪的方式表達了德國的懺悔。

猶太世界接受了德國的道歉和賠償，因為德國一開始就承認它對猶太浩劫負有道義和法律上的責任，這種承認的真誠程度，是有法律保證的。現在不僅是德國進行了賠償，很多德國當年的僕從國也進行了賠償，甚至像瑞士這樣的中立國也向猶太人進行賠償，不僅是政府賠償，企業和金融機構也進行了賠償，只要他們曾經從猶太人身上獲利，或者支持納粹迫害猶太人。

日本須立法承擔戰爭責任

　　道歉和賠償是否真誠，需要有法律來保障。德國與猶太人的和解，頒布相關法律是關鍵中的關鍵，法律的強制力反映了德國政府對於糾正歷史錯誤的決心。德國以立法的方式，保證了對猶太浩劫歷史的尊重，如禁止任何有關納粹歷史的展示，佩戴鐵十字勳章非法，否認浩劫非法。大批納粹戰俘被起訴，判處監禁和死刑，德國仍然不遺餘力地在全球追捕納粹戰犯。

　　二戰爆發之時，美國的日裔群體，受到了監禁和審查的迫害。戰後，美國的日裔成立了一個名為「AJR27」的團體，向美國政府索賠，要求公開戰時迫害日裔的真相。1988年美國頒布了《公民自由法案》，宣布向日裔美國人進行道歉和賠償。AJR27的負責人、美國國會議員米切爾・本田對《公民自由法案》給予高度評價：「法案成功地消除了無止境的批判。它確認了事實，對所有人的人宣告，戰時對日裔社會的迫害是非正義的。它卸下了我們心頭的重擔，讓我們的團體重獲自由，深愛這個國家的我們，現在有理由保衛它。」（Michael M. Honda, *Japan's War Crimes: Has Justice Been Served*）

　　日本如果仿效德國，在國內立法確認戰爭暴行，並承擔責任，那麼它代表日本政府已經對戰爭暴行進行了確認，並且有決心決定承擔對受害者的義務，一定可以獲得受害者的諒解。

銘記是和解的第一步

　　納粹大屠殺倖存者、美國諾貝爾文學獎得主伊利・威塞爾警

告說：忘記大屠殺就是二次屠殺。我們不能輕易地說：「讓我們原諒和忘記吧。」這樣我們將拋棄正義的原則，這意味著免除過去戰犯的暴行，鼓勵新的戰犯出現。歷史不能這麼沒有原則，片面的原諒只會再次帶來傷害。沒有道歉，沒有補償，那麼原諒就是一句空話。沒有原諒，日本與受害國的和解，也是一句空話。受害國不能帶著恥辱與日本共同構建未來。

現在日本不能獲得亞洲各國和西方國家受害者原諒的原因在於它仍然在否認戰爭暴行。這是對受害者的褻瀆。我的導師張連紅教授在《南京大屠殺對南京市民社會心理的影響》中說：

> 現今有遠見的日本人在撫慰亡者和生者的心，而有些日本人則在千方百計想用濃墨塗改血跡，用不負責任的謊言來取代歷史的事實。我們應從悲慘的歷史中吸取教訓，而不應使之成為仇恨的催化劑。日本政府應對戰爭責任進行徹底反省，時間拖延越長……日本背負的包袱將會越沉，其付出的代價亦必然更大！

受害者的正義仍未獲得，受害國更需要保存受害者的記憶。銘記不是為了復仇，而是為了在將來的某一天，與日本民眾擁有這些共同的記憶。任何和解的實現，都是雙方達成共識的結果。加害者必須在道歉的同時或者在道歉之後承認對暴行的責任。道歉在複雜的恢復關係的過程中具有決定性的作用。這個過程由沒有清算的罪行引起，在悔恨與和解中結束。讓施暴者從不人道的深淵中得到救贖的途徑只能是愛和責任！

有戰爭罪行責任而沒有受到審判的裕仁天皇

今年是南京大屠殺70周年紀念日。1937年8月13日，日軍在上海挑起事端，八一三淞滬戰役爆發。攻陷上海後，日本侵略軍的鐵蹄氣勢洶洶地殺向南京，一路上留下的是廢墟和中國人的屍體。有一個二戰最大的戰犯，從來沒有受到審判，他就是整個日本帝國的最高掌權者——裕仁天皇。亞洲太平洋戰爭結束後，日本政府與美國做了交易，以保留日本天皇制為代價實現所謂「無條件投降」，裕仁天皇也因此得到了庇護，逃過了東京審判。二戰後，裕仁天皇又把自己塑造成一個愛好和平的老人。然而，無論國際海事日本國內，對於裕仁天皇應該接受戰爭罪行審判的呼聲從來沒有停止過。筆者依據全球抗日戰爭史實維護會會長、美國拉各斯大學教授李培德在《日本戰爭罪行：為了追求歷史的正義》（*Japanese War Crimes: the Search for Justice*）中的論述，並結合國內外最新研究成果，整理出此文，告訴讀者一個真實的裕仁。

乃木希典對裕仁天皇的訓練

在裕仁的早年，他受到了乃木希典大將的巨大影響。乃木希典是日俄戰爭中的英雄。他教導年幼的裕仁，要求他勤儉，耐心，

有男子漢氣概，在困境中鍛鍊強大的自我控制能力。在乃木希典對理想君主的設想中，盡責和尚武同樣重要。乃木對裕仁的訓練非常嚴格：每天四個小時的晨練，接著用午餐——裕仁通常一個人吃西餐，喝一杯牛奶；下午再進行四個小時禮儀訓練，接著進行身體鍛鍊和軍事技能訓練。

在乃木的教導下，裕仁很早就認識到他身體的孱弱——他需要通過勤奮的鍛鍊來克服它。儘管裕仁離乃木心中的理想君主形象相差很遠，但他仍以巨大的熱忱對待裕仁。乃木在聽到明治天皇駕崩的消息後，和裕仁見了面，長談了3個小時。乃木希典詢問裕仁在自己擔任校長的學校裡學到的所有東西。在這次長時間的談話中，裕仁始終不動聲色地坐著，生怕產生煩躁情緒讓他的老師失望。談話結束後，乃木和他的妻子雙雙切腹自殺，為大正天皇殉葬。消息傳出後，在裕仁天皇的三個兄弟中，唯獨裕仁情緒失控，流下眼淚，不能說話，並且無法停止哭泣，事實上他被訓練的重要的一點就是作為帝王不能表現出任何情緒。

乃木希典對於裕仁天皇的帝王之術的培養是因人制宜的，極具實用性的。經過乃木希典的訓練和裕仁自己的摸索，他將帝王之術運用得出神入化。他知道自己應該什麼時候應該說話，什麼時候不應該說話。他實際上比絕大多數人認為的要聰明得多，精明得多，有精力得多，在他統治的最初22年（1924-1945）裡，他發揮了巨大的影響力，無論何時他面臨選擇時，都不是軟弱無力的。他的親信深深瞭解他一舉一動的真正意義。

裕仁行事的第一要務就是保住皇位和統治權，就這點而言，他絕對是一個成功者。與希特勒刺耳的聲音，外向的、豐富有力的語言表達和善於表演的能力相反，裕仁是羞澀的、局促的和內向的，

在日本投降前，幾乎從不公開露面和發表演說。他缺少一個偉岸的儀錶，他身材矮小，有輕微的駝背，聲音尖利，沒有出色的智力和想像力，以至於他的親信時刻關心他的健康狀況，怕他能否承受帝王的辛勞。喜歡穿厚底鞋的裕仁天皇，不善社交，看起來缺乏安全感，以至於他1921年準備出國旅行的時候，諸多親信反對。

裕仁天皇的「模糊表態統治術」

為了保存和保護天皇的皇位被敵人攻擊，天皇被塑造成不會犯下任何罪行，也不能犯下任何罪行。裕仁天皇被他的顧問們「限制」，限制他用直率的方式表達觀點，即使他在很多問題上有明確甚至強烈的觀點，因此裕仁天皇幾乎從來不向他的顧問以外的小圈子透露任何資訊。

控制自己的情緒，儘量少說話，總是做出最高領袖的姿態，總是把真實想法隱藏在不動聲色的臉色後面，讓裕仁天皇的一切決策變得「模糊」，這其中自然包括裕仁天皇參與戰爭的決策。不過，裕仁天皇的權術讓他的親信們可以確定無疑地解讀他的「模糊」實際上卻是明確無比的資訊。因為裕仁天皇有著日本憲法賦予他的無限權力，所以他的任何一個心思，哪怕只是一點點小小的暗示，都將成為日本政府某些重要決定做出的依據。裕仁天皇一直在用微妙的方式使用權力，他可以用委婉的語言表達建議、警告、質疑，或者用意味深長的沉默表示反對。事實上，他的絕對權力使他可以通過很簡單的一句疑問讓他的內閣總辭，如果他看似不經意地問首相一句，首相，你認為總辭會有什麼影響嗎？這一時刻，他的首相和內閣都會認為他們已經被解職了。毫無疑問，首相回家之後的第一

件事就是寫辭呈。

　　這是有實例的。日本軍人在皇姑屯密謀殺害張作霖後，日本首相田中義一兩次面見裕仁天皇，由於前後說法不一致——田中一開始和裕仁報告皇姑屯事件經過時，說是日本軍人幹的，並拍著胸脯保證嚴懲河本大作等日本軍隊的兇手，第二次田中卻因為受到日本陸軍的壓力，改變說法，說是南方革命軍幹的。裕仁天皇對著田中的時候什麼也沒說，也沒有表態，只是在田中第二次見他之後，等田中走後，對自己的侍衛長鈴木貫太郎隨口說了一句，田中前言不搭後語，見著他就煩。鈴木把天皇的原話原封不動地轉給了田中，田中被嚇傻了，立即內閣總辭職，很快就死了。日本人歷來都有說法，說田中義一是被裕仁天皇嚇死的。

　　第二個例子，在決定執行襲擊珍珠港計畫的御前會議中，裕仁沒有明確表態，只是引用了他祖父明治天皇的一句著名的俳句，說：「我視四海為兄弟，為何波濤如此洶湧？」然後讓他的官員們和顧問們去思考他真正的想法。他忠誠的官員們，很快理解了他的明確意圖，發動了對珍珠港的襲擊。

　　不過，也有例外。太平洋初期的巨大軍事勝利，讓裕仁興高采烈得忘記了乃木希典的言傳聲教。從1938年1月到1941年12月，裕仁召集了八次御前會議討論戰爭計畫。這還不包括幕後無數次的小型會議。裕仁對日本戰爭初期取得的勝利是熱情洋溢的，在掌璽大臣木戶幸一的日記裡這樣描述裕仁得知日本在太平洋戰爭中的勝利時的喜悅：天皇笑得像一個孩子。「戰爭果實，」他說，「幾乎過於迅速地吞進了我們嘴中，爪哇前線的敵人在萬隆宣布投降，現在我們的軍隊與荷屬東印度敵軍部隊正在進行投降談判，泗水的敵人已經投降了，緬甸前線的敵人已經放棄了仰光。」他太高興了。

裕仁天皇的戰爭責任

第一，裕仁是日本戰時的最高統帥，日本發動二戰是他批准的。裕仁天皇在當政後，一直是日本的最高統治者，他擁有絕對的權力，而且這種權力是日本憲法賦予他的，裕仁絕不是某些人宣稱的那樣的是一個純粹的傀儡首領。1889年日本國憲法宣稱，天皇是萬世一系的神聖的繼承者，由男性繼任，政府根據這個原則服從天皇的領導，天皇神聖不可侵犯，是帝國的領袖，和武裝部隊的最高統帥；天皇有陸軍和海軍的最高領導權；天皇掌握帝國陸軍和海軍，確保和平；天皇有宣戰權、媾和權和簽署條約的權力；天皇還擁有召集和解散帝國議會、頒布天皇飭令取代法律、任免和罷免國家大臣和其他官員的權力；政府官員要發誓對天皇忠誠，必須服從和尊重天皇的意願。日本發動和進行第二次世界大戰的重大決策，都是御前會議上做出的，得到裕仁首肯的。所以，裕仁才真正是日本發動二戰的最大戰犯。對這一點裕仁天皇自己也承認，他在1945年9月27日拜見麥克亞瑟將軍時說：「我對因為日本推行戰爭而發生的一切問題和事件，負有全部責任，我對所有的軍事指揮官、軍人、政治家以日本的名義做的事。負有直接責任……總之，我要負全部責任。」

第二，愛好海洋生物學、並且迷戀帶病真菌、桿菌研究的裕仁天皇一直關注著日本細菌和化學的發展。日本細菌和毒氣部隊的發展，裕仁一直給予充足的經費保障。1925年11月14日，攝政的裕仁發布敕令：「茲決定給予對從事化學武器研究實驗、生產、檢查及使用，有直接受其危害之虞的陸海軍軍人、軍工以所規定的化學武

器津貼。」津貼發放物件包括陸海軍的相關研究所、兵工廠、軍醫學校、獸醫學校、醫療品廠、陸軍習志野學校和海軍相模工廠等機構當中從事「有毒氣體或蒸汽或炸藥類」的化學武器研製的軍人、軍屬、職工以及委託者、雇員、傭人。臭名昭著的731部隊的建立、擴充和軍事行動，都與裕仁密切相關。731部隊是奉裕仁的敕令在1936年成立的。（另外一支化學和細菌戰部隊100部隊，也是由裕仁直接發布敕令成立的。）1939年諾門檻事件後，731部隊的首領石井四郎曾得到日本政府頒發的帶有裕仁印璽的高級勳章，裕仁還通令嘉獎整個731部隊。1940年，裕仁又頒布新的敕令，責成石井將部隊擴充到3000人，並將主要基地移到哈爾濱城南約30公里的平房地區。石井四郎在1930年代至少獲得了裕仁的兩次召見，還請裕仁喝過一杯由尿液過濾出來的飲用水。731部隊的祕密經費不需要日本國會批准，每年獲得大約1500-2000萬日元，甚至更多的經費，都是裕仁給開了綠燈，裕仁對日本細菌戰和化學戰富有不可推卸的責任。

第三，裕仁天皇密切關注著二戰的進程，他不僅做出最高決策，而且直接指揮戰役或者戰鬥。以南京保衛戰前的中國戰事作為例子。

「八‧一三事變」發生後，裕仁天皇在8月15日任命松井石根為上海派遣軍司令。17日，裕仁召見松井，並與他詳細商談上海作戰計畫。9月4日，裕仁出席第72屆臨時帝國議會，發表講話，致使日本國會追加了20億日元的軍費，這相當於當年日本政府年度總預算的75%。9月6日，裕仁以擔心兩個師團在上海陷入悲慘境地為名，增派三個師團和臺灣守備隊、四個後備步兵大隊到上海。11月5日，按照裕仁御前會議的指示，日本由三個師團加一個旅團組成

的第10軍，以及第16師團增援上海戰場，以打破上海膠著局面。日軍於11月12日占領上海，裕仁非常高興，發布敕語：上海作戰部隊將士同海軍密切合作，英勇奮戰，果斷出擊，殺傷大批敵軍，使皇威宣揚於世界。12月1日，裕仁親自簽發「華中方面軍司令官應與海軍協同攻克敵國首都南京」的命令。日軍攻陷南京後，裕仁又發布敕語：「我陸海軍各部隊繼上海作戰之後施行勇猛果敢之追擊，迅速攻陷首都南京，朕對此深感滿足，期將此旨傳諭將士。」裕仁還獎賞攻陷南京的日軍官兵禦酒一杯，香煙10根。南京大屠殺的三大罪魁松井石根、柳川平助和朝香宮鳩彥回到東京後，很快被裕仁召見。裕仁賜禦宴，並獎賞松井銀花瓶一對，日元1000；柳川獲得銀盃一對，日元3000。松井和柳川很快都升了官，找到肥缺。裕仁的這些舉動，對南京大屠殺起到了推波助瀾的作用。

裕仁天皇在戰後沒有受到審判，一方面是日本在投降前與美國祕密達成的保留日本天皇制的祕密條件，另一方面是因為日本政府和軍部高官的集體袒護。東久邇宮稔彥王內閣一上臺就對國內外宣傳「天皇陛下沒有戰爭責任」。日本皇族高松宮策劃將英美輿論中的首要戰犯「墨索里尼、希特勒、裕仁」的說法改變為「墨索里尼、希特勒、東條英機」。於是東條英機就成為了裕仁的替罪羊。接受東京審判的日本戰犯們，心照不宣地把戰爭責任往東條英機身上推，要麼往自己身上攬，總之要使裕仁脫罪。

然而，歷史不容忘卻，2000年12月12日，國際和平人士在東京設立侵犯女性權利國際戰犯法庭，裁決裕仁犯下了「反人道罪名」，必須對日軍在二戰期間的屠殺罪行負起責任。

（翻譯自 *Japanese War Crimes: the Search for Justice*，原作者李培德。）

不能忘卻的紀念：
對日本右翼的有力回擊
──為南京大屠殺公祭日叫好

2014年2月3日，日本廣播協會（NHK）經營委員百田尚樹在街頭演講中公開聲稱，南京大屠殺不存在。他污衊南京大屠殺是蔣介石政府的「任意宣傳」，東京審判中南京大屠殺之所以會出現，是「因為美軍為了抵消自己所犯的罪」。百田尚樹此人與安倍晉三關係密切。

2月27日下午，全國人大常委會通過決議，將9月3日定為中國人民抗日戰爭勝利紀念日，將12月13日定為南京大屠殺死難者國家公祭日。此舉得到國際輿論一致讚揚，有力地回擊了日本右翼的無恥讕言。

中國設立南京大屠殺公祭日

2014年2月27日下午，十二屆全國人大常委會第七次會議經表決通過了「兩個決定」，分別將9月3日確定為中國人民抗日戰爭勝利紀念日，將12月13日確定為南京大屠殺死難者國家公祭日。設立國家公祭日的提案是由江蘇省委、省政府按照程式向中央提出的。

江蘇人大常委會原副主任、民建江蘇省委主委趙龍是首位將

每年12月13日設立為國家公祭日的委員。他在2005年全國兩會上，提交了一份手寫的提案，這份短短的不到700字的提案，建議將12月13日南京大屠殺紀念日設立為國家公祭日，在南京大屠殺遺址舉行公祭活動，國家領導人出席、社會各界人士、國際友人及外國政要參加，並且要用法律的形式將這種制度固定下來，讓世界永不忘記，讓中國人永世銘記。

2012年全國兩會，民革江蘇省委副主委、南京藝術學院院長鄒建平再次提交了將南京大屠殺紀念日設立為國家公祭日的提案，每年在公祭日到來之時，在南京舉行國家層面的悼念遇難同胞的活動。

對於中國設立國家公祭日的舉動，得到國際輿論的一致肯定。歐洲時報網發表評論說：

> 將一個民族的歷史苦難中所蘊含的國際正義發揚光大，使其成為世界歷史記憶中的組成部分，對於世界和受難民族來說都是兩利之事。國際社會需要反對侵略和法西斯復活的精神資源。……中國擬以立法形式，設立南京大屠殺死難者公祭日和抗日戰爭勝利紀念日的意義恰在於此。同以色列的猶太人被納粹屠殺，亞美尼亞的亞民族遭奧斯曼帝國屠戮這兩大世界歷史悲情題材相比，中國人民遭受日本法西斯屠戮的歷史一直限於中國人的歷史記憶中，而在相當長的時間內未能成為國際社會反法西斯復活運動的精神資源。

「俄羅斯之聲」採訪了俄羅斯遠東研究所專家拉林，拉林表示，中國政府的這一舉措，不給日本為本國軍國主義翻案的企圖留有餘地，支援了地區的和平和穩定，並向世界表明，日本軍國主義

正重新抬頭。

美國《商業週刊》稱，中國政府通過設立公祭日找到了一個長期存在的正式場合，有利於揭露日本的戰爭罪行，並對日本安倍首相及其民族主義夢遊造成了威脅。

英國廣播公司（BBC）評論說，中國用立法形式確立這兩個紀念日，消息引來中國網路一片讚譽聲，有人說這是理性愛國的開始。

韓國《今日亞洲》27日報導稱，中國設立國家公祭日是中國政府採取的實質性行動，目的是在歷史問題上「以正視聽」。

奧地利《標準報》稱，在歷史問題上，中國正吸取教訓，改變防禦性的「被動角色」，更積極地表明自己的立場。

聯合國及世界各國的公祭日

對於戰爭罪行及重大災難舉行公祭活動，是聯合國和世界各國的共有舉措。聯合國將1月27日設立為國際大屠殺紀念日。1945年同日，蘇軍解放了波蘭的奧斯維辛集中營，這是人類史上最臭名昭著的集中營，在這裡有大批猶太人、波蘭人遭到納粹屠殺。這個國際大屠殺紀念日是在2005年第60屆聯大全體會議上一致通過的。聯合國設立了這一紀念日後，有多國也將該日設為公祭日。（最主要的是波蘭和德國。波蘭在當天會舉辦國家層面的紀念奧斯維辛集中營被解放的紀念活動，會邀請外國政要和倖存者及其家屬出席。德國設立此日為「大屠殺受害者紀念日」，用以追悼被納粹屠殺的死難者，總統府、總理府、各部委和下屬機構都會降半旗，聯邦議員會舉行追悼會，德國總統、總理等政府首腦都會出席。）

美國對於二戰的公祭日是12月7日，1941年同日日本聯合艦隊

偷襲夏威夷的美國海軍基地珍珠港，造成美國2300多名海軍官兵傷亡，多艘軍艦沉沒或重傷。美國總統羅斯福在12月8日宣布日本襲擊珍珠港的日子為「國恥日」，並對日宣戰。2011年12月7日，美國總統奧巴馬在珍珠港事件70周年時發表講話，宣布12月7日為「國家珍珠港榮軍紀念日」，紀念日當天全國的娛樂場所禁止營業。美國官方會舉行悼念儀式。2011年的紀念儀式有美國政府、軍方及退伍軍人代表、普通民眾約3000人出席。

俄羅斯設立的公祭日是5月9日。1945年5月8日，納粹德國向蘇聯無條件投降，翌日蘇聯官方宣布5月9日為「偉大衛國戰爭勝利紀念日」。俄羅斯獨立後，保留該紀念日，並稱之為「勝利節」，全國放假一天。「勝利節」是俄羅斯的重大節日，每年的這一天，莫斯科都要舉行盛大集會，並在紅場舉行閱兵，國家領導人會前往紅場的無名烈士墓敬獻花圈。（同在這一天舉行慶祝活動的還有原來蘇聯的諸多加盟共和國，如阿塞拜疆、白俄羅斯、烏克蘭、烏茲別克斯坦、哈薩克斯坦、吉爾吉斯斯坦等）

以色列設立的紀念日是猶太曆桑月27日（每年4月7日至5月7日之間）。該紀念日設立的目的是紀念二戰期間被納粹屠殺的600萬猶太人。以色列在1951年正式舉行納粹屠猶大屠殺紀念活動，1959年正是通過立法將紀念日固定下來。以色列的該紀念日，全國默哀、降半旗，全國所有電視臺、電臺都會推出相關紀念活動。

新加坡設立的紀念日是2月15日，他們稱之為「全面防衛日」。1942年2月15日，日軍攻陷新加坡，隨即以「檢證」的名義，對華人華僑展開大屠殺。新加坡政府於1967年2月15日樹立「日本占領時期死難人民紀念碑」，並將每年的2月15日設立為「全面防衛日」，以紀念日占期間死難的同胞。每逢紀念日，官方都會在「日

本占領時期死難人民紀念碑」前舉行紀念活動，新加坡政府、員警部隊、宗教團體、中華總商會、死難者家屬代表等會參加悼念儀式。

中國需加強亞洲太平洋戰爭罪行的研究

我是江蘇人，本科和碩士研究生都在南京上的學，我學習的又是史學專業，研究生階段的方向是南京大屠殺史研究。在大四畢業至研究生開學前的那個暑假，我曾帶隊在南京郊縣進行了南京大屠殺倖存者證言調查，採訪了數百位南京大屠殺倖存者。我的碩導張連紅教授是國內知名的南京大屠殺史研究專家，他後來參與了南京大學民國史研究中心張憲文教授發起的《南京大屠殺史料集》的整理工作。我帶隊調查的倖存者口述也被收入《南京大屠殺史料集》第25卷及26卷。在研究生階段，我多次陪同來南京師範大學南京大屠殺研究中心訪問的外國學者參觀南京大屠殺的各個遺址，每一次陪同參觀，每一次講解，內心深處就受到一次震撼。

基於以上的因素，我對國家設立抗戰勝利紀念日和南京大屠殺公祭日的舉措，舉雙手叫好，這兩個國家層面的紀念日早該設立了。這是加強中國愛國主義教育的好辦法，也是在國際上揭露日本戰爭罪行，爭取國際輿論譴責日本否認侵略罪行的好辦法。但是我並不認為，這個舉措可以「震懾」日本，我也不相信此舉能夠促使安倍等右翼政客「反省」，但是國家設立紀念日和公祭日本身標誌著中國人在國家層面對這段歷史的最高確認，也有利於中國團結二戰期間遭受日本侵略的國家，有利於中國團結參加世界反法西斯戰爭的國家。正如俄羅斯遠東研究所專家拉林所說的那樣，中國將9

月3日設立為抗戰勝利紀念日，將與俄羅斯的衛國戰爭勝利紀念日同步，中國此前已經與就俄羅斯在2015年聯合舉行反法西斯戰爭勝利70周年慶祝活動達成一致。

通過合理合法的角度，出於正義和公理，設立抗戰勝利紀念日和南京大屠殺公祭日，可以在國際上讓日本否認侵略歷史的舉動陷於孤立，有利於中國外交。對付日本右翼勢力參拜靖國神社、否認南京大屠殺等行為，光光譴責和抗議沒有用處。日本是一個欺軟怕硬的國家，可以用美國人慣常用的「胡蘿蔔加大棒」政策來對付它，套用一句當前特別流行的美劇《紙牌屋》第二季的主人公的一句臺詞「說話口氣要溫和，但手裡要捏著一塊石頭。」

我認為除了設立國家紀念日和公祭日的方法外，中國還需要加強亞洲太平洋戰爭中日本戰爭罪行的研究，簡而言之，對於日本戰爭罪行的研究，中國的學者要把目光放到中國以外的日本侵略國家和地區，不能光光研究南京大屠殺、三光政策、日本強征中國勞工、日本在中國進行細菌武器、日本在中國使用化學武器等問題，也要著眼於緬甸、馬來西亞、新加坡、菲律賓、印尼等受侵略國家，不僅要研究日本對中國平民和戰俘的暴行，也要研究日本對其他亞洲杯侵略國家平民和戰俘的暴行，以及日本軍隊對美國、英國、荷蘭、澳大利亞、加拿大等西方國家戰俘和平民的暴行。至少關於遠東國際審判判決書上確認的日軍遠東三大戰爭暴行：南京大屠殺、緬泰死亡鐵路、巴丹死亡行軍，應該有專題的研究。對於後兩種在國際上非常知名的戰爭暴行，國內基本上還是空白。

在共同面對日本二戰期間侵略的問題上，中國與美國、英國等西方盟國，與新加坡、馬來西亞等東亞國家都是盟國。加強日本侵略、加害這些國家的歷史的研究，有利於國際社會共同遏制日本右

翼勢力的「反動」，有利於國際社會共同抵制日本右翼勢力對於亞洲安全的新威脅。

歷史的正義永遠不會遲到
——談「慰安婦」文獻申遺

　　中國外交部發言人華春瑩2014年6月10日宣布，中方將把有關南京大屠殺和日軍強征「慰安婦」的珍貴歷史檔案和文獻申報聯合國世界記憶名錄（即世界記憶遺產名錄）。此論一出，隨即遭到日方反彈，日方在11日提出「抗議」，要求中國取消申報。華春瑩在當天表示，中方不接受日方所謂「抗議」，也不會撤回有關申報。中方的舉動得到韓方積極回應。

蘇智良教授與「慰安婦」問題研究

　　「慰安婦」這個詞是日本名詞，2012年9月中國近現代史泰斗、南京大學資深教授、民國史研究中心主任張憲文在《南京大屠殺全史》的新書發布會上曾經專門提出，這個詞應該改為「性奴隸」。「慰安婦」這個看似中性的詞語實際上凝聚著數十萬被日軍強征為軍妓的亞洲婦女的血淚。這個詞帶有一定程度的掩飾色彩，改為確定無疑地譴責日軍戰爭暴行的「性奴隸」更為恰當，也更為精確。

　　然而，對於「性奴隸」這個新的定性名詞來說，「慰安婦」這三個字在中國、亞洲，乃至全世界具有更強的影響力，畢竟這個

詞已經傳播了很多個年頭。這個詞語在中國的傳播，與上海師範大學著名學者蘇智良教授分不開，蘇智良教授從1992年開始從事「慰安婦」問題的研究，他的研究工作是從社會學上的「田野調查」開始的——他為每一位所能找到的日軍性暴力的倖存受害者都留下了影響和文字的資料，而且他還她們做了有關於證據的保全公證。蘇智良教授建立了國內首個「慰安婦」問題研究中心，他出版的專著《「慰安婦」研究》，也代表著中國學者對於日軍性暴力以及「慰安婦」研究的最高水準，這也是國內首部全方位探討「慰安婦」問題的研究性專著。蘇智良教授擔任首席專家的「日本侵華戰爭『慰安婦』資料的整理與研究」專案也拿到了2013年度國家社科基金重大專案的榮譽。

在中國政府決定將「慰安婦」文獻申報世界記憶名錄之前，以蘇智良教授為首的中日韓三國研究日本戰爭罪行的專家學者已經在學界發出了聲音。2014年2月8、9日，蘇智良教授所在的上海師範大學作為東道主，舉行了由中日韓數十位專家學者參加的亞洲日軍「慰安婦」問題工作會議暨「日本侵華戰爭『慰安婦』資料的整理與研究」開題會。該次會議由上師大中國「慰安婦」問題研究中心和韓國成均館大學東亞細亞歷史研究所共同主辦。

在這次會議上，蘇智良教授提出要搶救性地保護「慰安婦」受害者群體——這些遭受日軍性摧殘的老人都已經進入風燭殘年，關心和援助這些勇敢的老人，還她們以正義和清白，搶救性地整理和保護有關於「慰安婦」的歷史材料，已經到了最後的時刻。

與會的中日韓三國專家介紹了本國搜集和整理「慰安婦」史料的現狀。學者們一致認為，對於「慰安婦」問題的研究要加強跨國合作。中韓兩國學者在這個問題上產生強烈共鳴。雙方決定在「慰

安婦」的檔案資料的交流、專題網站的建立密切合作，並決定合作申報「世界記憶遺產名錄」。

可以想見，在繼72卷本的巨著《南京大屠殺史料集》之後，在不久的將來，關於「慰安婦」問題的由蘇智良教授領銜的史料性巨作也將問世，蘇智良教授和他的團隊也必然會以厚重的學術成果為國家社科基金重大項目結項。蘇智良教授擔任主任的「慰安婦」研究中心也將作為中方「慰安婦」文獻申遺的主力。

「慰安婦」文獻申遺成功，日本將無可抵賴

日本政府對於侵略戰爭暴行問題一直閃爍其詞，對於各國受害者提起的訴訟，也大都持消極態度，中國、韓國等受害國家的受害者赴日訴訟，無論是勞工問題、細菌戰與毒氣戰問題、「慰安婦」問題、「南京大屠殺」問題大都在日本法院敗訴，日本政府方面一直拒絕給予正式的道歉和賠償。

近年來日本政府的右傾非常明顯，先後上臺的幾屆政府，特別是現在的安倍政府，不僅在歷史問題上頻頻製造事端，比如不過亞洲受害各國反對，堅持參拜供奉甲級戰犯靈位的靖國神社，而且其政要不時傳出否認、歪曲侵略歷史、嚴重傷害受害各國人民感情的荒謬言論，日本國內粉飾侵略戰爭、甚至為侵略戰爭翻案的事件也層出不窮。對此，中韓等日本侵略戰爭的主要受害國進行了堅決的鬥爭。除了在歷史問題上，日本還在領土問題上頻頻挑釁中韓，在爭議領土問題上頻頻出現小動作，嚴重影響中日、韓日關係。

此次「慰安婦」文獻申遺可以說是民間醞釀、政府出面，督促日本政府正確認識侵略歷史，正確認識對中韓兩國人民造成的侵

略傷害的一個很好的案例。在中、韓、日三國都有大量關於「慰安婦」問題的檔案文獻資料——這些資料存在與中、韓、日三國各級的檔案館、圖書館中，存在於日本老兵的回憶錄中，存在於受害者的口述資料中，以及歷史見證人的回憶錄中。華春瑩在回擊日本政府的無理質疑時說：「（這些檔案）真實、珍貴、具有重要歷史價值」，中方申報的目的在於「牢記歷史，珍惜和平，捍衛人類尊嚴，以防止此類違人道、侵人權、反人類的行為在今後重演。」

中韓申報的關於「慰安婦」的文獻資料一旦入選「世界記憶文化遺產」，就得到了全世界的確認，而且世界教科文組織在官方網站上還介紹——這些入選的文化遺產將被數位化，以方便全世界的公眾使用。在美國和歐洲國家，很多歷史學者對於「慰安婦」——「Comfort Women」也是非常熟悉，相關介紹性和研究性專著也比較多。有了數位化的「慰安婦」檔案文獻資料，而且得到聯合國教科文組織確認的文獻資料，全世界的學者們都會更加方便的進行「慰安婦」問題的研究，日本政府將無可抵賴，日本軍隊在二戰之中的這段醜惡歷史將永遠無法被掩蓋。

日本政府和右翼政客近年來一直在否認「慰安婦」的存在，甚至有十幾名日本地方議員組團前往美國洛杉磯，要求當地政府拆除「慰安婦」的雕像。他們的目的沒有達成，無理要求被當地政府拒絕。日本在「慰安婦」問題上的狡辯在它的傳統盟友美國那裡也受到了沉重的打擊——2014年1月16日下午，美國參議院在全體會議上表決通過了包括慰安婦問題在內的2014年財年預算法案，這標誌著慰安婦問題首次被列入了美國法律的關注範疇。美國政府以此表明瞭對於「慰安婦」問題的態度。

中韓政府就「慰安婦」問題申遺的決定得到了本國民間社會的

高度相應。韓國「慰安婦」委員會已經搜集了全球150萬簽名，決定在聯合國人權理事會第26次會議期間前往日內瓦，敦促人權理事會立即採取措施解決「慰安婦」問題。86歲的韓國「慰安婦」受害者吉元玉隨同韓國「慰安婦」委員會前往日內瓦，6月23日她將在法國巴黎向大學生陳述自己遭日軍強征「慰安婦」的慘痛經歷。

中國應加強對於日本遠東戰爭罪行的研究

日本內閣官房長官菅義偉6月10日在例行記者會上稱，中方將「慰安婦」申遺的舉動「有政治意圖」；11日他在記者會上再次聲稱，中方「政治利用」聯合國教科文組織，「非善意突出日中關係過去一段時期內的負資產」，日方「極為遺憾」。他還否認南京大屠殺中國軍民遇難人數，稱「日方雖然不否認日軍在南京有殺害和掠奪行為，但是具體（殺害）人數有各種各樣的說法」。

實事求是地講，近年來中國歷史學界對於日本戰爭罪行的研究上了很大的臺階，對於日本在中國的戰爭罪行，特別是南京大屠殺，中國學者拿出了很多厚重的史料集和專著。在南京大屠殺問題上，以張憲文教授為首的南京學者群先後出版了數千萬字的《南京大屠殺史料集》，基本上將世界各國館藏的關於南京大屠殺的面上的史料搜羅殆盡。張憲文教授領銜主編的《南京大屠殺全史》，近百萬字，是近30年來論述南京大屠殺最為權威也最為厚重的專著。這兩個重大專案都在海內外引起了廣泛的影響。可以想見，有了國家的大力支持，以蘇智良教授領銜的「日本侵華戰爭『慰安婦』資料的整理與研究」重大專案也將結出碩果。

在加強日軍對本國的戰爭暴行研究的同時，中國的歷史學者還

應該有更加寬廣的學術視野，要將學術注意力轉移到其他受到日軍蹂躪的受害國家和受害者身上去。也應該加強國際合作，與其他國家關注日本戰爭罪行的學者加強合作，跨國界跨地域地推動日本戰爭罪行的專題研究，提高研究的寬度和廣度。

張純如的《南京浩劫》讓全人類，特別是西方國家的人民知道了南京大屠殺，《辛德勒名單》讓全人類見證了納粹肉體消滅猶太人政策的野蠻和兇殘。野蠻的戰爭罪行值得全人類警示，納粹屠猶造成的猶太浩劫值得全人類警示，日軍製造的南京大屠殺、緬泰死亡鐵路、巴丹死亡行軍也同樣值得全人類警示。

但是由於學者喜歡關注本國歷史的慣性，中國的歷史學家對於發生在中國地區以外的戰爭暴行還是缺乏研究。對於遠東國際軍事法庭認定的日軍二戰三大戰爭罪行——南京大屠殺、巴丹死亡行軍、緬泰死亡鐵路，對於後兩者，國內還沒有出現任何中國學者撰寫的專著，甚至介紹這兩大戰爭罪行的書籍和文章都很少。

明年就是世界反法西斯戰爭勝利70周年，也是抗日戰爭勝利70周年，國內肯定會出現一大批關於抗戰的重點圖書。據我所知的就有張憲文先生領銜的在山東畫報出版社出版的「日軍侵華圖志」專案、上海交大東京審判研究中心程兆奇教授領銜的「東京審判庭審記錄整理與研究」專案的相關厚重成果也將與讀者見面。希望在這些圖書之中也能夠出現一些介紹，甚至是研究日軍在二戰以外地區製造的戰爭罪行的書籍。中國學者有責任將新馬華人「檢證」大屠殺、將新加坡樟宜戰俘營、將菲律賓甲萬那端戰俘營、將日本大牟田17號戰俘營、將「地獄航船」、將日本大量使用白人戰俘充當努力勞工、將山打根死亡行軍、將巴拉望島大屠殺、將馬尼拉大屠殺等日本在中國以外地區製造的戰爭暴行，特別是與南京大屠殺齊名

的巴丹死亡行軍與緬泰死亡鐵路介紹給中國的讀者。

　　對於日軍戰爭罪行的揭露和搶救需要儘快進行，因為很多二戰老兵和日軍罪行受害者都已經進入了人生的最後一程。但是歷史的正義永遠不會遲到，無論日本政府和右翼政客如何抵賴、狡辯，扎實的史料會確定無疑地澈底粉碎他們的無恥讕言！

任他山雨欲來，我自巋然不動
——解讀日本解禁集體自衛權

  2014年7月1日，日本政府通過內閣決議案，決定修改「和平憲法」，解禁「集體自衛權」，此舉遭到日本國內民眾強烈反對，甚至出現民眾自焚抗議事件。日本政府此舉也引起了國際社會的強烈反對，中國、韓國等深受日本侵略之苦的國家紛紛表示激烈反對態度，國際輿論批評日本政府的聲音此起彼伏。但是安倍政府一意孤行，毫不顧忌。對日本喪失「集體自衛權」的由來和此次日本政府強行解禁「集體自衛權」的影響及中國的應對措施，本文將做簡要分析。

日本為何喪失「集體自衛權」

  日本政府為何喪失集體自衛權？原因很簡單，因為它在二戰時期發動了侵略亞洲鄰國和美國、澳大利亞等國的戰爭。日本這個國家對外侵略成性，特別是進入近代以來，不斷對亞洲鄰國伸出侵略的魔爪。先是借琉球漂民事件侵略臺灣，吞併琉球，後來又用炮艦政策打開朝鮮的門戶，逼迫朝鮮簽訂喪權辱國的江華條約。在甲午戰爭中，出兵朝鮮，然後將戰火燒到中國，割占中國寶島臺灣、澎湖，「保護」朝鮮。在日俄戰爭中，在中國東北與沙皇俄國大打出

手，獲得了「南滿」的特權，並割占俄國庫頁島南部等地，隨後不久將朝鮮正式吞併。中國進入中華民國之後，日本先後迫使北洋政府簽訂二十一條，武裝占領中國山東，在北伐軍挺進濟南之時，製造濟南慘案，殘殺我軍民數千人。1928年製造皇姑屯事件，炸死奉軍領袖、北洋政府最後一任元首張作霖，1931年製造九一八事件，占領東四省。後又在華北製造事端，扶植偽政權，妄圖讓華北「特殊化」。1937年7月7日在盧溝橋製造事端，開始全面侵華。1941年12月7日偷襲美國太平洋艦隊基地珍珠港，造成美國數千名人員傷亡。

日本開始在太平洋西部、西南部和中部的全面侵略之前，與德國和義大利結成了法西斯同盟，號稱軸心國同盟，妄圖成為東方的改造世界的軸心，狂妄地提出了「大東亞共榮圈」的計畫。

日本在二戰之中，除了給中國、美國、菲律賓、緬甸、越南、新加坡、馬來西亞、印尼、澳大利亞、荷蘭、新西蘭等國造成了巨大的人員傷亡和財產損失外，而且還犯下了罄竹難書的戰爭罪行。單單在東京國際審判中，就確認了三大戰爭罪行——南京大屠殺、巴丹死亡行軍、緬泰死亡鐵路。除此以外，日軍還實施無差別大轟炸、細菌戰、毒氣戰，強征戰俘和被占領區青壯年從事軍工生產。在亞洲各地都犯下了臭名昭著的戰爭罪行，如新馬的華人「檢證大屠殺」，菲律賓的馬尼拉大屠殺等等。

二戰進行到後期，日軍被美軍打得節節敗退，中緬印戰區也發起了全面的反攻，雖然日本號稱要進行「一億玉碎」、「本土決戰」，但是隨著美軍用原子彈空襲廣島和長崎，蘇軍出兵中國東北，迅速圍殲日軍精銳關東軍。日本政府被迫投降。

鑒於日軍在歷次侵略戰爭中對鄰國造成的巨大傷害，及日軍

的瘋狂戰爭罪行，美國在對日本進行的戰後改造中，禁止日本擁有軍隊，禁止日本擁有宣戰權，禁止日本擁有集體自衛權；並將放棄戰爭、不保持海陸空軍和其他戰爭力量，不承認國家交戰權寫進了戰後的憲法。這在日本戰後憲法中是第9條，所以日本的憲法也被稱為和平憲法。在和平憲法的框架下，日本不能對外宣戰，不能搶先發動攻擊，也不能為軍事同盟的其他國家提供軍事援助。簡單地說，日本政府只能在本國遭到攻擊時行使武力。

日本解禁集體自衛權的過程

　　二戰結束以後，美國占領日本。原先美國的戰略是要將日本變成一個澈底的衣業國家，澈底剝奪它的戰爭潛力。但是隨著國民黨政權在中國大陸的崩潰，日本成為了美國維護遠東利益的橋頭堡。美國開始放棄原先剝奪日本戰爭潛力的政策，開始容許日本建立必要的防衛力量。這就是日本自衛隊的由來。朝鮮戰爭爆發後，日本的戰略地位更加重要，日本成為美國在遠東的後勤補給基地和軍力挺進基地。為適應冷戰對抗蘇聯的需要，美國開始執行有限制地武裝日本的政策。日本的自衛隊雖然沒有軍隊的名義，但是已經成為事實上的陸海空三軍俱全的防衛力量，並被美軍納入遠東防衛體系，美國與日本結成了軍事同盟——不過美國對日本也是有控制的，比如說，禁止日本擁有核武器。

　　冷戰結束之後，國際格局發生了很大的變化，日本的軍事力量也發生了翻天覆地的變化。兩極爭霸的世界格局變成一超多強的世界格局，美國為重返太平洋越來越重視日本的戰略地位，在軍事方面不斷為日本鬆綁。日本藉口伊拉克戰爭，實現了海外派兵。日本

將防衛廳升格成防衛省，美國也是默認。日本在釣魚島海域不斷向中國挑釁，美國也在背後給予支持。美國的目的都是拉攏日本，遏制中國。

日本的右翼勢力一直試圖修改和平憲法，恢復日本的集體自衛權，讓日本成為一個「普通國家」。隨著日本政府在2000年之後的日益右傾化，在這屆安倍政府任內，實施了強行突破。從此以後，日本不僅可以海外派兵，不僅可以武器出口，甚至還可以為盟國「出力」了。有了進行戰爭的權力的日本，雖說是民主國家，但是被右翼勢力掌握政權、控制國會的民主國家進行戰爭的可能性反而更高。歷史上的德國、義大利、日本，無不如此，而且他們無一例外地都是率先對別國發動侵略戰爭。安倍政府打開了潘朵拉魔盒，在日本釋放出戰爭這個惡魔，日本政府戰後堅持多年的「專守防衛」政策澈底終結。日本此後可以以各種藉口對外用兵。可以說，日本恢復軍事大國地位的實際地位已經暢通無阻。

中國應該如何應對

幾十年來，日本軍隊以「自衛隊」作為招牌，實際上已經成為了強大的作戰力量。可是我們國內的一些搞不清楚狀況的人士，竟然還聲稱日本沒有軍隊，實在是要不得。如果這種言論誤導了中國民眾，實在是後患無窮。

在解禁集體自衛權之前的日本，就像一隻把爪子收起來的獅子，擁有強大軍事實力，但是礙於憲法的限制，無法伸出利爪。解除了集體自衛權之後的日本，這只獅子雖然還有名義上的限制，但是已經可以隨時伸出利爪。

日本的軍隊規模雖然不大，但是絕對規模不小，擁有常備兵員20多萬，陸海空三軍的主戰裝備先進精良。與中國軍力進行對比，其海軍的力量最為突出，其海軍實力，尤其是反潛能力居於世界前列。其裝備宙斯盾系統的戰艦，大都噸位較大，而且它還裝備了以驅逐艦為幌子的多艘直升機航母。日本海軍戰艦還有一個特點是非常新，大部分軍艦都是近十年之內下水的。比之中國海軍，雖然裝備了遼寧號航母，但是絕大多數戰艦噸位較小，且艦齡老化，隱身能力弱。中國的海軍的利劍是潛艇，特別是核潛艇，但是日本卻擁有除了美國之外的居於世界第二位的反潛力量。

　　中國軍隊與日本軍隊相比，陸軍居於優勢。空軍隨著近年來新入役的國產新型戰機不斷填充戰力，裝備的先進程度已經可以壓制日本空軍，但是空軍的飛行訓練還是不如日本空軍。當然中國在核武器和導彈方面具有絕對的優勢，但是日本受到美國的保護，美國的戰略導彈防禦系統和戰區導彈防禦系統構成的防禦網路，給中國造成了很大的障礙。

　　人類自從組成國家，形成國際社會以來，國際關係行為體之間，一直奉行的是實力的邏輯。一戰之後形成的國際聯盟和二戰之後建立的聯合國雖然在某些事宜上可以發揮積極作用，但是一旦涉及大國之間的利益衝突，最終還是以大國的實力來說話。既然日本解禁集體自衛權已經成為既成事實，在回應國際輿論譴責日本政府的同時，中國最重要的還是要加強自身實力的建設。只要中國的實力夠強大，儘管風雨欲來，中國還是可以做到歸然不動。

　　中國已經不是那個積貧積弱任人宰割的「老大帝國」，正如習近平主席所說，東方的雄獅已經醒來。在日本右翼不斷設法為日本的軍力「解開封印」之時，中國的軍力建設也沒有停滯不前，相

反，中國的軍工科技正在大踏步的向前邁進。中國的主戰陸軍裝備，如坦克、自行火炮等等已經走到了世界的前列。中國的航空、航太、深潛、反衛星等高尖端技術近年來亮點不斷湧現。最令人提氣的是中國的空軍，殲－10、殲－11、殲－16、殲－20、殲－31、武直－10、武直－11、空警－2000，還有神祕的殲－18和殲－60等新機型不斷出現。實事求是地講，近十年來中國的軍事裝備的研發取得了舉世矚目的巨大進步。作為一個資深的軍迷，2009年在天安門廣場採訪國慶閱兵的時候，看到威武的殲－10機群在我頭頂上空飛速掠過的時候，我的心情真是無比激動。

　　但是不可否認的是，中國的軍力，特別是裝備的先進水準與美國相比還有很大的差距。中國不求戰，但是也不能怯戰。中國應該學習瑞士。二戰時期的瑞士雖然奉行永久中立政策，但是卻始終保持著一直裝備精良、訓練有素的國防軍。正是因為希特勒看到了瑞士是一塊難啃的硬骨頭，才沒有動富庶的瑞士的念頭。

　　現代戰爭非常可怕，會無法想像的人員傷亡和財產損失，戰端不可輕啟。但是敵人如果蓄意挑釁，妄圖竊奪我們國家的利益，我們也要奮起反擊。毛主席的那句話可以作為現在中國的對外政策的圭臬：人不犯我我不犯人，人若犯我我必犯人。當前的中國一直保持著穩健的外交政策，對外奉行和平共處五項原則，這為我們爭取到了一個相當重要的和平發展期，改革開放三十年來，中國經濟建設的巨大成就舉世公認，這也是中國維護國家安全、維護東亞和平的底氣。如果日本右翼勢力企圖復興軍國主義勢力，如果日本右翼勢力企圖再次侵害中國的利益，中國必定對其迎頭痛擊，當頭棒喝！

諂媚無底限
——澳大利亞總理公開稱讚侵略者

　　2014年7月8日，澳大利亞總理阿博特讓自己完成了國際關係史上的一個驚人笑話。他竟然在澳大利亞聯邦議會上公開向來訪的日本首相安倍晉三公開讚揚日本潛艇部隊在1942年在悉尼港襲擊澳海軍時所表現出來的「技能和榮譽感」。原話如此：「我們欽佩這些日本士兵的技能以及其執行任務時的榮譽感。儘管我並不贊同他們的做法，但或許在那個時候我們也從心裡感覺到，最兇猛的敵人也可能成為最好的朋友。」

　　作為一國總理，對著來訪的曾經的侵略國的高官當面稱頌侵略軍的優點，實在是滑天下之大稽，真可謂諂媚無底限。此言一出，立即激起了國際社會和澳大利亞社會各界的強烈反對，尤其是參加過二戰的老兵對他的荒謬言行非常憤慨，紛紛抗議。

日本曾對澳大利亞戰俘犯下血腥暴行

　　日本發動亞洲太平洋戰爭之後，侵略鐵蹄很快擴張到整個西太平洋地區，在西南太平洋戰場，日本的前鋒部隊攻擊到澳大利亞的澳大利亞屬地巴布亞新幾內亞的科科達小徑。澳軍與日軍在此進行了一系列的戰鬥，總算擋住了日軍的攻勢，保護了澳大利亞本土的

安全。如果日軍突破科科達小徑，攻佔莫爾茲比港，則可能席捲澳大利亞和整個大洋洲，麥克亞瑟將軍和美國也無法以澳大利亞作為反攻基地，美軍的反攻可能要從本土發起了。

澳軍付出了慘重的人員傷亡代價，整個巴布亞新幾內亞戰役期間大約有兩千名澳軍第7師的官兵死亡。在巴布亞新幾內亞戰役期間，日軍犯下了聳人聽聞的戰爭罪行。有老兵回憶科科達小徑戰役期間，他發現陣亡的戰友被日軍割下手部、腿部和臀部的肉烹食，由於日軍盛傳食用敵人的心肝將增大自己作戰的勇氣，一位中士被日軍割去了心臟和肝臟。

在二戰期間，被日軍俘虜的3萬多名澳大利亞軍人，有三分之一沒有堅持到解放的日子，他們因為日軍的虐待、虐殺長眠在異國的土地上。日本軍隊對於澳大利亞戰俘犯下了令人髮指的血腥暴行。

日本在1942年1月30日開始進攻荷屬東印度群島的安汶島，當時有一直約300人的澳大利亞部隊在守衛那裡的機場。經過五天的戰鬥，兵力懸殊的澳大利亞和荷蘭守軍在2月3日向日軍投降。1100名澳大利亞和荷蘭戰俘只有四分之一活了下來，澳大利亞守衛機場的300名官兵全部遭到屠殺。1942年2月6日至20日之間，澳軍戰俘被分成四批被屠殺在機場附近，有些人是被刺刀刺殺的，有些是被砍頭，有些是被亂棍打死。這在澳大利亞戰爭紀念館被稱為「拉哈大屠殺」。1942年2月16日，在邦加島，21名澳大利亞護士被日本士兵用機槍射死。

在婆羅洲的山打根戰俘營，關押的2400多名澳大利亞和英國戰俘幾乎全部死亡。在1944年底，盟軍反攻部隊畢竟婆羅洲，日軍看守從削弱不堪的戰俘中挑選出身體狀況較好的1500多名戰俘迫使他們在熱帶叢林中進行了一次260公里的死亡行軍，半數戰俘死於途

中，到達目的地拉瑙的半數戰俘在日軍投降前被集體殺害。死亡行軍途中只有6人逃脫得以倖存。留在山打根戰俘營的那些被日軍放棄的戰俘，全部死亡。在東京國際軍事審判中認定的日軍遠東三大戰爭罪行之一的緬泰死亡鐵路中，約有2650名澳大利亞人死於鐵路的修建過程之中。

在澳大利亞戰爭紀念館當中有這樣一幅照片，一個澳大利亞戰俘被蒙著眼睛，跪在地上，一個日軍軍官高揚起武士刀，準備朝著他的頭顱砍去。這是澳大利亞戰俘萊恩、西弗裡特臨刑前的照片。他在1941年資源參軍，他的家人在1946年才得知他的死訊，而他的屍骨已經無處可尋。

為了表彰那些奮勇抗擊日軍侵略的官兵，也為了紀念那些被日軍殘忍殺害的官兵和平民，澳大利亞將4月25日，定為「澳新軍團」紀念日，舉國紀念犧牲軍人。在紀念日當天，澳大利亞的新聞傳媒會製作專題節目，播放有關二戰戰俘的紀錄片、電視劇等。

澳大利亞高官接連挑釁中國

有必要還原一下阿博特恭維昔日侵略者的現場。在阿博特發表演講之前，他已經代表澳大利亞政府與安倍簽訂了雙邊經貿夥伴關係協定和防衛裝備領域的合作協定，後者令澳大利亞可以向日本購買新型潛艇。安倍的到訪令政績平平的阿博特政府非常興奮，簽訂的這些合約也被阿博特政府認為是加分之舉。

為了表示對安倍的感激，阿博特在澳大利亞議會發表了令安倍感到「熱情洋溢」的歡迎詞。據環球網的報導，他在歡迎辭中聲稱：「日本是澳大利亞在亞太維護和平、繁榮與法治的夥伴，二戰

後兩國結成最穩固的友誼與最務實的夥伴關係。這種夥伴關係誕生於史上最殘酷戰爭的塵埃之上，而它之所以能誕生是因為我們的人民和領導人一直拒絕讓歷史去毀掉未來。」他毫不掩飾對日本的好感，「當然，澳大利亞人看待日本並不總像現在這樣友善，但即使在二戰期間，即使我們不認同日本的作為，澳大利亞人對日本人戰爭中的技能與使命必達的榮譽感相當欽佩」。阿博特還稱，「戰爭中最激烈的對手也能變成最好的朋友。二戰後日本一直是國際公民典範，考慮到它是國際一等公民，我歡迎日本全面參與國際大家庭，歡迎日本解禁集體自衛權，成為地區更有能力的戰略夥伴」。

在阿博特發表媚日言論的第二天，澳大利亞的女外長畢曉普在9日再次向中國開炮。據環球時報報導，她在接受費爾法克斯媒體採訪時說：「中國不會尊重弱者。」畢曉普還批評澳歷屆政府不敢對中國直言不諱，生怕冒犯中國。她稱澳本屆政府將對中國更強硬，以捍衛和平與自由。

中國大陸外交部發言人洪磊在回答有關澳大利亞領導人的涉日言論的提問時說：

> 二戰期間，日本法西斯侵略者給包括澳大利亞人民在內的多國人民帶來深重災難，其侵略手段極端殘忍，喪盡天良。如報導屬實，相信任何有良知的人都不會同意澳方領導人有關言論。

中國對於澳大利亞一直非常友好，中國也是澳大利亞最重要的交易夥伴之一。上述兩位澳大利亞的政客發表了媚日反中的言論之後，又紛紛試圖緩和來自中國和澳大利亞國內的批評意見。阿博特

在10日在珀斯會見記者時，為自己的言論打圓場。他說，國際友誼並非「零和遊戲」，澳大利亞可與中日同時友好。他聲稱：「同時加強與多個國家的友誼是可能的，我們希望加深與日本的友誼，但我們也希望加深與中國的友誼。我想強調的是，你在贏得新朋友的同時並不會失去老朋友。」

據環球時報的報導，中國外交部發言人在15日透露，澳大利亞方面通過外交管道向中方做出澄清，表示外長畢曉普沒有發表過「中國不尊重弱者」、「澳大利亞應敢於面對中國」的言論。環球時報的社論認為，她的這種「悄悄話」式的澄清方式非常不真誠。如果她真有誠意，應該通過媒體公開澄清，挽回影響。

應該如何看到澳高官的這種表現

澳大利亞總理阿博特的這種表現實在可以算是一個極大的國際政治笑話。作為一個大國的總理，竟然當著眾多國會議員和媒體記者的面公開地為昔日的侵略軍唱讚歌。不要說是作為一個政治家，就是在普通民眾看來，這也是難以接受、違背邏輯的事情。可以和昔日的侵略國家搞好關係，但是絕不能為了搞好關係而去歌頌昔日侵略國的侵略行為。阿博特的這種稱讚日本士兵的「技能和榮譽感」說小一點，有辱他個人的政治智慧，說大一點，有辱整個澳大利亞的國體。所以他受到很多官員和民眾的抨擊那是在自然而不過的事情了。讓這樣一個缺乏最起碼的政治智慧，為媚日而不夠政治底線的政治家執掌澳大利亞，實在是讓人不大放心。

阿博特的言論除了稱頌日軍的「技能和榮譽感」之外，重點還是希望加強澳大利亞和日本的合作。畢曉普對於中國的挑釁言論，

也是在安倍訪問澳大利亞這樣一個大的背景之下說出來的，其用意之一，也在於媚日。很多國內輿論認為，澳大利亞是好了瘡疤忘了痛。實際上，這種言論在西方國家並不少見，其出發點都是中國威脅論。他們認為中國的強大會改變現有的西方國家居於主導地位的世界政治和經濟秩序，越來越強大的中國，自然而然地成為了他們眼中認為的最大的威脅。

中澳關係一直較為友好，所以很少從澳大利亞那邊傳來中國威脅論的聲音。這次阿博特和畢曉普的發聲，在中國國內引起巨大的反響，也是因為中國人頗覺意外導致的，大家想不到距離中國這麼遙遠，與中國一直關係較好的澳大利亞的政府高官竟然會說出這樣的話語。事實上，中國人對澳大利亞並不瞭解，很多中國人對於澳大利亞的瞭解僅限於澳大利亞經常賣給中國鐵礦石，澳大利亞是中國留學生最喜歡去的國家之一，澳大利亞有造型別致的悉尼歌劇院，澳大利亞環境不錯適合移民，僅此而已。除此以外，中國人不覺得澳大利亞與中國有什麼太大的聯繫，更想不到澳大利亞會與中國發生地緣政治上的衝突。

事實上，澳大利亞的政客發出這種言論是很正常的，雖然兩位政府高官這麼說，非常欠缺政治智慧。他們作為盎格魯撒克遜人居於主體地位的國家，作為西方發達國家的一元，都有西方中心論的習慣思維，甚至還有強烈的冷戰思維存在於頭腦之中。不同意識形態的中國，越來越強大的中國，隨著綜合實力的壯大，必然會重塑東亞的地緣政治格局，甚至會影響世界格局。

在這個過程中，中國會面對很多擔憂中國強大，甚至想遏制中國的強大的反對勢力的絮耳朵的言論。這對中國來說是必然的。中國也不必過於敏感，過於緊張，平常心對待即可。現在的國際社會

已經不是原先的冷戰時代，靠意識形態站隊了，各個國家之間雖然有意識形態、政治制度的分歧，但是並不排除可以和平發展經貿關係，在多個領域展開合作的可能。中國改革開放三十年來，經濟建設取得了巨大成就，外交上的成就也是可圈可點，就是明證。很多的不和諧言論，只要中國保持穩住，保持綜合國力的穩步增長，都將煙消雲散。

對於澳大利亞，我在此也多說幾句。澳大利亞作為大洋洲最強大的國家，也一直是有大國雄心的，近些年來，澳大利亞正在積極地向太平洋西部地區發展勢力，甚至想介入南中國海、印度洋的事務。澳大利亞與美國也是軍事同盟的關係，澳大利亞在得到美國的軍事支持的同時，也在試圖發展自己強大的軍事力量，澳大利亞的軍工實力也是不可小覷的，澳大利亞最想從日本那邊獲得的就是其領先的潛艇建造技術。

對於澳大利亞這種實力不俗的地區性大國，中國也是要和它搞好關係的，澳大利亞對於中國的經濟需求較大，雙方在經濟領域特別是礦產領域的合作對雙方來說，都是非常重要的。在澳大利亞國內也有對華友好的勢力存在。對於中國而言，搞好對澳關係就是要求同存異。只要中國再穩步發展一段時間，自然而然地成為西太平洋地區的中心國家，澳大利亞這樣的國家也會自然而然地保持對華的友好關係。當代世界的主流是和平與發展，占據一國領導地位的政治家，大都都是富於政治智慧的，即使犯了錯誤，成熟的政治家也會及時改正。中國人要記住，外交是內政的延續，搞好國內，強大自己，才是王道！

人質何辜　政客無情
——警惕安倍政府借機修憲

2015年1月下旬，極端組織「伊斯蘭國」（簡稱ISIS）給日本政府出了一道大難題，並且將約旦也牽扯其中。ISIS綁架了兩名日本人質，要挾日本政府支付兩億美元的贖金，後來ISIS殺害了一名人質，並變更了條件，希望用另一名人質交換扣押在約旦手中的一名恐怖分子。就在日本政府多方尋找對策試圖解決此次人質危機的時候，在1月31日，另一名日本人質也被ISIS斬首。ISIS公開表示，此次綁架人質事件不是為了索取贖金，而是帶有政治上的報復目的，並且該組織將繼續以日本人為目標。該組織強硬宣稱：「安倍，是你的錯誤判斷殺了後藤，日本的惡夢已經開始」。

事件重播

這次人質事件造成較大影響並且成為國際熱點問題的時間並不是特別長，只有短短11天左右。中新網編譯了英國媒體整理的此次人質事件的時間表，從ISIS對外公開發布兩名日本人質被綁架的視頻到兩名人質被殺害，從發酵到落幕的事件只有11天。

2014年8月14日，自稱是私人軍事企業家的日本人湯川遙菜在敘利亞自由軍與ISIS的激戰中，被ISIS武裝活捉，他受到殘酷盤問

的視頻被發布到網路上。

10月25日在敘利亞結識了湯川遙菜並成為好友的日本自由記者後藤健二離開日本返回敘利亞，希望將湯川遙菜救出來。

2015年1月17日，日本首相安倍訪問中東，並承諾向與ISIS交戰的國家提供2億美元援助。

20日，ISIS發布湯川和後藤被綁架的視頻，並要求日本政府在72小時內支付兩億美元贖金，否則將處死他們。

24日，後藤健二的妻子收到ISIS的郵件，並通知日本政府；ISIS發布視頻，讓後藤舉著湯川被處死的照片，要求約旦政府釋放一名伊拉克籍女死囚來交換後藤，安倍隨即與約旦政府交涉，希望約旦幫忙解決人質危機。

31日，ISIS再度發布視頻，視頻顯示後藤健二已經被斬首。在這段67秒的視頻中，後藤身穿橙色連體衣，跪在一名全身黑衣的蒙面武裝人員旁邊。該名帶有英國口音的劊子手，將其斬首殺害。這名手持匕首的武裝人員在視頻中表示，由於日本首相安倍晉三決定參加打擊「伊斯蘭國」的行動，這一組織不僅要殺掉後藤，還會繼續殺害日本人。整段視頻中，後藤沒有說話。

2月1日，日本防衛大臣中谷元表示，據東京員警部門向安倍內閣提供的報告，這段視頻「具有很高的可信度」。日本政府對ISIS殺害人質的行為表示強烈譴責，安倍晉三隨後發表聲明說，日本不會向恐怖主義屈服，今後將進一步擴大在中東地區的人道主義援助。

這次人質綁架事件造成了巨大的國際影響。ISIS善於利用互聯網擴大政治影響力，發動心理攻勢。就在安倍政府絞盡腦汁地希望營救人質的時候，ISIS沒有留給安倍政府多少時間，而是強硬地殺害了人質。ISIS通過此次事件，明確表示，此次綁架事件，不是

為了勒索錢財，而是報復日本向與ISIS交戰的中東國家提供經濟援助，所以他們要求的贖金也是與日本經濟援助對等的兩億美元。這次人質事件當中發生了一個轉折，就是ISIS放棄了贖金的要求轉而提出交換人質的方法，來解決此次危機。

在日本政府明確拒絕了ISIS贖金的要求後，ISIS用交換人質的方法，既給了安倍政府營救人質的一線希望，又給安倍政府出了一個難題——約旦本身就有一名飛行員落入ISIS手中，約旦為營救他已經是想盡辦法，尚無營救的可能，約旦怎麼會為了一名日本人質而釋放在本國製造了血腥恐怖爆炸事件，造成巨大人員傷亡的伊拉克籍女恐怖分子？如果約旦政府要想走人質交換的路線，約旦也會首先交換自己的飛行員。雖說日本與約旦關係不錯，但是本身就處於人質危機困局中的約旦，怎麼會為了日本的人質而放棄自己手中的王牌。

ISIS沒有給日本太多時間，以快速殺害人質的方式，結束了此次人質危機。安倍政府實際上在此次人質危機中並無實際作為，只是強硬地回絕了ISIS贖取人質的要求，這種生硬的方式雖然彰顯了安倍政府不向恐怖勢力妥協的立場，但是直接造成了兩名人質的喪生。

危機落幕：安倍修憲的機會到來

在政客面前，國民的生命是無關緊要的。對於安倍政府來說，只要能夠不斷對外伸展日本的軍力，只要能夠迎合美國，只要能夠讓日本一步一步成為擁有對外宣戰權的「普通國家」，幾條人命是不足姑息的，哪怕日本民間已經發起了要求營救後藤健二的運動。

這次人質危機之所以會發酵成牽動日本政府的一個國際熱點事件，直接原因在於日本對與ISIS交戰的中東各國提供經濟援助。兩

名日本人質已經被ISIS控制在手中很長時間，恰恰在安倍訪問中東後，被作為向日本施加壓力的王牌拋了出來，也是ISIS對日本的一種赤裸裸地報復和示威。ISIS近年來在敘利亞和伊拉克不斷坐大，它利用美軍撤離伊拉克和西方各國干涉敘利亞內戰的機會，順勢而動，在敘利亞和伊拉克的權力真空地帶或者軍力虛弱地帶迅速擴張，並利用先進的互聯網技術不斷招兵買馬，拓展政治影響力，製造恐怖事件。

日本本是中東的區外國家，但是近些年日本政府與追隨美國，打著打擊恐怖主義的幌子，一步一步地突破日本和平憲法對於日本軍力和海外投送兵力的限制。利用伊拉克戰爭，日本政府打著維和的招牌，實現了海外派兵。打著與東南亞國家共同保護地區和平安定的旗號，日本自衛隊將自己的軍事顧問輸出到與之較好的東南亞國家，如菲律賓等。

自安倍政府上臺以來，更是處心積慮地突破和平憲法對於日本軍事上的限制，通過各種方式一點一點地取得進展，目前日本武器對外出口已成現實；借助於美日防衛新指標和所謂「周邊事態法」，以及其他形形色色的日本與美國、菲律賓等東南亞國家的軍事協定，日本正一步一步地突破和平憲法的限制，將軍事觸角伸展到日本本土以外的地區，日本除了與美國密切合作壓制中國在第一島鏈的軍事能力外，還積極染指中國南海問題，甚至向西南太平洋、印度洋、中東等地區拓展影響力。

日本的軍工能力一向不弱，其與西方發達國家在武器研發方面的合作一直非常密切，日本的軍事技術和裝備也是日本吸引很多國家的重要因素，比如澳大利亞希望獲得日本的潛艇技術，菲律賓巴不得日本多在武器裝備方面給予更多的支持。由於日本受到和平憲

法的限制，對外的軍事合作和軍事輸出，日本政府打得最多的幌子就是反恐和維和。

　　這次人質危機，就是ISIS對於日本向與它交戰的中東國家提供「人道主義援助」所激發的。由於ISIS快速處決了兩名日本的無辜人質，客觀上迅速讓安倍政府從此次人質事件中得以解脫。有調查資料顯示，對於安倍政府處理事件的強硬態度，得到了60%的日本國民的支持。2014年12月份，安倍得以連任，自民黨和公明黨執政聯盟在日本國會中獲得了326席，超過了日本國會席位的三分之二。而日本憲法規定，如要修憲需要獲得國會三分之二多數票的同意，並且獲得全民公決的半數以上支持。可以說，在日本國會中，安倍等人的修憲訴求已經有了實現的可能。對於安倍來說，修憲是其一直以來最求的目標。這次人質事件給予了安倍一個新的機會，鼓吹恐怖主義的威脅，希望國民支持日本獲得集體自衛權，正式設立國防軍。下一步安倍只要操縱輿論，獲得半數國民支持修憲即可。毫無疑問，此次人質危機必然給予安倍政府製造推動修憲輿論的機會。

　　日本早已是事實上的軍事大國，其武器裝備之精良，特別是海空軍的裝備先進程度和戰力在世界上都居於前列。其防衛廳也早已升格為防衛省。日本軍隊雖然是一支披著「自衛隊」名義的武裝，但是它的戰力不容小覷。而反恐等非傳統安全的威脅，正是日本右翼政客最喜歡使用的用於突破日本軍事限制的王牌。這次人質危機迅速落幕，安倍政府不僅沒有被拖到曠日持久的人質解救之中，反而得到了一個新的機會。對內，安倍政府可以鼓吹恐怖主義威脅，而推動日本的軍力發展；對外，安倍政府可以打著反恐的旗號，實現更多的軍事輸出。

對於恐怖主義，中國政府對外態度明確，中國作為世界大國，也積極參與地區反恐、維和等國際事務，樹立了愛好和平、積極反恐的正面形象。對於ISIS殺害日本無辜人質，中國政府一直給予嚴厲譴責。但是對於日本政府利用反恐的旗號實施軍事擴張，中國政府也要保持高度的警惕。一方面中國要在反恐領域與世界各國增進合作，另一方面對於日本政府以反恐為藉口而建立的反華軍事同盟，中國也要堅決抵制。

請記住他的笑臉
——緬懷充滿愛心、英勇無畏的自由記者後藤健二

在日本政府斷然拒絕了ISIS兩億美元的贖金要求之後，被ISIS綁架的湯川遙菜和後藤健二先後被害。近日中西方媒體紛紛追述了自由記者後藤健二的生平，對其堅持關注戰亂地區的平民和兒童命運的新聞敬業精神給予高度肯定。本文綜合美聯社、《經濟學家》、雅虎新聞等國外媒體的報導，旨在向讀者展示一個充滿愛心的勇氣可嘉的記者形象。後藤健二所從事的呼籲世界和平的事業，對於當下的日本政府應該是一個警醒。西方媒體記者也批評了日本政府持續不斷向海外進行軍事輸出的做法。

後藤健二的生平

後藤健二1967年出生於日本仙台宮城縣。他1991年畢業於東京的法政大學，畢業後他進入一家製片公司工作，在1996年進入了獨立媒體協會。他於1997年皈依了基督教。他曾參與過聯合國兒童基金會和難民署的一些工作。他作為日本的一位自由記者，主要關注戰亂地區的難民和窮人，也關注愛滋病患者和兒童教育問題。

他的報導主要集中在全球的戰亂國家，特別是非洲和中東，他關注當地普通民眾的在艱難時期的生活和人權狀況。他在自己的書

和DVD中對塞拉里昂的血鑽問題和兒童兵問題有著深刻的揭露。他深入挖掘過盧旺達大屠殺及其倖存者的故事。他報導過愛沙尼亞一個愛滋病村中的一位少女母親的故事——這個「母親」才10歲出頭。他對於阿富汗的女童問題和教育問題也做過很深入的報導。

2005年，他寫了一本關於塞拉里昂兒童受到傷害的書籍，這本書的標題，他起成了「我們想要和平，而不是鑽石。」在2006年，他因此書獲得了《產經新聞》的「產經兒童圖書獎」。

後藤健二一直強調他不是一個戰地記者。他一直堅持說，他報導的只是戰爭發生地的普通民眾的故事，他將鏡頭對準了當地的兒童和貧窮的家庭。他時常深入戰爭多發區域的難民營和孤兒院中尋找報導物件。他講述的故事都是戰亂之地的兒童受到暴力、飢餓和惡夢困擾的故事。他富有魅力，他為人正直，他希望被採訪的對象們向他傾述，通過他的報導使得被採訪物件獲得外界的說明。

不論在海嘯頻發的日本東北部還是在衝突劇烈的塞拉里昂，都有自由記者後藤健二的身影。後藤健二紮著馬尾辮，總是帶著友好和關懷的笑容他經常和其他的日本電影、電視工作者一起工作。敘利亞內戰爆發後，他志願去ISIS占領區從事報導，他對敘利亞和伊拉克戰局的評論經常出現在日本的主流媒體上，包括NHK和朝日電視臺。

在他的小女兒出生三個星期後，後藤健二奔赴敘利亞試圖營救他的朋友湯川遙菜。在他上路之前，他錄製了一段視頻，他在視頻中說，「不管我發生了什麼事情，我都將永遠熱愛敘利亞的人民。」他盯著鏡頭如此說道。

後藤健二成為ISIS的人質後，全世界有很多民眾為他的獲釋祈禱。在極端分子在網路上上傳了首個關於他的視頻後，一個關於他

的Facebook的主頁被建立起來，很快就獲得數萬人點贊，很多人回應呼籲上傳了自己的照片——他們雙手舉著一張寫有「我是健二」的紙片。這項運動不僅僅在日本得到極大的回應，全球的回應者也是不可勝數。

生活在紐約的日本的電影製片人西前拓發起了「我是健二」的運動，呼籲日本政府和國際社會解救後藤健二。他徵集到了數千個簽名。日本民眾聚集在安倍晉三首相官邸的外面，他們舉著「解救健二」和「我是健二」的標語，要求日本政府採取措施解救後藤健二。由於日本政府拒絕了ISIS的贖金要求，最終後藤健二被殺害。

在後藤健二沒有遇害的日子裡，在日本的大街小巷，很多民眾購買《讀賣新聞》，密切關注著後藤健二最新的消息。後藤健二被中東的極端分子綁架後，他一直試圖使他們相信，他是一個記者。日本民眾想不到ISIS會這麼快就殺害一個不是俘虜的記者，雖然在前年ISIS已經殺害了兩名記者。

朋友和家人眼中的後藤健二

後藤健二一直用自己的錢來從事對戰爭地區的新聞報導工作。他的身影時常出現在世界上衝突最劇烈的地區。在日本哀悼後藤健二的同時，他的朋友訴說了他們眼中的後藤健二的形象：「他是一個善良的、口氣溫和的、幽默感很強的紳士。」

《經濟學家》的記者亨利‧特裡克斯認為後藤的報導是最能揭露戰爭的殘酷的：「健二不關心戰爭的勝負，他講述的只是戰亂地區平民的故事，特別是當地孩童的故事。這些平民和孩子不得不忍受戰亂的恐怖。健二曾和我說過，戰亂地區民眾的苦難生活像一根

皮筋一樣緊緊地系在他的心上。我問他，你是怎樣到達那些戰亂頻仍的地區從事報導時，他說，他跟隨當地普通民眾的腳步就進入了戰區，我和他們一起生活。這些普通民眾會給我指路。

他的另一位記者朋友馬克、泰切利斯特奇夫告訴天空新聞的記者：「健二一直捨己為人，他是一個非常了不起的男子漢。他報導人權問題，他報導戰亂地區大街小巷中的平民的苦難生活。他知道他的冒險精神會得到回報，他拍攝的這些真相會引起外界的關注，從而讓戰亂地區的人民獲得實實在在的幫助。他之所以時常冒險深入戰地，就是因為他覺得他可以為戰亂地區的人民做些什麼。健二不僅僅是我的好朋友，他也是戰亂地區民眾的朋友。他的逝去對於世界的和平是一大損失。」

後藤健二的母親石堂順子，一直對ISIS表示，「健二不是你們的敵人。」在一個新聞節目中，後藤的母親石堂順子情緒激動地說：「健二已經離開我們，他將進入天國。……健二很小的時候，就很善良。他一直說，我要去發生戰爭的地方解救那些可憐的孩子。」她希望健二的犧牲能夠對世界的和平有所促進。因為健二一直希望世界沒有任何戰爭，他一直希望將孩子們從戰爭和貧窮中解救出來。

2014年12月2日，後藤的妻子收到了兩封極端分子發來的電子郵件。這兩封電子郵件就是極端分子的最後通牒。她收到郵件後，請求約旦和日本政府理解後藤和約旦飛行員的處境，想辦法解救他們。她說：「健二離開的時候，我們的小女兒才三個月大。我們的大女兒也不過兩歲。我希望她們能再見到他們的父親。我希望他們在父親的陪伴下長大。」但是由於日本政府強硬地拒絕了ISIS的贖金，後藤健二最終被害。

他的妻子得悉丈夫被害的消息後，沉痛地說：「我們全家和我，聽到健二被害的消息都絕望了。他不僅僅是我鍾愛的丈夫，也是我兩個可愛的孩子的好父親。他是一個好兒子、也是一個好兄弟，很多人的好朋友。……雖然我感到失去他是巨大的損失，但是我必須要說，我為他感到非常自豪，他一直報導戰亂地區民眾的苦難生活，他的足跡遍佈伊拉克、索馬里和敘利亞等戰亂頻發的地區。」

後藤健二應該讓日本政府警醒

後藤健二有太多理由留在日本安全的家中，他的事業成功，他母親身體不好，他妻子對他滿懷摯愛。他有一雙年幼的女兒，最小的才3周大。

但是，他打定主意，一定要進入戰亂的敘利亞。

「敘利亞人民已經遭受戰亂的折磨三年半的時間了，」這個47歲的自由記者說，「我要採訪一些故事，搞清楚ISIS究竟想幹什麼。」

他從土耳其南部邊境地區進入敘利亞，直奔極端主義分子的大本營而去。他的朋友阿拉丁・阿爾・扎姆之前和他去過敘利亞。

扎姆勸後藤說：「你去那裡不安全。」後藤說，他覺得他不會有危險。因為他的祖國日本，不像伊拉克政府和某些國際組織那樣捲入與ISIS的戰爭。恐怖組織號稱自己是伊斯蘭國，但是日本沒有捲入與它的軍事對抗。「我既不是美國人，也不是英國人。我是一個日本人。」他對扎姆說，「所以，我可以去。」

沒想到大錯那個時候就已經鑄成。

美聯社評價後藤健二是一位充滿愛心、英勇無畏的記者。國內有媒體，起了這樣的標題，有一種職業叫做「後藤健二」。47歲的後藤健二如此表達他的工作理念：「我想要和當地的人民融為一體。這是我表達對他們同情的最佳方式。」只有與他們打成一片，我才能夠和他們很好的交談，我才能傾聽他們的想法——他們的痛苦和他們的希望。」

　　很多國內媒體以「記住他的笑臉」來緬懷這位偉大的記者。「我是健二」的發起人西前拓如此寫道：

> 健二還活著——活在我們所有人心中。在我們的日常生活中，只要你對你身邊的人微笑，你就應該想起健二留給我們的那個滿懷笑意的臉龐。

　　石堂順子一再代表健二向日本政府和民眾道歉——給政府和民眾「添了麻煩」。然而安倍晉三等政客面對極端分子出的難題的時候只是強硬地拒絕，沒有任何實質性的營救舉動。比之中國政府，就顯得欠缺靈活度。中國政府曾多次通過斡旋，採取支付贖金的方式，解救極端分子和海盜手中的中國人質。

　　對於安倍等右翼政客而言，愛好和平的後藤健二的被害，正好解脫了他們的營救難題。反而給他們提供了進一步對外擴大軍事輸出的藉口，他們可以打著反恐的口號，以各種形式繼續擴大海外派兵。安倍政府利用此次人質危機，鼓吹恐怖主義威脅，要求加強日本軍力，擴大集體自衛權的輿論攻勢已經開始。

　　後藤健二的好友《經濟學家》的記者亨利‧特裡克斯寫道：

湯川遙菜被害後，健二的生死在日本全國成為輿論的焦點，引起廣泛關注。日本民眾紛紛討論日本在海外衝突中應該扮演怎樣的角色。但是健二真正的遺志是希望日本的民眾去關注那些戰亂國家民眾的命運，而不是僅僅去關心自己的生活。但是近些年來，日本一直在擴大向國外的武力輸出，看來健二的遺志很難實現了。

石堂順子也說道：

我被悲痛擊倒，我控制不住自己的眼淚。我現在無法用語言來表達我的感受，我只希望，健二的死不要導致新的仇恨。健二為戰亂地區的兒童和窮人工作，他的目標是創造一個沒有戰爭的世界。我希望全世界的人民能夠理解他的遺志。

愛好和平、關懷弱者、珍視生命的偉大記者，會得到全球愛好和平、崇尚人道的人士的追憶和悼念。而否認歷史、追求強權、窮兵黷武的政府，會得到全球愛好和平、崇尚人道的人士的抵制和譴責。安倍政府和右翼政客真應該從後藤健二的逝世中好好反思一下，什麼是和平的可貴，什麼是人道的光輝！

請記住偉大的國際人道主義記者後藤健二溫暖人心的笑臉！

柒

——前輩書評——

揭露日本戰爭罪行的又一力作

張憲文

　　萬斯白先生寫的《日本的在華間諜活動》具有很高的史料價值。與其說，本書是一部日本在華的間諜活動史，不如說本書是一本活生生的日本巧取豪奪生活在東北的中國人民和他國僑民的掠奪史。

　　本書作者萬斯白，為上世紀20、30年代著名的國際間諜。他原籍義大利，後來入籍中國的他，經歷非常複雜，曾經參加過多次戰爭，為很多國家的間諜機關效力過。這位冒險家在一戰期間在遠東地區為協約國情報機關工作，後來又被「東北王」張作霖招募，成為張作霖對付東北地區的白人異己分子的得力幹將。九一八事變後，他被日本特務機關脅迫，成為日本在東北的別動隊首領，專門替日本軍方搜刮東北的民脂民膏，日本人搜刮的對象，不僅僅是中國人，還包括在東北的白俄和猶太人。萬斯白在本書中披露的很多細節，會令讀者怒髮衝冠，看到日本侵略者無所不用其極的罪惡面目。尤其是萬斯白的頂頭上司──日本在東北的情報機構的負責人的赤裸裸的表述，更能讓讀者瞭解，日本軍方的高層是怎樣的用心險惡，他們使用一切手段對中國的東北居民和他國拘留在中國的僑民進行了殘酷的掠奪──他們綁票、販毒、敲詐、勒索、殺人越貨，縱容黃賭毒氾濫，國際公法在他們眼中形同廢紙，人性人權在他們眼中更是一文不值。他們所要做的，就是無窮無盡地掠奪，用

敲骨吸髓來形容也不為過。可是他們的卑劣手段還不止敲骨吸髓，他們為了達成手段，時常草菅人命——不管他是窮人富人，也不管他是哪個國家的人。

萬斯白所做的工作就是幫日本軍方斂財，他的物件之一竟然是在東北的日本軍憲警員，因為他的上司告誡他，日本從東北搶掠到的財富是屬於天皇的，日本的軍憲警員如果從受害者那邊把錢弄到手，萬斯白也要從他們手中再把錢財榨出來。很多日本軍憲警員的中國脅從，為此丟了命。

雖然萬斯白一直違心地為日本特務機關服務——日本特務用他家人的生命安全來要挾他就範，他的工作也是非常得力，但是日本人對待他也是非常不好。日本特務機關長期拖欠他的薪餉，逼得萬斯白走投無路，只能出賣自己的房產，來獲取生活的費用，可是就是這樣，他還被日本法官和會計大敲竹槓。最後拿到手的錢少得可憐。

萬斯白一直是一個非常富於正義感的人。他在為日本特務機關工作的時候，也利用自己的身分在為東北抗聯服務，他總是力所能及地幫助受害者。在李頓調查團在東北調查期間，他冒著生命危險，傳遞出了極有價值的情報。正是由於很多向萬斯白這樣的人，在祕密地為李頓調查團提供情報，調查團最終的報告書才令日本灰頭土臉，在國際上的形象大打折扣。萬斯白對日本特務始終充滿了痛恨，對於日本特務的幫兇也是同樣如此，他也曾巧妙地給予這些人以教訓。

最後由於萬斯白與日軍的反對者走到了一起，日本特務準備對他下毒手，在朋友的幫助下，他潛逃到了上海，並開始撰文在報紙上公開發表，將本書的內容公諸於眾。萬斯白的書稿對日本帝國主

義的罪惡進行了入木三分的刻畫，令當時的國際輿論紛紛譴責日本
軍方，這在當時是日本軍隊的巨大醜聞。最後在萬斯白的威脅和他
的朋友的幫助下，他被日本軍方扣押的妻兒被解救出來，可是她妻
子的全部積蓄和細軟被日本特務掠奪一空。

　　日本軍方對萬斯白的刻骨披露，火冒三丈，處心積慮地想要除
掉萬斯白，可是萬斯白這位資深的間諜卻遠渡重洋，跑到了海外。
萬斯白最終還是沒有逃脫厄運，日本偷襲珍珠港後，偷襲菲律賓，
並很快攻佔菲律賓。當時定居馬尼拉的萬斯白被日本特務發現，於
1943年殺害。萬斯白雖然被日軍殺害了，但是他的反戈一擊卻將與
世長存，他的這部書稿對日本帝國主義掠奪中國東北進行了無情的
鞭撻和生動的揭露。抗戰勝利70周年即將到來，相信該書的出版對
於國內讀者認清日本侵略者的本質將起到積極的作用。

南京大學資深教授、博士生導師

中國現代史學會榮譽會長

中國近現代史史料學會會長

季我努學社榮譽社長

張憲文

2014.8.5於南京大學中國民國史研究中心

滿洲歹土

——《日本在華的間諜活動》一書的歷史背景

步平

《日本在華的間諜活動》的作者萬斯白是一個經歷相當豐富、背景也十分複雜的人物。而他在這本書中描述的二十世紀的二、三十年代的中國東北,也是列強在那裡逐鹿爭奪,導致國際關係犬牙交錯的地方。季我努學社的康狄囑我寫一篇導讀,方便讀者讀懂書中涉及的各種複雜的關係,在通讀本書的精彩內容之前,讀者朋友們預先瞭解一下那個時代的中國東北很有必要。

中國東北在地理位置上與俄羅斯交界,所以是沙皇俄國從十七世紀以來就一直覬覦的地方。雖然1689年的中俄尼布楚條約一度阻止了沙皇向東擴張的步伐,但是隨著近代中國在西方列強的壓迫下打開國門,俄國的勢力也迅速地擴展到黑龍江、烏蘇里江一線,俄國成為當時占領中國領土面積最大的列強。越過那兩條江進入中國東北,對於俄國來說是輕而易舉。當然,俄國在這一地區佔有的優勢地位自然也引起同樣覬覦中國東北的其他列強的擔心與不滿。開始,英、美也認為自己在中國東北有自己的利益,認為俄國的擴張是對其利益的威脅。而作為近鄰的日本則更視俄國為該地區競爭的勁敵。於是,圍繞在中國東北的利益,列強間的矛盾不斷,衝突頻仍。

1895年，日本在取得了甲午戰爭的勝利後，迫使中國割地賠款。但是，由於開始的條款中涉及遼東半島，成為列強干涉的口實。俄羅斯聯合其盟友法國及德國先迫使日本退出對遼東半島的占領，同時又借款給中國以償還對日賠款，取得了中國清政府的信賴，達成了「共同」修築中東鐵路的協定。

　　1903年開通的中東鐵路的線路在地圖上呈丁字形，西起滿洲里，與俄羅斯境內自莫斯科開始的西伯利亞大鐵路相連，東至綏芬河，接俄羅斯境內烏蘇裡鐵路直抵海參崴（符拉迪沃斯托克），從滿洲里與綏芬河的中間位置的哈爾濱，鐵路開始向南到達大連。從地圖上可以看出，當時的中東鐵路構成了橫跨俄羅斯西部到東部的西伯利亞大鐵路的一部分，因為那時俄國的統治者認為中國東北地區像楔子一樣插入俄國的遠東地區，所以不想繞道黑龍江北部地方從俄國境內將西伯利亞延伸到海參崴，而要穿過中國東北走一條「捷徑」。這種將中國東北視為自己領地的做法顯然打破了列強在這一地區的平衡，英、美先是在鐵路建設方面與之對抗，而當俄國利用中國國內發生義和團運動的機會出兵占領中國東北後，日本更找到了藉口，通過1905年的日俄戰爭終於達到了與俄國勢力分據中國東北南北部的抗衡局面。中東鐵路也相應地分為兩部分，日本控制了自長春到大連的縱向部分，即「南滿鐵路」，俄國保留了滿洲里到綏芬河的橫向部分，即「北滿鐵路」。

　　到1907年，日俄依據第一次密約，更明確地瓜分了中國東北及外蒙古和朝鮮。即中國東北南部為日本的勢力範圍，中國東北北部為俄國的勢力範圍。日本與俄國，以及與這片土地有千絲萬縷聯繫和利害關係的列強各國有勾結、有爭奪，這種局面就構成了本書作者在中國東北活動的歷史背景。這一歷史背景說明：各列強之間圍

繞中國東北的權益存在諸多的利益衝突與矛盾，這些衝突與矛盾的激化甚至導致戰爭的發生。但是戰爭的結束，幾乎都是通過犧牲中國東北的利益得到實現的。

另一方面，在那一時期，積貧積弱的中國面對列強在中國東北的為所欲為則幾乎沒有抵抗的能力。清末的改革雖然力圖振興東北，但在對外關係上官員們要麼主張「聯俄拒日」，要麼呼籲「聯日拒俄」，最後則提出「放任列強進入在列強競爭的縫隙中尋找機會」的無奈的建言。雖然這些主張的思想與理論基礎都是千百年來形成的「以夷治夷」思想，但是，處於朝氣蓬勃的強盛的漢唐時期中國的「以夷治夷」，和沒落到對列強的進入沒有任何抵抗能力的清末民初期時期的「以夷治夷」，顯然不可能有同樣的結果。寄希望於列強競爭的「以夷治夷」，其結果必然是「為夷所制」。從這個意義上，沒有任何列強能夠真正考慮中國的利益。對於中國來說，這些列強只有獲取利益的多少之分，沒有正義與非正義的區別。

正是在這樣的歷史背景下，中國東北的開放程度相對比較高。從地域上看，特別是中東鐵路沿線，尤其是哈爾濱和大連這兩個城市。哈爾濱與俄羅斯的關係、大連與日本的關係，都是在那樣的歷史背景下形成的。

本書的許多事件在哈爾濱發生，因為哈爾濱自中東鐵路修建後，就成為很重要的中心城市，哈爾濱自1906年對外開放。從那時起，東正教傳入，先後建設了20餘座教堂；大量僑民流入，先是來自俄國，繼而來自日本和其他許多國家。

俄國僑民的流入伴隨鐵路的修建，由於中東鐵路公司設在哈爾濱，所以鐵路公司在這裡掌握有相當多的附屬地，開始有大量俄國

工人和工程技術人員定居，然後是各種行業人員陸續進入。所以，中東鐵路公司提出在附屬地建立自治公會，即將該地作為「國中之國」的自治地區。當時主要分為道裡區、南崗區和道外區三大部分的哈爾濱市區中，前兩部分都屬於自治會的管轄，可見其勢力很大。

日本僑民也不甘示弱，從中東鐵路建設開始也迅速進入，在俄國自治會控制的道裡區建立了僑民團體松花會。到1916年，共9萬人口的哈爾濱市內有俄國、日本、波蘭、英國等僑民4萬人。

1917年俄羅斯十月革命發生後，大批俄國僑民遷居中國東北，特別是哈爾濱，形成俄國僑民遷居的高峰時期。1923年定居哈爾濱的俄國僑民竟然達到20萬人，甚至超過當地中國居民的數量，成為當時中國最大的俄國僑民聚居中心。

哈爾濱市自然成為重要的國際大都市，先後有20多個國家在哈爾濱設立領事館，以照顧管理本國僑民，也充當了干涉中國正當權益的先鋒。大量居住在中國東北的外國僑民產生的種種需求促使東北社會各行各業的發展，其中很有特色的是外國報刊書籍的出版與發行，當然，大量外國僑民的流入呈現的是泥沙俱下、魚龍混雜的局面，也為許多不逞之徒提供了嶄露頭角的機會。這是作為國際間諜的萬斯白在當時的中國東北活動起來並不顯山露水，沒有絲毫障礙，甚至如魚得水的重要原因。

萬斯白在東北地區活動的那一時期，也是東北政局發生劇烈變動的時期。1917年俄國十月革命後不久，趁其國內戰爭混亂無暇顧及周邊，並且曾宣布廢除沙皇俄國和一切國家訂立的不平等條約，中國北京政府有可能改變對蘇俄政策，解除俄國的鐵路局長。但是，新生的蘇維埃政權很快改變了態度，不願將中東鐵路讓與中

國，宣布鐵路所有權屬於蘇聯，任命新的蘇聯方面的鐵路公司會辦和鐵路管理局局長。通過與中國簽訂的《中俄解決懸案大綱協定》，在哈爾濱臨時開設總領事館，蘇聯一方面繼承了沙皇時期奠定的在中國東北的權益，另一方面則要求在哈爾濱的俄僑選擇是否加入蘇聯國籍，導致在哈爾濱的俄國僑民大批南下遷居，留下的則面臨生活的艱辛，產生巨大動盪。這一動盪則直接影響了當時中國東北的社會環境，削弱了蘇聯在中國東北北部的影響。

民國初年，東北政局的混亂造就了各路軍閥勢力走馬燈式地上場下場，逐漸顯露出張作霖的能力與手腕，同時他也要應付來自國內外的種種壓力，特別是與各列強周旋。所以在他的周圍也聚攏了一批來自不同國家的各色人等，其中就包括萬斯白。萬斯白也得以近距離地觀察東北政局的變化對社會各個層面的影響。特別是東北地方當局與日本人之間的斡旋與交涉。

在這一過程中，從鐵道守備隊發展起來的關東軍代表了狂熱地以占領「滿蒙」利益線為目標的日本軍部少壯派的政治主張，悍然發動了九一八事變，完全改變了東北的政局。在東北三省逐步被日本軍隊占領，並在日本的控制下成立了「滿洲國「傀儡政權的過程中，日本與蘇聯及各列強的關係也相應發生了變化。1935年3月，蘇聯把中蘇共同經營的中東鐵路北段（北滿鐵路）以1億4千萬日元賣給了日本扶植的偽滿洲國，終於使東北成為日本完全排他的「一統天下」，包括萬斯白在內的長期生活在中國東北的外國政客、間諜及各色人等也失去了浪跡生活的空間。

對於研究這一時期的中國東北歷史，對於認識日本與列強在爭奪東北權益方面的種種手段，認識日本軍人和特務在東北的卑劣行為，萬斯白的這本書確實是值得一讀的。

中國抗戰史學會會長
中日歷史共同研究委員會中方首席代表
中國社科院近代史所原所長、教授
季我努學社顧問
步平

▎不僅僅是舊事重提

馬振犢

　　萬斯白所著《日本在華的間諜活動》是一本很有價值的書，雖然初版於77年前，今天看來仍然具有獨特的意義與作用。

　　該書是以作者自己的親身經歷為內容所寫的一本紀實性作品，曾經當年英國《曼徹斯特衛報》駐北京記者、《外人目睹中之日軍暴行》作者H、J、田烈伯先生及《紅星照耀中國》作者、美國著名記者愛德格、斯諾先生審讀推薦過，儘管日本人曾竭力否認並加詆毀誣陷，但這本書內容的真實性是不容置疑的。

　　本書名為《日本在華的間諜活動》，但仔細閱讀後我們就可發現，書中內容除了記載作者作為一個義大利人在中國日本占領下的偽滿洲國為日軍作情報工作的經歷外，充斥全書的就是日本人的各種在華陰謀暴行的記錄，這對於向世界揭露日本殘忍的戰爭暴行和在占領區的法西斯統治，揭露日本軍閥內部的黑暗，具有實證性的作用。因為其所記錄的均為作者的親歷親聞，其真實可信性高，對日本法西斯的殺傷力強烈，故本書及其作者，一開始就受到日方通緝追捕並加以連續刺殺，而日本外交官則甚至無恥地宣稱作者不存在。

　　雖然從個人歷史的角度全面分析，萬斯白是個經歷複雜的人物，但他寫的這本書能被日本法西斯這般敵視，就一定有其突出的

優點與價值。

這本書的內容特色有以下幾點：

一是揭露了若干歷史大事件的真相。如日本人在皇姑屯謀殺張作霖、日軍發動九一八事變占領中國東北、日方破壞李頓調查團在東北活動等等，這無疑對厘清這段日本侵略史具有重要作用。

關於「皇姑屯事件」，萬斯白在敘述他所知道的內幕真相後，斷然寫到：「日軍是暗殺張氏的幕後操縱者，這是毫無疑問的。」他還揭露了在爆炸前，與張作霖同車的日本軍官找藉口躲到末節車廂去的一個細節，再次證明日本人是製造事件的兇手，他指出：張作霖死後，張學良承繼了權位，他主張直接反抗日本人。「於是日本人實現他們的計畫（指發動九一八事變）就近在眼前了。」這些論斷有理有據，令人信服。

萬斯白在書中揭露：

> 1931年日本發動九一八事變占領中國東三省之後，為掩蓋侵略真相，曾策動在東北各地的俄國僑民上街歡迎日軍，製造侵略有理受到擁戴的假像。但可悲的是，歡迎儀式剛結束，這些俄僑還沒清醒過來，就遭到了日軍普遍的的搶劫強姦等暴行。如一對俄國母女被日軍輪奸後去找日本領事館控告，結果又被那裡的日軍輪奸，並關入「偽滿」監獄，「罪名是無照賣淫」。一個月後，當其丈夫「從中國人方面得知妻女的遭遇，他被迫出五百元把她們贖了出來。日本人收了款，……對他說，若他再有一個字提到日軍，便要槍斃他。」

也許，在一般的人看來，日軍的這種行徑已經是罪惡至極，但看完全書，你就可瞭解，對於日本軍隊來說，這件事只不過是太普通的一件小事。作者揭露說：

> 1932年2月10日早上，在離日本騎兵營不遠的地方，我看見兩具中國女孩子的屍體，她們是被絞死的。而一位中國先生很勇敢地去報告員警，說他看見有兩個日本兵在前一夜將這兩個女孩子帶走，結果這位先生就被捉住從此消失不見了。

萬斯白在書中還指出：

> 九一八事變後，日本政府為了實現永久占領東三省的野心，在軍力一時難以達到的農村，有計劃地輸入帶武裝的民眾，即所謂「日本開拓團」，試圖同化滿洲，使日本人成為東北的主體民族。

關於日方如何阻擾國聯李頓調查團來華調查九一八事件真相，該書中揭露了許多不為人知的史實。作者寫道：

> 李頓調查團到滿洲來調查，當然是要想知道事變的真相。日本人當然不會讓調查團知道真相，於是不得不想盡一切辦法來掩蓋真相，使調查團陷入他們所設的圈套。他們那種過火的做作，現在已經成為愚蠢的世界記錄，成為許多人談笑的話柄了。

他揭露說，在調查團到達之前，「按照日本軍事當局的命令，這次所逮捕的社會不穩定份子，必須要待離開之後，方可釋放。這些所謂的不穩定分子全都被拘禁在土牢中，和一小窩土匪和其他兇犯關在同一地方。」

在迎接調查團儀式上，有一個在偽滿機構工作的朝鮮籍人士金谷，冒死送遞了一份請願書，要求調查團關注日本霸佔朝鮮的情況，解救水深火熱的朝鮮。他立即遭到日本憲兵的逮捕，「當調查團在哈爾濱盡情享受這著日方安排的首次宴會的時候，可憐的金穀正在另外一個地方受著酷刑。」、「在調查團留在哈爾濱的十四天中，就有著五個中國人和兩個俄國人因為想要呈遞信件給調查團而被槍殺。……一共有一百五十多個中國青年和五十多個俄國人在馬迭爾飯店的附近被捕，有的人根本不是去遞信，而可能只是有事路過，也被無處不在的密探跟蹤，乃至逮捕。日本人的想法就是，寧可多逮捕一些無辜的人，也不放過一個可疑的人。」

當國聯調查團破除阻力完成調查之後，萬斯白記載到：

> 處長……高興地對我說，我們終於能透口氣了！那個蠢貨調查團已經走了。……他們隨便怎樣報告，我們日本人是一點都不關心的。如果國聯承認了『滿洲國』，那很好，如果他們不承認，我們也不承認國聯好了。我們已經用武力征服了滿洲，國聯的一切空話決不會動搖我們放棄滿洲的決心。為什麼全世界對滿洲都這樣大驚小怪呢？真是一群蠢貨！當我們占領了中國、西伯利亞、菲律賓和印度支那等地，我們要讓全世界都大吃一驚，他們會看到日本人的偉大。

《國聯調查團報告書》隨後發表，明確承認東北三省為中國領土的組成部分，否認日本發動「九・一八」事變是「合法自衛」，確認偽滿洲國是日本違背東北人民意願而炮製的工具。書中寫到：

> 日本人惱怒，是因為他們不懂為何整個文明世界都會一致宣布日本人為侵略者。這怎麼可能呢？日本人不是天神的民族、神聖天皇的民族嗎？世界怎麼敢把罪名加於他們的身上？

　　二是對日本在占領區內實行法西斯殖民統治，瘋狂鎮壓抗日義勇軍以及推廣煙娼毒殘害中國人等罪惡行徑有深刻的揭露。

　　日本人對敢於反抗他們的中國東北抗日義勇軍及民眾進行了瘋狂的鎮壓，手段殘酷，另一方面，他們還謊報戰功，表現出虛偽的自大。「日本人把這些義勇軍叫做土匪，但這些『土匪』的英勇心和愛國心，以及他們對敵人所做的種種事情，知道的人是很少的。1935年，有323個義勇軍在黑龍江省離齊齊哈爾一百里的一個小村莊中，被兩千多個日軍圍住了。義勇軍死守了三天，堅強地反抗著。日本的飛機往這坐村莊裡投了一百多枚炸彈，把大多數的居民都炸死了。這些中國守衛者的彈藥全部都用盡了的時候，六十個受了傷的義勇軍就帶了刺刀，佩刀和手榴彈半夜裡爬行到日軍的營裡，偷襲日軍。這場夜間的戰鬥結束後，所有的中國義勇軍全都犧牲了，日本兵死了157個，傷了二百人以上。」、「敵人戰得越長久，越勇敢，日本人就越加憤恨。因為他們是只以怨恨和輕蔑對待反對者的，不管這反對者在防禦或攻擊中是多麼地勇敢。除日本的英雄之外，其他的民族不能再有英雄；除日本民族的勇敢之外，其

他民族不能再有勇敢。」、「日本的『官報』一般都好大喜功，充斥著勝利與輝煌，但它們和事實及真相是完全沒有關係的。日本軍人做報告最重要的任務，就是竭力宣揚日本軍隊及士兵的勇敢和無敵。為達此目的，他們是不怕抹煞事實的，不管那有多誇張。比如說此次發生在橫道河子的襲擊案，我目睹了日軍被打得七零八落，死亡一百四十三人，但在他們的『捷報』裡，死亡人數降到了四個。明明是失敗，卻說成勝利，越是說得荒唐，軍事當局就越會歡喜。」、「我發現，在一切說到和敵人會戰的日本官報中，一定是要加入一些一名武士殺死二千敵人的日本神話，這種連沒有頭腦的木偶都會發笑的誇大其詞，日本人竟會認真地相信，在他們的這種大言不慚中，我看到了日本真實的民族精神。」、「在我為滿洲日軍工作的四年半中，我從未見過一篇是說日軍和土匪或義勇軍會戰中他們被打敗的，假使有人把日軍司令部的報告集合起來，這就是一本最可笑的笑話全集。」對於不滿與反抗日本的民眾，當局也進行了瘋狂的迫害與鎮壓，其例子不勝枚舉。「一位二十七歲的中國女性，叫曹義梅，他們為了逼取她的口供，把她腳背用槍彈打成蜂巢一樣，但她依然說實在沒有什麼可以招認的，他們便近距離地向她的頭部開槍，她腦漿迸裂，悲慘地死去了。還有一位蘇俄女性，在她四十天的監禁中，每天被各種毒刑拷打，她雙手的指頭都已經被剁地七零八落了；她的睫毛用火柴燒過，有時候他們還把她的腳倒懸起來，幾小時後把她放下來，再傷痕斑斑的兩手綁住吊起來。日本人看到從她的嘴裡確實問不出什麼了，才把她給釋放了。但她從此成了殘疾人。」

　　萬斯白在偽滿日本情報機關工作，接觸到許多日本殖民統治的黑暗內幕。最典型的是他們用大煙、妓院和毒品來殘害中國人。

請看：

「在一本日軍司令部發給在滿日軍的小冊子中，可以看到以下的規則：『第十五條：毒品是不配於日本人這樣的優秀民族的。只有像中國人，歐洲人和東印度人這樣頹廢的劣等民族才會沉溺於毒品當中。這就是他們註定要成為我們的奴隸以及終將被消滅的原因。』」、「朝鮮人將敗於惡行，中國人將成為鴉片及其他毒品的犧牲者，俄國人將為伏特加所滅。」、「那些員警、軍官都得不到餉銀。所以有門路的員警和憲兵只能靠搶劫、走私、賭博、販毒、開妓院去弄錢。」

在這裡，我們可以看出，萬斯白的上述記載，對於讀者們全面地瞭解日本在東北占領區的行為是有很大作用的。

三是本書中對於日本在東北淪陷區的大肆掠奪與殘害中俄朝人民的有明確而深刻的記錄。這對於進一步澈底揭露日本法西斯發動侵略戰爭的本質具有獨特的作用。

作者感慨道：「駐滿洲的日本軍官，在期滿之後不帶四五萬回日本去的是很少的。關於日本軍官斂財的情況，朝鮮臺灣和滿洲的無數受害人能夠提供許多證據。」本書中記載了哈爾濱馬迭爾飯店俄籍老闆約瑟、開斯普之子被日本憲兵綁架勒索鉅款，因開斯普不肯低頭，其子最後在遭受割耳斬手酷刑後仍被殺害等許多事例，以及日本警局發明「戶籍調查」、製換「門牌」、在松花江上「取冰專賣權」、「打掃煙囪獨佔權」等林林總總敲詐勒索民眾的手段，攫取不義之財的事實，「不僅百姓聚會會被抓，甚至老百姓玩紙牌、打麻將、唱歌跳舞也被日本員警冠以擾亂治安的罪名，其目的，當然是要錢。」、「綁票、拘禁、暗殺、搶奪，日本人用盡一切暴力的手段征服滿洲，現在滿洲似乎已經成為日本人口中的一塊

肥肉了。」這就是在日本統治下所謂「大東亞共榮」、「王道樂土」的真相。

書中最後，萬斯白記述了他因日本人長期扣發他的薪金使他不得不賣房度日卻橫遭盤剝勒索的經過，以及他決定出逃被日方恐嚇追捕，截捕他的家眷關入牢房，直到他運用關係請求抗日義勇軍出兵以日俘交換才得以使家屬脫身的驚險經歷，為全書做了精彩的結束。

萬斯白最後總結說：

> 我在這本書裡所敘述的全部都是事實，我差不多都參與其中。對於不熟悉日本人的讀者讀到這些，可能會覺得這是一場可怕的惡夢，讓人難以置信。但對於曾經接觸過日本人，對他們很熟悉的讀者，就知道我所說的都是真實發生過的。
>
> 世界對於日本的認識錯誤的記錄，可成巨帙。英國盛讚新興的日本民族雖矮小但勇敢，勤勉努力，世界各國也都為之迷惑。但我知道，日本以及日本的一切東西，都像是海市蜃樓，在騙人的光學作用下，五光十色，極為壯觀，但當你走近時，才發現這是一個幻覺。你越走近，越覺得這幻覺背後的其假偽與可怕。
>
> 日本人愛好鞠躬，看上去彬彬有禮，但很多人是在裝模作樣，他們的客氣像是包著一層紙。日本的武士道認為只要能達到目的，一切手段都可以拿來用，即使是說謊、詐騙、密謀、背叛，偽善，只要有利可圖都可以幹。而且，我認識的日本軍官，對於他們人性中的這種獸性，並不感覺卑劣，而是覺得再自然不過。……日本還是一個「抄襲」的民

族。他們的文學、倫理、宗教、美術，全都是抄襲別的民族。……至於道德這個方面，一個把數萬名少女賣給販奴者做娼妓的民族，還有什麼道德可言呢？他們將少女的貞操「租」給妓院老鴇數年，然後合約期滿後又讓少女們回家嫁人，裝作若無其事一般，除了日本，還有哪個民族能幹出這樣的事來呢？

寫這本書的時候，他們把有一百萬士兵和巨量的軍火投放到中國的土地上，數百萬無辜的人民被屠殺，不可計數的財產被摧毀。但這個民族對中國人的暴行才剛剛開始，日本人的目的就是要使中國人變成奴隸，就像他們已經把滿洲人民變成奴隸一樣。現在時間還不太晚，我向世界提出警告，我們要把日本民族的真實面貌赤裸裸地暴露出來。

我希望中國大眾像我一樣，能在這本書裡親眼看到日本軍閥的醜惡形象，瞭解日本帝國主義者的侵略野心。這是我寫這本書的根本目的。

作者的上述結論，已經充分地說明瞭他寫這本書的目的與意義，而其價值至此自不必再加贅言。

當然，我們應當看到，萬斯白個人並不是一個反對法西斯侵略的勇士，他經歷複雜，甚至為日本侵略者做特務工作，他的強烈的反日立場與情緒是因為後來日本人虧待了他，又要置他於死地，雙方反目所致。但無論如何，萬氏在這本書中所記述的一切，基本上都是可信的事實，並且通過這些史實揭露了日本軍閥的醜惡，暴露了日本人本質的陰暗面，這就體現了本書的重要價值，就這一點而言，是必須給予充分肯定的。

中國有句俗語，形容壞人之惡劣叫做「好話說盡，壞事做絕」，然看了這本書及其他記載日本侵略者暴行的資料後，我們只能評價日本人在侵華戰爭中的行為是「謊惡說盡，壞事做絕」。

　　對於70多年前的那段侵略歷史及其所犯下的滔天罪惡，如今的日本政府不僅不加反悔，反而蠢蠢欲動試圖翻案，在他們的大力鼓噪宣傳誤導下，整個日本社會急劇右轉，兩國老一輩領袖和人民努力培育起來的日中友好形勢發生逆轉，當年侵略軍的旗幟、軍歌、膜拜天皇儀式乃至被擊沉軍艦的名號，如幽靈般再現，種種惡行，令人作嘔，不禁使當年被害國人民義憤填膺，全世界為之愕然。只有心懷鬼胎的美國旁觀不語，暗地縱容。其結果似可預料，珍珠港的爆炸聲還會再響乎？

　　在這種時刻，萬斯白《日本在華的間諜活動》一書的再版，其意義絕不僅僅在於回顧歷史與舊事重提，而更重要的還在於其以史為鑒的警示作用。

　　歷史已經證明，不接受教訓，悲劇就會重演。

中國第二歷史檔案館副館長、著名民國特工史研究專家

季我努學社顧問

馬振犢

被遺散的東北義勇軍「秘史」
——萬斯白《日本在華的間諜活動》中的歷史秘聞

余戈

1939年國光印書館初版、萬斯白所著《日本在華的間諜活動》，經季我努學社康狄先生重新翻譯，即將再版。該書作者A. 萬斯白（Amleto Vespa），是第一次世界大戰期間浪跡遠東的義大利人，曾被協約國聯軍情報機關招募為間諜，1920年9月又被東三省督辦張作霖祕密留用，並改中國國籍。九一八事變後，日本人以威脅其家室人身安全相逼，令其再為日本情報機構效力。後不堪日方驅使，於1936年9月逃出魔窟，次年在上海寫出此書，向世界揭露日本在「滿洲國」的罪惡。作者的經歷如此特殊，此書的史料價值自不待言，與其同時代在中國的英國記者H. J. 田伯烈、美國記者愛德格、斯諾等人，在此書初版時予以了高度評價，說是一部獨一無二的「秘史」毫不為過。

1932年2月15日，經關東軍奉天特務機關長土肥原賢二介紹，萬斯白在日本駐滿洲情報處一位神祕的處長單線控制下工作，駐點於黑龍江哈爾濱市，以5名白俄退伍軍官和雇傭當地土匪王慶吉部為基幹隊伍。其活動主要是幫助日本掠奪資財為殖民統治「付帳」，書中以主要篇幅記述了日軍通過控制專營、輸入妓女、開設賭場、販售毒品、綁票勒索、霸佔土地等惡劣罪行，同時，也寫到

一些日軍以武力鎮壓我義勇軍反抗的細節。筆者更為感興趣的是後者，因為它披露了不少公眾知之不深的史實，也使得一些傳聞得到驗證。

眾所周知，東北的抗日武裝先後有義勇軍和東北抗聯。對於義勇軍的作為以往評價不是很高，一般認為除初期馬占山的江橋抗戰，其他均為力度很弱的民眾自發式抵抗。但從萬斯白的記述來看，義勇軍中也頗有很能打的武裝，給予日軍以沉重打擊。此外，萬斯白還確鑿案例揭露日軍為維護「皇軍顏面」而對失敗戰事予以掩飾的做法。這就印證了長期以來公眾對於日本戰史中戰損數字「縮水」問題的爭議，看來日軍自侵略中國之初這一做法即成為慣例。

萬斯白在書中稱這支義勇軍的領導人為「Ｃ上校」。因此書初版於1939年，Ｃ上校的義勇軍仍在東北堅持抗日，用代號大概是是出於保密的需要。在Ｃ上校手下有一位前俄國退役軍官Ｓ，Ｓ與萬斯白曾同在張作霖東北軍的情報組織中效力，是萬的手下。基於對日本人的憤恨，萬斯白在為日本情報處工作的同時，暗中也利用此前一名扮作乞丐的手下，傳遞情報給Ｃ上校的義勇軍。

據萬斯白記述，1932年4月12日下午5時30分，在黑龍江穆棱以西100裡橫道河子，一列日本軍車被炸毀，傷亡數百人。「192具屍體躺在河岸邊；除了死亡者外，還有374名受傷者，其中包括兩個火車司機，分別是俄國人和波蘭人。傷者中有60人是重傷患。」萬斯白暗示，炸火車的50磅炸藥是自己手下一名白俄助手的，本來是奉上司之命用來爆破蘇俄運往海參崴滿載大豆的列車，但自己暗中將消息透露了出去，義勇軍殺死了那個白俄助手劫走了炸藥。

基於萬斯白暗中傳出的情報，4月23日晚11時，Ｃ上校領導的義

勇軍又襲擊了橫道河子日軍駐地。在這次襲擊中,日軍又死亡143人,包括14個俄籍幫凶;被俘127人,其中包括自齊齊哈爾前來調查火車爆炸事件的一名日軍憲兵大佐。

爆炸火車事件發生時,萬斯白受情報處長之命赴現場進行處置;義勇軍襲擊橫道河子日軍駐地時,萬斯白就待在不遠處車站的車廂裡,因此對情況掌握比較準確。另據其記述,當電報通訊恢復後,他還獲悉另一支義勇軍於同時襲擊了駐紮在距哈爾濱100公里的一處日軍。日軍被迫撤退,最後檢查人數發現死了134人,被擄走86人。

5月2日,萬斯白回到哈爾濱的第二天,看到日軍方面以特務機關長土肥原的名義,對在橫道河子所發生的事件發表了如下「官報」:

> 4月12日下午5時30分在橫道河子附近,蘇維埃人炸毀了一列開往穆稜的火車,死者3人,傷者10人。暴徒已被逮捕,並經證實,這是共產黨犯下的罪行。23日晚11時,一隊4000人以上的悍匪又襲擊了在橫道河子的日軍支隊。我方與土匪激烈交戰,最終趕走土匪,斃敵367人,俘虜211人,繳獲大量的槍械和軍火。我方有4名士兵被殺,11人受傷。

日方官報中的死傷數字,竟與實際情況相差了上百倍!

事後不久,前述襲擊哈爾濱附近日軍的那支義勇軍方面提出交換俘虜,派了一名頭領來到日軍充當人質。日方同意了。萬斯白接受其上司、情報處長的命令,隨這名首領的隨從引導下前往處理交換俘虜的事,進入義勇軍營地充當日軍方面的人質,以保證交換順

利進行。當時義勇軍表示願以所俘的2名日本軍官和34名士兵，換回己方被俘的27名弟兄。

對此，萬斯白記述：

> （日本人）堅信自己是優等民族，是神明的民族，其他的民族和他們比較起來都是低等民族。在任何與其他民族的交戰中，他們都不會承認失敗或受挫，即便死了很多人，他們也會隱瞞死亡的真正人數。有了這樣的信條，他們便自信是神聖的民族，而掩蓋事實的真相了。

> 日軍做報告最重要的任務，就是竭力宣揚日本軍隊及士兵的勇敢和無敵。為達此目的，他們是不怕抹煞事實的，不管那有多誇張。在一切說到與敵人交戰的官報中，一定是要加入一些一名武士殺死二千敵人的神話，這種連沒有頭腦的木偶都會發笑的誇大其詞，日本人竟會認真地相信。在他們的這種大言不慚中，我看到了日本真實的民族精神。

> 在我為滿洲日軍工作的四年半中，我從未見過一份報告是說日軍與土匪或義勇軍交戰中他們曾被打敗。日本人從來不承認他們會吃敗仗，也從來不承認他們遭到重創。一旦他們打了幾場小勝仗，他們的宣傳工具就拼命地誇大宣傳。假使有人把日軍司令部的報告集合起來，這就是一本最可笑的笑話全集。

萬斯白又舉了此後不久發生的一個戰例，揭露日軍這一做法。據駐哈爾濱日軍第2師團長多門二郎中將發給報館的官報：

1932年5月18日，一隊1200名日軍在松浦鎮（據哈爾濱數公里的一個鄉村）和一股悍匪遭遇，敵方有8000人以上，全部配備著蘇聯的來福槍和機關槍，來勢洶洶。整個戰鬥過程異常激烈，其間經過著多次肉搏，幸賴我軍無上的勇敢，最後終於把土匪擊退。我軍在清理戰場時統計，敵軍遺棄屍體1214具，傷者763人；我方的損失是死者14人，傷者31人。

對此，萬斯白揭露道：

但我是清楚真相的，如果我把真相說出來，上面的「神話」應該改成如下的敘述——在松浦鎮，一隊有3500人以上的日軍遭到大隊義勇軍的攻擊。不敵義勇軍的日軍被迫向松花江後退，在江邊的一個漁村駐紮，等候著黑夜的到來。他們在黑暗的掩護下乘漁船渡河，義勇軍予以猛烈的炮火射擊，日軍3500餘人只有1676人到達彼岸，其中有許多負了傷。而河面上飄滿了日本兵的屍體，其慘狀讓人不忍直視。6天以後，當日本援兵占領松浦鎮時，他們在漁村和松花江之間，找到了907具屍體，每個日本兵都是赤條條的，衣服都被「盜匪」剝去了。在以後的15天中，又在江中撈上了531具屍體，指揮這隊伍的日軍大佐的屍體也在其中。5月27日，哈爾濱的日軍司令官接到一封義勇軍首領的信，信中說俘虜382名日本兵和11名軍官。他提議交換俘虜。

這次，日方官報對日軍的死傷數字仍「縮水」了十餘倍。
在處理完前述換俘事件不久，萬斯白的上司再次讓他去穆棱與

一支義勇軍交涉，營救被俘的百餘名日軍，並說已經為此談判兩個多月而無果。萬斯白到達後發現，這是所熟識的C上校的義勇軍所為，就是在橫道河子所俘虜的那批日軍。

萬斯白為在義勇軍營地看到大量日軍軍品而驚奇。C上校向萬斯白釋疑說：

> 你不必驚奇，你在這裡所見到的東西，無線電機、家具、壺、食物，都是從日本人那裡奪來的。我的大部分士兵穿的衣服，我們所用的步槍、機關槍、手榴彈、馬匹也都是日本的。我們有兩門大炮，但是我們沒有炮彈。我們還有很多馬匹，這些也都是從日本人那邊搶過來的。我們現在缺一架飛機，雖然我們曾經用兩門日本高射炮打落過5架飛機，但它們都損毀得毫無用處了。

> 義勇軍裡有6個富家子弟，有30個人曾經做過官吏，我們的隊伍裡還有商人、學生、職員等等，很多都是受過教育的聰明人。但現在日本人卻稱我們為愚蠢的『匪賊』，真是可笑！你見過跑到別人的國家大肆侵略，卻把反抗者誣衊為『匪賊』的嗎？日本人真是我見過最不要臉、最無恥的民族。我們是中國人，我們為祖國的自由而戰。我們中國人不搶別人的東西。我們襲擊日本人是在打擊侵略者，因為他們跑到我們的國家來。這是我們的國家。每個人都有權利保護自己的財產不被侵占，我們是中國人，我們現在的抗爭就是為了中國的自由而戰。跑到別人的國家燒殺搶掠卻污衊別人為『匪賊』，真是豈有此理。你應該發現了，我們和村子裡的老百姓關係很好。因為他們知道我們是為國家而戰

的戰士，我們戰鬥是為了東北的自由，將東北從侵略者的魔掌下解放出來。我們不斷地襲擊日本人，襲擊他們的火車、鐵路、兵營。日本人雖然竭力掩飾他們的損失，但我要告訴你，義勇軍每天都在以一切手段襲擾他們，而且我們很少失手。我們會繼續幹下去，直到他們離開為止。你也看到了，日本人不敢到這裡的鐵道沿線來了，為什麼？就是因為我們的襲擊讓他們害怕了，所以我的手下才能這樣來去自由。

　　萬斯白與C上校及其部下經過長時間的商議之後，義勇軍同意先把50個日本人送到離此地有兩天路程的一個火車站。在日軍把釋放被俘的100名義勇軍回來之後，再釋放其餘50個日本人。因為每一隊俘虜都要從不同的路線送到不同的車站去，經過長達19天時間，此次交換俘虜才告結束。

　　此外，萬斯白在書中還披露了未曾直接親歷的其他幾次較大的戰事：

　　　　1934年2月1日，日軍第7旅團長服部少將在一份報告中提到，他的部隊已遭到義勇軍10次攻擊，損失了500人。萬斯白認為服部旅團長上報的，肯定是他的上級可以接受的打了折扣的數位，事實上第7旅團在這些戰鬥中遭到了重創。

　　在萬斯白手下為日本效力的是著名匪首王慶吉，綽號「老影」。據萬斯白記述，日本最初利誘招募他們時，說主要是對付俄國人和朝鮮人，他們接受了，但後來執行的任務卻多是殘害中國的同胞。

當時，「老影」奉命親率50人在哈爾濱專門綁架有錢的中國人，勒索數額巨大的贖金。他其餘的部下又分成兩隊：一隊專門在中東路東段襲擊蘇俄火車，以阻止俄國貨物從海參崴出口；另一隊散佈在吉林北部，威逼當地農民放棄他們肥腴的土地，讓日本移民——即「滿洲開拓團」居住。

但在1934年3月上旬，「老影」所部遭到了一次重大打擊。當時，他們奉命趕走土龍山的農民，沒有想到的是，由大地主謝文東組織農民成立的土龍山義勇軍在等候他們。農民們雖然沒有精良的武器，但憑著保衛家園土地的決心，與土匪展開了激烈的戰鬥。戰鬥中「老影」所部100多人被打死，大傷元氣。

而後，駐紮在哈爾濱附近依蘭縣的日軍第63聯隊，奉命向土龍山義勇軍發起進攻。義勇軍英勇無比，竟將進攻的日軍全部殲滅，並擊斃了聯隊長飯朝吾大佐。一月以後，日軍又動用了10架軍用飛機，對土龍山轟炸了兩天兩夜。在如此強大的進攻下，義勇軍傷亡慘重，日軍最終占領了土龍山，緊隨其後的「開拓團」才得以進駐。

據載，1935年，323名義勇軍在距齊齊哈爾100裡的一個小村莊，被2000多名日軍包圍。該部義勇軍死守了3天，頑強地抵抗。日本飛機向村莊裡投彈100多枚，將大多數居民炸死。當彈藥全部用盡之際，60名義勇軍傷患帶著刺刀、佩刀和手榴彈，於半夜裡爬進日軍兵營偷襲。最後，義勇軍全部犧牲，共殺死日本兵157名，殺傷200人以上。

破襲日軍鐵路，是義勇軍經常實施的戰鬥。日方在一份報告記述：

1935年，滿洲共有73次毀壞國際火車事件，131次武裝襲擊火車事件，74次焚毀車站事件。在這些事件中有340名日本雇員被殺，650人受傷，451人被擄。

1936年6月16日，基於對日軍的不滿，萬斯白手下的「老影」所部終於揭竿而起，他們攔截了一列火車，殺死了21名日本兵和2名日本軍官，劫走了哈爾濱「滿州銀行」的30萬元現金。這股曾經為虎作倀的土匪以這一義舉宣布脫離日本人的掌控，加入義勇軍陣營。此時也在準備逃出日軍魔窟的萬斯白，對此大感欣慰。

據萬斯白記述，面對東北大地此起彼伏的反抗，當時其上司、日本滿洲情報處長向其感歎道：「義勇軍比盜匪更難對付，他們的武器、服裝和食物都是極差的，但他們卻堅持與日本人戰鬥、炸毀火車、破壞路基，不斷地騷擾有日軍駐紮的兵營。這真是一件讓人頭疼的事！」

《軍營文化天地》雜誌主編

《松山戰役筆記》、《騰衝之圍》作者

季我努學社顧問

余戈

零零七還是閔希豪生男爵
──解析萬斯白

薩蘇

　　康狄是我的朋友中極有活力的一個，這個不知疲倦的傢伙幾乎每個月都會有些新的成果。不久前，他寄來了最新的一部譯稿，赫然是萬斯白所著《日本在華的間諜活動》。

　　萬斯白，中國籍義大利人，曾服務於多國特務機關，因1936年通過出版《日本在華的間諜活動》揭露日本在華諜報活動而名聲大噪，也受到日本方面的忌恨，於1943年在馬尼拉被日軍逮捕殺害。

　　按照此人的自述，其一生波瀾壯闊，曾經當過墨西哥革命軍的上尉，被義大利的黑手黨追殺，替張作霖服務，幫土肥原控制白俄，甚至出面和東北義勇軍談判。一言以蔽之，那個時代凡是他可能碰上的大事兒，他都碰上了，而且都在其中擔任了重要角色。

　　這些恍若零零七的情節不免讓人把萬斯白先生與《吹牛大王歷險記》中的閔希豪生男爵進行比較，懷疑他所記述的內容未免太過傳奇了一些。

　　拿到康狄這本新譯的時候，我的心裡也不免有同樣的想法，您知道，一個義大利人，特別還是一個第二次世界大戰中的義大利人，他的話能信多少，這實在是一個問題。

　　不過，當漸漸讀下去，又不由得露出了會心的微笑。幸好譯者

是個對歷史十分熟悉的人，能夠把萬斯白頗為隨意的描述比較準確地翻譯了過來，使萬斯白所描述的若干事實可以得到驗證。例如，文中提到1923年萬斯白曾因為偵察私販軍火遭到義大利政府的迫害，並被押上卡拉布裡亞號軍艦。如果翻看當時義大利海軍的名冊，會發現的確存在這艘軍艦，而且它1923年正在中國水域執行任務。

卡拉布裡亞號軍艦（R. N. Calabria），是一艘義大利於1897年建造的裝甲巡洋艦，排水量兩千三百八十九噸，裝備四門152毫米主炮，曾參加過八國聯軍攻打大沽口的戰鬥和鎮壓墨西哥革命。1923年的卡拉布里亞號已經是一艘老艦，第二年這艘軍艦就退役了。

這樣吻合的細節，使萬斯白這本書的可信度大大增加了。

事實上，在這部書中，經常會看到一些歷史的碎片在悄然閃光。收集這些碎片，也是一件有趣的事情。

例如，在這本書中萬斯白談到自己曾經的雇主張作霖時，說到他遇刺時有一名日本軍官也在車上，這個暗殺行動的知情者在即將到達爆炸地點時，以整理儀容為名預先藏在了最後一節車廂裡。

如果說萬斯白在描述某些日本軍官在那個時代的卑鄙時多少帶些個人色彩，對這名日本軍官的敘述，卻和歷史上發生的事情毫無二致，可說十分真實。

這名日本軍官，名叫儀我誠也，也是一名高級特務，當時擔任張作霖的私人顧問。儀我誠也，1909年5月畢業於日本陸軍士官學校21期步兵科，他的同期同學中最著名的是策劃了九一八事變的石原莞爾。1918年儀我進入日本陸軍大學30期深造。歷任第16師團司令部附，海參崴派遣軍司令部付，關東軍司令哈爾濱特務機關兼管部付，參謀本部員等職務。1924年開始成為張作霖的顧問官。這位不忠誠於職守的顧問在張作霖遇刺前躲進了列車的廁所，雖被衝擊波拋出，

卻未被炸死。九一八事變後，儀我調任關東軍司令山海關特務機關長，並在抗日戰爭全面爆發後調入華北方面軍軍部，負責在平津建立偽組織－類似萬斯白所描述的那些日本間諜最常從事的工作。

在很長時間裡，日本官方記載中一直聲稱儀我誠也1938年因患腦溢血在天津特務機關長任上病逝。然而，近來日本新披露的史料卻透露出一個驚人的事實－儀我是在一次視察中被中國人毒殺的，但並沒有掌握毒死這名日軍少將的中國人身分。作為一名日本大特務，這也算是死得其所了。

類似這樣的歷史碎片在書中俯拾皆是，比如和萬斯白關係密切的義勇軍司令官「C上校」，據歷史學者李璜的推測確有其人，便是時任吉林救國軍副司令官的東北抗日名將吳義成（司令官為王德林）。他在《九一八事變與東北義勇軍》中寫道：「王德林部突襲橫道溝時還活捉了日本憲兵森木大佐及其以下二十多個軍官，日本屢次以大兵來搶救，雖然使王部義勇軍大受損失，但俘去藏著的森木大佐等總要不回來。到了民二十一之冬，日本駐哈爾濱的特務機關長土肥原賢二被迫想出了換俘的方法，他逼迫著張作霖時代所聘用的義大利人范士白到穆稜地方，去與王德林部的另一副司令吳義成辦交涉，用彼此對換重要戰俘的辦法，去把森木大佐等換了回來。當范士白到了義勇軍中，吳義成很禮貌的請他去參觀其隊伍。他看見吳軍士兵身著的是日本兵的軍衣，使用的是日本軍武器，士氣旺盛，滿不在乎，范士白立刻感到這個日本皇軍是終於不敵他所稱的大匪首的。」

李璜提到的「范士白」，便是萬斯白。C上校吳義成是吉林省敦化人，曾在東北軍中擔任營長，他所屬的吉林抗日救國軍曾多次重創日軍，並試圖反攻哈爾濱等重鎮。

吳義成本人在1940年率部分人員退入蘇聯，但這支部隊衍生出的東北抗日聯軍第四軍，第五軍在很長時間裡都是吉東地區的抗日部隊主力。

這樣的例子俯拾皆是，我個人覺得比較有意思的是萬斯白提到自己一次遇刺後，中方報紙刊登的新聞——

> 哈爾濱一月十二日特訊：本埠放映無聲影片之大西洋大戲院股東兼總經理萬斯白，上月被人行刺案，同謀印人名婆新者，業已捕獲……

令人覺得有意思的是這座「大西洋大戲院」在哈爾濱文化史上頗為重要。它真正的名字應該是「大西洋電影院」，位於沙曼街，即今天的哈爾濱霞曼街，是這座城市最早的電影院之一。霞曼街是當時俄國僑民聚居地，1924年開始有大量中國居民入住，成為哈爾濱僅次於中央大道的文化中心。萬斯白擁有的這座電影院當時放映大量歐美電影，很受歡迎，算是為哈爾濱的文化發展做出了很好的貢獻，且可見萬斯白在間諜活動以外，經商也是很有才能的。

不過，這報紙上另一段描述就有些令人莞爾了——

> ……萬斯白在華有年，與瀋陽特務機關原有特殊關係，彼對於特務工作，功績至巨，處置共產黨活動及偷運軍火方面尤具成績……

原因嗎，也很簡單，因為霞曼街就是當時共產黨在哈爾濱活動的老巢，就在大西洋電影院不遠處，有一個哈爾濱青年學院，就是

東北早期共產黨人陳為人和李震瀛在哈爾濱創立最早的機關之一。萬斯白在這邊放電影，共產黨在那邊印傳單，雙方各忙各的，互不干擾，說這位義大利間諜「處置共產黨活動及偷運軍火方面尤具成績」，多少有點兒滑稽。

　　讀這本書，便是撿拾這種碎片的過程，看著歷史在萬斯白的筆下帶出點點印證，有心人便難免時而為之切齒，時而露出會心的微笑了。

著名抗戰史專家

《國破山河在》作者

季我努學社顧問

薩蘇

附録

美國人眼中的南京大屠殺
——約翰·馬吉和明妮·魏特琳 日記中的日軍性暴行

多 國 麗

> 題記：過去一個星期的恐怖是我從未經歷的。我做夢也沒想到日本兵是如此的野蠻。這是屠殺、強姦的一周。我想人類歷史已有很長時間沒有發生過如此殘暴的事了，只有當年土耳其人對亞美尼亞人的大屠殺堪與比擬。日本兵不僅屠殺他們所能找到的俘虜，而且大量殺害了不同年齡的平民百姓。——約翰、馬吉牧師1937年12月19日日記

張憲文先生主編的《南京大屠殺史料集》收錄了大量美國人的關於南京大屠殺的記錄，其中包括約翰、馬吉牧師的日記。南京的大屠殺期間，馬吉牧師擔任國際紅十字會南京委員會主席以及南京安全區國際委員會委員。馬吉牧師曾參與救助中國難民，並拍攝了日本軍人屠殺中國人的紀錄片。1946年，馬吉牧師曾經在日本東京設立的遠東國際軍事法庭上為日軍南京大屠殺作證。金陵女子文理學院教務長魏特琳女士被南京居民譽為「活菩薩」，她在南京大屠殺期間魏特琳留守校園，她在金女院保護了上萬名中國婦孺老幼。這兩位都留下了關於南京大屠殺的日記，請讀者朋友通過他們悲天

憫人的文字感受他們作為傳教士的深沉博大的對生命的關愛，以及對日軍暴行的滿腔義憤。

馬吉牧師日記中的日本暴行

12月12日，在日本攻入南京城的前一天，日軍的炮火已經給南京的平民造成了巨大的上傷亡。12月11日，馬吉牧師用鼓樓醫院的救護車把一些傷患送到首都劇場門前的包紮中心，在他到達之前，一發炮彈落在街道上，當場炸死了11個人。馬吉牧師開著救護車返回安全區時，在金陵大學附近見到幾具死於日軍炮火的中國人的屍體。他又親眼見到一發炮彈擊中一間民房，約有20人被炸死，七八個人被炸彈的氣浪拋到了街上。一對老夫妻哭得死去活來，因為他們33歲的兒子被炸死了，炮彈在他的臉上炸了一個大洞。

12月19日，是星期天。馬吉牧師已經連續幾天聽到機槍作響，他估計日軍用機槍屠殺了五六千人，加上街面上被日軍隨意屠殺的中國人，總數應該超過兩萬。馬吉牧師最痛恨的是日軍強姦婦女，他寫道：

> 日本人以最無恥的方式幹這些勾當，街上到處是找女人的日本兵。我們存放物品的房子裡住滿了婦女，有的甚至睡到了我們的飯廳裡。她們終日惶惶不安，驚恐萬狀。前幾天，隔著一個街道的小寺院的和尚來說，日本兵帶走了兩個尼姑，他懇求我讓幾個尼姑也來躲躲，我照辦了。房子裡真是擁擠不堪。

他還記述了週六下午，他和德國人施佩林去查看一間屋子，看到一名婦女坐在地上哭泣，她說，她被日本並強姦了，並且告訴他們，3樓還有日本兵在強姦中國婦女。馬吉牧師當即沖上三樓，憤怒地敲門，日本兵嚇得跑出來了。

12月22日，星期三。馬吉牧師在鼓樓醫院見到了可怕的一幕。他寫道：

> 一名19歲的姑娘壞了六個半月的身孕，因反抗日本兵強暴，臉上有七處傷疤，腿上有八處，肚子上有一處深兩英寸，正是這一刀導致了她的流產，醫生們正在搶救她。

12月31日，星期五。馬吉牧師在金陵大學醫院，見到了一位渾身是血的十三四歲的男孩。這個孩子在常州被日軍抓來幹活，他給日本人幹了三個星期。有一天他對日本人抱怨，已經兩天沒吃過飯，並要求回家。一個日本兵當即用鐵棍打他，並用刺刀刺穿了他的耳朵。他還見到了一位被日本人澆上汽油焚燒的小船主，他全身被燒得漆黑，很快死在醫院。

1月11日，星期二。馬吉牧師寫道：「昨天在醫院看到一名婦女，被砍了數刀，頭都快掉了。這名婦女同其他四名婦女一起被日本兵從金陵大學抓走，這些日本兵需要一些婦女為他們洗衣裳和服侍他們。據這名婦女說，她們中年輕漂亮些的白天洗衣服，夜晚還要被強姦40次，她本人和他們一些人白天幹活，夜晚要被強姦10到20次。有一天，兩個日本兵叫她跟她們走，她們把她帶到一個空房子裡，在那裡他們試圖把她的頭割下來，幸運的是沒割到要害部位。」

馬吉牧師控訴日軍的瘋狂的性暴力行為，認為日本軍方並沒有採取措施限制這些戰爭暴行的發生，因為日本人都不把這種暴行當回事，在日本文化中，並不以此為恥辱。他曾經向日本外交官和《朝日新聞》的記者反映過這些暴行，這些人不約而同地說了一句，「這是不可避免的」，卻沒有採取任何措施。

魏特琳日記中的日軍暴行

魏特琳女士中文名是華群。她的日記由南京師範大學南京大屠殺史研究中心翻譯出版。她在整個南京大屠殺過程中以殘弱之軀承受了巨大的壓力，她不畏強暴地在金女大制止日兵的獸行，曾經被日本兵掌摑。魏特琳女士在南京大屠殺期間保護難民可謂殫精竭慮。下面請讀者朋友看看她的記述。

12月14日，星期二。從早上從早上8時30分到晚上6時，魏特琳女士一直站在校門口，看著難民們源源不斷湧入校園。除了吃早飯和午飯，她一刻也沒有離開過。她寫道：

> 許多婦女神情恐怖，昨夜是恐怖之夜，許多年輕婦女被日本兵從家中抓走。我們讓婦女兒童自由進入我們的校園，同時盡可能請求年齡大一些的婦女待在家中，以便給年輕婦女騰出地方。許多人懇求只要草坪上一個有坐的位置就行。

12月17日，星期五。魏特琳女士見到有更多疲憊不堪神情惶恐的婦女進入校園。這些婦女說，她們經過了一個恐怖之夜。

> 日本兵不斷地光顧她們家，從12歲的少女到60歲的老嫗都被
> 強姦，丈夫們被迫離開臥室，懷孕的妻子被刺刀剖腹。

魏特琳女士統計了一下，校園內原本有4000多名難民，現在又來了4000多人，這讓他們簡直無法應付。她與金陵大學聯繫。金陵大學開放了他們的一個宿舍，並決定派一名外國人整夜守在宿舍門口，以防日本兵進入宿舍強姦婦女。

12月18日，星期六。魏特琳在金女大校園內部疲於奔命，不斷地從一個地方跑到另一個地方，對進入校園的日本兵圍追堵截，她大聲呵斥著日本兵，這是美國學校，請立即離開。可是很多日本兵並不把她當回事，他們兇狠地瞪著魏特琳，並不時對她揮舞刺刀。

12月19日，星期天。魏特琳女士繼續在校園中驅趕日本兵。在教工樓538房間，她發現一個日本兵站在門口給另一個日本兵望風，房間裡的另一個畜生正在強姦中國姑娘。她的出現，讓這兩個日本兵慌忙逃走。

12月21日，星期二。魏特琳在街上看到了淒慘的景象。

> 公共汽車、小汽車翻倒在街上，東一具、西一具地躺著臉已
> 經發黑的屍體，到處都是被丟棄的軍服，所有的房子和商店
> 不是被洗劫一空就是被燒毀。

12月30日，星期四。魏特琳在回到學校的時候，一個中國母親跪在地上求她救救自己24歲的女兒，一個日本兵把她的女兒抓走了。魏特琳當即帶著她去找日本使館的翻譯詹先生，詹先生和日本外交官無奈地說，今晚不可能找到這個姑娘。這個姑娘的命運可想

而知了。

1月5日，星期三。一個剛結婚18天的新娘跑來請求魏特琳幫她把丈夫找回來。她的丈夫是位無辜的裁縫，12月25日在家中被抓走。另一位結婚兩個月的新娘也懇求魏特琳幫她找回丈夫，他是在12月16日被抓走的。魏特琳估計他們生還的機會渺茫，以為在南京大屠殺初期，有太多年輕中國男子被槍殺了。

1月21日，星期五。魏特琳把從學校的女性難民那邊獲得的消息進行了一下統計。校內的婦女們失蹤的丈夫或者兒子有568人。這些婦女希望他們的丈夫和兒子是被日軍抓去幹活，而不是被屠殺。魏特琳擔心，他們已經被屠殺，因為她見到了許許多多的被燒焦的屍體，在離古林寺不遠的池塘裡有，在漢中門外也有一大堆一大堆。

1月26日，星期三。為了幫婦女們尋找丈夫，魏特琳找到了離古林寺不遠的那個池塘。

> 池塘邊有許多具燒黑的屍體，屍體中間還有兩個煤油或是汽油罐。這些人的手被鐵絲綁在身後。在西邊小一些的池塘裡還有20-40具燒焦的屍體。我們看到這些人穿的是平民的鞋，而不是軍人的鞋。

2月5日，「4位昨天回家的婦女今天回來了，其中一位40歲的婦女昨天出城門時，被崗哨搜去了3美元錢，走了一小段路後，她又被一個日本兵拖到防空洞裡。」由於很多難民所被解散，又有很多年輕婦女湧入金女大。魏特琳又做了統計，在金女大設立難民營以來，出生了37個嬰兒，死亡27個中國人。2月7日，魏特琳匯總了婦女們報告的失蹤男子資訊：

商人390人，園丁衣民苦力123人，工匠裁縫木匠廚師等193人，員警7人等，共計723人。她們中的絕大多數是在12月16日被抓走，至今未歸。

約翰、馬吉牧師在南京大屠殺期間用他的16毫米貝爾牌家用攝像機，拍攝了日本南京大屠殺的暴行。他在1946年在東京國際審判中作為證人，證明日軍發動了南京大屠殺的戰爭暴行。1953年，馬吉牧師在匹茲堡去世。他曾經傳教的南京道勝堂教堂，現在是南京市第十二中學圖書館。2000年8月2日，南京市下關區政府特將其命名為約翰、馬吉圖書館。

由於在南京大屠殺期間的長期勞累，以及長期的精神壓抑，魏特琳得了精神憂鬱症。她在1940年病情加重，5月19日離開中國。1941年5月14日，她結束了自己的生命。在美國治療期間，她在寫給朋友的信中說：

> 多年來我深深愛著金陵女大，並試著盡力幫助她。……倘若有第二次生命，我仍願為中國人服務。

季我努學社在路上
——兼向榮譽社長張憲文教授致敬

　　季我努學社的主要職志在於整理近代史料，尤其側重於軍事史料。我們最主要的興趣點事抗日戰爭史，其次為朝鮮戰爭，我們的關注範圍上至甲午戰爭下至朝鮮戰爭。

　　季我努學社自2011年7月成立後，已經在三聯書店、解放軍出版社、世界知識出版社、新華出版社、重慶出版集團、東方出版社等出版社出版了10餘部中國近現代史的書籍。其中的在解放軍出版社出版的《辛亥革命》斬獲了「國家十二五重點圖書」的殊榮，在重慶出版社即將出版的「日本遠東戰爭罪行」叢書（四本）也斬獲了「國家十二五重點圖書」。學社2015年底將出版超過60本的近現代史料書籍、專著等（包括臺灣的秀威資訊出版社、黎明文化出版公司、知兵堂出版社和蒼璧出版公司出版的5本書籍）。2015年將超過50本。以上書籍均為國內各大出版社的年度重大選題。

　　季我努學社的會員可分成幾類，第一類是新聞工作者，第二類是出版工作者，第三類是高校青年教師和博士生、碩士生，第四類是海外留學生。會員人數現在120多人，顧問100余人。

　　學社整理史料的態度是「還歷史以真實，還生命以過程」，我們的榮譽會長是中國近代史學會榮譽會長、中國現代史料學會榮譽會長、南京大學民國史研究中心主任、博士生導師、在國際上享有

盛譽的中國近現代史權威張憲文教授。張憲文先生是中國近現代史的泰斗，也是我親愛的祖師爺，他是我的碩導張連紅教授的碩導和博導。

此外，學社還得到了一大批中國近現代史的著名學者的支持，比如中國社科院榮譽學部委員楊天石教授、中國社科院近代史所原所長步平教授、華東師大冷戰史研究中心主任沈志華教授、上海師大人文與傳播學院院長蘇智良教授、社科院近代史所副所長金以林教授與汪朝光教授、中國第二檔案館副館長馬振犢研究員、北師大歷史系王開璽教授、南京師範大學抗日戰爭研究中心主任張連紅教授等數十位著名學者對學社也是支持有加。

季我努學社的史料整理工作以抗戰史為主，我們希望用扎實的史料為抗日「戰史」體系的豐富和完善添磚加瓦。本書即屬於這個範疇。我們整理史料遵循以下幾個原則。

還歷史以真實，還生命以過程

我出身於中國近現代史專業，對抗戰期間國共之間的矛盾，還算比較瞭解。由於偏愛國民黨史，尤其是國民黨軍的抗戰史，我對國民黨中央系、地方派系的抗戰都有一定程度的瞭解。雖然國民黨的地方實力派與中央系勢力的爭鬥貫穿了國民黨政權始終，但作為地方實力派，作為中國軍人，作為中國軍人中的地方實力派——也就是所謂雜牌部隊，他們當中的絕大多數人都站穩了民族立場，哪怕是被克扣糧餉，哪怕是不能得到彈藥的及時補充，哪怕是被故意分割使用。

面對著日寇瘋狂的侵略，中國各個階層團結在國民政府周圍，

以國民黨和共產黨為中堅，構築了堅強的抗日統一戰線。國民黨的中央軍以及各地方實力派的軍隊，以及中國共產黨的八路軍、新四軍，甚至很多原先屬於土匪、幫派的武裝力量，都彙集到抗日的洪流中來。沒有前期國民黨軍隊數十次大規模會戰，沒有中共軍隊在戰爭後期大規模的遊擊戰，沒有全國各個階層的團結以及鼎力支持，貧弱的中國不可能堅持到武器裝備精良、後勤補給體系完備的日本侵略軍走向衰亡的那一刻。團結就是力量！抗戰的歷史的主流是舉國一致對抗日本鬼子，叛變投敵充當漢奸，沒有任何辯解的理由，只能是遺臭萬年。

我是一個靠夢想生活的文字工作者，我的夢想不是用財富來衡量的。我希望我的文字能對國家民族有用，等到白髮蒼蒼的時候，能用曾經激昂過的文字來告慰自己。季我努學社絕大多數會員都是80後，我們都是默默無聞的小人物，只是祖國母親最平凡的兒女。我們青春正年少，熱血未冷，筆端還能常帶感情，我們希望用我們的文字，還抗日戰爭的歷史以真實，還抗日英雄的生命以過程。

我們想寫的是「平民史學」作品。

司馬遷的《史記》被譽為「史家之絕唱，無韻之離騷」，之所以能獲得如此讚譽，就在於它是一部建立在史實基礎之上的、文筆優美、形象生動的偉大著作。它是我們寫作的樣本，我們想呈現給讀者的歷史是像《史記》那樣「有過程」的真實歷史，而不是重視所謂「作用」、「影響」、「意義」而將過程一筆帶過的歷史，更不是端著一副「學術」架子、晦澀空洞、充斥著一般人看不懂的西方「新學術名詞」的歷史。

我們想讓讀者瞭解歷史人物的人生軌跡、歷史事件的具體過程，而不是這個人的歷史作用、事件的背景、意義、影響。我們希望寫出來的是「列傳」、「紀事本末」，還原人物和事件本身，讓讀者可以用心去體驗，用腦去思考，去感受人物的喜悅與彷徨，去撿拾事件的偶然與必然。歷史絕不是茶餘飯後的談資，歷史絕不是只有「邊角料」可供消遣，我們民族，我們國家的歷史時時散發著「富貴不能淫，威武不能屈，貧賤不能移」的浩然之氣，這是我泱泱中華的國魂。

為什麼梅蘭芳先生可以蓄胡明志，常香玉女士可以捐贈飛機，因為老祖宗流傳下來的戲文的主旋律，唱的是岳武穆的精忠報國。抗戰期間，屈身事敵的知名戲曲大師幾乎沒有。戲曲就是他們的教科書，經他們的口，又去教化社會大眾，讓大眾知道什麼是「忠義」。

因此，歷史絕不能成為歷史學家「鎖在閣樓上的小姐」，歷史應該走進大街小巷，成為中國的普通人如何維護國格、培養人格的「宣傳員」。我們的歷史書，應該讓普通的中國人看得懂，能夠引起他們的共鳴。

從這個角度，我們的口號是「平民史學」，而不是「平民文學」、「平民歷史小說」。「史」與「文」不同，「史「意味著真實可信，「文」可以肆意想像。我們的作品，力圖建立在確實可信的史料基礎上，並且儘量採用一手材料，比如說檔案材料、當時的報刊、電文，以及親歷者的回憶錄等。我們用史料構建出一個故事，還原歷史人物、事件的過程。

我們要寫的是抗日戰爭史

我們想糾正一些中國人關於抗戰的約定俗稱的說法。抗戰史，應以戰爭史為主體。從事戰爭史研究、寫作的歷史、文學工作者，應該具備基本的軍事常識。關於抗戰，國內有很多錯誤的說法，或者說片面的說法。比如說，最常見的，有兩個。一個是，日軍裝備精良，甚至有人將日軍形容成「武裝到牙齒」的軍隊。還有一個說法，日本軍隊能以少勝多，一個聯隊（團）可以打中央軍的一個師，而對付雜牌軍的一個師只要一個大隊（營）就可以了。

我也不是軍事專家，不過還是用點筆墨，把這兩個問題講一講。

先講第一個，日軍裝備精良，到底怎麼個精良法？很多歷史學家、作家說不出個所以然來，主要還是對裝備缺乏瞭解。事實上，在二戰期間，日本海軍還算得上是世界一流，日本陸軍的裝備水準，與西方國家比起來，連個二流都算不上。就是與國民黨正規軍比起來，日軍的輕武器上也占不到上風。日本軍隊普遍裝備的輕武器，比如中國人熟知的日本人的手槍「王八盒子」、步槍「三八大蓋」、輕機槍「歪把子」、重機槍「九二式」跟中國軍隊主要裝備的「二十響」毛瑟手槍、「中正式」步槍、捷克式輕機槍（ZB26）、馬克沁重機槍相比，基本上都處於劣勢。「王八盒子」彈容量小，故障率高；「三八大蓋」，口徑小，殺傷力弱；「歪把子」的彈匣很怪，供彈經常出問題，射擊穩定性差；「九二式」採用風冷式結構，重量達到55.3公斤，是二戰中最重的重機槍。日本人在重武器上，前期的確佔有優勢，主要是他們能夠自己生產、補給。抗戰初期，國軍的裝備的火炮，尤其是重炮，大都采自美、

蘇、德等國，性能比日本人的好，但是數量少，彈藥補給也成問題，所以發揮不出優勢。實際上，日本人在火力上的最大優勢，還是來自於擲彈筒和迫擊炮，裝備的數量大，對於缺乏火炮支援的中國軍隊來說，是最致命的近戰武器。國民黨空軍也是與日本空軍裝備差距最小的兵種。

很可惜，對於日本裝備與中國軍隊裝備的差異，很多中國人並沒有採取一分為二的方法，也許是對軍事常識和軍事歷史的不瞭解，籠統地概括為「日本裝備先進，中國軍隊裝備低劣」。再多說一點，對於日本裝備的認知錯誤，在我們的抗戰題材的影視作品當中很容易發現。筆者曾在一部在央視一套熱映的抗戰大劇中發現很多明顯的硬傷，日本軍隊統一裝備著馬克沁重機槍。一部香港的電影，日軍竟然擁有一字排開的「伯福斯」山炮，這可是國民黨軍隊的「標誌性武器」。還有一部國產電視劇，將日本的歪把子機槍當成寶貝，對於歪把子機槍這樣的「故障王」，淮海戰役期間的國民黨軍隊絕對不會把它當寶，因為參加淮海戰役的國民黨軍隊，諸多都是精銳，早就實現了全部美式裝備。它甚至不應該出現在國民黨的王牌部隊當中。軍隊用的東西講究的是實用性，誰也不可能扛著花架子打仗、行軍。

說小鬼子可以以一當十的源頭是吹噓「皇軍無敵」的日本人。抗戰初期，由於國民黨正規軍潰退得太厲害，加上戰法又比較死板，戰線被突破，基本上敗局就定了。面對一支沒有戰鬥意志的軍隊，鬼子一個聯隊（團）當然可以打敗國民黨中央軍的一個師。這句牛皮話，很快就在中國戰場破了，到了抗戰後期，牛皮筒子到處都是窟窿，話甚至要倒過來說了。別的戰場不說，中國遠征軍發動第二次緬甸戰役的時候，自西往東打的中國駐印軍兩三個師，把日

本的緬甸方面軍（下轄好幾個王牌師團）打得是屍橫遍野、節節敗退，有一支日本部隊為了躲避中國軍隊的追求，鑽進了茫茫林海，打算等遠征軍過去了再出來，誰知道，竟然活活餓死了。中國駐印軍打日本鬼子，那簡直就是秋風掃落葉，日本的精銳師團就是紙糊的，別提多狼狽。建議我們的文學家多寫寫中國遠征軍，因為提氣！

國民黨部隊之所以會在抗戰初期一潰千里，主要還是一個士氣問題，不敢和日本人拼命、真幹，或者說，敢拼命的將領和部隊太少。日本人能打，最主要的原因不是裝備先進，而是訓練有素，日本人的單兵素質，尤其是射擊的精度，是非常高的。再加上武士道精神和同鄉觀念，日本軍隊是很瘋狂的。在裝備不夠先進的中國軍隊面前，他們的瘋狂，能夠取勝，可是面對裝備真正精良、並有著進取精神的盟國軍隊的時候，他們的瘋狂，只能是自殺，用他們自己的話來說，就是「玉碎」，這種死亡衝鋒，往往是集體行為。

戰爭是「鐵血」的碰撞，是真實的戰力的碰撞，異想天開、誇大其詞，甚至胡說八道，只會給戰爭史的研究製造麻煩。戰爭遵循實力法則，脫離實際的鼓吹，對於國家、國家甚至軍隊都是一種誤導。季我努工作室的很多會員是具有軍事學背景的，我們希望避免上述純粹的臆想。

由於不瞭解，導致錯誤的產生還可以原諒，主觀上故意就不可以原諒了。某些文字或者影視作品雖然打著抗戰的名，實際上是對先烈的褻瀆。我曾看過一個作家寫的中國遠征軍野人山撤退的故事，以女兵作為賣點，寫的是女兵被「野人」男野人擄走，男兵被女「野人」擄走的故事，格調之低下，令人作嘔。任何以情色作為賣點的抗日題材電影、電視，或者文字作品，都是對祖國和英雄、同胞的侮辱。

我們要寫的抗戰史遵循統一史觀的指導。

抗戰史的主流是全國各階層團結在以國民黨、共產黨為首的統一戰線之下，在盟國的支持之下，打日本鬼子。國民黨在正面戰場，共產黨在敵後戰場，都是國家的中流砥柱。真實的抗戰歷史，不是意識形態影響下的分裂的抗戰史，而是中國人對抗日本侵略者的統一的抗戰史。

在這樣一個大的前提之下，一切為國做出過犧牲的武裝力量，無論其歸屬、性質，只要站穩了民族立場，都是可敬的抗日武裝。合作抗戰是澎湃的波濤，偶爾的摩擦，只不過是波濤中的小小漩渦。共禦外辱的偉大合作，並不會因為兄弟間偶爾發生的「家務事」而改變性質。

統一的抗戰史觀，並不意味著「一刀切」的方法可以大行其道。抗戰史是複雜的，抗日統一戰線本身是一個複雜的系統。大局的是非觀，不能掩蓋摩擦，甚至是罪惡。客觀的歷史態度，追求的是真實，要讓一切是是非非真正切切。另外，抗日統一戰線的每一個組成部分也是一個複雜的系統，雖然可以貼上抗日的標籤，但是也應該正視它具體的行動。戰爭是流血的政治，政治就是鬥爭妥協。抗戰史是明暗交替的抗戰史，對抗主體、合作主體之間，都存在著縱橫捭闔。

有合作，也有摩擦，有轟轟烈烈的明裡的戰鬥，也有不可告人的暗箱操作。這些匯成了抗戰史。我們必須正視，並要去探尋的抗戰史。一是一，二是二，褒揚，還是貶斥，都應該根據事實來說話。

在此，我拿軍統舉例子。

以戴笠為首的軍統，在抗戰期間極為膨脹，它不僅在國民黨的諜報領域獨佔鰲頭，還通過插手警政系統、在敵後戰場建立「忠義救國軍」等游擊隊，擁有了強大的武裝力量。這支力量歷來被譽為「反共的急先鋒」，可是在抗戰中，它也是制裁日寇、漢奸的先鋒。相比較於國民黨其他的特務組織，比如軍統的老對手中統、康澤的別動隊系統等，懲治日寇、漢奸，軍統幹得更加出色。在抗戰當中，比較有影響的、成功的刺殺日寇、漢奸的大案，基本上是軍統所為。軍統的很多特工人員，為了刺殺日寇、漢奸失去了寶貴的生命。從這個層面上來講，軍統是抗日的功臣。

　　然而，軍統作為忠於蔣介石政權的特務組織，作為「領袖的匕首」，它在抗戰中也對中共，甚至某些國民黨將領犯下了血腥的暴行。它與青紅幫勢力勾結，甚至與日偽勾結，走私、販毒，牟取暴利。這些都是罪惡。要給抗戰時期的軍統一個客觀的評價，就得把它放在抗戰的大背景下考量。從整體上而言，它是有功的，卻也不能忽略它的罪惡。

　　但是，對於某些軍統特工而言，他們卻可以是頂天立地的抗日英雄。他們的英勇可昭日月。我在梳理抗戰中刺殺日寇、漢奸的大案時，不經意地發現，基本上所有成功的，都是軍統幹的，或者有軍統背後的支持。中統的最初的骨幹，基本上是中共的叛徒，對付中共有一套，要對付日本人，還是軍隊出身的軍統在行，狙擊、爆破、投毒，還是骨幹為黃埔軍人的軍統幹得來。軍統是懲奸的利劍。

　　借此機會我想特別向張憲文先生表示特別的敬意。張先生這位中國近代史的巨擘是我們季我努學社直入雲霄的大纛！經過4年多的深入交往，蒙祖師爺垂青，我與祖師爺的交往已經非常密切，

有些時候一天要給祖師爺打上兩三個電話。我現在已經能大致模仿張老師在白天接聽電話的時候的語音語調，如果他很忙的話，他會跟我說，「我晚上給你打，我晚上給你打。」祖師爺說這句話的時候，往往手頭有事，要麼就是在開會，要麼就是在接受採訪。

　　用一句中國的成語形容祖師爺再恰當也不過——老驥伏櫪，志在千里。對於我們季我努學社的這些年輕人而言，我們希望也用八個字自勉——千里之行，始於足下。季我努學社希望在張憲文教授這為老當益壯的頭馬的帶領下，為近代史料，尤其是抗戰史料的整理工作貢獻自己的力量。

康狄

2014年9月

於北京水碓子東路

後記

　　這是季我努學社與秀威合作的第一本書，也是我個人在秀威出的第一本書。本書對我而言，是一個紀念性質的文本，她匯聚了我自2007年碩士畢業後所撰寫的關於日本戰爭罪行的文章，這些文章大多數都發表在國內的著名報刊雜誌上，比如說，《環球時報》、《時代週報》、《世界知識》、《世界軍事》、《世界博覽》、《讀者》、《看歷史》、《環球》、《坦克裝甲車輛》，以及臺灣的《傳記文學》、美國的《僑報》等報刊上。剩餘的文章來源於我個人的譯作和著作。

　　收入本書的文章，有些是學術性質的，有些是介紹性質的。絕大多數文章所介紹的日本戰爭罪行，都是二戰時期發生在中國以外地區的戰爭暴行，比如說巴丹死亡行軍、緬泰死亡鐵路、地獄航船、美國大量使用白人戰俘充當奴隸勞工等。這些材料都來源於我搜集的美國學者的專著，無論在大陸還是臺灣地區，都有填補空白的意義。

　　東京審判中確認的日軍遠東三大戰爭暴行：南京大屠殺、巴丹死亡行軍、緬泰死亡鐵路，對於後兩者大陸和臺灣的讀者都知之甚少。我在2009年在世界知識出版社出版了《活著回家：巴丹死亡行軍親歷記》一書，向國內讀者介紹了日軍製造巴丹死亡行軍的暴行，本書中關於列斯特・坦尼博士的故事，就是本書的精華，這

些文章在《先鋒國家歷史》（也就是後來的《看歷史》）連載過6期。我還搜集資料撰寫了對於巴丹死亡行軍命令發布者的考證，後來這篇文章被《時代週報》全文刊載，在國內被廣泛轉載。收入本書的地獄航船、緬泰死亡鐵路等文章也屬於這樣性質的文章。

日本遠東戰爭罪行的系列文章，我先是在《世界知識》雜誌專門開設的「日本遠東戰爭罪行」的專欄中刊登過幾篇，差不多是3000字左右，後來《坦克裝甲車輛》雜誌又要求我做一個專題，我將每篇的篇幅擴充到6000字以上，做了一個大專題。關於地獄航船、緬泰死亡鐵路、樟宜戰俘營、日軍大量掠奪白人戰俘充當奴隸勞工等四項戰爭罪行，季我努學社將在2015年8月翻譯出版4本美國學者的專著及老兵的回憶錄，用以填補國內的空白，我的這幾篇文章的資料就來源於這幾本書。

在描寫日軍在中國國內的戰爭暴行的文章中，本書收錄的有關南京大屠殺的相關文章，我都發表在《世界博覽》雜誌。我先後為他們做個兩個大專題，2007年12月和2012年12月各做了一個。第一個大專題側重於日軍的屠殺暴行和國際友人的救助及中國人民的反抗。這個專題曾被新浪網評為當月的最佳媒體專題報導。第二個專題是季我努學社為張憲文先生宣傳《南京大屠殺全史》而專門策劃的大型專題，主題是外國人眼中的南京大屠殺，我和我的愛人多國麗及學社的副社長卜瑞傑分別撰寫了美國、英國、德國、蘇聯等國滯留南京的公民眼中的南京大屠殺慘像。

書中收錄的南京毒酒案一文是我在《刺客：民國刺殺大案》中的一個章節。除了國民黨財政部稅警總團、日本遠東戰爭罪行之外，我對民國特工史非常有興趣。我已經在大陸和臺灣地區出版了6本關於民國祕密戰的著作、譯作。對於南京毒酒案的主人公詹長

麟老人我充滿了敬意，他的刺殺行動沉重地打擊了日寇的氣焰，也懲罰了賣國求榮的偽維新政府的那些漢奸們。國內的著作大都以詹長麟為敘述主體，我經過研究發現，實際上軍統南京站是真正推動南京毒酒案的策劃者。

本書中除了我個人的文章外，還收入了我愛人撰寫的《美國人眼中的南京大屠殺》及張憲文、馬振犢教授給我今年8月份在大陸出版的萬斯白的《日本在華的間諜活動》撰寫的序言，步平教授撰寫的導語，薩蘇、余戈先生撰寫的書評。張憲文先生是國際公認的近代史泰斗，也是我季我努學社的榮譽社長，我親愛的祖師爺，我也邀請他為《日本在華的間諜活動》撰寫了精彩的序言。其餘幾位都是聲名赫赫的抗戰史專家，步平教授是中國社科院近代史所前所長、馬振犢研究員是中國第二歷史檔案館的副館長，薩蘇先生撰寫的《國破山河在》、余戈先生撰寫的《松山戰役筆記》和《騰衝之圍》均是好評如潮的抗戰史佳作。他們也都是季我努學社的顧問，平時對我個人及學社關懷有加。因為萬斯白的這本書實際上揭露日本殘暴地掠奪中國東北的種種惡劣行徑的，直接與日本戰爭罪行相關，所以我將他們的大作收入我的這本小冊子作為紀念，也表示感謝。張憲文先生同樣為本書提供了一篇精彩的序言，我的碩士研究生導師張連紅教授也為我撰寫了精彩的序言，我的這個小冊子裡面收錄的都是我近年來關於日本戰爭罪行的文章，兩位張老師都是南京大屠殺史的著名學者，也算是我向他們做的彙報吧。

我要向我的博導吳景平先生表示衷心的感謝。吳景平先生是國際知名的宋子文研究專家，在近代經濟史、金融史、外交史等領域都有極深的造詣，他精通英語、日語、法語等國門語言。蒙恩師不棄，2012年我幸運地成為吳老師的弟子。在這幾年中，從吳老師

這邊學到了很多，也從同門那裡學到很多。師門學風嚴謹，治學扎實，我時常感覺慚愧。唯有拿出厚重的成果才無愧於導師的教導，我將繼續努力。

最後，向辛勤的秀威出版社的編輯們表示崇高的敬意。秀威的副總編輯蔡登山先生，我神交已久，蔡先生與我同為臺灣著名雜誌《傳記文學》的老作者，蔡先生整理的多位汪偽要人的回憶錄，也都是我研究民國特工史的必備書籍。蔡先生熱情地為我牽線搭橋。秀威出版社的編輯部經理林泰宏先生，及本書的責編廖妘甄小姐為本書的順利出版，殫精竭慮，我在此向他們表示衷心的感謝。

收入本書中的文章年代跨度較大，早的從我研究生時代算起，差不多是十年前的文章了，晚的是近年來的文章，可以說他們反映了我個人成長的軌跡。我撰寫這些文章的目的，在於告訴普通讀者歷史的真相，傳播歷史知識，這些文章發表後，被大量網站、報刊轉載，讀者們還是給予了好評。總體而言，這些文章都是些拋磚引玉之作，希望我的這些微不足道的文章，能夠引起學界的興趣，擴大對於日本遠東戰爭罪行的研究，如能起到這樣的作用，我的心願足矣！我尚年輕，終歸水準有限，望各位方家批評指正。

復旦大學歷史系博士研究生
季我努學社社長
康狄
2015年2月3日
復旦大學歷史系資料室

Do歷史37　PC0538

太陽旗下的罪惡
──不為人知的日本遠東戰爭罪行

作　　　者／康　狄
責任編輯／廖妘甄、杜國維
圖文排版／楊家齊
封面設計／楊廣榕

出版策劃／獨立作家
發 行 人／宋政坤
法律顧問／毛國樑　律師
製作發行／秀威資訊科技股份有限公司
　　　　　地址：114 台北市內湖區瑞光路76巷65號1樓
　　　　　電話：+886-2-2796-3638　傳真：+886-2-2796-1377
　　　　　服務信箱：service@showwe.com.tw
展售門市／國家書店【松江門市】
　　　　　地址：104 台北市中山區松江路209號1樓
　　　　　電話：+886-2-2518-0207　傳真：+886-2-2518-0778
網路訂購／秀威網路書店：https://store.showwe.tw
　　　　　國家網路書店：https://www.govbooks.com.tw

出版日期／2015年9月　BOD一版　定價／540元

獨立 作家
Independent Author

寫自己的故事，唱自己的歌

太陽旗下的罪惡：不為人知的日本遠東戰爭罪行 /
　康狄著. -- 一版. -- 臺北市：獨立作家,
　2015.09
　　面；　公分. -- (Do歷史；37)
　BOD版
　ISBN 978-986-5729-92-9(平裝)

　1. 日本史　2. 第二次世界大戰

731.2788　　　　　　　　　　104012046

國家圖書館出版品預行編目

讀 者 回 函 卡

感謝您購買本書，為提升服務品質，請填妥以下資料，將讀者回函卡直接寄
回或傳真本公司，收到您的寶貴意見後，我們會收藏記錄及檢討，謝謝！
如您需要了解本公司最新出版書目、購書優惠或企劃活動，歡迎您上網查詢
或下載相關資料：http:// www.showwe.com.tw

您購買的書名：_____

出生日期：_____年_____月_____日

學歷：□高中 (含) 以下　　□大專　　□研究所 (含) 以上

職業：□製造業　□金融業　□資訊業　□軍警　□傳播業　□自由業
　　　□服務業　□公務員　□教職　　□學生　□家管　　□其它_____

購書地點：□網路書店　□實體書店　□書展　□郵購　□贈閱　□其他

您從何得知本書的消息？

　□網路書店　□實體書店　□網路搜尋　□電子報　□書訊　□雜誌
　□傳播媒體　□親友推薦　□網站推薦　□部落格　□其他_____

您對本書的評價：（請填代號　1.非常滿意　2.滿意　3.尚可　4.再改進）

　封面設計____　版面編排____　內容____　文／譯筆____　價格____

讀完書後您覺得：

　□很有收穫　□有收穫　□收穫不多　□沒收穫

對我們的建議：_____

_____

_____

_____

11466
台北市內湖區瑞光路 76 巷 65 號 1 樓
獨立作家讀者服務部　　　　收

....

（請沿線對折寄回，謝謝！）

姓　　名：＿＿＿＿＿＿＿＿＿＿　年齡：＿＿＿＿＿　性別：□女　□男

郵遞區號：□□□□□

地　　址：＿＿＿＿＿＿＿＿＿＿＿＿＿＿＿＿＿＿＿＿＿＿＿＿＿＿

聯絡電話：(日) ＿＿＿＿＿＿＿＿＿＿　(夜) ＿＿＿＿＿＿＿＿＿＿

E-mail：＿＿＿＿＿＿＿＿＿＿＿＿＿＿＿＿＿＿＿＿＿＿＿＿＿＿